U0037706

History 11

中華上下五千年

馮國超　主編

前言　上下五千年　悠悠中華魂

中華民族有著五千年源遠流長的歷史。從輝煌的古代文明到水深火熱的近代磨難，從百廢待興的新中國到跨世紀的改革開放，中國歷史曲折而厚重。面對風雲變幻、迅速發展的世界，只有了解歷史，才能更好地把握現在，創造未來；只有借鑑歷史，才能更好地完善自己，充實人生；只有反思歷史，才能更好地認清方向，造福社會。

近年來，歷史讀物存在很多不良情況，或枯燥乏味，或膚淺簡陋，或粗製濫造……多不能令讀者滿意。故而，在編寫這套圖文版《中華上下五千年》時，我們特別強調了以下幾點：

一、史實確鑿，不虛妄，不浮泛，並力圖透過具體史實揭示歷史的發展規律。

　　二、以歷史故事為敘述單位，編年為體，脈絡清晰。

　　三、語言通俗生動。通俗，不是淺露、媚俗，而是避免晦澀、生僻的文字，使圖書真正起到普及歷史文化的作用；生動，不是一味迎合某種趣味卻背棄歷史真實，而是要求做到表述具體、情節生動，儘量避免空洞說教的語言。

　　四、文圖對應，互為解釋與補充，力求精確、經典、精美。精確是指對歷史文物、遺跡、人像等圖片的選用和說明要準確無誤；經典是指每一段歷史故事都力求選取最有代表性和說服力的圖片；精美則是指圖書的形式精緻美觀。

　　由於時間和水平有限，不足之處懇請廣大專家、讀者和同仁指正。

目錄

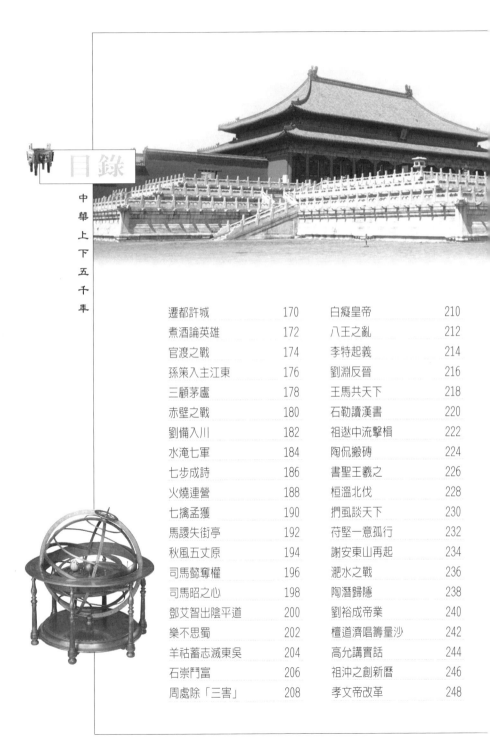

目錄

中華上下五千年

目錄

盤古開天地

盤古開天闢地畫像磚 ▲

圖左為伏羲，右為女媧。他
們以人首蛇身的形式出現。
伏羲被稱作陽帝，女媧被稱
為陰帝。這構成了一幅完整
的中國始祖神話圖。

按照傳統說法，從傳說中的黃帝直至今天，中華民族的文明史大致近於五千年，一般稱為「上下五千年」。

在這五千年的歷史裡，發生了許多感人的故事。

據說，遠古的天地不過是混混沌沌的一團氣，裡面沒有光，沒有聲音。在這團氣中，出了一個盤古氏，用大斧把這一團混沌劈了開來。輕的氣往上浮，就成了天；重的氣往下沉，就成了地。

以後，盤古氏每天長高一丈，天和地之間的距離每天也增長一丈。這樣過了一萬八千年，天就升得很高，地也變得極厚，盤古氏當然也成了頂天立地的巨人。盤古氏死後，他身體的各個部分化解成太陽、月亮、星星、高山、河流、草木，等等。這便是盤古開天闢地的神話。

神話畢竟是神話。那麼，人類歷史究竟應該從哪兒說起呢？在科學比較發達的今天，我們已經知道，人類最早的祖先是一種從古猿轉變而來的猿人，這種認識可以從地下發掘出來的化石得到證明。

北京猿人頭像 ▶

北京房山周口店出土，距今
約五十萬年。其頭蓋骨具有
與猿相近的特徵。北京人居
住在洞穴之中，製作石器，
從事採集、狩獵活動，而且
懂得使用火燒烤食物。

從考古學家在中國各地先後發掘出的猿人遺骨和遺物的化石中可以看出：我國境內最早的原始人，是距今有一百七十萬年的雲南元謀人。另外，還有八十萬年前的陝西藍田人、四五十萬年前的北京人。

古時候，猿人的力氣比不上兇猛的野獸，但是他們和其他動物最大不同的地方，就是能夠製造和使用工具。這種工具十分簡單，一件是木棒，一件是石頭。中國猿人就是用這種最原始的工具和大自然作艱苦的搏鬥的。他們用它來採集果子，挖植物的根莖吃。他們還用木棒、石器和野獸搏鬥，獵取食物，謀取生存。

幾十萬年過去了，猿人在和大自然的鬥爭中進化了。我們從遺跡中發現，在北京周口店龍骨山的山頂洞穴裡活動的原始人，已經和現代人沒有區別。我們把他們稱為「山頂洞人」。

山頂洞人的勞動工具和以前使用的工具相比，在品質上大大的提高。他們不但能夠把石頭打製成石斧、石錘，而且還把野獸的骨頭磨製成骨針。人們用那一枚枚小小的骨針，把獸皮縫成衣服，用它們來保暖禦寒。

山頂洞人過著群居生活，但他們的群居生活已經按照血統關係固定下來，彼此之間都有血緣關係。每個成員都是共同祖先生下來的，於是產生了原始人群。後來，又逐漸演變為氏族公社。

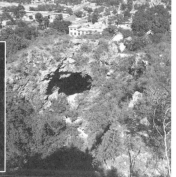

中華上下五千年

山頂洞人頭蓋骨 ◀

距今一萬八千年，屬於舊石器時代。頭蓋骨形狀已經具有現代人的特徵。

骨針 ▲

距今一萬八千年，屬於山頂洞人的縫紉工具。

短身圓頭刮削器 ▲

用碾石石片製成的蓋狀刮削器，在石片的遠端和兩側由破裂面的背面加工，形成圓頭狀的刃口。

猿人洞穴 ◀

龍骨山最大的洞穴，是北京人生活居住的地方。

鑽木取火

灰陶女首瓶　崧澤文化 ◀

骨鏃　　　　　　　　▼
裝在弓箭上的狩獵工具。

在我國古代，有許多關於原始人群到氏族公社初期人類生活進化的傳說。這種傳說大多是古人根據遠古時代的原始人生活情景進行的一種想像。

原始人的工具很粗糙，所以就難以抵禦周圍猛獸隨時可能對他們造成的傷害。後來，他們看到鳥兒在樹上做窩，可以防止野獸爬上去。原始人就學著鳥兒的樣子，在樹上造起小屋，這樣就安全得多了。後人把這稱為「構木為巢」。傳說這種做法是一個名叫「有巢氏」的人傳授給人們的。

最早的原始人，不知道怎樣利用火，不僅生吃植物果實，就是捕到的野獸，也連毛帶血地吃了。後來，人們在不斷的實踐中發現了火（在周口店的北京人遺址中，已發現用火的痕跡，說明那時候已經知道利用火）。

其實自然界中，火的現象早就有了。火山爆發，會噴出火；打雷閃電的時候，樹林裡也會起火。起初，原始人看到火時，不會利用，反而非常害怕。後來偶爾拾到被火燒死的野獸，拿來一嘗，味道挺香的。漸漸地人們學會用火燒東西吃，並且想法子保存火種，使它常年不滅。

很久以後，人們把堅硬而尖銳的木頭，在另一塊硬木頭上使勁地鑽，鑽出火星來；也有的把燧（音 ㄙㄨㄟˋ）石敲敲打打，敲出火來。至此，人們學會了人工取火（從考古材料發現，山頂洞人已經懂得人工取火）。傳說這種做法是一個名叫「燧

人氏」的人發明的。

又過了很長時間，人們又用繩子結成網，用網去捕獵，還發明了弓箭，這比用木棒、石器打獵又有了很大進步。使用弓箭，不僅可以射殺平地上的走獸，就連天空中的飛鳥，水裡的游魚，也可以捕捉到。捕捉到的動物，如果吃不完，人們並不急於將它們殺死，而是將其養起來。這種結網、打獵、養牲口的技能，都是人們在勞動中日積月累起來的。傳說中，這些事的發明人是「伏羲氏」，或者叫「庖犧氏」（庖犧音 ㄆㄠ ㄒㄧ ，庖是廚房，犧是牲口的意思）。

經過了漫長的漁獵時期，人類的文明又有了新的進步。人們發現撒在地上的野穀子，到了第二年，會生出苗來，一到秋天，又結出了更多的穀子。於是，人們就自覺地栽種起來。後來，人們用木頭製造了一種耕地的農具，叫做耒耜（音 ㄌㄟ ㄙ ，一種帶把的木鍬）。他們用耒耜耕地，種植五穀，獲得了可以吃的糧食。傳說中把這些發明種莊稼的人叫「神農氏」。

從構木為巢，鑽木取火，一直到漁獵、畜牧，發展農業，充分反映了原始人生產力發展的進程。

神農採藥圖　　　　　　▲

石厚三稜尖狀器　　　　▲

丁村文化最富特徵的石器，是用來挖掘的工具。

燒骨　　　　　　　　　◀

北京周口店北京人生活的洞穴中出土，距今約三十萬年，這些是北京人使用和控制火的證據。火是原始人狩獵的重要手段之一，用火驅趕、圍殲野獸，行之有效，提高了狩獵生產能力，自然為後起的游牧部落所繼承。

黃帝戰蚩尤

大約在四千多年以前，在我國黃河、長江流域一帶生活著許多部落。傳說以黃帝為首領的部落，最早住在今陝西北部的姬水附近，後來沿著洛水南下，東渡黃河，在河北涿鹿附近定居下來，開始發展畜牧業和農業。

與黃帝同期的另一個部落首領叫做炎帝，當他帶領部落向東發展的時候，碰到一個極其兇惡的九黎族的首領蚩尤。傳說蚩尤有八十一個兄弟，全是猛獸的身體，銅頭鐵額，兇猛無比。他會鑄刀造戟，還經常帶著他的部落，到處侵擾，鬧得周圍部落不得安寧。炎帝部落定居山東後，經常受到蚩尤的侵擾，炎帝幾次起兵抵抗，但不是蚩尤的對手，被打得一敗塗地。

炎帝戰敗後，帶領他的部落逃到涿鹿，請求黃帝幫助復仇。黃帝早就想除掉蚩尤這個禍害，就與炎帝聯合在一起，並聯絡其他一些部落，召集人馬，在涿鹿郊外與蚩尤展開了一場殊死決戰。

關於這場殊死決戰有許多神話傳說。據說，黃帝平

黃帝像　　　▲

黃褐陶牛號角　　▲
大汶口文化

黃帝陵塚　　　▶
黃帝陵位於陝西省黃陵縣城
北的橋山上。

時馴養了熊、羆、貔、貅、虎等野獸，打仗時，就帶著這些猛獸衝鋒陷陣。蚩尤的兵士雖然兇猛，但遇到黃

帝率領的聯
合軍隊，加
上異常兇猛
的野獸，也
招架不住，
丟槍棄盾，

紛紛敗逃。炎黃聯軍乘勢追殺，忽然狂風驟起，昏天黑
地，電閃雷鳴，暴雨滂沱。原來是蚩尤請來了「風伯雨
師」前來助戰，企圖阻止炎黃聯軍的追擊。黃帝也不甘
示弱，請來天女，驅散了風雨，天氣頓時晴朗，黃帝終
於徹底打敗了蚩尤。

　　各個部落看到黃帝打敗了蚩尤，為大家除了害，都
很高興。黃帝以自己的智慧和戰功受到大夥的尊敬和擁
戴，威望越來越高。後來，炎帝族也與黃帝族發生了矛
盾，黃帝在阪泉一帶打敗了炎帝。從此，黃帝成為中原
地區部落聯盟的首領。

　　傳說中，黃帝還是一個大發明家，他不僅發明了在
地面上建房屋，還發明了造車、造船和製作衣裳等等。
這當然不會是他一個人發明的，黃帝只不過是個帶領人
罷了。傳說他的妻子嫘祖親自參加勞動，也有一些發
明，養蠶繅絲就是她的功勞。最初人們不知道
蠶的作用，那時候只有野生的蠶，嫘祖就教婦
女養蠶、繅絲、織帛。從那以後就有了絲和
帛。

　　黃帝為創造遠古時代的文明，立下了汗馬
功勞，在後代人的心目中佔有極其重要的地
位，所以人們都尊黃帝為中華民族的始祖，自
己是黃帝的子孫。因為炎帝族和黃帝族原來是
近親，後來融合在一起，所以我們常常把自己
稱為炎黃子孫。

袋足紅陶罐　良渚文化 ▲

中華上下五千年

堯舜禪讓

　　傳說在黃帝之後，出了三個很出名的部落聯盟首領，名叫堯、舜和禹。他們原來都是一個部落的，先後被推選為該部落聯盟的首領。

　　起初，堯領導部落生產生活，後來，堯年紀老了，想找一個繼承他職位的人。有一次，他召集四方部落首領來商議，到會的人一致推薦舜。

　　堯聽說舜這個人挺好的，便讓大家詳細說說舜的事蹟。

　　大家便把了解到的情況說給堯聽：舜有個糊塗透頂的父親，人們叫他瞽叟（音 ㄍㄨˇ ㄙㄡˇ ，就是瞎老頭兒的意思）。舜的生母死得早，後母心腸很壞。後母生的弟弟名叫象，極其傲慢，而瞽叟卻很寵他。生活在這樣一個家庭裡的舜，待他的父母、弟弟都很好。因此，大家認為舜是個德行好的人。

　　堯聽了很高興，便把自己兩個女兒娥皇、女英嫁給

堯帝像　　　　▲

玉鐲　良渚文化　▲

壁畫藝術中寧靜的　▶
堯舜時代

舜。為了考察舜，又替舜築了糧倉，分給他很多牛羊。舜的後母和弟弟見了，非常妒忌，便和瞽叟一起用計想暗害舜。

有一次，瞽叟叫舜修補糧倉的倉頂。當舜沿梯子爬上倉頂時，瞽叟就在下面放了一把火，想把舜燒死。舜在倉頂上一見起火，想找梯子下來，卻發現梯子已經被人拿走了。幸好舜隨身帶著兩頂遮太陽用的笠帽。他雙手拿著笠帽，像鳥一樣張開翅膀跳下來。笠帽隨風飄盪，舜安然無恙地落在地上。

瞽叟和象不甘心失敗，他們又叫舜去淘井。舜跳下井後，瞽叟和象就在上面向井裡扔石頭，想把舜埋在井裡面。但是舜下井後，在井邊挖出一個通道，從通道中鑽了出來，又安全地回家了。

從此以後，瞽叟和象不敢再暗害舜了。舜還是像過去一樣和和氣氣對待他的父母和弟弟。

堯聽了大家的介紹後，又對舜進行了一番考察，認為舜確是個眾望所歸的人，就把首領的位子讓給了舜。這種讓位方式，歷史上稱為「禪讓」。

舜擔任首領後，又儉樸，又勤勞，跟老百姓一起參加勞動，大家都信任他。過了幾年，堯死了，舜想把部落聯盟首領的位子讓給堯的兒子丹朱來擔任，但是遭到眾人的一致反對。舜才正式成為部落聯盟的首領。

彩陶人首瓶 仰韶文化 ◀
瓶的兩頭細小，中間豐滿，平底。用圓雕形的女人頭做器口。人面五官端正，雙目深邃，鼻子寬闊，嘴微微張開，雙耳後面長髮披拂，前額有一排齊眉的短髮。

《史記·五帝本紀》內頁 ▲

玉琮形管 良渚文化 ▲
這件玉管表現了原始部落一種神祕的圖騰崇拜，與當時人們的信仰有很大聯繫。

大禹治水

禹王治水　版畫　　▼

在堯擔任首領期間，黃河流域經常發生水災，良田沃土，房屋牲畜，都被淹沒。這時居住在崇地的一個名叫鯀的部落首領，奉了堯的命令去治理洪水。鯀用了將近九年的時間治理洪水，不僅沒有制服洪水，反而使洪水鬧得更大、更凶了。鯀只知道築造堤壩擋住洪水，卻不知道疏通河道，後來，堤壩被洪水衝垮了，災情便越來越嚴重。

舜接替堯擔任部落聯盟首領後，發現鯀的工作失職，便殺了鯀，並讓鯀的兒子大禹去治理洪水。

大禹吸取了他父親的經驗教訓，採取了疏導的辦法，帶領百姓開渠排水，疏通江河，興修水利，灌溉農田。

傳說在大禹治水的十三年當中，他曾經有三次路過

自己的家門而不入。他一直想著老百姓仍在遭受洪水的禍害，莊稼被淹，房子被毀，於是，三次經過家門都顧不上進去探望家人。經過多年的努力，大禹終於治理好了水患，把洪水引到大海裡去，為社會的安定、繁榮、發展起了積極的推動作用。

舜年老以後，也像堯一樣，物色部落聯盟首領。大禹因為治水有功，就被舜選定為自己的繼承人。因此，在舜死後，大禹便繼任了部落聯盟的首領。在他的治理下，部落和平，九州安定。後來，大禹命人鑄造了象徵九州和平的九鼎。這時，隨著生產力的發展，社會產品出現了剩餘，那些氏族、部落的首領們利用自己的權力，將剩餘產品據為己有，以公有制形式存在的氏族公社開始瓦解。

大禹死後，被大禹選定的繼承人東夷首領伯益拒不接受。後來禹所在的夏部落的貴族便擁戴禹的兒子啓為部落聯盟首領。並建立了中國歷史上第一個奴隸制國家——夏朝，從此開創了子繼父位的世襲制度。

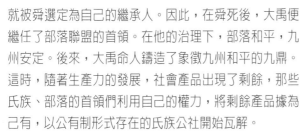

白陶爵　夏　◀

大禹陵　在今浙江會稽。▲

陶四足獸形器　　▲
崧澤文化

中華上下五千年

啓母石　◀

啓母石是夏禹之子啓的出生地。

后羿射日

夏啓成為國王以後，有一個叫有扈（音 ㄏㄨˋ ）氏的部落不服他的管制，起兵反抗。於是，啓和有扈氏的部落之間爆發了一場戰爭。最後，啓把有扈氏打敗了，把抓來的俘虜罰做奴隸。其他部落看到這種情形，就再也沒有人反抗了。

夏啓死後，他的兒子太康做了君主。太康是個不管政事，昏庸無能的人。他只有一個愛好，那就是打獵。有一次，太康帶著隨從到洛水南岸去打獵。他越打越起勁，一去竟然一百天沒回家。

這時，在黃河下游有個夷族，部落首領名叫后羿（羿音 ㄧˋ ），他看到太康出去打獵，覺得這是個奪取夏王權力的機會，就親自帶兵把守洛水北岸。等到太康帶著一大批獵得的野獸，興高采烈地歸來時，發現洛水北岸排滿后羿的軍隊，攔住他的歸路。無奈之下，太康只好流亡在洛水南面。當時后羿還不敢自立為王，另立太康的兄弟仲康當夏王，而他自己卻操縱了國家的權力。

后羿的射箭技能非常出眾，他射出的箭百發百中。有一個關於后羿的神話，說古時候天空中原有十個太陽，把地面烤得像焦炭似的，致使莊稼顆粒無收。大家請后羿想法子，后羿搭弓射箭，「嗖嗖」地幾下，將天空中的九個太陽射了下

鑲松花石器　夏　▲

后羿射日圖　▼

來，只留下一個太陽。從此，地面上氣候適宜，不再鬧乾旱了。

后羿原本是仲康的助手。仲康死後，他趕走了仲康的兒子相，奪了夏朝的王位。他仗著射箭的本領，也作威作福起來。后羿和太康一樣，整天打獵，把國家政事交給他的親信寒浞（音 ㄓㄨㄛˊ）處理。寒浞瞞著后羿，籠絡人心。有一天，后羿打獵回來，寒浞暗地裡派人把他殺死。

后羿一死，寒浞便奪了王位，他擔心夏族再跟他爭奪王位，便殺死了被后羿趕走的相。

那時候，相的妻子已經懷了孕，為了保住自己和胎兒的命，相的妻子迫不得已，從牆洞裡爬了出去，逃到娘家有仍氏部落，後來生下了兒子少康。

少康長大以後，替奶奶家飼養牲口。寒浞又派人抓他，他就逃到舜的後代有虞氏部落裡。

少康從小在艱難的環境中鍛鍊成長，學會了許多本領。他從有虞氏部落中招收人馬，逐漸有了自己的隊伍；後來，又依靠一批忠於夏朝的大臣、部落的支持，少康終於打敗了寒浞，把王位奪了回來。

夏朝從太康到少康，中間大約有一百年的時間，在這段時間裡，國家一直處於混戰狀態。少康執政後，國力才逐漸恢復過來。歷史上稱作「少康中興」。

少康雖然消滅了寒浞，可是夷族和夏朝之間的鬥爭仍在繼續。夷族人中出了很多好射手，他們的弓箭技藝十分精湛。後來少康的兒子帝杼（音 ㄓㄨˋ）即位，發明了一種可以避箭的護身衣，叫做「甲」，靠這種護身衣，夏終於戰勝了夷族，夏的勢力範圍又擴大了。

月神羽人畫像磚　▲

日神羽人畫像磚　▲

聯珠紋尊　夏晚期　▲

石鏃、單孔石刀　▼
這是在夏朝遺址中發現最多的石箭鏃和石刀，全部為兵器。石刀也是常用的工具。

伊尹伐桀

伊尹像　▲

　　伊尹，出生於伊水流域（今河南洛陽附近），在他年齡很小的時候，就被賣到有莘國（今開封陳留一帶）做奴隸。

　　有一回，商湯的左相仲虺去給夏桀送貢品，途中在有莘國停留了幾天。無意中，他發現送飯菜的奴隸伊尹才智出眾，交談之下，發現伊尹果然是個賢人。

　　回國後，仲虺就向商湯舉薦了伊尹。求賢若渴的商湯，立即派了一名使臣帶著聘禮，到有莘國去請伊尹。使臣到了有莘國後，明察暗訪，費了很大勁兒，才在野外的一間小茅草屋裡找到了伊尹。使臣上下打量了一番這個又黑又矮、蓬頭垢面的伊尹，實在看不出這個人有什麼出眾之處，不由得顯出一副傲慢無禮的神情來，他對伊尹說道：「你就是伊尹吧，你的運氣來了，我們商王想見你，趕快收拾東西跟我走吧！」伊尹被使臣傲慢無禮的言行激怒了，立即以一種凜然不可侵犯的態度，從容地回答說：「我伊尹雖然貧寒，但我有田種，有飯吃，過得像堯舜一樣痛快，為什麼要去見你們商王呢？」商國的使臣討了個沒趣兒，只好垂頭喪氣地回商國了。

　　有莘國的國君聽說商湯派使臣來請伊尹，他怕伊尹被商國請回去對自己不利，就找了個藉口把伊尹抓了起來。後來仲虺親自來請時，伊尹已失去了人身自由。

　　仲虺回商國後，把伊尹面臨的處境向商湯彙報了一遍，商湯十分失望。後來，仲虺想出了一個主意，便對商湯建議向有莘國求婚，讓伊尹作為陪嫁奴隸，和有莘國的女兒一起到商國來。這樣，不僅可以請來伊尹，而

四羊方尊　商代　▲

巨大的方形口，長頸、折肩，淺腰腹，高足，四面和每面中都有脊。它將器物的造型設計與藝術裝飾高度完美地結合在一起。

且可以使有莘國免除疑慮。商湯表示贊同，馬上派人到有莘國去求婚。使臣到了有莘國，向有莘國求婚，有莘國的國君答應了商湯的要求，於是伊尹作為陪嫁奴隸來到了商國。

伊尹來到了商國後，經過交談，商湯感到伊尹果然是個了不起的人才，於是就任命伊尹為商國右相，和仲虺共同策劃處理各種國事。就這樣，伊尹由一個奴隸一躍成為了商國的宰相。

在伊尹的輔助下，商國的勢力更加強大，最後終於滅掉了搖搖欲墜的夏王朝，建立了商朝。

商湯死後，伊尹成為商國的重要輔臣。商湯原來有三個兒子，大兒子太丁死得早，於是湯死後，伊尹扶持商湯二兒子外丙繼位作了商王，但是外丙不久也死了，於是伊尹又立他的弟弟仲壬為王。過了不久，仲壬又死了，伊尹只好立商湯的長孫太甲為王。

太甲從小生長在帝王之家，過著無憂無慮的生活，因此他即位後，政務民事從不過問，整天只知尋歡作樂。伊尹一再教導太甲要勤政愛民，不能耽於遊樂，但太甲根本聽不進去。伊尹看到太甲執迷不悟，心想：太甲這樣放縱下去說不定將來會成為和夏桀一樣的人。由於勸戒毫無結果，伊尹就和其他大臣商議後，把太甲軟禁在湯墓附近的相宮（今河南偃師縣西南），讓他靜心思過。

三年的時間過去了，看到太甲稚氣脫盡，行為簡樸，與三年前相比判若兩人，伊尹非常高興，便親自攜帶商王的冠冕衣服到相宮，迎接太甲返回亳都再登王位，把國政交還太甲。

商湯像　▲

鄭州商城宮殿基址　▲

宮殿宗廟建築基址均用紅土和黃土夯築而成，最大的建築面積只有2000平方米。這種高台宮殿建築，有防潮、防水、通風和防禦作用。

目雷紋刀　商代　◄

刀背上有扉稜，刀尖上翹，用於斬殺。商朝軍隊裝備有攻守兼備的武器，作戰時車步配合，車兵在前衝鋒，將敵人擊落車下，步兵承後斬殺。步兵尤勇猛，敢於搏擊，兼善於奔跑，車兵頭戴青銅胄，身披皮甲，行進乘戰車，這在當時世界上是裝備精良的一支軍隊。

盤庚遷都

殷墟鳥瞰 ▲

安陽殷都是商朝晚期的都城，是最早發掘的商朝城市，遺址面積約24平方公里。

古文化遺址中的墓葬 ▲
商代

祭祀坑中的無頭奴隸遺骨。從這些遺骨的數量可以看出商代盛行的人殉和牲殉的殘酷性。

大型塗朱紅牛骨刻辭 商▶

商朝的甲骨文是占卜時刻在龜甲或者獸骨上的象形文字，也稱卜辭。河南安陽殷墟有大量出土。

　　商湯建立商朝時，將國都定在亳（音 ㄅㄛ，今河南商丘）。後來三百年當中，前後五次搬遷都城。其原因是多方面的，有王族內部經常爭奪王位，發生內亂的緣故；還有黃河下游常常鬧水災的緣故。有一次洪水泛濫，把都城全淹了，商朝就不得不遷都。

　　從商湯開始，王位傳到盤庚時，已傳了二十個王。盤庚是個很有才幹的君主，為了改變當時社會不安定的局面，他決心再一次遷都。

　　可是，遷都的想法遭到大多數貴族的反對，他們貪圖安逸，都不願意搬遷。還有一些有勢力的貴族煽動平民起來反對，一時間鬧得滿城風雨。

　　在強大的反對勢力面前，盤庚絲毫沒有動搖遷都的決心。他把反對遷都的貴族找來，耐心地勸說他們：「遷都是為了我們國家的安定。你們要理解我的苦心，不要產生無謂的驚慌。我的主意已定，不容更改。」

盤庚堅持遷都的主張終於挫敗了反對勢力，他帶著平民和奴隸，渡過黃河，搬遷到殷（今河南安陽小屯村）。在那裡整頓商朝的政治，使衰落的商朝重新興旺起來，以後二百多年，一直沒有遷都。所以商朝又稱作殷商。

商代璽印 ▲

從那以後，又經過三千多年的漫長歲月，商朝的國都就變為廢墟。到了近代，人們在殷地舊址發掘出大量古代的遺物，因為那裡曾經是商朝國都的遺址，就把那裡命名為「殷墟」。

從殷墟發掘出來的遺物中，有龜甲（就是龜殼）和獸骨十多萬片，上面都刻著很難辨認的文字。經過考古學家的研究，才把這些文字弄明白。當時，商朝的統治階級很迷信鬼神。他們在祭祀、打獵、出征時，都要用龜甲和獸骨來占卜吉凶。占卜之後，就把當時發生的情況和占卜的結果用文字刻在龜甲、獸骨上。現在，我們把這種刻在龜甲、獸骨上的文字叫做「甲骨文」。我們今天使用的漢字就是從甲骨文演變過來的。

中華上下五千年

日蝕甲骨文 ▲

古代的商族人已經對天體產生了興趣，他們記錄了當時發生的日食，早於巴比倫的可靠日蝕記錄。

在殷墟上發掘出的遺物中，還發現了大量的種類繁多的青銅器皿、兵器，工藝製作都很精巧。有一個叫做「司母戊」的大方鼎，重量為八百七十五公斤，高一百三十多公分，上面還刻著富麗堂皇的花紋。從這件青銅器上可以看出，在殷商時期，冶銅的技術和藝術水平都是很高超的。

鳳紋犧觥　商代 ◀

此觥是牛形的，以牛首牛背作蓋，蓋上立有一小老虎，作為鈕，飾獸面魚身紋。腹部飾有鳳鳥紋，頭部飾龍紋。它的造型設計與適用性極其完美地融為一體，表現出優良的工藝設計思想。

姜太公釣魚

姜太公像 ▲

至今民間還有許多關於他的
傳說，姜子牙在人們心目中
是一個德高望重的智者形
象。他幫助周文王治國，輔
佐周武王滅商。

玉鹿　西周中期 ▼

兩件鹿皆青玉質。體扁，一
大一小，大者吊首前視，小
者回首顧盼。大者角長枝
繁，小者角枝短且枝枚不
茂。大者師臣字目，小者師
圓目，大者於角根鑽一圓
孔，小者於角中鑽一圓孔，
均可供佩穿。此玉鹿飾紋簡
潔，但形態逼真，栩栩如
生，為西周玉鹿之精品。

盤庚死後，又傳了十一個王，最後王位傳給
了紂。

紂和夏桀一樣，只知道貪圖享樂，根本不管
政事民生。他建造了許多富麗堂皇的宮殿，還在
別都朝歌（今河南淇縣）造了一個「鹿台」，把
搜刮來的金銀珍寶儲藏在裡面；他又造了一個極
大的叫做「鉅橋」的金庫，把剝削來的糧食屯積
起來。他把成噸的酒倒在池裡，把成堆的肉掛得像樹林
一樣，叫做肉林酒池。他和寵姬妲己（妲音 ㄉㄚ）過著
窮奢極慾的生活。紂王還用各種殘酷的刑罰來鎮壓背叛
他的諸侯和反對他的百姓，有一種刑罰是把人捉起來放
在燒紅的銅柱上烤死。這叫做「炮烙」（烙音 ㄌㄠ）。

紂的兇殘暴虐，加速了商朝的滅亡。這時候，在西
部的周部落正一天天的興盛起來。

周本是一個古老的部落。夏朝末年，這個部落活動
在陝西、甘肅一帶。後來，為了躲避戎、狄等游牧部落
的侵擾，周部落的首領古公亶父率領周人遷移到岐山
（今陝西岐山縣東北）下的平原，並在那裡定居
下來。

周部落首領傳至古公亶父的孫子姬昌
（後來稱為周文王）的時候，部落已
經很強大了。

周部落強大起來，對商朝構成
了很大的威脅。於是，紂王派人把
周文王拿住，關在羑里（在今河南
湯陰縣一帶，羑音 ㄧㄡ）的地方。周

部落的貴族把許多美女、駿馬和珍寶，獻給紂王，又給
紂王的親信大臣送了許多禮物，才把姬昌贖了回來。

　　周文王見紂王昏庸殘暴，民心失盡，就決定討伐商
朝。但是，他身邊缺少一個有軍事才能的人來幫助他帶
兵打仗。他便開始留心物色這樣的人才。

　　有一天，周文王帶著他的兒子和兵士到渭水北
岸去打獵。在渭水邊，一個老頭兒在河岸上坐著釣
魚。大隊人馬過去，那個老頭兒絲毫不為所動，還
是安安靜靜釣他的魚。文王看了很驚奇，就下了車，走
到老頭身邊，跟他交談起來。

　　經過一番談話，知道他叫姜尚（又叫呂尚，「呂」
是他祖先的封地），是一個精通兵法佈陣的高人，於
是，周文王懇請姜尚與他一起回宮。

　　因為文王的祖父曾經盼望得到一位幫助周族興盛起
來的人，而姜尚正是這樣的人，所以後來人們叫他太公
望；在民間傳說中，又稱他為姜太公。

　　太公望做了周文王的助手後，一面發展生產，一面
訓練兵馬。周族的勢力越來越大。沒過幾年，周族逐漸
佔領了商朝統治下的大部分地區，歸附文王的部落也越
來越多了。

　　但是，正當周文王打算征伐紂王的
時候，卻害了一場病死去了。

周文王姬昌像　▲

周族建立西周王朝前　▼
的遷徙路線圖

周人祖先始封於邰，公劉時
遷都，其後又遷往周原，定
居百年，積蓄勢力。周文王
時遷往豐，定為都邑。

迁徙路线

宗廟出土的甲骨　◀

在宗廟的西廂房中出土周初
甲骨一萬七千五百餘片，其
中有字甲骨近三百片，它是
研究周初歷史、周人與商人
關係、周人與周圍部族關係
的重要史料。

牧野之戰

周武王像　　　　　▲

　　周文王死後，他的兒子姬發繼承了王位，就是周武王。周武王拜太公望為師，讓他的兄弟周公旦、召公奭作太公望的助手，繼續整頓政治，訓練兵士，準備討伐商紂王。

　　這時，紂的暴政已經達到了極點。商朝的貴族王子比干和箕子、微子十分擔憂，苦苦地勸說他改邪歸正。紂不但不聽，反而將比干殺了，還殘忍地叫人剖開比干的胸膛，挖出他的心，說要看看比干的心長什麼樣子。迫於無奈，箕子裝瘋賣傻總算免了一死，被罰作奴隸，囚禁起來。微子看見商朝已經沒有希望，便離開了別都朝歌。

　　在西元前十一世紀，周武王得知紂已經到了眾叛親離的地步，認為時機已經成熟，請精通兵法的太公望做元帥，領五萬精兵，渡過黃河東進。八百諸侯在盟津會師。周武王在盟津舉行誓師大會，歷數了紂昏庸無道、殘害人民的罪狀，鼓勵大家同心討伐紂王。

牧野之戰示意圖　　　▼

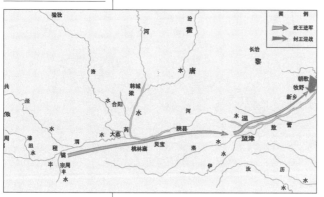

　　一天，在周武王進軍時，有兩個老人擋住了軍隊的去路，要見武王。原來，這兩人是孤竹國（在今河北盧龍）國王的兒子，哥哥叫伯夷，弟弟叫叔齊。孤竹國王鍾愛叔齊，想把王位傳給他。伯

夷得知父王的心意後，便主動離開了孤竹國，叔齊也不願接受王位，也躲了起來。他們兩人在周文王在世的時候，一起投奔周國，並定居下來。他倆聽到武王要去討伐紂王，就趕來阻止，並說這是大逆不道的行為。

太公望知道這兩人是一對書呆子，吩咐左右將士不要為難他們，把他們拉走就是了。後來這兩個人想不開，竟躲到首陽山（在今山西永濟西南）上絕食自殺了。

周武王的討紂大軍士氣旺盛，一路上所向披靡，很快就打到距朝歌僅有七十里的牧野（今河南淇縣西南）。

紂得知後，慌忙拼湊了七十萬人馬，由他親自率領，跑到牧野迎戰。他以為，憑他七十萬人馬，打敗五萬人馬還不是輕而易舉的事嗎？

可是，那七十萬商軍有一大半是由奴隸和從東夷抓來的俘虜組成的。他們平日受盡紂的壓迫和虐待，對紂早就恨之入骨了，誰也不想為紂賣命。在牧野戰場上，當周軍勇猛地衝進商軍隊伍的時候，他們就掉轉矛頭，紛紛倒戈，配合周軍一起攻打商軍。七十萬商軍，一下子就土崩瓦解了。太公望指揮周軍，趁勢一直追擊到商都朝歌。

逃回朝歌後，商紂王看到大勢已去，就於當夜躲進鹿台，燒了一把火，跳到火堆裡自焚了。

周武王滅了商朝後，把國都從豐搬到鎬京（今陝西西安市西），建立了周王朝。

比干像　▲

獸面紋冑　商朝末年　▼

周公輔政

周公像 ▲

《尚書·大誥》內頁 ▲

它記載了周成王時，周公旦率領周軍東征，運用各個擊破的方略，打敗了武庚及三叔，然後攻取徐、淮等九夷，滅熊、盈等17國，征服奄、薄姑等地，歷時3年，有力地鞏固了周朝的統治。

周武王建立周王朝後兩年就病死了。他的兒子姬誦即位，就是周成王。那時，周成王只有十三歲。於是由武王的弟弟周公旦輔助成王掌管國家大事，行使天子的職權。歷史上，通常不直接稱呼周公旦的名字，只稱周公。

周公盡心盡力輔助成王，管理政事，但還是遭到他的弟弟管叔、蔡叔的猜忌，他們在外造謠說周公有野心，想篡奪王位。

這時，紂王的兒子武庚不滿足於周朝封給他的殷侯地位，想重新恢復殷商的王位。武庚一聽說周朝內部動盪不安，就和管叔、蔡叔串通起來，聯絡了一批殷商的舊貴族，還煽動東夷中幾個部落，起兵叛亂。

武庚和管叔等人製造的謠言，很快傳到鎬京，一時謠言四起，連召公聽了也懷疑起來。成王年小，更分不清事實真偽，所以對這位輔助他的叔父也不太信任了。

周公內心很痛苦，他首先向召公推心置腹地表明心意，告訴召公，他絕沒有野心，讓召公顧全大局，不要聽信謠言。他這番誠懇的話感動了召公，消除了大家對周公的誤會。周公在調和了內部的矛盾之後，毅然調動大軍，親自東征武庚。

這時候，東方有幾個部落都與武庚串通一氣，蠢蠢欲動。周公授權給太公望：各國諸侯，有不服周朝的，都由太公望征討。這樣，由太公望控制東方，周公自己全力討伐武庚。

周公花了三年時間，終於平定了武庚的叛亂，殺了武庚。周公平定了叛亂，把管叔革了職，將蔡叔充軍。

管叔覺得自己沒臉去見他的哥哥和姪兒，便上吊自殺了。

　　周公東征結束時，抓獲了一大批商朝的貴族。因為他們反抗周朝，所以叫他們是「頑民」。周公覺得讓這批人留在原來的地方容易滋生事端；同時，又覺得鎬京遠離東部的廣大中原地區，控制起來很不方便，他就在東面新建一座都城，叫做洛邑（今河南洛陽市），把殷朝的「頑民」都遷到那裡，派兵監視他們。

　　這樣一來，周朝就有兩座都城。西都是鎬京，又叫宗周；東部洛邑，又叫成周。

　　周公輔助成王執政七年，不僅加強了周王朝的統治地位，而且還為周朝制訂了一套典章制度。到周成王滿二十歲的時候，周公把政權交還給成王。

　　周成王死後，他的兒子康王即位，這段時間前後約五十多年，是周朝強盛和統一的時期，歷史上稱為「成康之治」。

魚形尊　西周　　　▲

此器外形近似鯉魚，通體作魚鱗狀。四足為雙手捧腹、屈膝呈背負狀的人形，造型別緻生動。

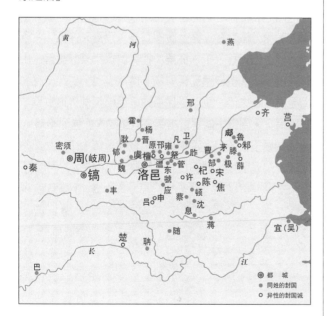

周初諸侯國的分布圖　◀

周初進行兩次分封，基本上已完成了整個封建規劃，即使後來有少數新封國出現，其數量也無法與周初相比。

周厲王毀國

身著袍服的銅人　西周 ▲

西周時臣子身穿袍服，與王侯所穿的服飾有很大差別。這些都是周禮所確定的禮制。

馬面　西周　　　　　▲

御是難度較大的貴族必修課程，當時的戰車車輪大，又是單轅駕車，四匹馬全靠御手以馬韁控制。

周宣王武功圖　　　　▶

周朝建立常備軍後，武裝力量大增。周宣王期間，北伐玁狁，南征荊蠻，西伐西戎，東平淮夷，四方歸順，天下太平。

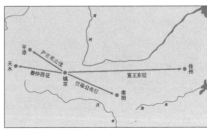

　　在成王、康王之後，周朝逐漸加重了對平民和奴隸的統治與剝削，刑罰也變得嚴酷起來。

　　周厲王是周王朝第十代國君，是個十分殘暴的君主，他即位後，對人民的壓迫更加嚴酷了。

　　周國形成以後，漸漸破壞了原始部落公有制的土地制度。周朝初年，周天子又分封了七十多個諸侯國，把土地山林賞賜給各級貴族，國人可以進山採集果實、砍柴、打獵，在江河湖泊捕魚。人們利用這些收入來添補生活上的不足。

　　到了周厲王做國君，他寵信一個名叫榮夷公的大臣，榮夷公唆使他改變了原有制度，把原來公有的山林江河湖泊和貴族佔有的山林土地收為國有，不准國人使用。榮夷公派兵在道路上設關立卡，盤查來往行人，不許人們上山打獵、下水捕魚，把人們採集來的果實、山珍統統沒收。他們還勒索財物，虐待人民。這樣一來，上至貴族、大臣，下至平民百姓，都毫無例外地蒙受了經濟損失。周厲王的暴虐措施，激起國人的強烈不滿。

　　周厲王在政治上獨斷專行，無論事情大小，都事必躬親。為了防止人們的反抗，鎮壓人們的暴亂，周厲王施行殘酷的刑法，導致國人怨聲載道。

　　後來，大臣召公虎進宮奏報厲王，外

面的百姓對朝政不滿，到處都在議論國事，並勸說厲王
及早改變做法，免得出亂子。周厲王不僅不聽勸說，反
而下了一道命令，禁止國人批評朝政。此後，還殺了一
批國人，這樣一來，國人都不敢大聲說話，就連在街上
打招呼也只能用眼光示意。

　　這樣到了第四個年頭，也就是西元前841年，人們
終於忍受不了周厲王的殘暴，舉行了一次大規模的暴
動，史稱「國人暴動」。參加暴動的人有平民，也有貴
族，開始僅幾十人，後來迅速發展到幾萬人，整個鎬京
成了沸騰的海洋。國人拿起武器、農具，像洪水一樣向
王宮衝去。王宮衛士看到憤怒的人群，嚇得紛紛躲避起
來。周厲王顧不得體面，慌裡慌張帶了一批人逃命。他
一直逃到彘地才停了下來，總算保住了一條命。

　　國人衝進王宮燒毀了宮殿，搜遍了各個角落也沒有
找到周厲王，聽說他的兒子靜躲在召公虎家裡，於是又
圍住召公虎家。召公虎無法控制住人們憤怒的情緒，出
於無奈，只好將自己的兒子冒充靜交給人們處死，這樣
才平息了這場規模巨大的暴動。

　　周厲王被趕下台後，朝廷裡沒有國王，國內人民擁
戴大臣周公和召公主持國政，替天行使職權，歷史上稱
為「共和行政」。從共和元年，即西元前841年起，中國
歷史才有了確切的紀年。周厲王從這一年一直到共和十
四年，一直待在彘地沒敢回來，最後死在那裡。

　　這次起義動搖了周王朝的統治。在起義者的打擊
下，周室王權大大削弱了，諸侯對王室的離心傾向越來
越大。後來周厲王的兒子靜即位，就是周宣王。此後，
周王室雖然表面上仍維繫著從前的制度，實際上已經外
強中乾，周王朝正走向分崩離析的道路，漸漸衰落。

青玉夔紋人首佩　西周 ▲

獄簋　西周　　　　　▼

這是迄今出土的最大的一件
商周青銅簋，周厲王獄作
器，形體高大魁偉，可稱簋
中之王，內底鑄銘文124
字，作於厲王12年，為西周
青銅器斷代增添了一件標準
器。

烽火戲諸侯

晨肇寧角　西周早期　▲

褐玉燕佩　西周　▲

玉魚　西周　▶

此玉屬乳白色通閃石玉，有灰色斑痕。以單線雕出魚頭、魚睛、魚腹，嘴上有一小孔，是周朝玉中的極品。

　　周宣王在西元前781年死了，太子宮涅即位，這就是周幽王。周幽王又是一個昏君，只知吃喝玩樂，不理政事。

　　幽王繼位的第二年，涇、渭、洛地區發生強烈地震。百姓的生命財產遭受巨大損失，動盪不安的政局日益加劇。

　　周幽王不僅殘暴昏庸，而且耽迷女色。他整日派人四處尋找美女。有一個叫褒珦的大臣，勸諫幽王節制享受，幽王不僅不聽，反而把褒珦判了罪。

　　褒珦被關入監獄三年，褒族人十分焦急，他們想了各種辦法，解救褒珦。有人說，用珍寶贖罪；也有人說，找個美女送去，替褒珦贖罪。

　　後來，褒珦家人將褒姒進獻給周幽王。周幽王一見褒姒貌若天仙，馬上就把褒珦釋放了。從此，幽王整天與褒姒在後宮飲酒作樂，將朝政拋在腦後。

　　然而，幽王雖然寵愛褒姒，但褒姒性格內向，不喜笑顏，任憑幽王想盡一切辦法討她歡心，褒姒都笑不出來。

　　有一天，幽王忽然心血來潮，讓人在宮外貼一個布告：有誰能逗王妃娘娘笑一次，就賞他一千兩金子。

　　奸臣虢石父得知後，馬上向幽王獻計，用「烽火戲諸侯」的玩笑來博取褒姒一笑。烽火是古代軍情危急時

的報警信號，周王朝在驪山上建有二
十多座烽火台，每隔幾里便有一座，
專門用來防備西戎的進攻。一旦西戎
來犯，烽火台上的烽火會像接力棒一
樣點燃，一個地點一個地點傳下去，附近的諸侯遠遠見
了就會發兵來救援。

　　第二天，幽王興致勃勃攜愛妃褒姒上了驪山，他們
白天在驪山吃喝玩樂，到了晚上，讓士兵把烽火台的烽
火點了起來。附近的諸侯一見黑煙滾滾的烽火狼煙，以
為西戎兵打來了，立即率兵來援。趕到時，卻不見西戎
兵的影子，只聽見山上絲竹管弦之聲。這時虢石父從山
上下來說，大家辛苦了，這裡沒有什麼事，大王和王妃
放煙火不過取個樂，你們回去吧！

　　諸侯們從老遠跑來，卻被幽王耍樂一番，一個個氣
得肺都要炸了，掉轉馬頭就走。褒姒在山上，藉著火光
看到諸侯們氣憤、狼狽的樣子，真的笑了一下。幽王瞧
見了她這一笑，不由得心花怒放，馬上賞給虢石父一千
兩金子。

　　幽王自寵幸褒姒以後，被她迷得顛三倒四。竟然廢
掉太子宜臼，改立褒姒生的兒子伯服為太子。

　　後來，西戎兵來犯，幽王下令點起烽火求援，結果
各路諸侯對上次的羞辱記憶猶新，加上對幽王昏庸亂政
的不滿，連一個救兵也沒有派。

　　西戎兵很快攻破周都鎬京，把逃到驪山腳下的幽王
和伯服殺了，又把美貌的褒姒搶走了。

　　幽王死後，申侯、魯侯和許文公在申國立原來的太
子姬宜臼為王，這就是周平王。平王後來回到鎬京，看
到鎬京已被蠻族犬戎人破壞得面目全非，只好於西元前
770年，東遷至洛邑。歷史上把周朝定都鎬京的時期，
稱為西周；遷都洛邑之後，稱為東周。

玉三璜串飾　西周 ▲

此串飾由三件玉璜、四件玉
管及瑪瑙珠等組成。璜和管
均為透閃石玉，青灰色，或
乳白色。珠為肉紅玉髓。三
件璜上都有雙鉤線雕出的龍
紋，兩面花紋相同。

人面紋玉飾　西周 ▲

此物由青玉雕成，圓形人面
像，方臉大耳，矩口獠牙，
造型自然生動，別緻有趣。

青玉箍　西周 ▲

此玉為白色圓筒形，內壁光
滑，外壁有紋，腹部有一長
方孔，另一側有九個模糊的
篆字。

中華上下五千年

齊桓公稱霸

管仲像　　　　▲

周王朝遷都到洛邑以後的東周，分為「春秋」和「戰國」兩個時期。春秋時期，周王室幾經衰落後，周天子名義上是各國共同的君主，而實際上，他的地位只等同於一個中等國的諸侯。一些比較強大的諸侯國家經常使用武力兼併小國，大國之間也互相征伐，爭奪土地。強盛的大國諸侯，可以號令其他諸侯，成為諸侯國的霸主。

春秋時期第一個稱霸的是齊國（都城臨淄，在今山東淄博）。齊國原是姜尚的封地。

西元前686年，齊國發生了內亂。在這次內亂中，國君齊襄公死於非命。襄公有兩個兄弟，一個叫公子糾，當時在魯國（都城在今山東曲阜）；一個叫公子小白，當時在莒（音ㄐㄩˇ）國（都城在今山東莒縣）。兩個人身邊都有輔佐的能人，輔佐公子糾的叫管仲，輔佐公子小白的叫鮑叔牙。兩個公子聽到齊襄公被殺的消息，都準備回齊國爭奪君位。

魯國國君莊公決定親自把公子糾送回齊國。管仲對魯莊公說：「公子小白在莒國，離齊國很近。萬一回到齊國去，事情就不好辦了。讓我先帶一支人馬在路上截住他。」

正如管仲所預料的那樣，公子小白在莒國的護送下眼看快要趕到齊國了，管仲在路上截住了他。管仲拈弓搭箭，向小白射去。小白中箭倒在車裡。

管仲以為小白真的死了，就不慌不忙地護送公子糾回齊國去。可是，管仲卻不知他射中的不過是公子小白

秦公編鐘　春秋前期　▲

西周時期，音樂與禮制密不可分，稱為「禮樂」。至春秋禮樂制度和體系走向衰落，形成「禮崩樂壞」的局面。編鐘是禮制中的重要組成部分。

衣帶的鉤子，公子小白大叫倒下，原來是假裝的。等到公子糾和管仲進入齊國國境，小白和鮑叔牙早已趕到了國都臨淄，小白自然做了齊國國君，這就是齊桓公。

齊桓公即位以後，為報一箭之仇，立即發兵攻打魯國，並且逼迫魯莊公殺掉公子糾，把管仲送回齊國治罪。魯莊公無可奈何，只好照辦。

管仲被關在囚車裡押送到了齊國。鮑叔牙立即向桓公推薦管仲，說他是個很有才幹的人，可以幫助齊桓公做一番大事業。

齊桓公也是個豁達大度的人，聽了鮑叔牙的話，不僅沒有治管仲的罪，還任命管仲為相，讓他管理國政。

管仲為相後，協助齊桓公整頓朝政，開發資源，大開鐵礦，提高耕種技術，又大規模採用海水煮鹽，鼓勵老百姓入海捕魚。後來，離海比較遠的諸侯國都依靠齊國供應食鹽和海產。海產可以不買，可是鹽是人們非吃不可的。因此齊國的綜合實力大大提高了。

西元前681年，齊桓公奉周釐王之命，通知各國諸侯到齊國西南邊境上的北杏（今山東東阿縣北）開會。

這時候，齊桓公在諸侯中的威望並不高。通知發出以後，只有宋、陳、蔡、邾四個國家來了。還有幾個接到通知的諸侯國，像魯、衛、曹、鄭（都城在今河南新鄭）等國，採取觀望的態度，沒有來。

在這次會議上，大家公推齊桓公當盟主，並且訂立了盟約。

齊刀幣　春秋　▲

隨著經濟的發展，春秋初期銅幣和金幣等金屬貨幣相繼面世，此時商品交易形式是以物易物和金屬貨幣並用。齊刀幣由古代石刀演化發展而來，主要流通地區是齊、趙、燕三國。

《管子》書影　▲

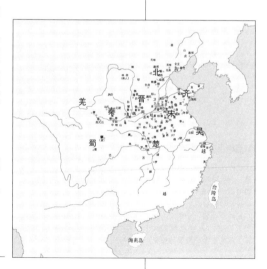

春秋列國簡圖　▶

曹劌論戰

金柄鐵劍　春秋 ▲
春秋時期鐵兵器比青銅兵器更加名貴，在上層社會中非常流行。此劍劍柄鑲嵌金銀，顯示出主人的特殊身分。

魯侯鼎　春秋 ▲
魯國是春秋強國之一，此鼎是魯國國君為女兒準備的嫁妝。

齊國殉馬坑　春秋 ▶
祭祀時殉葬取馬是西周的遺風，春秋時期更加流行。齊國殉馬坑全長約210公尺，在發掘的84公尺中出土殉馬二百二十八匹，全部殉馬不下六百匹。其殉馬數量之多，反映了當時齊國的強大和富足。

西元前684年，也就是齊桓公即位的第二年，齊桓公又派兵攻打魯國。魯莊公對一再欺負他們的齊國，忍無可忍，決心跟齊國決一死戰。

齊國的行徑，也激起魯國百姓的憤慨。有個魯國人曹劌（音 ㄍㄨㄟˋ ）去見魯莊公，要求參加抗齊的戰爭。魯莊公高興地接見了曹劌，並向他問策。

曹劌見到魯莊公後，就自己心中的疑慮詢問了莊公，他問魯莊公：「請問主公憑什麼去抵抗齊軍？」

魯莊公的回答，曹劌並不滿意，最後，魯莊公想了一下，說：「每逢百姓打官司的時候，我雖然不能把每件事都查得很清楚，但是都會盡最大努力處理得合情合理。」

曹劌這才點頭說：「我看憑這件得民心的事，可以和齊國拼上一場。」

而後曹劌請求跟魯莊公一起到戰場上去，看見曹劌胸有成竹的樣子，魯莊公同意了他的請求。於是兩個人坐在一輛兵車上，帶領人馬出發了。

兩軍在長勺（今山東萊蕪東北）列開陣勢。齊軍憑藉人多勢眾，最先擂響了戰

鼓，發動進攻。魯莊公準備馬上讓士兵反擊，曹劌連忙阻止道：「等一下，還不到時候呢！」

這時齊軍的第二通戰鼓又擂響了，曹劌還是叫魯莊公按兵不動。魯軍將士看到齊軍張牙舞爪的樣子，個個磨拳擦掌，焦急地等待著主帥的命令。

齊軍主帥看魯軍站在那裡不動，又下令擂響第三通鼓，魯軍還是按兵不動。齊軍兵士以為魯軍膽怯怕戰，耀武揚威地向魯軍衝殺過來。

曹劌這才對魯莊公說：「現在可以下令反攻了。」

魯軍陣地上擂響了進軍鼓，兵士頓時士氣高漲，像猛虎下山般撲了過去。齊軍兵士面對勇猛的魯軍，沒有絲毫的心理準備。一會兒就招架不住魯軍的攻勢，一齊潰敗下來。

魯軍反攻勝利後，魯莊公對曹劌鎮靜自若的指揮，暗暗佩服，可是心裡想不明白這個仗是怎麼打勝的。回到宮裡後，他先向曹劌慰問了幾句，接著說道：「齊軍頭回擊鼓，你為什麼不讓我出擊？」

曹劌說：「打仗這件事，全憑士氣。對方擂第一通鼓的時候，士氣最足；第二通鼓，氣就鬆了一些，到第三通鼓，氣已經洩了。對方洩氣的時候，我們的兵士卻鼓足士氣，這時我們擂鼓出擊哪有不打贏的道理？」

魯莊公這才品味過來，稱讚曹劌的見解高明。在曹劌指揮下，魯軍擊退了齊軍，魯國也穩定下來。

假仁假義

宋公欒簠　春秋　▲

宋景公專用盛食器。

彩漆木雕箭箙　春秋　▲

裝箭的盒子。

宋楚之戰示意圖　▼

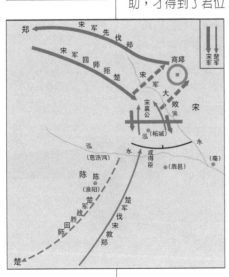

齊桓公死後，他的五個兒子開始搶奪君王的位子。可是，齊國爆發了內亂，齊國的霸主地位剎那間煙消雲散了。

齊國內亂時，公子昭走投無路，就想起父親囑咐的話：大難之時請宋襄公幫助。於是公子昭逃往宋國。

宋襄公見齊國發生內亂，就想起齊桓公當初稱霸諸侯時，何等顯赫，現在乘其內亂，正是樹立自己威信的大好時機。於是宋襄公號召各國諸侯出兵一起送公子昭回國當國王，把豎刁、易牙這些亂臣賊子殺死，將公子無詭趕下台來。

宋襄公的號召力不大，只有三個小國出兵跟他攻打齊國，公子昭被擁立為齊孝公。

本來齊國是諸侯的盟主，如今齊孝公依靠宋國的幫助，才得到了君位。所以，齊孝公對宋國感恩戴德，這樣一來，無形當中提高了宋國的地位，宋襄公也真的萌生起做霸主的想法來了。但一想到上次扶立齊孝公，只來了三個小國，幾個中原大國都不理睬他，便決定先教訓幾個小國，以挽回面子。他處罰了滕國國君嬰齊，便邀曹、邾、鄫等國結盟，藉口鄫國國君遲到，就叫邾國人把他抓起來殺了祭祀社神。

西元前638年，宋襄公出兵攻打鄭國。鄭國向楚國求救。楚成王沒有直接去救鄭國，而是派兵攻打

宋國。

宋襄公得知本國告急後，立即撤軍歸國。宋軍與楚軍隔泓水對峙。

過了幾天，公子目夷看到楚軍準備渡河，連忙對宋襄公說：「兵貴神速，此時乘敵軍沒有渡完河的時候，發起進攻，一定能戰勝他們。」宋襄公搖頭說道：「宋是講仁義的國家，怎麼能趁人家渡河時與人開仗呢？那樣豈不是太不仁義了嗎？」說著說著，楚軍已經全部渡過泓水，正在列隊擺陣。公子目夷又對宋襄公說：「楚軍已經過泓水，趁他們陣腳未穩，趕快殺將過去，楚軍一定戰敗，此時不動手，恐怕就來不及了。」宋襄公不高興地對目夷說：「這怎麼行？你太不講仁義了。人家隊伍沒排好，怎麼能乘人之危呢？」

一會兒的工夫，楚國兵馬已經排好陣勢，接著擂響了戰鼓，楚軍如排山倒海般殺向宋軍，宋軍哪裡抵擋得了，紛紛敗下陣來。宋襄公見狀，跳上一輛戰車仗劍指揮。一陣亂箭射來，腿上中箭負傷。公子目夷等幾員戰將見狀，拼命廝殺衝開一條血路，殺出重圍，才沒讓宋襄公第二次當楚國的俘虜。

宋襄公率殘兵敗將回到國都商丘。宋國百姓議論紛紛，都埋怨他不該與楚國交戰，更不該採取那種打法，這些話傳到宋襄公那裡，他還不服氣，氣憤地說：「君子要講仁義。不能在對方有危險的時候攻擊他們，不能碰到受傷的人再去傷害他，不能捕捉頭髮花白的老兵作俘虜。」目夷氣憤地說道：「打仗就是為了打敗敵人。如果在敵人面前講仁義，就不要打仗；如果碰到老兵不抓，就只有當別人的俘虜了。」

宋襄公志大才疏，又好大喜功，剛愎自用，最終自取失敗。宋襄公因箭傷很重，過了一年就死了。

皮甲胄復原模型　▲

春秋戰國時期征戰頻繁，甲胄的作用非常重要。

鎛鐘　春秋　▲

鐘鈕作相對龍形，龍間又有雙鳳，枚形如覆帽，隧部飾狀若浪花的變形蟠虺紋。銘文計174字，器主據銘文是齊國名臣鮑叔牙後裔。

重耳流亡

重耳是晉獻公的兒子，晉獻公寵愛一個妃子驪姬，想把驪姬生的兒子奚齊立為太子。後來晉獻公年紀大了，想到嗣立的問題，便狠了狠心，將原來的太子申生殺了。申生一死，晉獻公的另外兩個兒子重耳和夷吾都感到性命難保，便都逃到別的諸侯國避難去了。

晉獻公死後，夷吾回國奪取了君位。夷吾感到留著重耳是個禍患，便想除掉重耳，重耳不得不到處逃難。重耳在晉國時很有聲望，一批有才能的大臣都願意輔佐他。

重耳在狄國一住就是十二年，後來有人行刺他，只好逃往衛國。衛國國君看他時運不濟，也不肯接待他。

重耳一班人一路流亡到齊國。那時齊桓公在位，待他也不錯，送給重耳不少車馬和房子，還把本族的一個姑娘嫁給他。重耳覺得留在齊國很舒適，便不再想回國的事，可是跟隨的人都思念晉國。於是，眾人商量了個辦法，把重耳帶出了齊國。

後來，重耳又到了宋國。正趕上宋襄公生病，他手下的臣子對重耳的隨從狐偃說：「宋襄公是非常器重公子的，但是我們實在沒有能力幫助你們回晉國去。」

狐偃明白宋國的意思，便與重耳等人離開宋國，又到了楚國。楚成王把重耳當做貴賓，還用招

鳥頭紋飾金具　春秋　▲

隨著社會經濟的發展，上層社會生活日趨奢侈，對高級日用品和裝飾品的需求越來越大。這在客觀上促進了金銀製作和加工工藝的提高。使用金銀用品成為貴族身分的象徵。

重耳流亡路線圖　▼

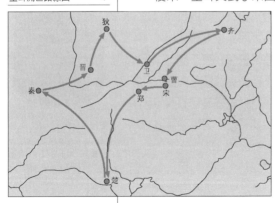

待諸侯的禮節
招待他。由
此，重耳十分
尊敬楚成王。
兩個人漸漸成
了朋友。

有一次楚
成王邀請重耳
到王宮去，在
宴會上開玩笑
說：「公子要
是將來回到晉
國當上國君，
那麼會怎樣報
答我呢？」

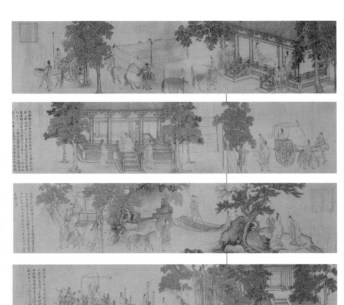

晉文公復國圖卷（之 ▲
一、之二、之三、之
四）南宋　李唐

重耳說：「我願意和貴國永遠友好。如果兩國交兵
打仗，在兩軍相遇時，我一定退避三舍。」等宴會結
束，楚國大將成得臣對楚王說：「重耳言談沒有分寸，
我看他是個忘恩負義的人。不如趁早殺掉他，免得以後
吃他的虧。」

楚成王對成得臣的意見不置可否，正好秦穆公派人
來接重耳，成王就讓重耳到秦國（都城雍，在今陝西鳳
翔東南）去了。

當初秦穆公幫助重耳的異母兄弟夷吾回晉國當了國
君。沒想到夷吾做了晉國國君以後，不僅不感恩戴德，
還和秦國發生了戰爭。夷吾死後，他的兒子又與秦國發
生事端。於是，秦穆公決定幫助重耳回國。

西元前636年，秦國的大軍護送重耳渡過黃河，收
復了晉國，從此流亡了十九年的重耳在晉國當上了國
君。這就是晉文公。

智君子鑑　春秋　▲

為晉國智氏家族遺物。

退避三舍

動物紋首短劍　春秋　▲

盾形玉飾　春秋　▲

晉文公即位以後，治理內政，發展經濟，晉國又漸漸強盛起來。

這時候，逃往鄭國的周朝天子周襄王派人到晉國討救兵。原來周襄王有個異母兄弟叫太叔帶，聯合了一些大臣，向狄國借兵，奪取了周襄王的王位。

晉文公馬上發兵攻打狄人，狄人大敗，晉文公又殺了太叔帶和擁護他的一幫人，護送天子重返京城。

過了兩年，宋襄公的兒子宋成公又來向晉國求救，說楚國派大將成得臣率領楚、陳、蔡、鄭、許五國兵馬攻打宋國。大臣們都同意出兵救援宋國，扶助有困難的國家，以建立霸業。

晉文公知道，要擁有中原霸主的地位，就得打敗楚國。他便組建了三路大軍，浩浩蕩蕩地去救援宋國。

西元前632年，晉軍先後攻克了歸附楚國的曹國和衛國，俘虜了兩國國君。

楚成王並沒有與晉文公交戰，聽到晉國出兵，立刻下令派大將成得臣退兵。

成得臣先派人要求晉軍釋放衛、曹兩國國君。晉文公卻暗地通知這兩國國君，答應恢復他們的君位，條件是他們先跟楚國斷交。曹、衛兩國真的按晉文公的意思做了。

成得臣本想救這兩個國家，不料這兩個國家不講道義倒先來跟楚國絕交。氣得他率領全軍直奔晉軍大營。

楚軍一進軍，晉文公立刻命令往後撤。這種做法讓許多晉軍將領費解。

獸頭陶範　春秋　▲

出土於山西侯馬古代晉都遺址。此地出土有大量精美的鑄銅陶範，證明這裡曾大批鑄造過青銅器。

狐偃解釋說，當初楚王曾經幫助過主公，主公在楚王面前許過願：萬一兩國交戰，晉國會退避三舍。今天後撤，就是為了信守這個諾言啊。

　　晉軍向後撤了九十里，才停下來，在城濮（今山東鄄城西南）佈置好了陣勢。

　　楚國一些將領見晉軍後撤，想停止追擊。可是成得臣不肯作罷，一口氣追到城濮，跟晉軍對峙起來。

　　大戰剛一展開，晉國的將領便用兩面大旗，指揮隊伍向後敗退。他們還在戰車後面拖著樹枝，使地下揚起一陣陣的塵土。

　　成得臣一向驕傲自大，看到晉軍十分慌亂。便不顧一切地指揮軍隊直追上去。晉軍早就設好了埋伏。晉軍的中軍精銳，猛衝過來，把成得臣的軍隊一分為二。原來假裝敗退的晉軍又回過頭來，前後夾擊，把楚軍殺得一敗塗地。

　　晉文公連忙下令，吩咐將士們不要追殺，把楚軍趕跑就是了。成得臣帶著殘將敗兵向後敗退，自己覺得沒法向楚成王交代，就在半路上自殺了。

　　晉國打敗楚國的消息傳到周都洛邑，周襄王和大臣都認為晉文公立了大功。晉文公趁機約了各國諸侯開了個大會，訂立了盟約。這樣，晉文公就成為中原霸主。

鈒內戈　春秋　▲

春秋時期的兵器更加注重實用性，少奢華裝飾。

豹形飾金具　春秋　▲

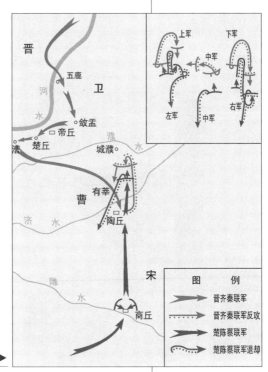

晉楚城濮之戰示意圖　▶

弦高退秦軍

蝕花石髓管　春秋　▲

虎形灶　春秋　▼

行軍作戰時使用的炊具。

晉文公打敗了楚國後，會合諸侯訂立盟約，連歸附楚國的陳、蔡、鄭三國也與晉國成了盟約國。但是，跟晉國訂了盟約的鄭國，又暗地裡跟楚國結了盟。

晉文公知道了這件事，非常生氣，打算再次去征伐鄭國，還與秦國約定，一起攻打鄭國。

秦穆公一心想向東擴張自己的勢力範圍，就親自帶著兵馬到了鄭國邊界。晉國的兵馬在西邊駐紮，秦國的兵馬在東邊駐紮，兩軍聲勢十分浩大。鄭國的國君忙派辯士燭之武去勸說秦穆公退兵。

秦穆公衡量了一下利害關係，答應跟鄭國單獨講和，自己帶領兵馬回國了。臨走之前，派了三個將軍帶了兩千人馬，替鄭國守衛北門。

晉國眼看秦軍走了，非常生氣，有的將領便提議追打秦兵。

晉文公不同意攻打秦軍，眾人便想辦法把鄭國又拉到晉國一邊，隨後也撤兵回去了。

後來，秦國得知鄭國又與晉國訂立合約，但又沒有什麼辦法，只好忍耐下來。

過了兩年，晉文公病死，他的兒子襄公繼承王位。有人對秦公說道：「晉文公剛死去，還沒舉行喪禮。趁這個機會攻打鄭國，晉國絕不會去援救鄭國。」

留在鄭國的將軍也派人對秦穆公說，鄭國北門的防守由我們掌管，要是秘密派

兵來偷襲，一定大功告成。

秦穆公派百里奚的兒子孟明視為大將，
蹇叔的兩個兒子西乞术、白乙丙為副將，率領
三百輛兵車，悄悄地前往鄭國偷襲。

第二年二月，秦國的大軍剛剛進入滑國界（在今
河南省），便有人自稱是鄭國派來的使臣，求見秦國主
將。

「使臣」說道：「我叫弦高。我們的國君聽說你們
要到鄭國來，特地派我在這裡等候三位將軍，並讓我送
上一份微薄的禮物，慰勞貴軍將士。」隨後，他獻上四
張熟牛皮和十二頭肥牛。

孟明視原來打算趁鄭國毫無準備的時候，進行突然
襲擊。現在看來鄭國使臣老遠地跑來犒勞軍隊，這說明
鄭國早已有了準備，要偷襲已經不可能了。便收下了弦
高送給他們的禮物，對弦高說：「我們並不是到貴國去
的，你們不必多慮。」

弦高走後，孟明視對眾人說道：「看來鄭國已經得
知了消息，作好了準備，偷襲沒有成功的希望，我們還
是回國吧。」隨後，秦滅掉滑國，回國了。

其實，鄭國根本就不知
道秦國要去偷襲的事，孟明
視上了弦高的當。弦高是個
牛販子，他趕了牛到洛邑去
做買賣，正好碰到秦軍。弦
高得知了秦軍的用意後，已
經來不及向鄭國報告，於是
他急中生智，冒充鄭國使臣
騙了孟明視。

鄭伯盤　春秋　▲

玉璧　春秋　▲

鹿形金飾　春秋　▲

鄭都城平面圖　▶

崤山之戰

秦國軍隊偷襲鄭國的消息，晉國那邊早就知道了。晉國的大將先軫勸說晉襄公不要錯過這次打擊秦國的機會。於是，晉襄公親自率領大軍開到地勢險要的崤山，晉軍早在那裡設下了埋伏，只等秦軍到來。孟明視一進崤山，就被晉軍包圍起來。秦國的士卒死傷慘重，活下來的人，包括孟明視、西乞朮、白乙丙三員大將在內全都成了晉國的俘虜。

晉襄公的母親文嬴（音 ㄧㄥˊ）原是秦國人，不願與秦國結仇，她對得勝回朝的襄公說：「秦國和晉國原是親戚，一向友好。如果把孟明視這些人殺了，恐怕兩國的冤仇越結越深，還是把他們放了，讓秦君自己去處置他們吧。」

晉襄公覺得母親說得有道理，就把孟明視等人釋放了。

孟明視等三人快到秦國的時候，秦穆公聽到全軍覆

山羊裝飾鏡　春秋　▲

秦晉崤之戰示意圖　▼

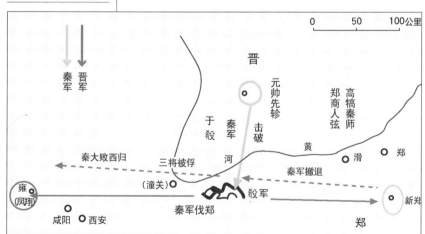

中華上下五千年

沒，便穿了素服，親自到城外去迎接他們。

孟明視等人跪在地上請罪。秦穆公說：「責任在於我，沒有聽你們父親的勸告，害得你們兵敗受辱，我不怪你們。再說，也不能因為一個人犯了一點小過失，就抹殺他的大功啊！」

孟明視等人感激涕零，從這以後，他們認真訓練軍隊，一心一意要報仇雪恥。

西元前625年，孟明視要求秦穆公發兵攻打晉國，去報崤山的仇，秦穆公同意了。孟明視等三員大將率領四百輛兵車打到晉國。晉襄公早有防備，又一次打敗了孟明視。

這一來，秦國就有人說孟明視是無能之輩。附近的小國和西戎一看秦國連打敗仗，紛紛脫離秦國的管制。

又過了一年，也就是崤山之戰後的第三年。孟明視作好一切準備，在國內挑選精兵強將，撥發了五百輛兵車。秦穆公還拿出大量的糧食和財帛，安頓好將士的家屬。將士們鬥志旺盛，浩浩蕩蕩地出發了。

秦軍渡黃河的時候，孟明視對將士說：「咱們這回出征，只能成功，不能失敗，我想把船燒了，大家看行不行？」大夥說：「燒吧！打勝了會有船的。打敗了，就不回來了。」孟明視的兵士們士氣高漲，憋了幾年的仇恨全在這時候迸發出來。沒過幾天，秦軍就奪回了上次丟失的兩個城，接著又攻下了晉國的幾座城池。

面對秦國的凌厲攻勢，晉國上下驚慌失措。晉襄公跟大臣商量以後，命令只許守城，不許跟秦國人交兵。

看到晉國人龜縮在城裡不敢出來，秦穆公率領大軍到崤山，收拾起三年前死亡將士的屍骨，掩埋在山坡上，並帶領孟明視等將士祭奠了一番，才班師回國。

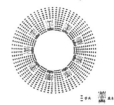

春秋方陣示意圖（前列）

春秋圓陣示意圖

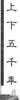

春秋兵陣示意圖　▲

中華上下五千年

玉片　春秋　▲

這種刻有文字的玉器在當時非常罕見。

山羊裝飾戰斧　春秋　▲

一鳴驚人

青銅怪獸　春秋 ▼

怪獸造型奇特，充分體現了楚人超越現實的想像力。

秦國打敗晉國，報了崤山之仇後，一連十幾年兩國相安無事。這期間，南方的楚國卻一天比一天強大起來。

西元前613年，楚莊王熊旅繼位，當了國君。當年楚莊王還不滿20歲，掌握楚國大權的是他的兩個老師——鬥克和公子燮。年輕的楚莊王根本不把國家大事放在心上，一切事務全由鬥克和公子燮兩人決斷。在他即位的前三年時間裡，白天打獵，晚上飲酒作樂，並下了一道命令：誰要是敢來勸諫，就處死誰。

三年過去後，楚莊王毫無悔改之意，仍然日夜歌舞歡宴不止。此時的朝廷政事，混亂不堪，公子燮和公子儀便乘機發動叛亂。幸好朝廷中有廬戢與叔麋兩位忠臣，他們當機立斷平定了叛亂。但此時，楚國的周邊國家陳、鄭、宋等小國都依附了晉國。按照楚國的國勢，已經危若累卵了。

一天，大臣成公賈實在看不下去了，他請求面見楚莊王。在富麗堂皇的宮殿裡，鐘鼓絲竹之聲繞樑不絕，楚莊王的面前几案上擺滿美酒佳肴，楚莊王正在一面飲酒，一面欣賞美女們翩翩起舞。莊王一見成公賈便問道：「你有什麼事蹟」成公賈故作驚惶的樣子答道：「我是來出謎語為大王助興的。」楚莊王聽說他要出謎語，覺得很有趣，就微笑地說：「好吧，你說說看吧！」成公賈於是清清喉嚨說道：「南山上有一隻大

鳥，三年裡站在大樹上不飛不動也不叫，這是隻什麼鳥？」楚莊王沉思了一會，說：「這是一隻與眾不同的鳥。這種鳥三年不飛，一飛沖天；三年不鳴，一鳴驚人。你的意思我明白了，你下去吧！」

成公賈以為楚莊王已幡然醒悟，朝政會有新的變化，就興沖沖地告訴了好友大臣蘇從，兩人眼巴巴地等待。可是，楚莊王照舊宴飲享樂。

蘇從見楚莊王依舊沒有變化，便冒死直諫楚莊王，疾言厲色地說：「大王身為楚國國君，繼位三年，只知尋歡作樂，長此以往，難道是要做桀紂那樣的人嗎？」楚莊王聽罷勃然大怒，抽出佩劍指著蘇從心窩說：「你不知我下的禁令嗎？」蘇從面無懼色，從容不迫地說：「我知道，但是楚國政事已不可收拾，活著也沒什麼意思，請大王賜臣下一死！」說罷延頸怒目而視，正氣凜凜。楚莊王也用眼珠子緊瞪著蘇從。突然，他將寶劍插入劍鞘，上前走幾步，雙手緊緊抱住蘇從雙肩，激動地說：「你才是我要尋找的國家棟樑呀！」

楚莊王立刻下令罷去樂師鼓手、歌妓舞女。然後與蘇從相對而坐，促膝談心。

蘇從此時才知道，原來楚莊王因為當時朝政十分複雜，權臣亂政，依附者甚多，忠奸難辨，才故意裝糊塗。這樣做就是要讓奸臣充分暴露，讓忠肝義膽的賢臣挺身而出，然後做他的助手，整頓內政。

第二天，楚莊王上朝，召集文武百官，當眾宣佈一些重大人事任命，振乾立綱。楚國從此蒸蒸日上。

漆繪木俑　春秋　　▲

出土於河南信陽長台關一號墓，此俑爲穿袍服，掛佩飾的婦女。

玉片、雞血色石項飾 ▲
春秋

楚式銅方壺　春秋 ▲

楚滅諸國示意圖 ▼

楚莊王爭霸

　　楚國經過整頓軍隊發展生產，出現了富國強兵的新局面，楚莊王認為與中原諸侯爭霸的時機成熟了。

　　西元前606年，楚國討伐陸渾的戎族，這是鄰近東周的小國。得勝之後，楚莊王令大軍在洛邑近郊舉行一次盛大的閱兵式。一時間，洛邑周圍旌旗蔽日，槍矛如林，鼓聲號聲震天動地。這一來可把那個掛名的周天子嚇壞了，他摸不清楚莊王打的是什麼主意，慌忙派殿前大臣王孫滿前去打探消息。

　　王孫滿見楚莊王後，代表周天子對楚莊王及楚軍表示慰問，並送上了犒勞的禮物。

　　楚莊王和王孫滿交談了一會兒後，楚莊王問起周王宮裡藏著的九鼎的大小重量情況。王孫滿聽話聽音，心中對楚莊王此番閱兵用意也已明白大半了。原來九鼎是用九州貢銅鑄成，它既代表了九州，又象徵著國家權力。夏商周三代都將它視為國寶，尤其周朝周公制禮，寶鼎又被視為象徵天子尊嚴的寶器，旁人是不能過問的，現在楚莊王居然問起九鼎，表明了他有奪取周天子權力的野心。王孫滿是個善辯的人，面對楚莊王大逆不道的言行，他說：「治理天下的人，主要靠德服人，不是靠鼎的作用。過去大禹有德，遠方部落進貢山川珍奇，禹以美金鑄鼎，周身飾

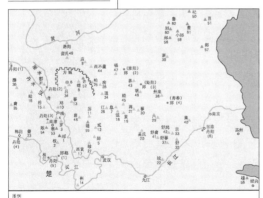

鬼神和萬物圖案，護佑小民防禍備荒。後來，夏桀無德，鼎移至殷人之手；紂王暴虐，鼎歸於周。由此可見，朝政清明，鼎雖輕不移；朝政昏亂，鼎雖重但必遷。至於九鼎的大小輕重，別人是不應當過問的。」

虎形玉飾　春秋　▲

春秋時期各國玉器造型各具特色，其中龍的形象佔有突出地位，同時虎、鳳等圖案也很常見。

楚莊王聽了王孫滿的話，知道自己還沒有滅掉周朝的能力，也就帶兵回去了。

西元前598年，陳國發生內亂，楚國出兵征服了陳國，然後又迫使鄭國歸附。後來，鄭國又派人前往晉國，表示願意服從。楚莊王得知這一消息，勃然大怒，於第二年親率楚軍進攻鄭國。

楚軍很快到了鄭國新鄭城下。鄭襄公命兵士深溝高壘，堅守不出，又派人前往晉國求救。楚國日夜攻城，三個月後，由於晉兵久久未至，楚軍最後攻陷新鄭。

青銅斧　春秋　▲

來救援鄭國的晉軍主將是荀林父，他聽說新鄭已被攻克，便下令班師回朝。副將先軫不聽命令，偷偷率部分人馬渡河追擊楚軍。荀林父見軍隊有分裂的危險，他控制不了先軫率領的兵馬，於是橫了橫心，就下令三軍渡河，與楚軍主力決戰。

楚莊王下令對晉軍發起進攻，並親自擂起戰鼓助威。楚軍將士如排山倒海般衝向晉軍。由於晉軍將領意見不一致，不能統一指揮，一下就被擊潰了。晉軍戰敗，渡黃河時，自相踐踏落水淹死的不計其數。晉軍受了這次挫折，元氣大傷。

西元前593年，楚莊王又使宋國降服。這樣一來，楚莊王就問鼎成功，成了春秋五霸之一。

楚莊王也真不愧把自己說成是一隻一鳴驚人的大鵬鳥。

青銅馬形飾　春秋　▼

伍子胥復仇

伍子胥像　　　　▲

楚莊王死後，他的孫子楚平王即位。

西元前522年，楚平王要廢掉太子建。這時候，太子建和他的老師伍奢鎮守在城父（在河南襄城西）。楚平王怕伍奢反對他這麼做，就先把伍奢關進監獄。

楚平王派人去殺太子建的同時，逼迫伍奢給他的兩個兒子伍尚和伍子胥寫信，叫他們回來，以便斬草除根。伍尚回到郢都（今湖北江陵西北，郢音 ㄧㄥˇ）後，就跟父親伍奢一起，被楚平王殺害。太子建事先得到消息，便帶著兒子公子勝逃往宋國。

伍奢的另一個兒子伍子胥，也逃離了楚國，他在宋國找到了太子建。不久，宋國發生了內亂，伍子胥又帶著太子建、公子勝逃到鄭國，他們請求鄭國出兵攻打楚國。鄭國國君鄭定公沒有同意。

太子建情急之中，竟勾結鄭國的一些大臣想奪取鄭定公的權，結果被鄭定公殺了。伍子胥帶著公子勝從鄭國逃了出來，投奔吳國（都城在今江蘇蘇州）。

孫五（武）子演陣教　▶
美人戰　版畫

圖中孫武作道士裝束，舉旗於城上教宮女演習戰術，吳王坐於對面的台上，俯視兩隊演武的陣容。

楚平王為了捉拿伍子胥，叫人畫了伍子胥的像，掛在楚國各地的城門口，並用重金懸賞。

伍子胥和公子勝逃出鄭國後，怕被楚國人發現，白天躲藏起來，到了晚上才趕路，到了吳楚兩國交界的昭關（在今安徽含山縣北）時，關上的官吏盤查得很嚴。傳說伍子胥為了過關而憂慮不安，一夜之間，頭髮都愁白了。幸虧遇到了一個好心人東皋公，他同情伍子胥等人的遭遇，把他們接到自己家裡。東皋公有個朋友，長得有點像伍子胥。東皋公讓他冒充伍子胥矇騙關上的官吏。守關的逮住了假伍子胥，而真伍子胥因為頭髮全白了，面貌也變了，守關的人沒認出來，混出了關。

伍子胥到了吳國，吳國公子光正在謀劃奪取王位。伍子胥幫助公子光殺了吳王僚（音 ㄌㄧㄠˊ ），公子光登上了王位。這就是吳王闔閭（音 ㄏㄜˊ ㄌㄩˊ ）。

吳王闔閭即位之後，封伍子胥為大夫，幫助處理內政大事；吳王手下還有一位將軍孫武，是個精通兵法的大軍事家。吳王依靠伍子胥和孫武，整頓兵馬，先後兼併了臨近幾個小國。

西元前506年，在伍子胥的一再請求下，吳王闔閭拜孫武為大將，伍子胥為副將，親自率領大軍，向楚國進軍。吳軍所向披靡，攻無不克，戰無不勝，楚國的軍隊一路兵敗，吳軍乘勝一直打到郢都。

那時，楚平王已經死去，他的兒子楚昭王在吳軍到來之前就跑了。伍子胥對楚平王恨之入骨，刨了他的墳，還把平王的屍首挖出來狠狠地鞭打了一頓。

吳軍佔領楚國郢都。楚國人申包胥逃往秦國求救兵，秦哀公沒有答應。申包胥在秦國宮門外賴著不走，日夜痛哭，一連哭了七天七夜。秦哀公終於被感動了，派兵救楚國，並擊敗吳軍。

孫武塑像　▲

伍子胥畫像鏡　▲

清版《孫子兵法》書影 ▲

先師孔丘

孔子像　▲

　　吳國在伍子胥、孫武的治理下，成為強國。齊國的齊景公繼承王位後，重用大臣晏嬰，改革朝政，國家也日漸興盛。

　　西元前500年，齊國發現魯國漸強，便想了一個計策：假裝要與魯國媾和，齊景公約定要與魯定公在夾谷相會。於是，魯定公決定讓魯國的司寇孔子一同前去。

　　孔子名丘，字仲尼，是魯國陬邑（今山東曲阜）人，春秋末年的思想家、政治家和教育家，同時也是儒家學派的創始人。孔子的祖先是殷商王室的後裔。孔子的父親孔紇做過陬邑的大夫，是一員武將。孔紇在孔子三歲時去世，他隨母親顏氏和其兄孟皮搬到曲阜住下來。由於父親早逝，家中貧困，孔子只好瞞著母親，輟學在叔孫氏家放牛。叔孫氏家有許多藏書，孔子經常借來閱讀，成了知識淵博的人，孔子的名聲也漸漸傳開了。

　　二十歲時，他的妻子為他生了一個兒子，魯昭公聞信，派人送來鯉魚，表示祝賀。昭公賜魚之事，使孔子在曲阜聲名鵲起。隨後季平子根據孔子的事蹟，擢升他為管理計劃生育的司職吏。孔子上任以後，施行了五條措施，魯國人奔相走告，外邦人陸續遷入，魯國人口劇增。孔子不到三十歲，就已經掌握了「六藝」，也就是禮節、音樂、射箭、駕車、書寫、計算。此外，還掌握了以《詩》、《書》、《禮》、《樂》、《易》、《春秋》為代表的各種文獻資料，真正是才高八斗、學富五車了。這樣一來，許多人都願意拜他為師，他便辦了一些私塾，收了許多學生提出有教無類的教育方針。

孔廟杏壇　▲

位於孔廟大成門與大成殿之間甬道正中，原為孔子舊宅教授堂遺址，宋時將此堂舊址「除地為壇，環植以杏，名曰杏壇」。整個建築玲瓏典雅，為孔子從事教育活動的重要標誌。

　　孔子在三十四歲時，赴洛陽會見道家學派的創始人老聃，即大學者萇弘。這一次會見，使孔子學到了周朝的禮樂及文物制度。孔子對老子的道家思想佩服

得五體投地，稱他為雲中之龍。西元前513年，魯國發生「三桓」之亂，魯國掌權的三家大夫——季孫氏、孟孫氏、叔孫氏把魯昭公轟下台。這時，孔子也在魯國待不下去了，只好來到齊國。這一次齊景公待他很客氣，還向孔子詢問了治國的道理，孔子提出了「正名」的主張，即所謂「君君、臣臣、父父、子子」，也就是說，君、臣、父、子都應當名副其實，各自都按等級名分的要求行事。齊國宰相晏嬰認為孔子學說不過是書生之見罷了，並非齊國的當務之急。齊景公聽從晏嬰的話，決定不用孔子。這樣，孔子便離開齊國，又回到魯國教書，跟他學習的人越來越多。

到了西元前501年，魯定公任命孔子做了中部宰，後來又提升為司空、司寇。這時，齊國要與魯國假意會盟的事引起了孔子的注意。他建議魯定公防備齊國的陰謀，多帶一些大將和兵馬前去。在夾谷會盟上，孔子發揮了重要作用，使魯國在外交上取得了勝利。魯定公被勝利沖昏了頭腦，以為天下太平了，便不過問政事，整天吃喝玩樂。孔子想勸說他，但他總是躲著孔子。無奈之下，孔子便離開了魯國。

孔子先後到過衛國、曹國、宋國、鄭國、陳國、蔡國、楚國。這期間，孔子曾經在陳、蔡之間受困，七天沒吃飯，但孔子依舊不改其初衷，堅持講誦弦歌，表現了他樂觀豁達的人生態度。

西元前484年，孔子又回到了魯國。魯哀公季康子和大臣們多次向孔子問政，但最終還是沒有起用孔子。此後的五年裡，孔子專心從事文獻整理和教育事業，刪《詩》、《書》，定《禮》、《樂》，修《春秋》，授徒多達三千多人，其中，道德高尚精於六藝的就有七十二賢人。

西元前479年，孔子去世。孔子死後，為後代留下了豐富的思想遺跡。孔子強調仁，這是充滿人道主義的光輝思想，也是春秋時期社會動盪不安的客觀反映。經孔子編著整理保存下來的諸如《春秋》、《尚書》、《詩經》等書籍，對後世的學術思想影響極大。

山羊形頭飾　春秋　▲

臥薪嘗膽

晉國在邲打了敗仗，霸業開始衰落。楚國漸漸強盛起來。此後，晉、楚爭霸，各不相讓。後來，經宋國調停才罷兵講和。

在中原局勢漸趨平靜的時候，南方的吳越爭霸開始了。吳國的國王闔閭，依靠伍子胥、孫武等人的輔佐，在柏舉之戰中打敗了楚國，但就在吳軍攻入郢都的時候，越國軍隊向吳國發起了進攻，從而揭開了吳、越爭霸的序幕。

吳王闔閭得知越國攻吳的消息，立即從前線回師攻打越國。西元前496年，越王允常病死，其子勾踐繼位。吳王闔閭趁越國剛剛遭到喪事，發兵攻打越國，兩軍在攜李展開大戰。結果，吳軍大敗，闔閭中箭受了重傷。闔閭臨死前，對兒子夫差說：「千萬不要忘記越國的仇恨。」

夫差即位後，發誓一定要打敗勾踐，為父親報仇。他任命伍子胥為相國，伯嚭為太宰，勵精圖治，準備攻打越國。過了兩年，勾踐探知夫差晝夜練兵，就想先發制人。吳王夫差率兵迎戰，雙方大戰於大椒。結果，越軍大敗，勾踐戰敗逃到會稽山上，被吳國追兵圍困起來。

勾踐以為局面已臨近最後關頭，準備殺妻與吳王決一死戰。他的手下有兩個很有才能的人，一個叫文種，一個叫范蠡。他們認為一味蠻幹，只有死路一條，不如先賄賂吳國權臣伯嚭，以求生路。便暗中派人把一批越女和奇珍送給他，託他在夫差面前說好話。伯嚭果然接受禮物，在夫差面前勸說一番。

范蠡像　　　　　▲

越王勾踐劍　春秋　▲

古代兵器中的奇寶，出土時仍然寒光四射，鋒利無比，可斷髮絲。此劍劍身飾黑色暗紋，劍格正面鑲藍色琉璃，背面鑲綠松石花紋。劍身銘有：「越王勾踐，自作用劍」。反映了中國古代高超的鑄劍技術。

夫差不顧伍子胥的反對，答應了越國的求和條件，但要勾踐到吳國去贖罪。勾踐把國家大事託付給文種後，就帶著夫人與大夫范蠡去了吳國。夫差派人在其父闔閭墓旁築了一個石屋，將勾踐夫婦、君臣趕進屋中，換上囚衣，去做餵馬的苦役。夫差每次坐車出去，叫勾踐牽馬，叫范蠡伏在地上當馬鐙。

這樣過了兩年，勾踐在吳國吃盡了苦頭。文種又給伯嚭送去珍寶美女，請他在夫差面前進言放回勾踐。夫差對伯嚭一向唯命是聽，又覺得勾踐這兩年的表現的確是真心歸順了他，也就微笑點頭了。

勾踐回到越國後，發誓要報仇雪恥。他號召全國上下艱苦奮鬥。他自己身穿粗布衣服，不吃肉食，住在簡陋的屋子裡，把席子撤去，用柴草作褥子；在吃飯地方懸掛一個苦膽，每逢吃飯時，先嘗一嘗苦膽，然後大喊一聲：「勾踐，你忘記會稽的恥辱了嗎？」他不斷激勵自己，振作精神。這就是「臥薪嘗膽」故事的由來。

面對越強吳弱的發展態勢，伍子胥憂心如焚，他對夫差說：「我聽說勾踐臥薪嘗膽與百姓同甘共苦。」夫差不僅不聽，反而疏遠伍子胥。又過了兩年夫差帶兵進攻齊國，得勝而歸。文武官員全說恭維話，只有伍子胥在夫差面前批評說：「這次進攻齊國，只能算是一次小勝利。如果越國不滅，才是心腹大患。」吳王夫差大怒，賜伍子胥一把寶劍，令他自殺了。

不久，勾踐留下文種處理朝政，自己與范蠡率精兵五萬襲擊吳國，打敗吳國守軍，殺了吳國太子。西元前473年，勾踐再次進攻吳國，把夫差包圍在姑蘇山上。隨後，越軍消滅了吳軍。勾踐封給夫差一塊地方——甬東，在會稽東邊的一個海島。夫差痛悔自己相信伯嚭之言，而忠言卻聽不進去，於是他以布蒙面，伏劍自殺了。勾踐以國王的禮節埋葬了夫差，又誅殺了伯嚭。

吳越戰爭是春秋時期的尾聲。到了西元前475年，進入戰國時期。中國封建社會開始了。

吳越戰爭圖　　　　　▶

墨子破雲梯

戰國初期，楚國的國君楚惠王為了恢復楚國的霸權地位，他整頓了軍隊，準備進攻宋國。

楚惠王手下有一個很有本領的工匠叫公輸般。因為公輸般是魯國人，所以後來人們稱他魯班。公輸般使用斧子非常靈巧，技藝高超，無人能比，誰要想跟他比一比使用斧子的本領，人們就會說他不自量力。後來有個成語，叫做「班門弄斧」，說的就是這個意思。

公輸般被任命為楚國的大夫。公輸般到楚國後，替楚王設計了一種攻城的工具，比樓車還要高，看上去，高得能夠觸到雲彩，所以叫雲梯。

楚惠王一面叫公輸般趕緊製造雲梯，一面準備向宋國進攻。楚國想進攻宋國的事，引起了許多人的反對，其中有一個叫墨子的人。

墨子，名翟（音 ㄉ ），是墨家學派的創始人，他聽

中華上下五千年

墨子像　　　▲

攻城工具模型　　　▲

《墨子》書影　　　▲

清光緒湖北崇文書局刻本。總計53篇，大多為墨翟弟子及其後世門人對墨翟言行的記述。

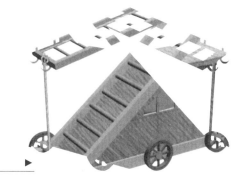

雲梯模型　　　▶

到楚國要利用雲梯去攻打宋國，就趕快跑到楚國去，跑得腳底起了泡。

一直奔走了十天十夜，墨子終於到了楚國的都城郢都。他先去勸說公輸般不要幫助楚惠王攻打宋國。並要求公輸般帶他去見楚惠王，墨子很誠懇地對楚惠王說：「楚國有方圓五千里廣大土地，物產豐富，而宋國土地不過五百里，土地並不好，物產也少，大王有了華貴的車馬，還要去偷人家的破車，這是何苦呢？扔了自己的繡花綢袍，去偷人家一件舊短褂子，這又是為什麼呢？」

楚惠王聽墨子說得有些道理，但還是沒有動搖攻打宋國的決心，在一旁的公輸般認為用雲梯攻城必能獲勝。

墨子直截了當地說：「你進攻不會佔到什麼便宜，你能攻，我能守。」

他從身上解下繫著的皮帶，圍在地下當做城牆，又拿幾塊小木板當做攻城的工具，叫公輸般來演習一下，比一比本領。

公輸般採用一種方法攻城，墨子就用一種方法守城。

公輸般採用了九套攻法，把攻城的方法都使完了，墨子守城的高招一一將其破解了。

後來，墨子對楚惠王進行了一番勸說，楚惠王聽了墨子一番話，又親自看到墨子守城的本領，知道要打勝宋國沒有希望，只好放棄了進攻宋國的打算。這樣，墨子透過自己的智慧，阻止了一場戰爭。

公輸班像　▲

《魯班經匠家鏡》營　▲
造家具圖

鎏金鑲玉帶鉤　戰國　▲
帶鉤是中原金銀器的一種主
要製品，由金、玉、琉璃和
銀鑲製而成。

灰陶朱彩方壺　戰國　◀
戰國時期陶器的品質有所提
高，數量明顯增加，已被廣
泛應用於飲食、建築等領
域。

三家分晉

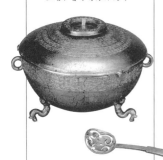

春秋末期，各諸侯國家經常發生戰爭，使生產遭到破壞，各國財政貧乏，中原大國晉國也日漸衰落。這時，晉國國君的權力也旁落了。

晉的權力由欒、解、趙、魏、韓、智六家大夫把持，他們又以自己的地盤和武裝，爭權奪利，互相攻戰。後來只剩韓、趙、魏、智四家。四家中智伯瑤勢力最大，野心也最大。智伯瑤打算下一步侵佔韓、趙、魏三家的土地，於是把趙襄子、魏桓子、韓康子三大夫請到家中，設宴款待。席間智伯瑤對三家大夫說：「晉文公時，晉國是中原霸主，後來霸主地位被吳、越奪去了。為了重振晉國雄風，我主張每家獻出一百里土地和相應的戶口交國君掌管。」

韓康子害怕智伯瑤的勢力，首先表示贊同，願把韓家土地和一萬家戶口交給國家；魏桓子心裡不願意，但也不得不表態，也把百里土地和九千家戶口交給智家，智伯瑤見趙襄子一言不發，便用言語威脅他。趙襄子性格耿直，看智伯瑤貪婪的樣子，非常氣憤，便說：「土地是祖宗遺跡，要送給別人，我實在不敢作主。」智伯瑤聽罷立刻翻臉，智、趙席上爭吵不休，趙襄子一甩袖子走了。智立刻決定討伐，並親自帶兵馬為中軍，讓韓為右軍，魏為左軍三軍直奔趙城。趙襄子寡不敵眾，邊戰邊退，退到晉陽（今山西太原）閉關固守。整整打了兩年的仗，智軍就是攻不下趙城。

智伯瑤無計可施，十分惱火。一天智伯瑤繞趙城察看地形時，看到晉陽城東北有晉水河，水勢湍急受到啓發。智伯瑤便命令士兵築壩蓄水，想把晉陽全城淹沒。

大水淹進晉陽城以後，趙襄子焦慮不安，愁眉不展，就與謀士張孟談探討對策。趙說：「目前百姓情緒穩定，只是水勢若再往上漲，全城就難保了，這可怎麼辦呢？」張孟談分析說：「攻城不如攻心。我看韓、魏把土地割讓給智家，並不是心甘情願的，我們何不派人遊說，把韓、魏爭取過來，請他們幫我們一起對付霸道的智伯瑤。」趙襄子同意這主意，就派張孟談連夜出城，直奔韓、魏兩營。韓、魏二大夫正擔憂自己的前途，經張一說，都贊同合力對付智伯瑤。

第二天深夜，智伯瑤在營帳裡睡得正香，突然聽見一陣喊殺聲。他連忙披衣察看，發覺床下到處是水，以為大堤決口的水是從晉陽城漫過來，心理還很高興的。但出帳外一看，兵營裡一片汪洋，士兵給突來的大水，弄得驚慌失措，亂作一團。智伯瑤驚魂未定，轉瞬間，三家軍兵分由韓、趙、魏大夫帶領，撐著木筏，從四面八方衝殺過來，打得智家軍措手不及，被砍死的和淹死在水裡的不計其數，智伯瑤也死於亂刀之下。

韓、趙、魏全殲了智家軍，並乘勢瓜分了晉國土地。西元前403年，三家派使者上邑去見周天子，要求晉封他們為諸侯。周天子見木已成舟，也就順水推舟送個人情，正式晉封韓康子、趙襄子、魏桓子三人為諸侯。

從此以後，韓、趙、魏都成為中原大國，與秦、楚、燕、齊四個大國並稱為「戰國七雄」。

雙龍形玉飾　戰國 ◀

西周的禮制中，玉器具有神秘而高貴的內涵，有著完整的佩飾體系。春秋戰國時期，舊禮制逐漸崩潰，人們將有關君子的倫理道德觀念與玉的特質相結合，使「君子之德比於玉」等觀念應運而生。這種理念貫穿中國幾千年的歷史，成為後世玉器經久不衰的理論基礎和精神支柱。

韓氏曆鼎　戰國 ▲

中華上下五千年

鑲嵌龍紋方壺　戰國 ▲

魏國銅器精品

南門立木

商鞅像　▲

商鞅方升及銘文　戰國 ▼

戰國時代商業經濟有了初步的發展，但是由於各國獨立為政，商業領域最關鍵的商品流通手段——度、量、衡和貨幣，標準不一，兌換混亂，制約了經濟的發展。

在戰國七雄當中，秦國的政治、經濟、文化各方面落後於中原各諸侯國。

西元前361年，秦國的新君即位，這就是秦孝公。他下決心發憤圖強，把秦國治理成強國，他第一件事做的就是搜羅人才。有一個衛國的貴族公孫鞅（就是後來的商鞅），在衛國的時候，國君不重用他。聽說秦國在招收人才，便來到秦國，託人引薦給秦孝公。

商鞅對秦孝公說：「一個國家要富強，必須發展農業，獎勵將士；治理國家，必須有賞有罰，賞罰分明，朝廷就會樹立起威信，一切改革也就容易施行了。」

商鞅的一席話非常符合秦孝公的心意。可是秦國的一些貴族和大臣卻竭力反對。

過了兩年，秦孝公控制了朝廷，穩定了君位，就拜商鞅為左庶長（秦國的官名），並把改革制度的事全權給予商鞅決斷。

於是，商鞅起草了一個改革的法令，但是擔心老百姓不信任他，不遵守新法令。他便想了個法子，叫人在都城的南門豎了一根三丈高的木頭，下命令說：「誰能把這根木頭扛到北門去，就賞這個人十兩金子。」

不一會兒工夫，南門口圍了一大堆人，大夥兒你瞧我，我瞧你，就是沒有一個人上前扛木頭。

商鞅知道老百姓不相信他的命令，就把賞金又加了四十兩。可是，賞金越高，看熱鬧的人越覺得不近情理，仍舊沒人敢去扛。

正在大夥兒猶豫不定的時候，從人群中跑出來一個人，那人說：「我來試試。」邊說邊扛起木頭就走，一直扛到北門。

商鞅立刻派人賞給扛木頭的人五十兩金子。

這件事立即傳播開了，一下子轟動了秦國。從此，老百姓都知道左庶長的命令不含糊。

商鞅看到他的法子得到了預期的效果，就把他起草的新法令公佈了出去。

從商鞅變法以後，秦國的農業產量增加了，軍事力量也強大了。不久，秦國進攻魏國，從河西打到河東，最後攻下了魏國的都城。

瑪瑙環　戰國　▲

西元前350年，商鞅又推行第二次改革。這次改革遭到了許多貴族、大臣的反對。有一次，秦國的太子犯了法。商鞅對秦孝公說：「國家的法令人人都要遵守。如果當官的人不去遵守，老百姓就不信任朝廷了。太子犯法，應當懲罰他的師傅。」

後來，商鞅治了太子的兩個師傅公子虔和公孫賈的罪，一個割掉了鼻子，一個在臉上刺上字。這樣一來，一些貴族、大臣都不敢觸犯新法了。

又過了十年，秦國果然越來越富強。

犧背立人擎盤　戰國早期　▶

到了戰國時期，青銅器生活化的特徵更加明顯，其鑄造和使用進一步普及，逐步走進人們的日常生活之中。

孫臏龐涓鬥智

孫臏像　　　　▲

菱形矛　戰國　　　▲

戰國時期是一個爭霸圖強的
時代，兵器的重要性尤其突
出，決定著軍隊的戰鬥力。
各國的兵器各具特色，品種
繁多，品質精良，達到了冷
兵器歷史上的頂峰。

魏惠王也想仿效秦孝公，搜羅一個商鞅式的人
才來治理國家。他不惜重金招徠天下豪傑。當時有
個叫龐涓的魏國人也來了，魏惠王親自接見了他。
龐涓講了一些富國強兵的道理。魏惠王聽了很讚
賞，就拜龐涓為大將。

後來，魏惠王又聽到孫臏很有才幹，跟龐涓
說起孫臏。龐涓派人把孫臏請來，跟他一起在
魏國共事，龐涓發現自己的能力不如孫臏，怕
有朝一日孫臏會取代他的地位，就告發孫臏私
通齊國。魏惠王十分惱怒，治了孫臏的罪，在孫臏的臉
上刺了字，還剜掉了他的兩塊膝蓋骨。

正巧齊國有一個使臣出使到魏國，便偷偷地把孫臏
帶回了齊國。

孫臏到了齊國後，齊威王對他大為賞識。

西元前354年，魏惠王派龐涓進攻趙國，齊威王就
拜田忌為大將，孫臏為軍師，發兵去救趙國。田忌按照
孫臏的計策，去攻打魏國國都大梁。龐涓的軍隊已經攻
下邯鄲，忽然聽說齊國攻打大梁去了，立即吩咐全軍回
救大梁。當龐涓的隊伍到達桂陵（今河南長垣西北）
時，正與齊國兵馬相遇。兩軍一開仗，龐涓大敗。齊軍
不僅解了邯鄲之圍，而且大勝而歸。

西元前341年，魏國又派兵進攻韓國。韓國也向齊
國求救。那時候，齊威王已經死了，他的兒子齊宣王繼
承了王位。齊宣王派田忌、孫臏帶兵救韓國。孫臏採用
他的老辦法，不去救韓，卻直接去攻魏國。

龐涓接到本國的告急文書，只好退兵往回趕，這

時，齊國的兵馬已經進魏國了。

魏國太子申率領大量兵力，抵抗齊軍。這時候，齊軍已經退了。龐涓一見齊軍撤退，便吩咐魏軍日夜兼程，沿著齊軍隊伍走過的路猛追過去。一直追到馬陵（今河北大名縣東南），天色漸漸黑了下來，馬陵道十分狹窄，路旁邊都是障礙物。龐涓恨不得一步趕上齊國的軍隊，命令大軍摸黑往前追。忽然前面的路給木頭堵住啦。

龐涓到前面一看，見道旁樹全砍倒了，只留下一棵最大的沒砍。那棵樹上面還刮去了樹皮。裸露的樹幹上面影影綽綽還寫著幾個大字，因為天色昏暗，看不清楚。

龐涓叫兵士拿火一照，看見上面寫的是：「龐涓死於此樹下」。

龐涓大驚失色，連忙命令將士撤退。霎時間，四周的亂箭，像飛蝗似的向魏軍射來，馬陵道兩旁殺聲震天，齊國的兵士鋪天蓋地地殺過來。

原來這是孫臏設下的計策，他故意讓軍隊裝出逃跑的樣子，引誘龐涓追上來。他算準魏兵在這個時辰到達馬陵，預先埋伏了一批弓箭手，吩咐他們只等樹下出現火光，就一齊放箭。龐涓見無路可逃，便拔劍自殺了。

齊軍乘勝大破魏軍，把魏國的太子申也俘虜了。從這以後，孫臏的名聲傳遍了各諸侯國。他寫的《孫臏兵法》一直流傳到現在。

馬陵之戰要圖　▶

四王塚　▲

這四個在臨淄附近的墓，相傳是齊威王、宣王、湣王、襄王之墓，又名四豪塚。東西綿延約500多公尺，每座高120餘公尺，宛如四座山峰。

陳侯午敦　戰國齊器　▲

張儀連橫

秦國經過改革，國力日漸增強。面對勢力不斷擴張的秦國，其他六國都感到恐慌。為了抵抗秦國，有人建議六國採取聯合抗秦的策略。這種策略叫做「合縱」。另有一些人站在秦國一邊，拉攏各國與秦國合作，打擊其他國家，這種策略叫做「連橫」。在主張「連橫」的政客當中，要數張儀最有名望。

張儀是魏國人，他早年和蘇秦同在鬼谷子先生門下求學。

張儀學完課業之後，告別了老師和同學，到諸侯國去進行遊說。

張儀歷經千辛萬苦到了秦國。這時，秦孝公已經死了，他的兒子秦惠王即了位，張儀憑藉他的口才，果然得到秦惠王的信任，當上了秦國的相國。這時候，六國正在組織合縱。

在六國當中，要數齊、楚兩國最強大。張儀認為要實行「連橫」，必須拆散齊國和楚國的聯盟，他向秦惠文王獻了個計策，他假裝辭去秦國相位，帶著厚禮，以遊說者的身分投奔楚國。

楚懷王對張儀在秦的顯赫地位早有耳聞。張儀一到楚國，楚王就盛情款待他。

楚王對張儀說：「您來我們這個偏僻落後的國家，有什麼指教嗎？」

張儀接過話茬說：「大王如果能聽我的意見，首先與齊國斷交，不再與它往來，我能把秦國商、於一帶的六百里土地獻給貴國；讓秦王的女兒嫁給大王作妻妾。

秦俑頭部 ▲

楚式劍 戰國 ▲
戰國時期各國都先後掌握了用鐵製造兵器。

龍形玉佩 戰國 ▼
出土於楚墓

秦、楚兩國之間娶婦嫁女，
結為親戚，永遠和好。這
樣，削弱了北邊齊國的力
量，西邊得到秦國的好處，
我看沒有比這更好的主意
了。」楚王喜出望外，贊成

張儀的主張，一群逢迎拍馬的大臣都向楚王祝賀。

金銀鑲嵌青銅虎噬
鹿屏風台座　戰國　▲

　　楚國把相印交給張儀，宣佈與齊國解除盟約，並派
使臣隨張儀接收商、於之地。

　　張儀出使楚國的目的達到了，他一回到秦國便假裝
從馬上掉下來傷了腳，一連三個月都不理楚國使臣。後
來，齊國見楚國不講信義，便與秦國聯合了。張儀見計
劃實現了，便把楚國使者打發走。楚國使者再一次向張
儀索要土地時，張儀耍賴不承認有這回事了。

金柄玉環首　戰國　▲

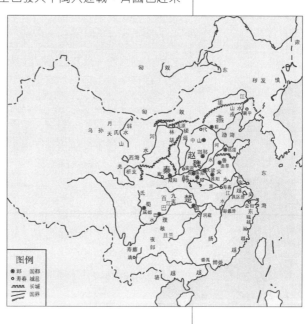

　　使者回來一報告，氣得楚懷王直翻白眼，發動十萬
大軍攻打秦國。秦惠王也發兵十萬人迎戰，齊國也趕來
助戰。楚國一敗塗
地，十萬人馬只剩了
兩三萬，商、於六百
里地沒到手不說，還
被秦國奪去了漢中六
百里地。

　　後來，張儀又放
心大膽地去韓國、齊
國、趙國、燕國等國
逐一地推行他的連橫
策略。最後，六國的
合縱徹底瓦解了。

戰國時期形勢圖　▶

胡服騎射

北方的趙國看到秦國恃強凌弱的作法，知道只有發憤圖強，才能國泰民安。趙國的國君武靈王，是個很有遠見的國君，面對周邊的諸侯國日益強大，便考慮著趙國的發展前途。

有一天，趙武靈王對他的臣子樓緩說：「咱們國家東邊有齊國、中山（古國名），北邊有燕國、東胡，西邊秦國、韓國和樓煩（古部落名），我們如果不強大起來，隨時都會遭受滅頂之災。要發憤圖強，就必須改革一番。我覺得咱們穿的長袍大褂，幹活打仗都不方便。相比之下，胡人（泛指北方的少數民族）的短衣窄袖，倒是很靈活。我打算效仿胡人的風俗，把我們的服裝改一改，你看怎麼樣？」

樓緩一聽，連聲說好，他說：「咱們效仿胡人的穿著，也能學習他們打仗的本領啦！」

趙武靈王說：「對啊！咱們打仗全靠步兵，或者用馬拉車，這樣不如騎馬靈活機動。我們學胡人的穿著，就是要學胡人那樣騎馬射箭。」

這個想法一傳開來，就遭到許多大臣的反對。

但是，趙武靈王的決心很堅定，非實行改革不可。他知道要推行這種改革方案，必須排除內部的阻力。他首先去找他的叔叔公子成，跟公子成反覆地講穿胡服、學騎射的好處。公子成最終被說服了，趙武靈王立即賞給公子成一套胡服。

趙武靈王胡服騎射復原圖 ▲

狩獵紋鏡　戰國 ▲

大臣們一見最保守的
公子成也穿起胡服來了，
便都不再提反對意見，都
跟著改了。

趙武靈王看到條件已
經成熟，就發佈了一道改革服裝的命令。不
久，趙國人不分貧富貴踐，都穿上了胡服。
一開始，人們還覺得有點不習慣，後來覺得
穿了胡服實在方便靈活得多。

趙武靈王接著又號令國人學習騎馬射
箭。不到一年，訓練了一支強大的騎兵隊
伍。西元前305年，趙武靈王親自率領騎
兵打敗了臨近的中山，又收服了東胡
和臨近幾個部落。到了實行胡服騎
射以後的第七年，中山、東胡、樓煩都被收服了，趙國
的土地擴大了許多。

趙武靈王經常帶兵外出打仗，把國內的事務交給兒
子處理。西元前299年，他把國
君的位子傳給了他的兒子，就是
趙惠文王。武靈王自己改稱叫主
父（意思是國君的父親）。

戰國時期貴族服裝復原圖▲

戰國時期紡織業有了很大發
展，首先發明了腳踏板織布
機，可手腳並用，大大地提
高了生產效率，其次，提花
工藝和刺繡技術的廣泛應用
使得紡織品的品質提高。

彩漆鹿　戰國　　▲

獸面紋三角形戈　戰國 ◄

這是位於長江中上游地區的
巴蜀一帶製造的兵器，適於
步兵衝刺。戈上有獸面紋、
雲紋和葉紋，還有巴蜀文字
組成的族徽，具有巴蜀文化
的特徵。

狡兔三窟

孟嘗君像 ▲

鎏金銀銅杖首　戰國 ▼

杖首上部是獸形抓手，下部是圓筒形鎏，內安木柄。器形構思奇特，通體鎏金銀飾片，金光燦爛。如此華麗的手仗，自然是皆國有權勢者所有。

酒具盒　戰國中期 ▲

孟嘗君名叫田文，是齊國的貴族，他與信陵君、平原君、春申君合稱四公子。這四位公子都有養士之好，凡是投奔他們門下的人，都被留下來供養著。據說，各家都有數千食客，尤其是孟嘗君養士的聲名最大。

孟嘗君有個門客叫馮諼，齊國人，家裡窮得幾乎無法生存，只好託人轉求孟嘗君，願意在門下當名門客。

孟嘗君手下的門客，以為馮諼沒有什麼本領，都瞧不起他，盡給他吃粗茶淡飯。有一天，午飯後，馮諼背靠大廳的圓柱上，有節奏地敲擊長劍，高聲唱起歌來：「長劍歸去吧，這裡沒有魚吃。」孟嘗君聽到稟報後，說：「給他魚吃，把他安排在食客當中。」一天，馮諼從街上回來後，又靠在圓柱上唱起來：「長劍回去吧，在這裡出門沒車坐呀！」孟嘗君聽到稟報後說：「給馮諼的待遇要跟所有食客同等，他出門時，要給他備車。」過了不久，馮諼又唱道：「長劍回歸吧，在這兒無法奉養老人。」恰巧孟嘗君親自聽到歌的內容，就吩咐每天三餐派人給馮諼的母親送去食品。從此，再也聽不到馮諼擊劍高歌了。

一天，孟嘗君派馮諼到薛邑去收租債。臨別時，馮諼問：「收完後，需要買些什麼回來嗎？」孟嘗君說：「你看我家裡缺什麼，就買什麼吧！」

馮諼到薛邑後，就叫當地官吏馬上召集所有欠債戶，來驗對票據憑證。待欠債的百姓到齊，票據也驗對完畢，馮諼即假託奉孟嘗君的決定：宣佈所有應收的債

款，統統賞賜給大家。說罷當眾把所有票據用火燒了，老百姓萬分感激孟嘗君。

馮諼第二天見到孟嘗君。孟嘗君見他回來得這麼快，很驚訝地問：「債都收回來了？」馮諼答：「收了。」孟嘗君又問：「買什麼回來了？」馮諼答：「遵您的吩咐，看您家缺什麼買什麼。我看，您家裡只缺少『義』，所以替您買了『義』回來。」孟嘗君一時還沒有品出話的意思。馮諼解釋道：「我自作主張，擅稱是您的命令，宣佈把債全部免了，把票據全都燒了。百姓感動得高呼不忘您的恩德。這就是我替您買回來的『義』呀！」孟嘗君聽後很不高興。

一年後，齊湣王革了孟嘗君的職位。孟嘗君無奈之中，只好回到封地薛邑去安家。薛邑的百姓得知這個消息，個個扶老攜幼，傾城而出，站在離城百里的路邊，等候迎接孟嘗君。孟嘗君看到這番情景，十分感動，他回頭看著馮諼說：「今天見到先生買回的『義』了。」馮諼趁機說：「狡兔有三窟，所以才能保全性命。如今，薛邑才算一窟，還不能高枕無憂。請允許我再給您營築另兩個窟。」孟嘗君點頭讚許。

後來馮諼去梁國對梁惠王說：「齊國把大臣孟嘗君放逐國外，而他是個非常有才德的人。哪個諸侯國任用他，哪個國家就會強盛起來。」梁惠王覺得很有道理，便決定請孟嘗君為相。梁惠王派遣使者帶一百輛車子、黃金千斤前往薛邑聘請孟嘗君。

齊湣王聽到消息後，大為震驚。他懊悔自己當初太冒失了，馬上派太子的老師帶上千斤黃金和花紋精美的華貴車子，以及齊湣王自己佩掛的寶劍，作為饋贈孟嘗君的禮物，並寫了謝罪書。孟嘗君答應回朝任相，並按照馮諼的策略提出請齊湣王把先王傳下來的祭祖器分給薛邑一些，在薛邑建一座宗廟。齊湣王馬上答應了。此後，孟嘗君當了幾十年的齊國宰相，一直順順當當，沒有受到任何禍患和危害。這是「狡兔三窟」起的大作用啊！

龍紋玉環　戰國　▲

鷹首提梁壺　戰國　▲

此器為齊國銅器精品

樂毅伐齊

齊湣王在位期間，驕橫霸道，常常欺負弱小的國家。這樣一來，許多諸侯國對他都不滿，特別是燕國。

燕國也是戰國七雄之一，在燕王噲做國君時，用子之為丞相，後來，燕王噲聽信了壞人的主意，把國君的位子讓給了子之，結果把國家搞得混亂不堪。齊國趁機進攻燕國，燕差點被滅掉。燕王噲死後，燕昭王即位，他恨透了齊國，總想報仇雪恨，但自知國小地僻，力量對比懸殊，於是他禮賢下士。有人對燕昭王說，老臣郭隗有見識，請他幫助招賢納士準錯不了。燕昭王與郭隗一交談，果然覺得郭隗很有才能，便為他造了一座精美的住宅，還拜郭隗作老師。各國有才能的人聽說燕昭王真心實意地招募人才，便紛紛來到燕國。樂毅以魏昭王使節的身分來到燕

樂毅像 ▲

幾何紋長柄豆　戰國 ▲

此豆風格特異，極為少見，是研究燕國文化和青銅工藝的重要實物資料。

象形燈　戰國 ▶

出土於河北易縣燕下都武陽台。

國，燕王用賓客之禮接待他，被樂毅婉言謝絕，並在昭王面前聲聲稱臣。燕昭王高興地任他為亞卿，經過考察，發現他非常有才能，便把國家大事交他處理。

經過幾年的努力，燕國國力日盛，燕昭王看到齊國潛在的危機逐漸暴露，便與樂毅商討如何征伐齊國。樂毅認為齊國地廣人多，單靠燕國的力量不容易取勝，建議聯合其他國家一同攻齊。燕昭王贊成樂毅的意見，派樂毅去趙國聯絡，派其他使者聯合楚、魏兩國，還叫趙國去說服秦國共同出兵。諸侯各國深受齊湣王驕矜暴戾之害，都願意跟燕國討伐齊國。

樂毅等回來稟報燕昭王，燕昭王見時機成熟，便任命樂毅為上將軍，統領全國軍隊。與此同時，趙惠文王也把相國的印交給了樂毅，授給他全權。西元前284年，樂毅統領趙、魏、秦、韓、燕五國的軍隊進攻齊國，在濟水西側首戰告捷。隨後，樂毅率領燕軍，乘勝追擊齊軍，一鼓作氣，攻到齊國都城臨淄。齊湣王逃出都城臨淄，最後逃出莒城。樂毅出兵半年，前後攻下七十多個齊國的城邑，都劃歸為燕國的郡縣。當時只剩下莒城和即墨尚未攻破。

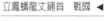

立鳳蟠龍丈鋪首　戰國　◀

此器造型巨大，紋飾優美，出土於燕下都宮殿遺址，應為宮門上之飾物。

玉透雕雙龍佩　戰國晚期　▲

變形蟠龍紋敦　戰國燕器　▲

建鼓座　戰國　◀

此器是最早的建鼓實物，也是現今所見最精美的一件先秦建鼓座，高54公分，底徑80公分，出土時僅存鼓腔、貫柱和鼓座。銅座由十六條大龍和數十條攀附其身的小龍糾結空繞而成。龍身鑲嵌綠松石。全器用了圓雕、浮雕、陰雕技法和分鑄、銅焊等工藝。

屈原投江

楚國被秦國打敗後，楚懷王又想重新和齊國聯合起來。這時，秦昭襄王繼王位，他很客氣地寫信給楚懷王，請他到武關（在陝西丹鳳縣東南）相會，當面訂立友好盟約。

楚國大夫屈原勸楚懷王不要去，他說，秦國一定會設下圈套等著我們上當呢。

正如屈原預料的那樣，楚懷王剛進入秦國的武關，立刻被秦國預先埋伏的人馬截斷了後路。在會見時，秦昭襄王逼迫楚懷王把黔中的土地割讓給秦國，楚懷王拒絕了。秦昭襄王下令把楚懷王押到咸陽軟禁起來，並派人通知楚國讓他們拿土地來贖人。

楚國的大臣們聽到國君被押，非常氣憤，拒絕了秦國的無理要求，並立太子為國君，這個國君就是楚頃襄王。

楚懷王在秦國被關一年多，吃盡苦頭，後來病死在秦國。

楚國人因為楚懷王被害死心裡很氣憤，大夫屈原更是怒不可遏，他勸楚頃襄王搜羅人才，遠離小人，鼓勵將士，操練兵馬，為國家和懷王報仇雪恥。

屈原像 ▲

屈原故里 ▼

屈原故里即樂平里，位於湖北省秭歸縣城東北30公里的屈坪。

可是他的勸告卻招來了令尹子蘭和靳尚等人的仇視。他們抓住一切機會在頃襄王面前誣陷屈原。

楚頃襄王聽信讒言，把屈原革了職，放逐到湘南去。

屈原到了湘南以後，經常在汨羅江（在今湖南省東北部）一帶徘徊，吟誦著傷感的詩歌。

有一天，屈原在汨羅江邊遇見一位打魚的漁父。漁父對屈原說：「您不是楚國的大夫嗎？怎麼會落到這種田地呢？」

屈原說：「我落到這個地步，是因為許多人都是骯髒的，只有我是乾淨的；許多人都喝醉了，只有我還醒著。」

屈原不願意屈辱地活著，到了西元前278年五月初五那天，他抱著一塊大石頭，跳到汨羅江裡自殺了。

附近的百姓，得到消息，都划著小船去救他。人們在汨羅江上打撈了許久，也沒有找到屈原的屍體。

那位漁父很難受，他對著江面，把筒子裡的米撒到江裡表達他對屈原的哀思。

在第二年五月初五的這一天，當地的百姓想起這是屈原投江一周年的日子，又划船到汨羅江中，把竹筒子盛了米撒到水裡去祭祀他。後來，人們把盛米飯的竹筒子改為粽子，划小船改為賽龍船。這種紀念屈原的活動漸漸成為一種風俗。人們把每年農曆五月初五稱為端午節。

屈原生前寫下了許多優秀的詩篇，其中最有名的是《離騷》。他在這篇詩歌裡，痛斥賣國的小人，表達了他憂國憂民的心情，對楚國的一草一木，都寄託了無限的深情。

飲酒讀《離騷》圖 ▲
明　陳洪綬

《離騷》歷來為憂憤之士所愛，圖為一位士人坐於虎皮褥上正飲酒讀《離騷》，一副激憤而無可奈何之狀，大有擊碎唾壺一展悲吟之意。

完璧歸趙

透雕雙鳳騰龍玉璧 ▲

藺相如完璧歸趙圖 ▲
清 吳歷

玉璧 戰國 ▲

趙惠文王在位時，得到了楚國丟失的和氏璧。這時，強大的秦國曾幾次派兵攻打趙國。因趙大將廉頗英勇善戰，秦國佔不到絲毫便宜。

西元前283年，秦昭襄王得知趙國得到了和氏璧，便派使者對趙惠文王說：「秦國願意用十五座城池換取和氏璧。」

趙王和大將軍廉頗等大臣商議對策。他們考慮到，如果把「和氏璧」給了秦國，秦國不守信，只會白白地被騙；要是不給，秦國會藉口攻打趙國。他們討論了許久也沒找出一點辦法。後來決定先找個使者去秦國周旋，但又沒有理想的人選。這時，有人推薦藺相如可以出使。

秦昭襄王聽說趙國使臣來到，立即在別宮接見了藺相如，藺相如捧著和氏璧恭敬地獻給秦王，秦王高興地接過觀賞。隨後，遞給左右大臣們傳看，又傳給姬妾和侍人們賞玩，大臣們祝賀秦王得到稀世珍寶。藺相如在朝堂上等了半天，發覺秦王沒有換城的誠意。可是和氏璧已落到別人手中，怎麼才能拿回來呢？藺相如急中生智地對秦昭襄王說：「這玉璧確實好，但還有個小毛病，讓我指給大家看。」秦王信以為真，叫手下把璧交給藺相如，相如捧璧退了幾步，身子靠著殿柱，怒氣沖沖而理直氣壯地說：「當初大王派使者送國書，願意以十五城換這塊玉璧，趙國大臣都認為大王在騙人。我卻認為普通百姓交朋友都講信用，何況秦國是泱泱大國。趙國誠心實意派我把璧送來，大王卻態度傲慢，在一般殿堂接見我，顯然是沒有誠意換璧。現在請按諾言以城

換璧。如果大王逼迫我，我就把我的腦袋和這塊璧一起撞碎在柱子上。」

說完藺相如抱著玉璧用憤怒的目光斜視著柱子，做出要去撞的樣子。秦王唯恐砸碎了玉璧，趕緊勸他不要這樣做，並連連表示歉意。他馬上命令大臣把地圖拿來，指著那換璧的十五座城給藺相如看，藺相如知道秦王又在使用欺騙手段，也將計就計。他對秦昭襄王說：「和氏璧是無價之寶，在我把它帶來之前，我國舉行隆重儀式，齋戒五天。大王也要齋戒五天，我才敢獻上和氏璧。」

秦王想，反正你也跑不了，就答應齋戒五日，藺相如回到住處，叫自己的隨從化裝成百姓的模樣，把璧藏在懷中，從小路偷偷地回國去了。

五天後，秦王在朝廷備了九賓大禮接見趙使藺相如，相如對秦王說：「秦國自穆公以來的二十多個君主，沒有一個是講信用的。我實在怕被騙上當，所以派人把璧先送回趙國了。」秦昭襄王聽到這裡，大發雷霆，氣呼呼地對藺相如說：「我今天舉行這麼大的儀式，你竟敢把和氏璧送回去。來呀！把他綁起來。」

藺相如不慌不忙地說：「請大王別發怒。天下諸侯都知道秦國是強國，趙國是弱國，只有強國欺負弱國，從來沒有弱國欺負強國的道理。如果大王真心想要和氏璧的話，請先交十五座城給趙國。弱國是不敢背信棄義而得罪大王的。如果殺了我，天下人也就看透您的用心，都知道秦國不是講信譽的國家。望你們仔細的想一下吧！」秦王與大臣們被說得啞口無言。秦王只得在正殿上以歡送趙國特使的禮節把藺相如送回去。

藺相如因完璧歸趙，為趙國立了大功，趙惠文王提拔他為上大夫。秦昭襄王本來也沒打算以城換璧，後來再沒提過這件事。

四節玉佩　戰國　▲

平肩圓刃鏟　戰國　▲

完璧歸趙畫像石　▼

將相和

秦昭襄王一心想要制服趙國，接連入侵趙國國境，而西元前279年，又突然表示願與趙國和好，約請趙惠文王澠池相會。趙惠文王擔心秦國又在耍花招不想去。廉頗、藺相如都認為不去會被人瞧不起。最後趙惠文王決定冒一次險，他叫藺相如隨行，讓廉頗率領精兵守候在趙國邊界，準備抵禦秦兵進犯趙國。

到了澠池相會這天，秦昭襄王大擺酒席款待趙惠文王。席間，秦王假裝醉意讓趙王為他鼓瑟助興，趙惠文王不好推辭，勉強的演奏一段。秦王馬上吩咐史官，把這件事記錄下來。藺相如見秦昭襄王有意侮辱國君，立即走到秦王跟前，也請秦昭襄王演奏一段曲子。遭到秦王拒絕後，藺相如進逼兩步，獻上陶盆。目光盯著秦昭襄王說：「大王未免太欺負人了。如果您不敲盆，在五步之內，我的血將濺到大王身上。」秦王不得已也敲了陶盆，相如馬上讓趙國史官記錄下：某年某月某日，秦王為趙國擊缶。隨後，秦大臣又提出無禮要求，讓趙國拿出十五城給秦王獻禮。藺相如也說：「請秦國把都城咸陽給趙國獻禮。」席間，秦國不能佔到一點便宜，而且趙國邊境也早有防備，秦國就不敢輕舉妄動了。

回到趙國後，趙惠文王對藺相如的勇敢機智大加讚賞，拜他為上卿，地位在廉頗之上。大將軍廉頗很不滿意，私下裡對自己的門客說：「藺相如有什麼本領，職位反比我高。就憑一張嘴，能說會道那叫什麼本事。我南征北伐，攻下多少城池，立過多少次大功，日後見面

藺相如像　　　　　▲

宴樂狩獵攻戰紋壺　戰國▲

此壺紋飾概括地表現了戰國時期貴族的生活與時代特點。

雕花紋漆几面　戰國中期 ◀
古人席地而坐，用几來憑靠。

彩漆笙　戰國　　　　▲
曾侯乙墓出土的樂器

廉頗像　　　　　　▼

一定要給他點顏色看看。」這話傳到相如耳裡，藺相如便儘量避開廉頗，並且裝病不去上朝。

有一天，藺相如坐車上朝，在路上看見廉頗的車馬迎面而來，趕緊叫車夫把車躲進小弄堂裡，給廉頗讓道。藺相如的屬下有點看不過去，責怪藺相如不該那麼怕廉頗。藺相如笑著問他們：「你們說，廉頗將軍厲害，還是秦王厲害？」手下人都說秦王厲害。藺相如又說：「秦王我都不怕嘛！我會怕廉頗嗎？今天秦國不敢入侵我國，是因為有我和廉頗在，一旦我們不和，就會削弱內部力量，秦國就會乘機入侵。所以我不與廉頗爭高低，為的是國家穩定。」後來，藺相如的話傳到廉頗耳裡。廉頗仔細一想，覺得是自己的錯。於是，他馬上脫光上身反綁雙手，背插荊條，去藺相如府上請罪。他見了藺相如低頭說道：「我私心太重，只顧論功爭權，幸虧您以大局為重！我實在是沒臉來見您，請處罰我吧！」藺相如連忙攙起廉頗，說：「咱們兩人都是趙國的大臣，您能理解我，我已經萬分感激了，何必給我賠禮呢！」

從這以後，他們互相諒解，成了生死與共的朋友，趙國也更加強盛了。

雙鞘銅劍　戰國　　◀

中華上下五千年

遠交近攻

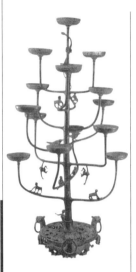

十五枝連盞燈　戰國中期 ▲

燈的底座是透雕三隻夔龍，在蟠曲飛騰中巧妙地將外圈與中間柱座連接在一起。下方以三隻雙身虎承托底座，虎口各銜一圓環。燈枝上為短尾長臂的猿猴形象。另雕一家奴於燈座邊上，右手拋食，做戲猴的動作。

銀猿形帶鉤　戰國　▲

此器為長臂猿，雙目鑲嵌藍色料珠，炯炯有神，猿身多處包金，金光燦燦。造型新穎，形象生動，是罕見的金銀工藝品。

趙國因為將相和睦，使秦國不敢侵犯。秦國便把矛頭指向其他國家。到了西元前270年，秦國又派兵攻打遠離秦國的齊國。正在這時，有人向秦昭襄王推薦一個人，他叫范雎。范雎是魏國人，才高八斗，能言善辯，但家境貧寒，在魏國大夫須賈府裡當門客。

有一回，魏昭王要與齊國結盟，派遣須賈出使齊國。須賈帶著范雎一起去了。齊襄王聽說范雎很有才能，便想與他交好，特意叫下人賞賜給范雎很多黃金以及佳肴美酒。范雎想到自己只是隨員身分，不配接受這份厚禮，再三不肯接受，有人把這件事告訴須賈。幾天後須賈率隨員回到魏國，向魏國的相國公子魏齊告發。魏齊立即派人把范雎抓來，嚴刑拷問，幾次把范雎打得昏死過去，牙齒打掉了，肋骨也打折了，渾身上下皮開肉綻。范雎只好直挺挺地一動不動，假裝已經被活打死。魏齊以為范雎死了，叫人把范雎用破席捲起來扔到廁所裡，天黑後，范雎才從席子裡爬出來。鄭國的鄭安平與范雎有很深的交往，他欽佩范雎是個難得的人才，暗地裡把范雎救出來，連夜幫他逃出虎口，改名張祿。

後來，秦昭襄王派使臣王稽訪求賢士，鄭安平扮作士兵模樣服侍王稽，找機會向王稽推薦了張祿。經過交談，王稽覺得張祿的確是個難得的人才，便設法把張祿帶到秦都咸陽。

秦王非常恭敬地請范雎進宮，虛心求教。范雎分析了各國的情況，主張對於遠離秦國的國家，要採取聯合的策略；對於鄰近秦國的國家，採取進攻的策略。如果攻打遙遠的國家，即使打勝了，也不好管理。若攻佔了

鄰近的國家，那麼這個國家的土地，都是自己的了。秦昭襄王聽後大加讚賞。立刻拜范雎為客卿。過了幾年，正式拜他為秦國宰相。秦王振興朝政後準備攻打魏國。

魏王聽說秦國要發兵攻魏，忙派須賈出使秦國求和。范雎聽說須賈來到秦國，便扮作貧寒落魄的樣子，前往館舍見須賈。須賈見到范雎還活著，嚇了一跳，問道：「你還活著，你現在在做什麼？」范雎答：「我在這兒給人幹雜活。」須賈看到范雎的可憐相，就讓人取件錦袍送給范雎。須賈順便問道：「聽說秦國宰相張祿很得秦王的讚賞，我很想見見他，不知有沒有人能給我引見！」范雎笑了笑說：「我家主人與張相國很有交情，我倒願意替須大人說句話。」須賈說：「太好了。」

到了第二天，范雎帶須賈到了相府門口，范雎讓須賈在門口等候，自己一直走進相府內，門衛們不加盤問還肅然施禮，須賈都一一看在眼裡覺得有些不對勁兒，便忍不住向守門人打聽：「我今天特來拜會你家主人，不知你家主人在不在家？」守門人告訴他：「剛才陪你一起來的就是我家主人，秦國宰相張大人。」須賈一聽嚇得目瞪口呆。一會兒聽到裡面傳喚：「相爺叫須賈進去。」須賈慌忙匍匐在地爬著進入大廳，見到高堂上坐的丞相正是范雎，便連連磕頭說：「須賈罪該萬死，請相國饒恕小人的罪過吧！」范雎憤怒地痛斥須賈一番。接著又說：「昨天你送我一件錦袍，念你還有一點良心，饒你一命。今天交你一個任務，回去替我告訴魏王，把魏齊腦袋送來。不然的話，我要發兵直取魏都大梁。」須賈狼狽地退出相府，趕緊回國把范雎的話告訴了魏王，魏齊知道在魏國會成為犧牲品，再也無法待下去了，他偷偷地逃到趙國去，躲在平原君門下避難。

後來，秦國答應了魏國的求和條件，按照范雎的遠交近攻計策，向鄰近的韓國發動進攻。

彩漆狩獵圖裝衣箱　戰國 ▲

戰國時期最具代表性的漆器多產於蜀地和楚地，秦國和楚國是當時生產漆器的兩個大國。

鉤內戟　戰國中期　　　▲

此戟造型別緻，鑄造精良，是研究我國兵器史的重要資料。

梁十九年鼎　戰國　　　▲

這是可以確證為魏器的青銅器之一。

紙上談兵

西元前262年，秦昭襄王派大將白起向韓國進攻，切斷了上黨郡（治所在今山西長治）和韓都的聯繫。在形勢危急的情況下，上黨的韓軍將領打發使者去趙國請降。趙孝成王（趙惠文王的兒子）派軍隊接收了上黨。過了兩年，秦國又派王齕（音 ㄏㄜˊ）帶兵把上黨團團圍住。

趙孝成王得知消息，連忙派廉頗率領二十多萬大軍去援救上黨。他們到長平（今山西高平縣西北）時，聽說上黨已經落入秦軍之手。

王齕轉而進軍長平。廉頗連忙叫兵士們修築堡壘，堅守陣地準備作長期抵抗的打算。

王齕無計可施，只好派人回報秦昭襄王。

連發弩　戰國中期　▲

長平之戰示意圖　▼

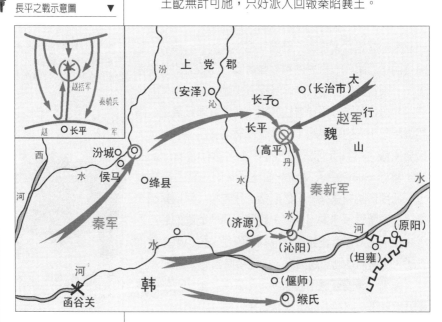

中華上下五千年

秦昭襄王請范雎出主意。范雎說：「要打敗趙國，必須把廉頗調開。」范雎沉思一會兒，想了一條計策。

過了幾天，趙孝成王聽到左右紛紛議論，說：「秦國就是怕讓年輕有為的趙括帶兵；廉頗老了不中用了，眼看就快投降啦！」

他們所說的趙括，是趙國名將趙奢的兒子。趙括自幼愛學兵法，談起用兵之道，口若懸河，自以為天下無敵，不把任何人放在眼裡。

趙王聽信了左右的議論，叫人把趙括找來，問他能不能打敗秦軍。趙括說：「秦國的大將白起比較難對付。但是王齕沒有什麼了不起的，不過是廉頗的對手。要是換上我，打敗他輕而易舉。」

趙王聽了很高興，就拜趙括為大將，去接替廉頗，這個決定遭到了藺相如的反對，可是趙王聽不進去藺相如的勸告。

趙括的母親也給趙王上了一道奏章，不贊成趙王派他兒子去換廉頗。趙王把她召了來，問她什麼原因。趙母說：「他父親臨終時再三囑咐我說，『趙括這孩子把用兵打仗看作兒戲似的，派不上用場。將來大王不用他還好，如果用他為大將的話，只怕趙軍斷送在他手裡。』所以我請求大王千萬別讓他當大將。」

趙王說：「你不要管了，我已經決定了。」

趙括替換廉頗的消息傳到秦國，范雎知道自己的反間計成功，就秘密派白起代替王齕為上將軍，去指揮秦軍。白起一到長平，佈置好埋伏，故意打了幾個敗仗。趙括不知是計，帶兵拼命追擊秦軍。白起把趙軍引到預先埋伏好的地區，把趙括的兵馬圍在當中，趙括無計可施，他想帶兵向外突圍，被秦軍亂箭射死。

四十萬趙軍，全部葬送在紙上談兵的主帥趙括手裡。

趙括像　　　　▲

虎斑紋十字戈　戰國　▲

龍鳳雲紋皮盾　戰國晚期▲

85

毛遂自薦

毛遂像 ▲

　　秦國大將白起在長平大敗趙軍後，揮師長驅直入，包圍了趙國都城邯鄲。情況萬分危急，趙王派遣平原君趙勝，出使楚國，請求援兵。平原君是趙國的相國，又是楚王的叔叔。平原君接受了使命後，決定選拔二十名文武全才的賓客和他一起去楚國。平原君在數千名門客中仔細挑選，選來選去只選出十九人，再也選不出合適的人選了。正在為難之時，門客毛遂走到平原君面前自我推薦。平原君感到陌生，忙問：「你在我這裡幾年了？」毛遂答：「三年了。」平原君對他沒有一點印象，便笑著說：「一個真正有才能的人，處身在世上正像一把錐子放在袋子裡，銳利的錐尖很快就會露出來。你已經來三年了，我沒有聽說周圍的人誇獎過你，因此還是請你留在家裡吧！」毛遂從容不迫地說：「我這把錐子要是早就放進口袋裡它就不是只露一點尖角了，而是整個錐子都露出來了。我今天請您把我放進口袋裡。」平原君頻頻點頭，表示讚許，同意毛遂跟大家一起前往楚國。

　　他們到了楚國，平原君反覆對楚王說聯合抗秦的好處和不聯合抗秦的弊端，談判進行得十分艱難，楚王任憑平原君怎麼說，就是不同意出兵。

　　毛遂見談判沒有絲毫進展，便幾步跨上台階，高聲喊道：「合縱不合縱，三言兩語就可以

編鐘　戰國楚 ▼

說清楚了，怎麼從早晨說到現在，還決定不下來，這是為什麼？」

　　楚王聽了這樣盛氣凌人的話，不高興地問平原君：「這個人是做什麼的？」

　　平原君答：「這是我的門客毛遂。」

　　楚王一聽是門客，便大聲呵斥道：「我在跟你主人談判，沒你的事，趕快給我走開。」

　　毛遂緊握寶劍湊近楚王跟前說：「大王竟然呵斥我，是依仗楚國軍隊多吧？現在大王與我只有十步的距離。大王此刻的性命就握在我的手裡，你的兵再多，也幫不上忙。聽說從前商湯只有七十里地，後來做了天下之王，周文王土地也不多，諸侯都服從他的調遣，難道他們都依仗軍隊嗎？不是！他們只是發揮他們在諸侯中的威望和把握有利的形勢。現在楚國有五千里土地，百萬雄兵，本來可以做霸主了，您自己也以為楚國強大，沒有一個國家可以相比。但是白起只領幾萬兵力，就把楚國打敗，還燒毀了楚王祖先的墳墓，這應是楚國百年不忘的家仇國恨。連我們趙國人都感到可恨。大王卻一點也不感羞慚。聯合抗秦，不僅為了趙國，更是為了楚國。您還呵斥什麼？」

　　楚王連連點頭贊同。就這樣，楚王代表楚國，平原君代表趙國，在楚王殿上簽訂了聯合抗秦的盟約。

　　楚國按盟約派兵日夜兼程趕到邯鄲救援。

毛遂自薦圖　清　吳歷　▲

銅套盒　戰國楚禮器　　▲

攫蛇雄鷹　戰國　　　▶
雄姿英勇，威震惡蛇，象徵
楚王爭霸的氣概。

竊符救趙

灰陶加彩壺　戰國　▲

玉扳指　戰國　▲

古人拉弓射箭的時候，大拇指就會戴上一個硬質的圓套，用以扣弦，稱作「扳指」。

彩繪雲紋案　戰國　▼

楚人席地而坐時，使用漆案置放飲食器具。

　　楚國派兵救趙的同時，魏國也同意出兵救援趙國。魏國領兵的大將是晉鄙（音 ㄅㄧˋ）。

　　秦昭襄王得知魏、楚兩國發兵的消息，親自前往邯鄲督戰。他派人對魏安釐王說：「秦國早晚會把邯鄲打下來。誰敢來救邯鄲，等我滅了趙國，就攻打誰。」魏安釐王害怕了，連忙派人去追晉鄙，叫他停止前進，按兵不動。

　　趙孝成王見魏軍駐紮在鄴城，不來救援，十分著急，他叫平原君給魏國公子信陵君魏無忌寫信求救。平原君的夫人是信陵君的姐姐，兩家是親戚關係。

　　信陵君接到信，一再央求魏安釐王命令晉鄙進兵，無論信陵君怎麼說，魏王也不答應。信陵君沒有辦法，對門客說：「大王不願意進兵，我決定自己去趙國，與秦軍拼個死活。」

　　他手下的很多門客都願意跟信陵君一起去。

　　信陵君有個他最尊敬的朋友，叫做侯嬴（音 ㄧㄥˊ）。臨行前信陵君去跟侯嬴告別，侯嬴說：「你們這樣去救趙國，像把一塊肥肉扔到餓虎嘴邊。」

　　侯嬴接著說：「聽說國家的兵符藏在大王的臥室裡，只有如姬能把它拿到手。當初如姬的父親被人害死，是公子叫門客找到那仇人，替如姬報了仇。為了這件事，如姬非常感激公子。如果公子請如姬幫忙，讓她把兵符盜出來，如姬一定會答應。公子拿到了兵符，就能接管晉鄙的兵權，然後帶兵救援趙國。這比空手去送

中華上下五千年

死不是強多了嗎？」

信陵君馬上派人去求如姬，如姬一口答應了。當天午夜，如姬趁魏王睡覺的時候，把兵符盜了出來，交給一個心腹，送給了信陵君。

金虎符　戰國　　　▲

侯嬴見信陵君拿到了兵符，又對信陵君說：「將在外，君命有所不受。萬一晉鄙接到兵符，不肯交出兵權您打算怎麼辦？」信陵君皺著眉頭答不出來。

侯嬴說：「我已經替公子想好了。我有個朋友叫朱亥，是魏國數一數二的大力士，公子可以把他帶去。要是晉鄙能痛痛快快地把兵權交出來最好；要是他推三阻四，就讓朱亥來收拾他。」

信陵君帶人到了鄴城，假傳魏王的命令，要晉鄙交出兵權。晉鄙驗過兵符，仍舊有點懷疑，不願意交出兵權。這時站在信陵君身後的朱亥大喝一聲：「你不聽大王的命令，是想造反嗎？」

信陵君夷門訪侯嬴圖　　▼
清　吳歷

朱亥邊說邊從袖子裡拿出一個四十斤重的大鐵錐，向晉鄙的腦袋上砸過去，結束了晉鄙的性命。

當下，信陵君選出八萬精兵，由他親自指揮，向秦國的兵營衝殺。秦將王齕沒防備魏國的軍隊會突然進攻，慌忙抵抗。

這時邯鄲城裡的平原君見魏國救兵趕到，也帶著趙國的軍隊殺出來。兩方一夾攻，打得秦軍一敗塗地。

李斯諫逐客

李斯像

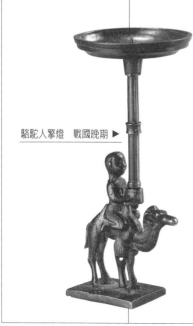

駱駝人擎燈 戰國晚期 ▶

秦國雖然在邯鄲打了一個敗仗，但是第二年（西元前256年）戰勝了韓、趙兩國。後來，索性把掛名的東周王朝也滅掉了。秦昭襄王死去後，他的孫子秦莊襄王即位。沒到三年，秦莊襄王也死了，繼承王位的是年僅十三歲的太子嬴。當時，秦國的相國呂不韋掌握了朝政大權。

呂不韋當相國後，組織他的門客編寫了《呂氏春秋》一書，他的名氣也因此更響了。

秦王政漸漸長大，在他二十二歲那年，宮裡發生了一起叛亂，牽連到呂不韋。秦王政覺得呂不韋不聽擺佈，便免了呂不韋的職。後來又逼呂不韋自殺。

呂不韋一死，秦國的一些大臣就議論起來，說：各國的人跑到秦國來，都是為他們本國的利益考慮，還有一些是來當間諜的。他們請秦王政把所有的客卿都攆出秦國。

秦王政表示贊同，就下了一道逐客令。讓所有不是秦國人的官員都離開秦國。

有個楚國來的客卿李斯，原是著名的儒家學派代表荀況的學生。他來到秦國後，受到呂不韋的賞識，留下來當了客卿。這次，李斯也在被驅逐之列，心裡有點想不開。離開咸陽的時候，他給秦王上了一道奏章。

李斯在奏章上說：「從前秦穆公在位時，有了百里奚、蹇叔，當了霸主；秦孝公在位時用了商鞅，變法圖強；惠文王在位時，用了張儀，拆散了六國聯盟；昭襄王用

了范睢，建立了功業，現在大王執政，卻把外來的人才都攆走，這不是幫助其他國家增加實力嗎？」

秦王政看了奏章，覺得李斯說得有道理，便派人把李斯追回來，恢復了他的官職，把逐客令取消了。

從這以後，秦王政很信任李斯，李斯也給秦國出了不少好主意。這樣，一面加強對各國的攻勢，一面派人到列國遊說諸侯，拆散他們的聯盟，韓王安擔心秦國來進攻，派公子韓非到秦國來求和，表示願意服從秦國。

韓非像　　　　　▲

韓非來到秦國後，看到秦國很強大，便上書給秦王，表示願為秦國統一天下出力。這份奏章一送上去，秦王還沒考慮是否重用韓非，李斯倒先著急起來，怕韓非奪了他的地位。原來，韓非和李斯都是荀況的學生，李斯知道韓非的才能不在自己之下，他便在秦王面前說：「韓非是韓國的公子，肯定要為韓國打算，如果讓他回國，會為大王兼併諸侯製造麻煩，不如找個罪名把他殺了。」

秦王政聽了這話，下令先把韓非扣押起來。韓非進了監獄，沒機會為自己辯白。後來，李斯送來毒藥，毒死了韓非。

《呂氏春秋》書影　　▲

秦王政扣押了韓非，也有點後悔，後來聽說韓非服毒自殺了，十分懊惱。正在這時候，魏國人繚到秦國來，秦王政覺得他是個難得的人才，就拜繚為秦國尉，後來人們稱他尉繚。

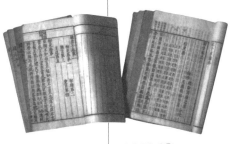

《韓非子》書影　　　▲

荊軻刺秦王

繁陽劍　戰國晚期　▲

易水送別圖　清　吳歷 ▶

荊軻是戰國時燕國太子丹手
下的勇士。秦滅韓、趙之
後，又向燕國進軍，荊軻便
攜樊於期人頭及地圖前去刺
殺秦王，後終因寡不敵眾而
慘死。荊軻去秦國之前，便
抱著必死的決心，於易水江
邊把酒臨風，高漸離擊筑，
荊軻高吟：「風蕭蕭兮易水
寒，壯士一去兮不復還！」
吟罷上車而去，頭也不回。
此圖即繪荊軻上車離去的情
景。

　　尉繚得到重用後，用計拆散了燕國和趙國的聯盟，秦國趁機攻佔了燕國的幾座城池。

　　燕國的太子丹原來留在秦國當人質，他見秦王政有兼併列國的野心，又奪去了燕國的土地，便設法逃回了燕國。太子丹回國後，尋找能刺殺秦王政的人。

　　太子丹物色了一個很有本領的勇士，名叫荊軻。他把荊軻奉為上賓，把自己的車馬給荊軻坐，讓荊軻一起享用自己的飯食、衣服。

　　西元前230年，秦國滅韓國。兩年後，秦國大將王翦攻佔了趙國都城邯鄲，向燕國進軍。燕太子丹十分著急，就去找荊軻，商議如何刺殺秦王。

　　荊軻說：「要挨近秦王身邊，必須先讓他相信我們是去向他求和的。聽說秦王早就想得到燕國的土地督亢（在河北涿縣一帶），還有流亡在燕國的秦國將軍樊於期，秦王正在懸賞抓他。我要是能拿著樊將軍的頭和督亢的地圖去進獻，秦王一定會接見我。這樣，我就可以下手了。」

　　太子丹說：「把督亢的地圖帶去沒有問題，但是樊將軍受秦國迫害來投奔我，

中華上下五千年

我怎麼忍心傷害他呢？」

荊軻知道太子丹不忍心殺樊於期，就私下去找樊於期，跟樊於期說：「我決定去行刺，怕的就是見不到秦王的面。現在秦王正在懸賞捉拿你，如果我能夠帶著你的頭顱給他送去，他一定會接見的。」樊於期二話沒說，拔出寶劍，刎頸自殺了。

荊軻臨行前太子丹交給他一把鋒利的匕首，這是一把用毒藥煮煉過的匕首，只要被它刺出一滴血，就會立刻氣絕身亡。太子丹又派了個年僅十三歲的勇士秦舞陽，做荊軻的助手。

荊軻到了咸陽。秦王政一聽燕國派使者送來了樊於期的頭顱和督亢的地圖，十分高興，就傳令在咸陽宮接見荊軻。

到了秦國的朝堂上，荊軻從秦舞陽手裡接過地圖，捧著裝了樊於期頭顱的木匣上去，獻給秦王政。秦王政打開木匣，裡面果然裝著樊於期的頭顱。秦王政又叫荊軻把地圖拿來。荊軻把一卷地圖慢慢打開，到地圖全都打開時，荊軻事先捲在地圖裡的那把浸過毒的匕首就露了出來。秦王政見了，驚呼。荊軻連忙抓起匕首，左手拉住秦王政的袖子，右手裡的匕首向秦王政的胸口刺去。秦王政使勁掙斷了那隻袖子，便往外跑。荊軻拿著匕首追了上來，秦王政一見跑不了，就繞著朝堂上的大銅柱子跑。荊軻緊緊地在後面追，兩個人在柱子的周圍轉起圈來。

過了一會兒，有個伺候秦王政的醫官，急中生智，把手裡的藥袋向荊軻扔了過去。荊軻一閃身的工夫，秦王政往前一步，拔出寶劍，砍斷了荊軻的左腿。

這時候，侍從的武士一擁而上，殺死了荊軻。台階下的勇士秦舞陽，也死在武士們的刀下。

黑陶鼎　戰國　▲

戰國時期陶器製作出現了磨光、暗花、朱繪、彩繪等多種新技法，以求收到銅器、漆器的藝術效果。此器為泥質黑陶，腹部壓磨光滑並有暗花，十分精美。

天下歸一統

秦長城　戰國時期　▲

鞍馬騎兵俑　▼

鞍馬高1.72公尺，俑高1.8公
尺，秦俑2號坑出土。

　　秦王政殺了荊軻後，餘怒未消，他立即命令大將王
翦加緊攻打燕國。燕國哪裡抵擋得住秦軍的攻打，很快
就潰敗下來。秦軍不肯罷休，非要抓住太子丹不可。燕
王喜被逼無奈，只好殺了太子丹，向秦國求和。

　　秦王政打敗了燕國，又聽從尉繚的計策，派王翦的
兒子王賁（音 ㄅㄣˋ）帶兵十萬人進攻魏國。魏王派人向
齊國求救，齊王建沒有回應。

　　西元前225年，王賁滅了魏國。接
著，秦王政就派王翦去打楚國。

　　大將王翦帶領六十萬人馬，浩浩蕩
蕩向楚國進攻。楚國也出動全國兵力奮
起抵抗。

　　王翦到了前方後，修起了壁壘，堅守不出。楚國大
將項燕一再挑戰，他也不理睬。過
了一段時間，項燕認為王翦是上這
兒來駐防的，就不怎麼把秦國的軍
隊放在心上了。沒想到項燕沒
有防備的時候，秦軍突然發起
進攻，六十萬人馬一擁而上殺
過來。楚國的將士如夢方醒，
暈頭轉向地抵抗了一陣，便各
自逃命去了。秦軍一股作氣打
到壽春（今安徽壽縣西），俘虜
了楚王負芻。

　　王翦滅楚之後，回到咸
陽。由他的兒子王賁接替做大

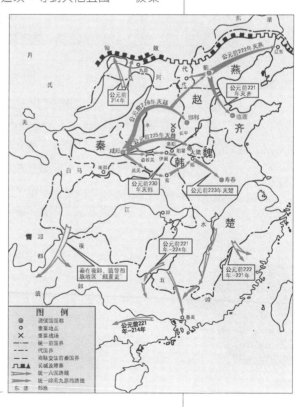

將。西元前222年，王賁滅掉燕國，進而攻佔了趙國最後留下的代城。

　　這時候只剩下一個齊國了。齊王建向來不敢得罪秦國，每回遇到諸侯向他求救，他總是拒絕，他滿以為齊國離秦國遠，只要死心塌地聽秦國的話，就不會遭到秦國的進攻，等到其他五國一一被秦國吞併掉，他才慌手慌腳了。

　　西元前221年，王賁帶了幾十萬秦兵直撲臨淄。沒有幾天，秦軍就攻進了臨淄，齊王建也束手就擒了。

　　自從西元前475年進入戰國時期起，各諸侯國經過二百五十多年的征戰，終於被秦國各個擊破，結束了長期的諸侯割據的局面，建立了一個統一的多民族的封建國家——秦王朝。

秦統一形勢圖　　　▶

95

千古第一帝

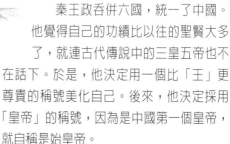

秦始皇像　　　　　▲

秦王政吞併六國，統一了中國。他覺得自己的功績比以往的聖賢大多了，就連古代傳說中的三皇五帝也不在話下。於是，他決定用一個比「王」更尊貴的稱號美化自己。後來，他決定採用「皇帝」的稱號，因為是中國第一個皇帝，就自稱是始皇帝。

全國統一了，該怎樣來治理這樣大的一個國家呢？他決定廢除分封的辦法，改用郡縣制，把全國分為三十六個郡，郡下面再設縣。

在秦始皇統一中原之前，各國都採用自己的制度。拿交通來說，各地車輛的規格就不一樣，因此車道也有寬有窄。國家統一了，車輛行走在不同的道上很不方便。秦始皇統一中原後，便規定車輛上兩個輪子間的距離一律改為六尺，使車輪的軌道相同。這樣，全國各地車輛往來就方便了。這叫做「車同軌」。

此外，各國的文字也不統一。一樣的文字，有好幾種書寫方法。國家統一後，採用了比較方便的書寫方法，規定了統一的文字。這樣，有力地促進了各地的文化交流。這叫做「書同文」。

後來，又規定了全國統一的度、量、衡制度。這樣，各地的買賣交換也就沒有困難了。

為了防禦北方匈奴的入侵，秦始皇又徵發民伕，把原來燕、趙、秦三國北方的城牆連在一起。這樣，從西面的臨洮（今甘肅岷縣）到東面的遼東（今遼寧西

陶量　秦　　　　　▲

陽陵銅虎符 ◀

此符是秦始皇調動軍隊的憑證，用青銅鑄成臥虎狀，可中分為二，虎的左、右頸背各有相同的錯金篆書銘文12字：「甲兵之符，右在皇帝，左在陽陵。」意為此兵符，右半存皇帝處，左半存駐紮陽陵（今陝西咸陽市東）的統兵將領處；調動軍隊時，由使臣持右半符驗合，方能生效。

北），連成一條萬里長城。後來，這座舉世聞名的古建築，一直作為我們中華民族古老文明的象徵。

這時候，已經做了丞相的李斯向秦始皇建議，為了國家的穩定，要限制百姓的言行。

秦始皇採納了李斯的主張，立刻下了一道命令：除了醫藥、種樹等書籍以外，所有私藏的《詩》、《書》、百家言論的書籍，都要交出來燒掉；誰要是再私下談論這方面的書，判死罪；誰要是拿古代的制度來批評現在的制度，滿門抄斬。

第二年，有兩個方士（一種用求神仙、煉仙丹騙錢的人）叫做盧生、侯生，在背後議論秦始皇的不是。秦始皇得知這個情況後，大為惱火，派人去抓他們，他們早已逃跑了。再一查，發現咸陽也有一些儒生一起議論過他。秦始皇把那些儒生抓來嚴刑拷問。儒生經不起拷打，又東一個西一個地供出一大批人來。秦始皇下令，把那些犯禁嚴重的四百多個儒生活埋，其餘犯禁的流放到邊境去做苦役。這就是歷史上的「焚書坑儒」事件。

秦始皇壽字蟲鳥篆書 ▲

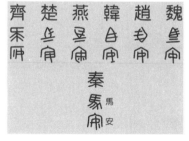

秦統一文字表 ▲

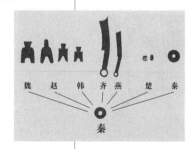

秦統一六國貨幣簡圖 ▲

秦代書體「始皇帝」 ▲

秦始皇陵外景 ▼

位於西安市臨潼區東5公里
的驪山北麓，1961年3月國
務院公佈爲全國重點文物保
護單位。陵墓的修建從前
247年即秦始皇十三歲時開
始，直到前210年秦始皇死
時爲止，長達三十七年。

沙丘陰謀

西元前210年，秦始皇外出巡視。一行人到了會稽郡後，又折向北去了琅邪（今山東膠南縣）。他們從冬季出發，一直到夏天才往回返。回來的路上，秦始皇感到身體不舒服，走到平原津（今山東平原縣南）時病倒了。隨從的醫官給他看病、進藥，都沒有效果。

到了沙丘（今河北廣宗縣西）的時候，秦始皇病勢嚴重，他覺得自己快死了，就吩咐趙高說：「快給扶蘇寫信，叫他趕快回咸陽去。萬一我不行了，叫他主辦喪事。」

信還沒來得及交給使者送出，秦始皇就死掉了。

丞相李斯跟趙高商量說：「這裡離咸陽太遠，還需要幾天時間才能趕回去，萬一皇上去世的消息傳了開來，引起混亂就麻煩了；不如暫時保密，不要發喪，趕回咸陽再說。」

他們把秦始皇的屍體安放在車裡，關上車門，放下窗帷子，外面的人什麼也看不見。隨從的人除了秦始皇的小兒子胡亥，以及李斯、趙高和五六個內侍外，別的大臣對秦始皇死去的事，一概不知。車隊照常向咸陽進發，每到一地方，文武百官都照常在車外奏事。

李斯催促趙高趕快派人給秦始皇的長子扶蘇送信，讓他趕回咸陽。當時，扶蘇在北方和蒙恬一起鎮

守邊疆，趙高跟
蒙恬一家有冤
仇。他偷偷地跟
胡亥商量，準備
假傳秦始皇的遺
囑，殺害扶蘇，
讓胡亥繼承皇
位。胡亥一聽，

戰馬俑　秦　　　▲

戰袍武士俑頭部　秦　▲

讓他當皇帝，當然求之不得。

　　趙高知道要做這樣的事，必須說服李斯才能辦到。

　　經過趙高一番誘騙，李斯動心了，他擔心讓扶蘇繼
承皇位以後，保不住自己的相位，就和趙高、胡亥合
謀，假造了一份詔書，說扶蘇在外不能立功，反而怨恨
父皇；又說將軍蒙恬和扶蘇同謀，讓他們一起自殺，把
兵權交給副將王離。

　　扶蘇接到這封假詔書，就準備自殺。蒙恬懷疑這封
詔書有假，讓扶蘇向秦始皇當面申訴。扶蘇是個老實
人，說：「既然父皇要我死，還有什麼好申訴的。」就
這樣自殺了。

　　趙高和李斯急急忙忙往咸陽趕。那時候，正是夏
天，天氣很炎熱，屍體很快就腐爛了，車子裡散發出一
股股臭味，不得不堆上許多爛魚來遮人耳目。

　　到了咸陽，他們才宣佈秦始皇死去的消息，並且假
傳秦始皇的遺詔，由胡亥繼承皇位。這就是秦二世。

漆彩繪鳳形勺　秦　　▲

彩繪銅車　秦　　　▼

陳勝吳廣起義

胡亥奪取皇位的這一年，即西元前209年7月，爆發了我國歷史上第一次大規模的農民起義，領導這次起義的人是陳勝、吳廣。

陳勝又叫陳涉，是陽城（今河南省登封縣東南）人。吳廣又叫吳叔，是陽夏（今河南省太康縣）人。

陳勝對自己的苦難遭遇一直忿忿不平，可更不幸的事情又落在了他的身上。他和吳廣以及其他的窮苦農民，一共九百多人，被秦二世徵發去漁陽駐防。

那時候正趕上雨季，他們走到蘄縣大澤鄉（今安徽省宿縣西南）的時候下起了大雨。大澤鄉靠近淮河的支流澮河，地勢低窪，大水淹沒了道路，沒法走了。他們只好停下來，等天晴了再走，按照秦朝的律法，叫你什麼時候到達什麼地方，你就得按時到達，誤了日期，就要殺頭。陳勝、吳廣計算了一下，估計無論如何也不能按期到達漁陽，這樣，他們已經犯下死罪了。

陳勝、吳廣一起商量辦法。陳勝說：「如今要是逃走，抓回來是死；起來造反，奪天下大不了也是死。這樣下去等死，還不如拼出一條生路呢！」

吳廣認為陳勝說得有道理，便決定跟著陳勝幹一場。當時的人們很迷信，想要號召眾人起來造反，除了假藉像扶蘇等人的名義外，還得採用裝神弄鬼一類的辦法，取得眾人的信任。他們為此想出了辦法。

第二天，伙夫上街買魚回來，剖開一條鯉魚的時候，在魚肚子裡發現一

鐵鉗和鐵桎　秦　▲
秦始皇三十五年徵調刑徒七十餘萬人修阿房宮和秦始皇陵。鐵鉗和鐵桎正是打製石料的刑徒所戴的刑具。

玉劍首　秦　▲

秦國銅劍　▼

塊綢子，綢子上用朱砂寫著「陳勝王」三個字。這件事一下子就傳開了，眾人都認為這是老天爺的旨意，原來陳勝是個真命天子呀！

過了幾天，陳勝和吳廣帶領著一大幫人，趁押送他們的軍官喝醉了酒，故意去要求釋放他們回家。軍官一聽，又急又氣，先抽打了吳廣幾鞭子，接著又拔出劍來要殺吳廣。這時大夥兒一擁而上，陳勝乘機殺死了軍官。

陳勝、吳廣殺死了軍官，大夥兒都感到出了一口惡氣。看到大夥兒都很齊心，陳勝、吳廣就決定立即起義。他們派人上山砍伐樹木、竹竿作為武器。然後，用泥土壘個平台，作為起義誓師的地方。還做了一面大旗，旗上繡上了一個大大的「楚」字。

陳勝、吳廣在大澤鄉起義的消息很快傳開，附近窮苦的老百姓扛著鋤頭、鐵耙、扁擔，紛紛趕來加入起義軍，起義軍一下子壯大了起來，並且很快地佔領了陳縣。陳勝在陳縣稱了王，國號「張楚」。

陳勝稱王後，派周文去攻打咸陽。周文雖懂得點軍事，作戰也勇敢，但最終還是寡不敵眾，被秦軍打敗，被迫自殺了。吳廣率領隊伍去進攻滎陽，沒想到，被自己的部下田臧假藉陳勝的命令殺害了，最後只剩下陳勝。陳勝稱王後驕奢虛榮，六親不認，以致眾叛親離，在秦軍強大的攻勢面前，只好向東南退卻。不料想，最後死於他的馬夫莊賈之手。

鎏金青銅獸面紋銜玉環鋪首　秦　▲

這是鑲嵌在雍城宮殿大門上的鋪首，富麗堂皇，氣勢非凡。秦都雍城建造的時代，正值秦國的國力處於由弱而強的上升時期，都城的建設規劃和建築大氣磅礴。

陳勝吳廣起義示意圖　▼

劉邦和項羽

劉邦像 ▲

中華上下五千年

陳勝、吳廣起義以後，各地的百姓紛紛響應。農民起義像一陣風暴，很快就席捲了大半個中國。

在南方會稽郡有一支強大的起義隊伍，領導這支隊伍的首領是項梁和他的侄兒項羽。項梁是楚國大將項燕的兒子，秦國大將王翦攻滅楚國的時候，項燕兵敗自殺，項梁一直想重建楚國。他的侄兒項羽身材魁梧，力大無比，跟項梁學了不少本領。

項梁本是下相（今江蘇宿遷西南）人，因為跟人結了仇，躲避到會稽郡吳中來，項梁能文能武，吳中的年輕人都很佩服他，把他當老大哥看待。項梁教這些年輕人學兵法，練本領。這時，他們聽說陳勝起義，覺得是個建功立業的好機會，就殺了會稽郡守，佔領了會稽郡。不到幾天，就拉起了一支八千人組成的隊伍。因為這支隊伍裡都是當地的青年，所以稱為「子弟兵」。

項梁、項羽帶著八千子弟兵渡過長江，攻克了廣陵（郡名，治所在今江蘇揚州市），接著又渡過淮河，向北進軍。一路上又有各地方的起義隊伍來投奔項梁。

第二年，劉邦帶著一支一百多人的隊伍，來投靠項梁。劉邦是沛縣（今江蘇沛縣）人，在秦朝做過亭長（秦朝十里是一亭，亭長是管理十里以內的小官）。有一次，上司要他押送一批民伕到驪山做苦工，在前往驪山的山路上，每天總有幾個民伕跑掉，劉

泗水亭 ▼

此亭在今江蘇省沛縣，據《沛縣志》記載，漢高祖劉邦曾做過泗水亭長。

邦想管也管不了。這樣下去，到了驪山，劉邦也交不了差。

有一天，他把民伕們叫到一起，對大家說：「你們到驪山去做苦工，累不死也得被打死；就算不死，也不知道哪年哪月才能返回家鄉。我現在放你們走，大家各自去找活路吧！」

民伕們非常感激劉邦，當時就有幾十個民伕願意跟著他走。劉邦就帶著這些人逃到芒碭山躲了起來。

沛縣縣裡的文書蕭何和監獄官曹參（音 ㄘㄢ）知道劉邦是個好漢，都願意與他交好，他們之間來往不斷。

等到陳勝打下了陳縣，蕭何和沛縣城裡的百姓殺了縣官，並讓人到芒碭山把劉邦接了回來，請他當了沛縣的首領，大家稱他「沛公」。不久，張良也投到了劉邦麾下。

項梁見劉邦也是一個人才，就撥給他人馬。從此，劉邦成了項梁的部下。這時各地起義軍的領導權都落在舊六國貴族手裡，彼此爭奪地盤，互相攻打。秦國的大將章邯、李由，想趁機把起義軍各個擊破。

面對這種形勢，項梁在薛城開始整頓起義隊伍。為了增強號召力，項梁聽了謀士范增的建議，立楚懷王的孫子為楚王。因為楚國人對當年楚懷王受騙死在秦國一直忿忿不平，所以大家把他的孫子仍稱為楚懷王。

彩繪騎馬俑　西漢　▲

這個騎馬俑群共有俑五百八十三個，形態各異，造型生動，色彩豐富，構成了威武嚴肅的軍事陣勢。

馬與馭手　西漢　▲

此馬由頭、軀幹、四肢、尾等幾部分鉚鉗而成，鉗痕跡明顯。馬翹唇張鼻，作嘶鳴噴氣狀，右前蹄揚起，頗具動感，馭者怒長鬍老者，神態平和，與馬一靜一動形成鮮明對比。

秦末農民戰爭圖　◀

鉅鹿大戰

軍吏俑頭部　秦　▲

頭戴長冠，身披鎧甲，這是
一個威武的將軍的形象。

兵馬俑　秦　▲

鉅鹿之戰示意圖　▶

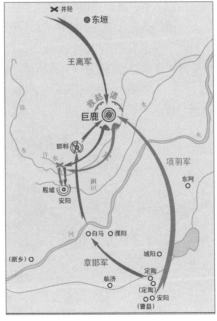

井陘　东垣

王离军

救赵诸

巨鹿

邯郸

正水

殷墟
安阳

项羽军

东阿

白马　濮阳

城阳

(新乡)

章邯军

临济

定陶
(定陶)
安阳
(曹县)

項梁整頓了起義軍後，打敗了秦朝大將章邯。項羽、劉邦帶領另一支隊伍，殺了秦將李由。不久，章邯重新補充了兵力，趁項梁不備，發動了猛烈的進攻。項梁死在亂軍之中，項羽、劉邦也只好退守彭城了。

章邯打敗項梁，認為楚軍已經元氣大傷，就暫時放棄攻擊楚軍，帶領秦軍北上進攻趙國（這個趙國不是戰國時代的趙國，而是新建立起來的一個政權），很快就攻下了趙國都城邯鄲，趙王歇逃到鉅鹿（今河北平鄉西南），堅守不出。

章邯派秦將王離包圍鉅鹿，自己率大軍駐紮在鉅鹿南面的棘原，為了給王離軍運送糧草，他在棘原和鉅鹿之間修築了一條糧道。

趙王歇一面守城，一面派人向楚懷王求救。當時，楚懷王正在籌劃進攻咸陽。見趙國來求援，就派劉邦打咸陽，另派

中華上下五千年

宋義為上將軍，項羽為副將，帶領二十萬大軍到鉅鹿解救趙國。

宋義帶領的軍隊到了安陽（今河南安陽東南），聽說秦軍氣勢很盛，就命令楚軍停止進軍，等秦軍和趙軍打上一陣，讓秦軍消耗一下實力，再去進攻。

宋義按兵不動，在安陽一停就是四十六天，這下可急壞了項羽。

項羽對宋義說：「現在軍營裡糧食不多了，但是上將軍卻按兵不動，自己喝酒作樂，這樣對得起國家和兵士嗎？」宋義不但不聽，還下了道命令：軍中如有不服從指揮的，立即斬首。

第二天，項羽趁朝會的時候，拔出劍來把宋義殺了。

將士們大多是項梁的老部下，宋義在軍中本來威望就不高，大夥見項羽把他殺了，都表示願意聽項羽指揮。

項羽殺了宋義以後，立刻派部將英布、蒲將軍率領兩萬人做先鋒，渡過漳水，切斷秦軍運糧的通道，把章邯和王離的軍隊分開了。然後，項羽率領主力渡河。

過了河，項羽命令將士，每人帶三天的乾糧，把軍隊裡做飯的鍋砸掉，把渡河的船鑿沉（文言叫做「破釜沉舟」，釜就是鍋子），然後，對將士說：「咱們這次打仗，沒有回頭路可走，三天之內，一定要打敗秦兵。」

項羽的決心和勇氣，極大地鼓舞了將士們的士氣。楚軍把王離的軍隊包圍起來，個個士氣振奮，越打越勇。經過九次激烈戰鬥，活捉了王離，其他的秦兵死的死，逃的逃，包圍鉅鹿的秦軍一下子就瓦解了。

鑲嵌雲紋弩機　秦　▲

遠射兵器構件。弩機由牙（上有望山）、牛（鉤心）、懸刀（扳機）、拴塞及廓組成。廓、望山、牙上飾鎏金雲紋和S形紋。懸刀一側有篆體銘文十一字，記作弩於秦王政二十三年（西元前224年），並鑄有主管官吏和工匠姓名。1974年湖南長沙馬王堆出土。

甬鐘　秦　▲

約法三章

秦將章邯在棘原眼看王離全軍覆沒，但乾著急支援不上。他上了一份奏章，把前線的消息告知朝廷，請求救兵。二世和趙高不但不發救兵，還要治章邯的罪。章邯怕趙高害他，只好率領部下二十萬人馬，向項羽投降了。那時候，趙高害死了李斯後，秦朝的大權完全操縱在他手裡。他知道大臣中有人不服他。有一天，他牽著一隻鹿到朝堂上，當著大臣的面對二世說：「我得到了一匹名貴的馬，特來獻給陛下。」

漢高祖劉邦像　▲

二世雖然糊塗，但是鹿是馬還是能分清的。他笑著說：「丞相開什麼玩笑，這明明是頭鹿，怎麼說是馬呢？」

趙高繃著臉說：「怎麼不是馬？讓大家說是鹿是馬。」

不少人懂得趙高的用意，就附和著說：「真是匹好馬呀！」只有少數大臣說是鹿。幾天之後，那幾個說是鹿的大臣，都被趙高找藉口治了罪。

從那以後，宮內宮外的官員沒有不害怕趙高的，再沒有人敢在二世面前說趙高的不是了。

西元前206年，劉邦的人馬攻佔了武關（今陝西丹鳳縣東南），離咸陽不遠了。二世驚慌失措，連忙叫趙高發兵去抵抗。趙高知道再也混不下去了，就派心腹把二世弄死了。

趙高殺了二世，對大臣們說：「現在六國都已復國

皇帝信璽封泥　西漢　▲

了，秦國再掛個皇帝的空名也沒有什麼意思，應該像以前那樣稱王。我看可以立二世的侄兒子嬰為秦王。」這些大臣不敢反對，只好同意。

子嬰知道趙高害死了二世，想自立為王，只是怕大臣們反對，才假意立他為王。子嬰和他的兩個兒子商量好對付趙高的計策。到即位那天，子嬰推說有病不去，趙高只好親自去催子嬰，子嬰命手下人把趙高殺了。

子嬰殺了趙高，派了五萬兵馬固守武關（今陝西商縣西北）。劉邦採用了張良的計策，派兵在武關附近的山頭插上無數的旗子，迷惑敵兵；另派將軍周勃帶領全部人馬繞到武關東南，從側面打進去，殺死了守將，消滅了這支秦軍。

劉邦的軍隊開進武關，到了灞上（今陝西西安市東）。秦王子嬰一看大勢已去，便帶著秦朝的大臣投降了。

劉邦進了咸陽，召集了附近各縣的父老，對他們說：「你們被秦朝殘酷的法令害苦了。今天，我跟諸位父老約定三條法令：第一，殺人的償命；第二，打傷人的治罪；第三，偷盜的治罪。除了這三條，其他秦國的法律、禁令，一律廢除。父老百姓可以安居樂業了。

百姓聽到了劉邦的約法三章，高興得不得了，都爭先恐後地來慰勞劉邦的將士。

從那時起，劉邦的軍隊給關中的百姓留下了良好的印象，人們都希望劉邦能留在關中做王。

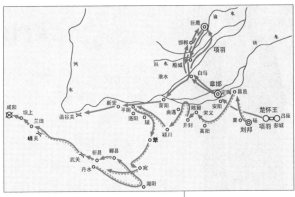

項羽劉邦滅秦示意圖 ▲

簡冊文牘　西漢 ▲

鴻門宴

張良像 ▲

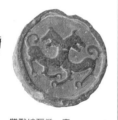

雙獸紋瓦當　秦 ▲

玉杯　秦 ▲

戰國前的玉製品主要用於禮
儀和殉葬，秦漢時玉杯成為
上層社會人們的觀賞品。這
件玉杯直口、深腹、壁微斜
收，在束腰高足支托下，顯
得秀麗挺拔。

項羽在鉅鹿大戰中打敗王離，收降章邯，而後率領四十萬大軍開到函谷關，看見關口有兵把守，不准項羽的軍隊進關。項羽得知是劉邦的將士守著關口，肺都要氣炸了，命令將士猛攻函谷關。關口很快被打開，項羽軍隊長驅直入，直到新豐、鴻門（今陝西臨潼東北）才駐紮下來。這裡離劉邦軍隊駐紮地灞上只有四十里，項羽決定第二天攻打劉邦。

項羽的叔父項伯和劉邦的謀士張良是好朋友，他怕打起仗來張良會送命，就連夜趕到劉邦軍營告知張良，叫張良趕快逃命。張良把項伯的話告訴了劉邦。劉邦一聽慌了神，連叫：「這可怎麼辦，怎麼辦呢？」張良說：「你先叫項伯幫幫忙，叫他在項王面前求求情。」劉邦急忙叫張良把項伯請來，擺上酒席熱情招待。為了結交項伯，劉邦提出兩人結為兒女親家。項伯答應了，並對劉邦說：「明天一大早你要親自來給項王賠禮。」

第二天一早，劉邦就帶領張良、樊噲和一百多人趕到鴻門拜見項羽。劉邦十分熱情地說：「我和將軍一起攻打秦朝，您在黃河的北面作戰，我在黃河的南面作戰。沒想到我能先打進關中，攻破咸陽，今天有機會和將軍見面，真是件令人高興的事。聽說有小人在您面前挑撥我和您的關係，請將軍千萬別聽信這些話。」項羽是個直性人，見劉邦這樣可憐，怒氣很快就煙消雲散了。項羽叫人擺上酒席，舉杯勸劉邦喝個痛快，態度越來越和氣。

酒席上，范增一再給項羽使眼色，多次舉起胸前的玉玦作暗示，要項羽殺掉劉邦。項羽默不作聲。范增急

了，找個藉口走出營門。他把項羽的堂兄弟項莊找來，交代他說：「項王心腸太軟，你到席上敬酒，然後舞劍助興，趁機殺了劉邦。」項伯見項莊在宴席前不懷好意地舞起劍來，害怕剛結的親家劉邦吃虧，也拔出寶劍說：「一個人舞劍沒有兩個人來勁。」就用身子護著劉邦，與項莊對舞起來，項莊沒機會對劉邦下手。

張良見形勢危急，找個機會溜了出去，對樊噲說：「宴會上項莊拔劍起舞，總想對沛公下毒手。」樊噲聽了急得大喊：「我去同他們拼了！」他帶上寶劍和盾牌趕到帳前，把幾個阻攔的衛兵撞倒，怒目圓睜地衝了進去。

項羽看到衝進一個怒容滿面的人，急忙按住劍把，喝問道：「你是什麼人？」張良急忙上前解釋說：「他是沛公的車夫樊噲，一定是肚子餓了。」項羽用讚歎的口氣說：「好一個壯士！快賞給他一斗酒，一隻豬腿。」項羽看了樊噲一會兒，越發覺得這人豪壯，說：「壯士，還能喝酒嗎？」樊噲粗聲說：「我死都不怕，還怕喝酒嗎！當初，楚懷王跟大家有約：誰先打敗秦軍攻破咸陽，誰就做王。如今沛公先打進咸陽，他沒拿一點東西，只是封了庫房把軍隊駐在灞上，等到大王您的到來。如此勞苦功高的人，大王不但沒給他獎賞，反而聽信小人的挑撥，想去殺害他，這不是跟秦王沒區別了嗎？大王這種做法未免太不近情理了！」項羽一時答不上話來，招呼樊噲坐下。樊噲就挨著張良坐下了。

劉邦鎮定了一會兒，假裝要上廁所，樊噲和張良也跟著出去了。劉邦想趁早溜回軍營，又怕沒有告辭失了禮數。樊噲說：「做大事業的人不拘泥於小禮節。如今我們好比任人宰割的魚肉，性命都難保了還講什麼禮數！」

劉邦走後，張良在外面等了好一會兒，估計劉邦已經到達軍營了，才進去對項羽道歉說：「沛公酒量小，今天喝多了，不能當面來向大王辭別。他囑咐我奉上白璧一雙敬獻給大王；玉杯兩隻送給亞父。」項羽接過白璧，放在席位上，范增氣得把玉杯扔在地上，又用寶劍劈碎，歎著氣說：「唉，真是沒用的人，不值得讓我操心！將來爭奪項王天下的人，一定是劉邦。等著瞧吧，將來咱們這些人都會成為劉邦的俘虜！」

鴻門宴拉開了楚漢戰爭的序幕。

楚漢之爭

韓信像　▲

　　劉邦聽從蕭何的建議，拜韓信為大將，執掌兵權，準備攻打漢中。蕭何整頓後方，訓練人馬。

　　西元前206年，漢王和韓信率領漢軍進攻漢中。

　　戰爭開始後，由於關中的老百姓對「約法三章」的漢軍本來就有好感，所以，漢軍每到一處，士兵、百姓都不願抵抗。不到三個月的時間，劉邦就消滅了秦國降將章邯的兵力，牢牢地控制了關中地區。項羽得知劉邦攻佔了整個漢中，準備率兵來打。但是西面齊國的田榮也起來反抗項羽，把項羽所封的齊王趕下台，自立為王，項羽只好扔了劉邦這一頭帶兵去鎮壓田榮。

　　劉邦趁項羽和齊國相持不下的時候，率軍東進，攻下了西楚的都城彭城。項羽趕緊往回撤兵。雙方在睢水展開了一場大戰。戰鬥一開始，雙方誰也不知道對方有多少人，只打得昏天黑地，屍橫遍野。到最後，漢軍戰敗，劉邦的父親太公和妻子呂氏也被楚軍俘虜了。

　　劉邦領著殘兵敗將，退到滎陽成皋一帶，嚴密佈防。另一方面派韓信帶領兵馬向北收服了魏國、燕國和趙國的地盤，又派陳平用重金挑撥項羽和范增的關係。項羽本來疑心很重，聽信了謠言，真的懷疑起范增來。范增一氣之下告老還鄉，又氣又傷心的他死在路上。范增一死，項羽身邊少了一位得力的謀士，漢軍的壓力也減輕了。劉邦又叫彭越在後方截斷楚軍的運糧道，這樣就有效地控制了楚軍。楚漢雙方這樣對峙了兩年多。

　　西元前203年，項羽決定自己帶兵去攻打彭越。臨走時他再三叮囑成皋守將曹咎，無論如何也要堅守城池

廣武澗　▲
曾是劉邦與項羽爭霸對峙的地方。

不許出戰。劉邦見項羽一走就向曹咎挑戰。
曹咎說什麼也不戰。後來劉邦叫士兵整天隔著汜水辱
罵楚軍。曹咎受不了劉邦士兵的辱罵，渡江作戰被劉邦
打得大敗。曹咎覺得沒臉見項羽，就抹脖子自殺了。

手執劍形戈　西漢　▲

　　項羽聽說成皋被漢軍佔領，曹咎自殺，急忙趕回
來，楚漢兩軍在廣武（今河南滎陽縣東北）又對峙起
來。正當劉邦想和項羽決一死戰的時候，項羽派使者給
劉邦傳話說：「現在天下不安定，都是由於你我兩人相
持不下造成的，你敢不敢與我比試高低，別讓老百姓受
連累了。」劉邦也叫使者回話說：「我願意比文鬥智。」
劉邦和項羽各自出陣來，劉邦為了叫項羽在楚、漢軍面
前威風掃地，便歷數項羽有「十大罪狀」。

　　項羽聽劉邦述說自己的「十大罪狀」，忍無可忍，
也不回答，回頭作了個暗示，鍾離昧帶領弓箭手一陣亂
箭齊發，劉邦剛要回頭，胸口已經中了一箭，他忍住疼
痛，故意彎下身，大叫道：「不好，賊兵射到我的腳趾
了。」眾將士急忙把他扶到營裡，叫醫官醫治。張良怕
軍心動搖，便勸劉邦勉強起來，坐在車上巡視軍營。

　　項羽見劉邦沒死，還能巡視軍營，而楚軍糧草已供
應不上，感到進退兩難。

　　劉邦重傷在身，見雙方相持不下，也非常著急。這
時，洛陽人侯公從中調和了一下，雙方定下協議，楚漢

楚漢相爭示意圖　▼

雙方以滎陽東南的
鴻溝為界，鴻溝以
東屬楚，鴻溝以西
屬漢，雙方各守疆
土，互不侵犯，停
止內戰。協議達成
後，項羽把太公和
呂氏也放了回來。

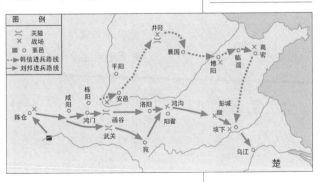

四面楚歌

霸王別姬圖　▲

玻璃帶鉤　西漢　▲

虞姬像　▼

楚漢議和還不到兩個月，劉邦便組織韓信、彭越、英布三路大軍會合一處，在韓信統率下，追擊項羽。

西元前202年，項羽被漢軍圍困在垓下（今安徽靈璧縣東南，垓音 ㄍㄞ ），韓信在垓下的周圍佈置了十面埋伏。項羽的人馬少，糧食也快吃光。他想帶領人馬衝殺出去，但是漢軍和各路諸侯的人馬裡三層外三層，項羽打退一批，又來一批；殺出一層，還有一層，項羽沒法突圍出去，只好回到垓下大營，吩咐將士小心防守。

這天夜裡，項羽在營帳裡愁眉不展。他身邊有個寵愛的美人名叫虞姬，看見他悶悶不樂，便陪伴他喝酒解愁。到了午夜，只聽得一陣陣西風吹來，風聲裡還夾著歌聲。項羽仔細一聽，歌聲是從漢營裡傳出來的，唱的都是楚人的歌曲，唱的人還挺多的。

項羽聽四面到處是楚歌聲，失神地說：「完了！恐怕劉邦已經打下西楚了！漢營裡沒有那麼多的楚人呀。」

項羽愁緒滿懷，忍不住唱起一曲悲涼的歌來：

> 力拔山兮氣蓋世，
> 時不利兮騅（音 ㄓㄨㄟ ）不逝。
> 騅不逝兮可奈何，
> 虞兮虞兮奈若何？

項羽唱著唱著，禁不住流下了眼淚。旁邊的虞姬和侍從也都傷心地哭了起來。

當天夜裡，項羽跨上烏騅馬，帶了八百個子弟兵衝出漢營，馬不停蹄地往前跑去。天亮後，漢軍才發現項

羽已經突圍出去，連忙派了
五千騎兵緊緊追趕。項羽一
路奔跑，後來他渡過淮河
時，跟著他的只剩下一百多
人了。

　　但後面的追兵又圍上來
了。項羽對跟隨他的士兵們

垓下遺址　　　　　　　　▲

說：「我從起兵到現在有八年了，經歷過七十多次戰
鬥，從來沒有失敗過，才當上了天下霸王。今天在這裡
被圍，這是天要叫我滅亡，並不是我打不過他們啊！」

　　項羽說罷又幾次衝出重圍，一直到了烏江（在今安
徽和縣東北）邊。此時，他的身邊只剩下二十幾個人
了。恰巧烏江的亭長有一條小船停在岸邊。亭長勸項羽
馬上渡江，說：「江東雖然小，可還有一千多里土地，
幾十萬人口。大王過了江，還可以在那邊稱王。」

　　項羽苦笑了一下說：「我當年在會稽郡起兵時，帶
了八千子弟渡江。到今天他們沒有一個能回去。我一個
人回到江東，即便是江東父老同情我，立我為王，我也
沒臉見他們呀。」

　　項羽說完跳下馬來，把烏騅馬送給了亭長，兵士們
也跳下馬。他們的手裡都拿著短刀，跟追上來的漢兵展

張良吹簫破楚兵　年畫 ▼
這是楊柳青年畫中關於楚漢
戰爭的描繪，生動再現了楚
霸王兵敗烏江的悲愴情景。

開肉搏戰。他
們殺了幾百名
漢兵，楚兵也
一個個倒下。
項羽受了十幾
處創傷，最後
在烏江邊拔劍
自殺了。

大風歌

劉邦打敗項羽，建立一個比秦朝更強大的漢王朝。西元前202年，漢王劉邦正式做了皇帝，這就是漢高祖。漢高祖定都洛陽，後來遷都到長安（今陝西西安）。

漢高祖即位後，不得不封曾在楚漢戰爭中立下大功的大將為王。這些諸侯王有的雖不是舊六國貴族，但也都想割據一塊土地，不聽朝廷的指揮。在被封為王的人中要數楚王韓信、梁王彭越、淮南王英布功勞最大、兵力也最強。

在漢高祖即位的第二年，有人告發韓信想謀反。漢高祖問大臣該怎麼辦，許多人主張發兵滅了韓信。只有陳平反對。

後來，漢高祖採用了陳平的計策，假裝到雲夢澤巡視，命令受封的王侯到陳地見面。韓信接到命令，只得前去。到了陳地，漢高祖就叫武士把韓信綁了起來，押回長安。

漢高祖捉住韓信後，想治他罪。後來，有人勸漢高祖看在韓信過去功勞的份上，從寬處治。漢高祖打消了對韓信治罪的想法。但還是取消了他的楚王的封號，改封為淮陰侯。

過了幾年，有一個將軍陳豨造反，自稱代王，一下子攻佔了二十多座城池。

漢高祖讓淮陰侯韓信和梁王彭越同去討伐陳豨。可是兩個人都說身體不好，不肯帶兵打仗。漢高祖只好親自率兵討伐。

漢高祖離開長安後，有人向呂后告發說，韓信和陳

劉邦氣英布　　　▲

豨是同謀，他們計劃裡應外合，一同造反。呂后跟丞相蕭何商量了一個計策，故意傳出消息，說陳豨已經被高祖抓住了，請大臣們進宮祝賀。韓信不知是計，一進宮門，就被預先埋伏好的武士殺了。

三個月後，漢高祖攻滅了陳豨，回到洛陽，彭越的手下人告發彭越謀反。漢高祖派人抓住彭越後，就把彭越處死了。

淮南王英布聽說韓信、彭越都被殺了，乾脆也起兵反叛了。

英布一出兵就打了幾個勝仗，佔領了荊楚一帶的土地。漢高祖得知消息後，又親自帶兵征伐。

兩軍一對陣，漢高祖就指揮大軍猛擊英布。英布命手下兵士弓箭齊發，漢高祖沒留意，當胸中了一箭。他忍住疼痛，繼續進攻。英布大敗，在逃跑的路上被人殺了。漢高祖平定了英布叛亂後，在凱旋的路上，回故鄉沛縣住了幾天。他邀集了故鄉的父老子弟和以前的熟人，舉行了一次宴會。

他在與父老鄉親團聚暢飲當中，想起過去自己戰勝項羽的經歷，又想到以後要治理好國家，可真不容易。想到這裡，漢高祖感慨萬千，情不自禁地唱道：

> 大風起兮雲飛揚，
> 威加海內兮歸故鄉，
> 安得猛士兮守四方。

歌風台　▲

當年漢高祖平定了英布叛亂後，於歸途中經故鄉沛縣，酒酣之時，有感於昔日亡秦滅楚的戎馬生涯，欣喜於既成帝業，即興擊筑而歌：「大風起兮雲飛揚，威加海內兮歸故鄉，安得猛士兮守四方。」後沛人於鳴唱處築「歌風台」以紀念。

斬韓信　▲

白登被圍

匈奴武士像　▲

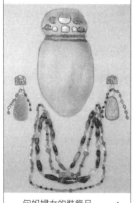

匈奴婦女的裝飾品　▲
西漢

這是一套婦女佩帶的裝飾
品。各種串珠顯得大氣豪
放，極具草原民族曠達的風
格特徵。而玉雕墜飾則是吸
收中原漢文化風格的結果。

　　就在漢高祖劉邦和西楚霸王項羽在中原
展開大戰的時候，北方的匈奴也趁亂一步步
向南打過來。

　　漢高祖做了皇帝後，匈奴的冒頓單于
（音 ㄇㄛˋ ㄉㄨˊ ㄔㄢˊ ㄩˊ，冒頓是人名，單于是匈奴王）
帶領了四十萬人馬向漢朝攻來，並包圍了韓王信
（原韓國貴族，和韓信是兩個人）的封地馬邑（今山
西朔縣）。韓王信抵擋不了，便向冒頓求和。漢高祖
得知這個消息，派使者責備韓王信。韓王信害怕漢高
祖辦他的罪，就投降了匈奴。

　　冒頓佔領了馬邑，又繼續向南進攻。漢高祖親自
帶兵趕到晉陽，和匈奴對峙。

　　這是西元前200年的冬天，寒風刺骨，天氣特別
冷。中原的士兵沒碰到過這樣冷的天氣，凍得受不了，
戰鬥力明顯減弱。但是，漢朝的軍隊和匈奴兵一交戰，
匈奴兵就敗走。一連打了幾回，匈奴兵都敗下陣去。後
來，聽說冒頓單于逃到代谷（今山西代縣西北）。

　　漢高祖進晉陽後，派出兵士偵察，回來的人都說冒
頓的部下全是一些老弱殘兵，連他們的馬都是瘦得皮包
骨頭。如果趁勢打過去，準能打贏。

　　漢高祖擔心這些兵士的偵察不可靠，又派劉敬到匈
奴營地看看虛實。

　　劉敬回來說：「我們看到的匈奴的確都是些老弱殘
兵，但我認為冒頓一定把精兵埋伏起來了，陛下千萬不
能上他們的當。」

　　漢高祖聽罷大怒，說：「你膽敢胡說八道，是想阻

攔我進軍嗎？」說完命令士兵把劉敬關押起來。

漢高祖率領一隊人馬剛到平城（今山西大同市東北），就被四下湧出的匈奴兵包圍起來。這些匈奴兵個個身強體壯，原來的老弱殘兵全不見了。漢高祖在部下的掩護下，拼命殺出一條血路，退到平城東北面的白登山。

冒頓單于的四十萬精兵，把漢高祖圍困在白登山。周圍的漢軍無法救援，漢高祖的一部分人馬在白登，整整被圍困了七天，脫不了身。

後來，高祖身邊的謀士陳平打發了一個使者帶著黃金、珠寶去見冒頓的閼氏（音 ㄧㄢ ㄓ ，就是匈奴的王后），請他在單于面前說些好話。閼氏一見漢朝使者給她送來這麼多貴重禮物，心裡很高興。

當天晚上，閼氏對冒頓說：「我們即使佔領了漢朝的地方，也沒法長期住下來。再說，也會有人來救漢朝皇帝的。咱們不如早點撤兵回去吧！」

冒頓聽了閼氏的話，第二天一清早，就下令將包圍圈閃開一個缺口，放漢兵出去。

經過這一次險情，漢高祖知道漢朝沒有力量再去征服匈奴，只好回到長安。以後，匈奴一直侵犯北方，使漢高祖大傷腦筋。他問劉敬該怎麼辦，劉敬說：「最好採用『和親』的辦法，大家講和，結為親戚，彼此可以安安穩穩地過日子。」

漢高祖同意了劉敬的建議，派劉敬到匈奴去說親，冒頓當即同意了。漢高祖挑了一個宮女所生的少女，假稱作大公主，送到匈奴去，冒頓把她立為閼氏。

從那時候起，漢朝開始採用「和親」的政策，跟匈奴的關係暫時緩和了下來。

鍍金象嵌群猿帶飾　▲
西漢

雕花玉杯　西漢　▲

玉杯質地細膩、光澤瑩潤，杯體飾斜紋，簡潔雅緻，杯蓋中央透雕玉瓣花鈕，周邊立體雕深色花鈕，是西漢玉器的珍品。

長信宮燈　西漢　▼

白馬之盟

漢高祖晚年時寵愛戚夫人。戚夫人生了個孩子，名叫如意，被封為趙王。漢高祖覺得呂后所生的太子劉盈性格軟弱，擔心他成不了大事，倒是如意說話做事很合自己的心意。因此，想廢掉太子劉盈，立如意為太子。

他為這件事召集大臣們商量，但大臣們都反對，連他一向敬重的張良也不同意。大臣們還把當時很有名望的四個隱士——「商山四皓」（皓音 ㄏㄠˋ，就是白髮老人的意思）請了來，幫助輔佐太子劉盈。這樣一來漢高祖就沒法廢掉太子了。

漢高祖知道自己快不行了，便把大臣召集在他跟前，吩咐侍從宰了一匹白馬，要大臣們歃血為盟。大臣們當著高祖的面，歃了血，發誓說：「從今以後，不是姓劉的不可以封王，不是功臣不可以封侯。誰違背這個盟約，大家就共同討伐他。」

漢高祖病情越來越重了，便叫呂后進去，囑咐後事。

西元前195年，漢高祖死了。呂后封鎖了消息，秘密地跟他的一個心腹大臣酈食其（食其音 ㄧˋ ㄐㄧ）說：「大將們和先帝都是一起起兵的，這些人很難控制。如今先帝去世，他們就更靠不住了，不如把他們都殺了。」

酈食其覺得這事不好辦，就約呂后的哥哥呂釋之做幫手。呂釋之的兒子呂祿偷偷地把這個秘密消息洩露給他的好朋友酈寄，酈寄又把這件事告訴他父親酈商。

酈商聽到這消息，馬上去找酈食其，對他說：「聽說皇上去世四天了。皇后不發喪，反倒打算殺害大臣。

呂后像　▲

皇后之璽　西漢前期　▲

重面陰刻篆文「皇后之璽」四字，四側陰刻雲紋，頂雕螭虎為鈕，在漢高祖長陵附近發現，應是呂后生前的御用之寶。

這樣做，一定會激起大臣和將軍們的反抗，不僅天下會大亂，只怕您的性命也難保。」

酈食其害怕了，趕忙去找呂后。呂后也覺得殺大臣這件事沒有十足的把握，就下了發喪的命令。

大臣們安葬了漢高祖，太子劉盈即位，就是漢惠帝。呂后做上了太后。

漢惠帝確實是個軟弱無能的人，一切事務都聽從他母親呂太后作主。呂太后大權在手，想做什麼就做什麼。

呂后最痛恨的是戚夫人和趙王如意。她先把戚夫人罰做奴隸，又派人把趙王如意從封地召到長安來。

漢惠帝知道太后要加害弟弟如意，便親自把如意接到宮裡，他倆吃飯睡覺都在一起，使呂太后沒法下手。

有一天早晨，漢惠帝起床出外練射箭。他想叫如意一起去，一看如意睡得很香，不忍叫醒他，便自己出去了。等惠帝回宮，看到如意已經死在床上了。惠帝知道弟弟是被毒死的，抱著屍首大哭一場。

呂太后殺了如意，還殘酷地把戚夫人的手腳都砍去，挖出她的兩眼，給她吃了啞藥，把她扔在廁所裡。

後來，漢惠帝看見戚夫人被太后折磨成這個樣子，不禁放聲大哭，然後生了一場大病。他派人對太后說：「這種事不是人能做得出來的。我是太后生的，但沒有治理天下的能力。」

從那以後，漢惠帝很少過問朝廷的事務。

玉龍紋璜　西漢　▲

黃白色玉，透雕雙龍，規整精美。

龍鳳紋透雕玉佩　西漢　▲

玉色淡黃透青，有內外兩環，內環透雕一龍，外環透雕一鳳，龍鳳對視。整件器物構圖奇巧，充滿活力和動感。

漢高祖和呂后合葬之長陵　◄

劉邦和呂氏同塋而不同穴，實為兩座陵墓，位於咸陽市窯店鄉三義村北，西為高祖陵，東為呂后陵。長陵又稱長山，也叫長陵山。以「長」為陵，可能是取首都長安的第一個字。高祖陵封土高32.8公尺，底部和頂部平面均為長方形；呂后陵在高祖陵東南280公尺，封土高30.7公尺，高祖陵和呂后陵在同一陵圍內。陵圍四面牆垣的中央各開一個門作為通道。

蕭規曹隨

蕭何像　　　▲

漢惠帝即位第二年，相國蕭何年紀大了，身患重病。漢惠帝親自去慰問他，就將來誰來接替相位的人選一事，向蕭何請教。

蕭何不願意直接說出自己的意見，只說：「陛下是最了解臣下的。」

漢惠帝問他：「你看曹參這個人怎麼樣？」

蕭何說：「陛下的主意太好了。有曹參接替，我可以放心地走了。」

曹參文武全才，先做了將軍，後做了丞相。在滅秦、擊楚以及平定叛軍的諸多戰役中，他披荊斬棘，立下赫赫戰功，計攻佔兩個諸侯國、一百二十二縣，俘二諸侯王、三個諸侯相、六個將軍，另大莫敖、郡守、司馬、軍侯、御史各一人。劉邦論功行賞，他功居第二。韓信被誅殺後，劉邦封長子劉肥為齊王，曹參出任齊國相國。

蕭何死後，漢惠帝馬上命令曹參進長安，繼任相國。蕭何在世時制定的規章、制度主要有：《九章律》，這是以秦朝《六律》為藍本，增加《戶律》、《擅律》、《廄律》，合為九章；田賦、口賦、獻費三種構成賦役；徭役制度，有正卒、戍卒、更卒三種。還有許多其他制度。曹參對這些規章制度不做任何變動，而是全盤執行。在他出任相國的三年內，沒提出任何建議和措施。

一些大臣見曹參這種無所作為的樣子，有點著急，也有人去找他，想幫他出點主意。但是他們一到曹參家裡，曹參就請他們一起喝酒。有些人想藉機向他說起朝

彩繪車馬人物紋鏡　西漢　▲

此鏡為圓形，背有穿鈕，背面繪有車馬、人物、行樂、飲酒等圖案，色澤鮮明、做工精細，是目前陝西境內出土最精美的鏡。

廷政務，他總是岔開話頭，讓人開不了口。

漢惠帝看到曹相國這種做法，認為他瞧不起自己，心裡很不舒服。於是，他把在皇宮裡侍候他的曹參之子曹窋（音 ㄓㄨˊ）叫來，對他說：「你回家的時候，找個機會問問你父親，高祖歸了天，皇上年輕沒有經驗，國家大事全靠相國來處理。可您天天喝酒，不管政事，這麼下去，能治理好天下嗎？看你父親怎麼說。」

曹窋回去的時候，就照惠帝的話對曹參說了。

曹參一聽，馬上火了，他罵道：「你這個毛孩子懂得什麼，國家大事也輪到你來嚕嗦。」說著，竟叫僕人拿板子打了曹窋一頓。

曹窋莫名其妙地挨了一頓打，非常委屈，回宮的時候就一五一十地向漢惠帝說了。漢惠帝聽了很不高興。

第二天，在朝堂上，惠帝就對曹參說：「曹窋跟你說的話，是我讓他說的，你打他做什麼？」

曹參向惠帝謝過罪，接著說：「請問陛下，您跟高祖比，哪一個更英明？」

漢惠帝說：「我比不上高皇帝。」

曹參說：「我跟蕭相國比較，哪一個能力強？」

漢惠帝禁不住微微一笑，說：「好像蕭相國強一些。」

曹參說：「陛下說的對。陛下比不上高皇帝，我又比不上蕭相國。高皇帝和蕭相國平定了天下，又給我們制訂了一套規章。我們只要照著他們的規定辦，不要失職就行了。」

漢惠帝這才明白了過來。

曹參採用黃老無為而治的學說，做了三年相國。那個時候，正處於長期戰爭的動亂之後，百姓需要安定，他那套辦法沒有加重百姓的負擔，國家也得以休養生息。

曹參像　　　　　▲

玉鷹　西漢　　　　▲

白玉質，圓雕，鷹嘴呈鉤狀，兩翼平展，尾羽散張。身、翅皆滿刻羽毛紋，十分生動。

銀輪花形盒　西漢　　▲

周勃奪軍

周勃像 ▲

彩繪騎馬俑　西漢 ▼

　　漢惠帝一直沒有兒子，呂太后作主從外面找來一個嬰兒，對外說是惠帝生的，立為太子。西元前188年，惠帝一死，這個嬰兒接替了皇位。小皇帝不能處理朝政，呂太后便名正言順地臨朝執政。

　　呂太后為了鞏固自己的權力，要立呂家人為王，向大臣們徵求意見。

　　右丞相王陵提起漢高祖臨終前與大臣們立下白馬盟約的事，不贊成呂太后的想法。呂太后大為不滿。

　　陳平、周勃說：「高祖平定天下，分封劉家的子弟為王，這當然是對的；現在太后臨朝，封自己的子弟為王，也沒有什麼不可以。」

　　散朝以後，王陵批評陳平和周勃違背了誓言。

　　陳平、周勃說：「您別著急。當面在朝廷上和太后爭論，我們比不上您；將來保全劉家天下，可就要靠我們了。」

　　從這以後，呂太后就陸續把她的娘家人，像呂台、呂產、呂祿等一個個都封了王，還讓他們掌握了軍權。朝廷大權幾乎控制在呂家的手裡了。

　　呂太后臨朝的第八個年頭，患了重病。臨死前封趙王呂產為相國掌管北軍；呂祿為上將軍，掌管南軍，並且叮囑他們說：「現在呂氏掌權，朝廷裡有很多大臣不服。我死了以後，你們要帶領軍隊保衛宮廷，不要出去送殯，提防被人暗算。」

　　呂太后死後，兵權都在呂產、呂祿手裡，他們便策劃發動叛亂。劉章得知了呂家的陰謀，就派人去通知哥哥齊王劉襄，約他出兵攻打長安。

齊王劉襄起兵，呂產得
到了這個消息，立刻派將軍
灌英帶領兵馬去征討。灌英一到滎陽，就跟部將們商量
說：「呂氏想奪取劉家天下。如果我們向齊王進攻，這
不等於幫助呂氏叛亂嗎？」

大家商量了一下，決定按兵不動，暗地裡通知齊
王，要他聯絡諸侯，等時機成熟，一起起兵討伐呂氏。
齊王接到通知，馬上就地安營紮寨，停止前進。

周勃、陳平知道呂氏要發動叛亂，便想先發制人，
但是兵權掌握在呂氏手裡，必須想辦法奪回兵權。他們
想出了主意，派人鼓動酈寄去勸說呂祿道：「太后死
了，皇帝年紀又小，您身為趙王，卻留在長安帶兵，大
臣諸侯都懷疑您。如果您能把兵權交給太尉，回到自己
的封地，齊國的兵就會撤退，叛亂也就會平息。」呂祿
相信了酈寄的話，把北軍交給太尉周勃掌管。

中華上下五千年

周勃拿到了將軍的大印，馬上趕到北軍軍營去。向
將士下了一道命令：「現在呂氏想奪劉家的天下，你們
看怎麼辦？支持呂家的把右臂袒露出來，幫助劉家的把
左臂袒露出來。」

北軍中的將士本來都是向著劉家的。命令一傳下
去，一下子全脫下左衣袖，露出左臂來。這樣，周勃順
利地接管了北軍，奪了呂祿的兵權。

呂產不知道呂祿的北軍已全部落在周勃手裡，他跑
到未央宮想要發動政變。周勃派朱虛侯劉章帶了一千多
兵士趕來，殺了呂產。接著，周勃帶領北軍，把呂氏的
勢力全部剷除了。經大臣們商議廢掉小
皇帝，立高祖的兒子代王劉
恆為皇帝，這就
是漢文帝。

將門虎子

▲ 漢文帝像

漢文帝即位之後，匈奴單于中斷了與漢朝的交往。西元前158年，匈奴的軍臣單于帶領六萬士兵，侵犯上郡（治所在今山西榆林東南）和雲中（治所在今內蒙古托克托東北），燒殺搶掠，一時間戰火又起。

漢文帝連忙派三位將軍兵分三路去抵抗。為了保衛長安，另外派三位將軍帶兵守衛在長安近郊，將軍劉禮駐紮在灞上，徐厲駐紮在棘門（今陝西咸陽市東北），周亞夫駐紮在細柳（今咸陽市西南）。

周亞夫是絳侯周勃的兒子。幾年前，周亞夫的哥哥犯了罪，廢除侯位。漢文帝要選拔周勃兒子中最賢能的人，大家都推舉周亞夫，於是文帝封周亞夫為條侯，繼承絳侯周勃的爵位。

周亞夫帶兵駐守細柳後，有一天，漢文帝親自到長安附近三個軍營去慰勞，順便也去視察一下。

他先到灞上，劉禮和他的部下將士接到皇帝來視察的消息，都紛紛騎著馬來迎接，漢文帝的車馬駛進軍營，如入無人之境。漢文帝慰勞了一陣走了，將士們列隊歡送。接著，他們又來到棘門，受到的迎送儀式同樣隆重。

最後，漢文帝來到細柳。周亞夫軍營的前哨看見遠遠有一隊人馬過來，立刻向周亞夫報告。將士們披盔帶甲，弓上弦，刀出鞘，作好了戰鬥準備。

漢文帝的先遣隊到達了營門，守營的崗哨立刻攔住。先遣的官員吆喝道：「皇上馬上駕到，打開營門！」營門的守將鎮定地回答說：「軍中只聽將軍的軍令，將

▲ 「文帝行璽」金印
出土於廣州象崗南越王墓。

軍沒有命令，不能開營門放你們進去。」官員正要與守將爭執，文帝的軍駕已經到了。守營的將士照樣擋住不讓進。漢文帝只好命令侍從拿出皇帝的符節，派人給周亞夫傳話說：「皇帝來軍營勞軍。」周亞夫下令打開營門，讓漢文帝的車馬進來。

護送文帝的人馬一進營門，守營的官員又鄭重地告訴他們：「軍中有規定：軍營內不允許車馬奔馳。」漢文帝馬上吩咐侍從放鬆韁繩，緩緩地前進。

到了中軍大營，只見周亞夫披盔戴甲，拿著武器，威風凜凜地站在漢文帝面前，拱手施禮道：「臣盔甲在身，不能下拜，請允許按照軍中的禮節朝見。」漢文帝聽了，很受震動，也扶著車前的橫木欠身答禮。接著，又派人向全軍將士傳達了他的慰問。

慰問結束後，漢文帝離開細柳。在回長安的路上，漢文帝的侍從人員都心懷不滿，認為周亞夫對皇帝太無禮了。但是，漢文帝卻讚歎地說：「周亞夫是真正的將軍啊！灞上和棘門兩個地方的軍隊，防備鬆懈，如果敵人來偷襲，一定會失敗，如果將軍們都能像周亞夫這樣治軍，敵人就不敢侵犯了。

經過這次視察，漢文帝認定周亞夫是個軍事人才，就把他提升為中尉。第二年，漢文帝一病不起。臨死之前，他對太子說：「如果將來國家發生動亂，叫周亞夫率軍隊去平亂，準錯不了。」文帝死後，景帝劉啓即位，任命周亞夫為車騎將軍。

周亞夫像　　　　　▲

中華上下五千年

文帝廟祭器銘文　　　▲

漢文帝霸陵　　　　▶

位於西安市東郊渭水南岸的白鹿原上。霸陵是依山開掘墓室，平地無塚。這是我國歷史上第一個依山開鑿墓穴的帝王陵，對以後各朝特別是唐朝依山為陵的影響極大。

125

晁錯削藩

晁錯像　　　　　▲

漢景帝即位後，也採用休養生息的政策，治理國家。景帝當太子的時候，有個管家的官員叫晁錯，很有才能，大家都稱他「智囊」。後來，漢景帝把他提升為御史大夫。

秦朝實行的是郡縣制，但是漢高祖打下天下後，分封了二十二個諸侯國。這些諸侯都是漢高祖的子孫。到了漢景帝時，諸侯的勢力變得強大起來，土地又多，像齊國就有七十多座城。有些諸侯不受朝廷的約束，簡直成了獨立王國。

晁錯見各諸侯國的發展態勢很有可能造成國家分裂的危險，就對漢景帝說：「吳王私自開銅山鑄錢，煮海水取鹽，招兵買馬，動機不純。不如趁早削減諸侯國的封地。」漢景帝有點猶豫，說：「削地只怕會引起他們造反。」

晁錯說：「諸侯想造反的話，削地會反，不削地將來也會反。現在造反，禍患小；將來他們勢力大了，再反起來，禍患就大了。」

漢景帝覺得晁錯的話很有道理，便下定決心，削減諸侯的封地。過了不久，朝廷找了些理由，削減了諸侯的封地。有的被削去一個郡，有的被削掉幾個縣。

正當晁錯與漢景帝商議要削吳王濞的封地時，吳王濞先造起反來了。他打著「懲辦奸臣晁錯，救護劉氏天下」的旗號，煽動其他諸侯一同起兵造反。

西元前154年，吳、楚、趙、膠西、膠東、甾（音ㄗ）川、濟南七個諸侯王發動叛亂。歷史上稱為「七國之亂」。

金座足　西漢　　　▲

叛軍聲勢很大，漢景帝驚恐之餘，想起漢文帝臨終時的囑咐：國家有變亂，就讓周亞夫帶兵出征。於是，他拜善於治軍的周亞夫為太尉，統率三十六名將軍去討伐叛軍。

那時候，朝廷中有人妒忌晁錯，說七國發兵完全是晁錯

平定七國之亂示意圖 ▲

的過錯，如果殺了他，七國就會退兵。接著，有一批大臣上奏章彈劾晁錯，說他大逆不道，應該殺頭。漢景帝看了這個奏章，竟昧著良心，批准了。

這樣，一心想維護漢家天下的晁錯，竟莫名其妙地被殺了。漢景帝殺了晁錯，下詔書要七國退兵。這時候，吳王濞已經打了幾個勝仗，奪得了幾座城池。他聽說要他拜受漢景帝的詔書，冷笑說：「現在我也是個皇帝，為什麼要拜受別人的詔書？」

這時，漢軍營裡有個叫鄧公的官員，到長安向景帝報告軍情。漢景帝問他：「你從軍營裡來，知不知道晁錯已經死了？吳楚答應退兵了嗎？」

鄧公說：「吳王一直有造反的野心。這次藉削地的藉口發兵，哪裡是為了晁錯呢？陛下把晁錯殺了，恐怕以後沒人敢替朝廷出主意了。」

漢景帝這才知道自己錯殺了晁錯，但後悔已來不及。虧得周亞夫善於用兵，把吳、楚兩國的兵馬打得一敗塗地。這兩個帶頭叛亂的國家一敗，其餘的五個國家也很快垮掉了。

漢景帝平定了叛亂，仍舊封七國的後代繼承王位。但是從那以後，諸侯王只能在自己的封國裡徵收租稅，取消了他們干預地方行政的資格，大大削弱了他們的權力，漢朝的中央集權才得以鞏固。

武士俑 ▲

飛將軍李廣

「馬邑之謀」後過了四年，也就是西元前129年，匈奴又來侵犯漢朝邊境。漢武帝派衛青、公孫敖、公孫賀、李廣四位將軍帶兵抵抗。

在這四名將軍中，李廣的年紀最大，立下了無數戰功。李廣是隴西成紀（今甘肅秦安縣北）人，他的先祖叫李信，在秦始皇時當過將軍。李廣能騎善射，武藝高強。漢文帝十四年，匈奴大舉入侵蕭關（今甘肅東南）時，李廣應徵入伍，參加抗擊匈奴。

到了漢景帝做皇帝時，李廣擔任隴西都尉，不久又調任騎郎將。吳、楚等七國發動叛亂時，李廣跟隨周亞夫平定叛亂。在昌邑之戰中，李廣衝入敵營，拔掉敵軍的帥旗，從此名聲大震。李廣曾在邊境的許多地區擔任過太守，經常打擊匈奴的侵擾。李廣每到一地，都以和匈奴奮力拼殺出名，他的戰略戰術更讓匈奴談虎色變。

武帝即位後，朝廷裡的大臣們都誇獎李廣是員猛將，武帝便把李廣從上郡太守的任上調往京師，擔任未央宮的警衛。

這一次李廣和衛青、公孫賀、公孫敖四路人馬去抵抗匈奴，匈奴的軍臣單于早已得到了消息。匈奴人最害怕的就是李廣。軍臣單于便把大部分兵力集中在雁門，並設了埋伏，要活捉李廣。匈奴人事先挖下陷阱，再和李廣對陣，假裝被打敗了，引誘李廣去追趕他們。李廣看到前面是平展的草地，沒有想到匈奴人挖好了陷阱，就等他中計了。李廣追著追著，只聽「呼啦」一聲，李

李廣像　▲

玉戈　西漢　▲

廣連人帶馬都掉進了陷阱，被匈奴人活捉了。

匈奴人捉住了李廣，生怕他跑了，就把李廣裝在用繩子結成的網兜裡，用兩匹馬吊著。

李廣躺在網兜裡，一動不動，像死了一樣。走著走著，他微睜眼睛，偷偷地瞧見旁邊一個匈奴兵騎著一匹好馬，便使出全身力氣，一躍跳上馬，奪了那個匈奴的弓箭，將那個匈奴兵打翻在地，拼命地往回奔跑。幾百個匈奴騎兵在後面追，李廣一連射死了前面的幾個追兵，終於逃了回來。

李廣射石圖　清　任頤　▲

李廣雖然跑了回來，但是打了敗仗，按軍法應當斬首。後來李廣花錢贖罪，回家做了平民。過了不久，匈奴又來進犯漢朝邊境，李廣被重新起用，到右北平做了太守。李廣有多年的防守經驗，他行動快，箭法精，忽來忽去，敵軍總是摸不清他的打法。所以匈奴人稱他為「飛將軍」。在他駐守右北平期間，匈奴人不敢來犯。

李廣常常閒暇無事時，便帶上一些將士外出打獵。當時右北平山裡有不少老虎，李廣一連射死了好幾隻。有一次，李廣外出打獵，突然瞧見迎面的亂草叢中蹲著一隻斑斕猛虎，正準備向他撲過來。李廣急忙拈弓搭箭，用足全身力氣，一箭射去，憑他百發百中的箭法，射個正著。將士們趕快提著劍跑過去捉老虎，可是跑近一看，都愣住了，原來草叢中並沒有老虎，只有一塊奇形怪狀的大石頭，李廣的那支箭，竟然射進了石頭！

飛將軍李廣一箭射進石頭的消息，很快傳開了。匈奴人聽了，更加害怕李廣，急急忙忙地往西遷移，再也不敢來侵擾右北平一帶的邊境地區了。

漢長城示意圖　

1. 河西防線：具有屏護中原通往河西走廊通道的作用。
2. 西域防線：維護中西交通線。
3. 長城腹線：具有屏護漢南草原和屯田的作用，被匈奴視為心腹之患。

神勇兩將軍

衛青像 ▲

在李廣打了敗仗逃回漢營的同時，另外由公孫賀、公孫敖帶領的軍隊也打了敗仗，只有衛青打了勝仗。以後，衛青又連續打敗匈奴兵，被封為關內侯。衛青出身低微，他的父親是平陽侯曹壽家裡的差役。衛青長大後，當了平陽侯家的騎奴。後來，衛青的姐姐衛子夫在宮裡受到漢武帝的寵幸，衛青的地位才漸漸顯貴起來。

霍去病是衛青的外甥。霍去病從十八歲開始就在皇帝左右擔任侍衛，他擅長騎馬射箭。西元前123年，匈奴又來進犯，霍去病也跟著衛青一起去抗擊匈奴。

匈奴聽說漢軍大批人馬殺來，立即往後逃走。衛青派四路人馬分頭去追趕匈奴兵，決定殲滅匈奴主力。衛青自己坐鎮大營，等候消息。可是到了晚上，四路兵馬回來了，誰都沒有找到匈奴的主力，有的殺了幾百個匈奴兵，有的連一個敵人也沒找到，無功而返。

這次出擊，霍去病是以校尉的職務帶領八百名壯士組成的一個小隊，這是他第一次帶兵打仗。他們一直向北追趕了幾百里路，才遠遠望見匈奴兵的營帳。他帶手下兵士偷偷地繞道抄過去，瞅準最大的一個帳篷，猛然衝了進去。霍去病眼急手快，一刀殺了一個匈奴貴族。他手下的壯士又活捉了兩個。而後乘亂殺了兩千多匈奴兵。

衛青正在大營等得焦急，只見霍去病提了一個人頭回來，後面的兵士還押來了兩個俘虜。經過審問，原來這兩個俘虜，一個是單于的叔叔，一個是單于的相國，

被霍去病殺了的那個，是單于爺爺一輩的王。霍去病因此被封為冠軍侯。

後來，霍去病多次打敗匈奴西部的渾邪王，先後把他手下的幾萬兵士都消滅了。單于非常惱火，要殺渾邪王，於是渾邪王就打算向漢朝投降。漢武帝得到消息後，懷疑敵人可能詐降，於是作了兩手準備，先派霍去病率領軍隊去接應渾邪王，囑附霍去病見機行事。霍去病渡過黃河後，見過渾邪王，派人把他送到武帝巡行的處所，再領著投降的匈奴兵渡過了黃河，並平定了那些企圖頑抗的匈奴人。漢武帝相應地封了來投降的匈奴首領渾邪王等人的職位。同時加封一千七百戶的封邑給霍去病。

由於霍去病不畏艱險，接連不斷地打擊敵軍，黃河上游沿岸的邊塞地區，幾乎避免了戰爭帶來的災禍。第二年，匈奴又入侵右北平和定襄兩郡，屠殺了漢朝的軍民一千多人。

西元前119年，為了根除匈奴的侵犯，經過充分準備之後，漢武帝派衛青、霍去病各領五萬精兵，分兩路合擊匈奴。衛青從定襄郡出發，穿過大沙漠，與匈奴的伊穉單于率領的精兵相遇，雙方展開了激烈的戰鬥。衛青冒著撲面的砂礫，命令騎兵分左右兩翼夾攻匈奴。最後伊穉單于招架不了，只好帶領殘餘的幾百名騎兵向北逃去。

霍去病帶領另一路人馬也橫越大沙漠，前進兩千多里，大破匈奴左賢王的兵馬，一直追到狼居胥山下。這次追殲戰，是漢朝規模最大、進軍最遠的一次。從此以後，匈奴被迫撤到大沙漠以北，沙漠南面就沒有匈奴之患了。

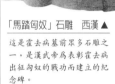

「馬踏匈奴」石雕　西漢 ▲

這是霍去病墓前眾多石雕之一，是漢武帝為表彰霍去病出征匈奴的戰功而建立的紀念碑。

玉雙鳳飾繫璧　西漢　　▲

青褐色玉，兩玉璧兩環，雕刻不同紋飾，外側透雕一對鳳鳥。

中華上下五千年

131

敦煌壁畫中的絲綢
之路商旅圖 ▲

西域諸國圖 西漢 ▲

西域風光 ▲

張騫出使西域

　　漢武帝初年的時候，漢武帝從投降過來的匈奴人那裡，得知了有關西域（今新疆和新疆以西一帶）的情況。他們說有一個被匈奴打敗的月氏（音 ㄖㄡˋ ㄓ ）國，向西遷移到西域一帶。

　　漢武帝想，月氏在匈奴西邊，如果漢朝能跟月氏聯合起來，斷絕匈奴跟西域各國的交往，這不是等於斷了匈奴的右臂嗎？於是，他下了一道詔書，徵求能到月氏去聯絡的人。有個年輕的郎中（官名）張騫（音 ㄑㄧㄢ ），覺得這件事很有意義，便自告奮勇去應徵。隨後又有一百多名勇士應徵，其中有個叫堂邑父的匈奴族人，也願意跟張騫一塊兒去找月氏國。

　　西元前138年，漢武帝就派張騫帶著應徵的一百多個人出發了。但是要到月氏，中途須經過匈奴佔領的地界。張騫他們小心走了幾天，還是被匈奴兵給發現了，全都做了俘虜。他們被匈奴扣押了十多年。日子久了，匈奴對他們管得不那麼嚴。張騫偷偷找到堂邑父，兩人商量了一下，瞅匈奴人不防備，騎上兩匹快馬逃走了。他們一直向西跑了幾十天，歷盡千辛萬苦，逃出了匈奴地界，進入了一個叫大宛（在今中亞細亞）的國家。

　　大宛和匈奴是近鄰，當地人能聽懂匈奴話。張騫和堂邑父便用匈奴話與大宛人交談起來。大宛人給他們引見了大宛王，大宛王早就聽說漢朝是個富饒強盛的大國，聽說漢朝的使者到了，非常高興，後來，又派人護送他們到康居（約在今巴爾喀什湖和鹹海之間），再由康居到了月氏。

　　月氏被匈奴打敗以後，遷到大夏（今阿富汗北部）

附近，在那裡建立了大月氏國。大月氏國王聽了張騫的來意，不感興趣，因為他們不想再跟匈奴結仇。但是張騫畢竟是個漢朝的使者，也很有禮貌地接待了他。

張騫和堂邑父在大月氏住了一年多，沒能說服大月氏國共同對付匈奴，只好返回長安。張騫在外面整整過了十三年才回來。漢武帝認為他立了大功，封他為太中大夫。到了衛青、霍去病消滅了匈奴兵主力，匈奴逃往大沙漠北面以後，漢武帝再次派張騫去結交西域諸國。

西元前119年，張騫和他的幾個副手，拿著漢朝的旌節，帶著三百個勇士，還有一萬多頭牛羊和黃金、綢緞、布帛等禮物去西域建立友好關係。

張騫到了烏孫（在新疆境內），烏孫王親自出來迎接。張騫送給他一份厚禮，建議兩國結為親戚，共同抵禦匈奴。過了幾天，張騫又派他的副手們帶著禮物，分別去聯絡大宛、大月氏、于闐（在今新疆和田一帶，闐音ㄊㄧㄢ）等國。烏孫王派了幾個翻譯作他們的助手。

這些副手去了好久還沒回來。張騫決定不再等下去了，烏孫王便派了幾十個人護送張騫回國，順便一起到長安參觀，還帶了幾十匹高頭大馬送給漢朝皇帝。

漢武帝見烏孫人來了，很是高興，又瞧見烏孫王送的大馬，就格外優待烏孫使者。一年後，張騫生病死了。張騫派到西域各國去的副手也陸續回到長安。副手們把到過的地方合起來一算，總共到過三十六個國家。

從那以後，漢朝和西域各國建立了友好交往的關係，漢武帝每年都派使節去訪問西域各國。西域派來的使節和商人也絡繹不絕。中國的絲和絲織品，經過西域運到西亞，再轉運到歐洲，後來人們把這條路線稱作「絲綢之路」。

金銀玉鑲嵌筒形金具 ▲
西漢

出土於河北定州三盤山漢墓。

張騫第二次出使西域 ▼
示意圖

蘇武牧羊

衛青、霍去病打敗匈奴以後，雙方停戰了幾年。這時，匈奴已經失去大規模進犯中原的實力，於是表示要和漢朝和好，實際上還是想藉機進犯中原。

西元前100年，匈奴覺察出漢朝又有出兵的跡象，便派使者來求和，還把漢朝的使者都放回來了。漢武帝為了答覆匈奴的善意，派中郎將蘇武持旌節，帶著副手張勝和隨員常惠，出使匈奴。蘇武到了匈奴，送回漢朝以前扣留的匈奴使者，獻上禮物。在等單于寫個回信讓他回去的時候，發生了一件意外的事。

原來，以前有個漢人使者叫衛律，在出使匈奴後投降了匈奴。單于特別器重他，封他為王。衛律有一個部下叫虞常，對衛律很不滿，他跟蘇武的副手張勝是故友，虞常和張勝在匈奴見了面，就暗地跟張勝商量，想殺了衛律，再劫持單于的母親，逃回中原去。由於虞常辦事不夠嚴密，洩露了計劃，被單于抓起來，交給衛律去審問。

事情發生後，張勝害怕了，才把虞常跟他密謀的經過告訴了蘇武。衛律審問虞常，用盡了各種酷刑。虞常經受不住折磨，把和張勝密謀的事供了出來。因為張勝是蘇武的副使，單于命令衛律去叫蘇武來受審。蘇武對常惠等人說：「我們這次出使匈奴，是為了漢朝與匈奴和好。如今我出庭去受審，使漢朝受到侮辱，我還有什麼臉面回到漢朝去呢？」說著，拔出佩刀向自己身上砍去。衛律急忙把他抱住，可是蘇武已經把自己砍成了重傷，血流如注，暈過去了。單于暗暗佩服蘇武是個有骨氣的人，他希望蘇武能夠投降，像衛律一樣為他效勞。

蘇武像　▲

鑲嵌綠松臥鹿　西漢　▲

鹿蜷臥休憩，雙角細長高聳，樣子十分優雅平和。

他每天都派人來問候蘇武，想要軟化蘇武，勸他投降。

後來，衛律奉單于之命，用盡了威脅利誘的手段，都不能使蘇武投降，就只好回報單于。單于聽說蘇武這樣堅定，便更希望蘇武投降。他下令把蘇武關在一個大地窖裡，不給飯吃，不給水喝，想用饑餓來迫使蘇武投降。但是，意志堅強的蘇武卻毫不動搖。

匈奴單于實在拿蘇武沒有辦法，就只好命人把蘇武送到北海邊上（原蘇聯西伯利亞貝加爾湖一帶）去牧羊。單于對蘇武說：「等公羊生了小羊，就送你回漢朝去！」公羊怎麼能生小羊呢？單于的意思很明白，他是決意不放蘇武回漢朝了。

北海這個地方，終年白雪皚皚，荒無人煙，連鳥獸也很稀少。蘇武餓了，就掘取野鼠洞裡的草籽來充饑。過了不久，單于又派人來勸蘇武投降，蘇武依舊堅決地予以拒絕。每天，蘇武一面牧羊，一面撫摸著出使時漢武帝親手交給他的旌節。日子長了，旌節上的毛都脫落了，蘇武還是緊緊地抱那根光禿禿的旌節，艱苦地度過了漫長的歲月。

一直到了西元前85年，匈奴單于死了，匈奴發生了內亂，分成三個國家。這時候，漢武帝已經死了，他的兒子漢昭帝即位。漢昭帝派使者到匈奴打聽蘇武的消息，匈奴謊稱蘇武死了，漢朝使者也就相信了。

後來，漢使者又去匈奴，蘇武的隨從常惠當時還在匈奴。他買通匈奴人，私下和漢使者見了面，把蘇武在北海牧羊的情況告訴了使者。使者又驚又喜，他想出一個主意，見了單于，他嚴厲地責備說：「匈奴既然有心與漢朝和好，就不應該欺騙漢朝。我們皇上在御花園裡射下一隻大雁，雁腳上拴著一條綢子，上面寫著蘇武還活著，而且在北海牧羊，你怎麼說死了呢？」

單于聽了，嚇了一跳，他還真的以為蘇武的忠義感動了飛鳥，連大雁都代他傳達消息呢。他向使者邊道歉邊說：「蘇武確實還活著，我們馬上就放他回去。」

蘇武到匈奴的時候才四十歲，在匈奴遭受了十九年的摧殘折磨，鬍鬚、頭髮全白了。回到長安的那天，長安的百姓都出來迎接他。他們看見白鬍鬚、白頭髮的蘇武，手裡還拿著光禿禿的旌節，沒有一個不受感動的，說他真是個有氣節的大丈夫。

司馬遷寫《史記》

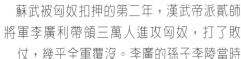

司馬遷像 ▲

蘇武被匈奴扣押的第二年，漢武帝派貳師將軍李廣利帶領三萬人進攻匈奴，打了敗仗，幾乎全軍覆沒。李廣的孫子李陵當時擔任騎都尉，帶著五千名步兵跟匈奴作戰。後來，寡不敵眾，又沒救兵，李陵被匈奴俘虜，投降了。

消息傳來，大臣們都譴責李陵貪生怕死。漢武帝也收押了李陵的妻兒老母，但司馬遷卻為李陵辯護。他說：「李陵帶領五千步兵，深入敵人的腹地，打擊了幾萬敵人。他雖然打了敗仗，可是殺了很多敵人，也可以向天下人交代了。李陵不想馬上死，自有他的打算。他一定還想將功贖罪來報答皇上。」

漢武帝認為司馬遷這樣為李陵開脫罪責，是有意貶低李廣利（李廣利是漢武帝寵妃的哥哥），不禁勃然大怒，說：「你這樣替投降敵人的人辯解，我看是存心反對朝廷。」他命令侍從把司馬遷送進監獄，交給廷尉審問，最後被判為宮刑（一種閹割性器官的肉刑）。

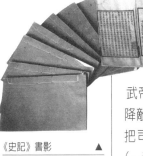

《史記》書影 ▲

石硯、毛筆 西漢 ▼

司馬遷認為受宮刑是一件很丟臉的事，便想自殺。但他想到自己有一件極重要的工作沒有完成，不能去死。他當時正用全部精力寫一部書，這就是中國古代最偉大的歷史著作之一——《史記》。

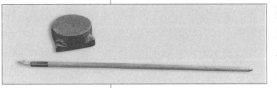

司馬遷的祖上幾代都擔任史官，父親司馬談也是漢朝的太史令。司馬遷十歲那年，就跟隨父親到了長安。由於受到家庭環境的薰陶，司馬遷從小就讀了不少書籍。

為了搜集史料，開闊視野，司馬遷從二十歲開始，就遊歷祖國各地。他的經歷，為他日後寫作打下了堅實的基礎。

他從傳說中的黃帝時代開始寫起，一直寫到漢武帝太始二年（西元前95年）為止，彙編成一百三十篇、五十二萬字的歷史巨著《史記》。

司馬遷在他的《史記》中，把古代文獻中過於艱深的文字改寫成當時比較淺近的文字。人物刻畫和情節敘述形象鮮明，語言生動。因此，《史紀》既是一部偉大的歷史著作，又是一部傑出的文學著作。

司馬遷出獄後，在朝中擔任中書令。他的著作《史記》在中國的史學史、文學史上都佔有很重要的地位。

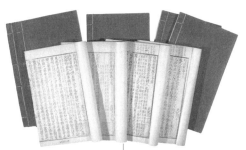

《史記》書影　▲

雁足燈　西漢　▲
整體造型以一雁足為支柱，支撐圓形燈盤，明快而獨特。

司馬遷祠　◀

漢朝柱石霍光

霍光像 ▲

漢武帝晚年時，誤信讒言逼死了太子劉據，後來十分後悔，準備立鉤弋夫人生的劉弗陵為新太子。當時，弗陵才七歲，漢武帝覺得需要找一個忠實可靠的人來輔佐他。他叫畫工畫了一張「周公背成王朝諸侯圖」，送給霍光。為防止後宮亂政，重蹈當年臨朝覆轍，就狠下心讓鉤弋夫人自殺了。西元前87年，漢武帝病危，他囑咐霍光輔政，霍光流著淚接受了。

漢武帝死後，即位的漢昭帝劉弗陵年僅八歲，朝中政事都由霍光決定。

當時，上官桀與霍光同為漢武帝託孤的輔政大臣，現在看到霍光獨攬大權，不留情面，就與漢昭帝的大姐蓋長公主密謀排擠霍光，並勾結燕王劉旦，想方設法要陷害霍光。

西元前81年，霍光出去檢閱羽林軍，檢閱之後，把一個校尉調到他的府裡來。上官桀他們趁機冒充燕王劉旦上書，告發霍光陰謀造反。

漢昭帝接信後看了又看，然後就擱在一邊。第二天，霍光等人上朝。霍光事前聽說了這件事，不敢進金鑾殿。漢昭帝臨朝，見了霍光，就問：「大將軍在哪兒？」上官桀暗自得意，嘴上說道：「大將軍聽說燕王告發他的罪行，躲在偏殿裡不敢來。」

漢昭帝吩咐內侍傳霍光進殿，霍光摘掉官帽，伏在地上請罪。昭帝說：「大將軍請起！」一邊指著信箋道：「這封信是假造的，我知道有人成心要害你。」霍光高興地問：「皇上怎麼知道的？」漢昭帝說：「大將軍檢閱羽林軍是在臨近地方，調用校尉也是最近的事，

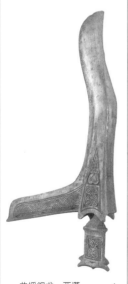

曲援銅戈　西漢 ▲

一共不到十天的時間。燕王遠在燕京，離長安這麼遠，他怎麼知道這件事？即便知道了，馬上派人送信來，也

寬刃劍及鞘　西漢　▲

寬腦曲刀，表面鍍錫，鞘厚且重，為軍事指揮權的象徵。

來不及趕到這兒。再說，大將軍如果真的要叛亂，也用不著靠一個校尉。這明明是有人謀害大將軍，燕王的信是假造的。我雖然年輕，也不見得這麼容易受人愚弄。」

上官桀見一計不成，就準備鋌而走險。他們偷偷商量好由蓋長公主出面邀請霍光赴宴，然後佈置下刀斧手，準備趁酒酣耳熱之際，行刺霍光。

諫議大夫杜延年得到這個消息，連忙告訴了霍光，霍光立即向昭帝報告，昭帝通知丞相田千秋火速帶兵，把上官桀一夥統統抓起來處死。

早慧的昭帝在西元前74年病死，年僅二十一歲。

昭帝沒有兒子，霍光等大臣與皇后議定立漢武帝的孫子昌邑王劉賀為帝，使者到達昌邑已經是深夜，劉賀已睡下，趕緊起身接詔書。他得知是讓自己去當皇帝，就高興得手舞足蹈。

劉賀進京的路上荒淫無度，即位後仍然舊習不改，荒淫無恥。霍光憂心如焚，他偷偷和大司農田延年商量挽救辦法，決定廢掉劉賀。

隨後，霍光又與車騎將軍張安達成了共識。

廢掉劉賀後，漢武帝劉徹的曾孫劉詢即位，這就是漢宣帝。漢宣帝吩咐眾大臣有公事先奏明大將軍霍光，然後再奏明皇上，這樣霍光的地位就更高了。

「齊鐵官印」封泥　西漢▲

封泥是古代封存信件、公文用的。盛行於戰國、秦漢。人們捎寄信件或公文時，為了保密，就用繩將簡牘捆紮起來，然後在繩子的結節處用膠泥包裹，並捺印上印文。

中華上下五千年

彩繪騎馬俑　西漢　▼

此群俑充分顯示了漢軍的威武陣容。

昭君出塞

王昭君像　　　　▲

　　漢宣帝在位的時候，由於有霍光等大臣輔助，國家漸漸強大起來。那時候，匈奴由於貴族內部爭權奪力，國勢漸漸衰落。後來，匈奴發生分裂，五個單于分立自治，互相攻打不休。其中一個單于名叫呼韓邪，被他的哥哥郅支單于打敗了，丟掉不少人馬。呼韓邪和大臣商量後，決心跟漢朝和好。呼韓邪還親自帶著部下來見漢宣帝。

　　呼韓邪是第一個來中原朝見的單于，漢宣帝像招待貴賓一樣招待他，親自到長安郊外去迎接他，為他舉行了盛大的歡迎儀式。呼韓邪臨行時，與漢朝使者訂立了此後「漢朝與匈奴合為一家，世世代代不相侵犯」的友好盟約。

　　西元前33年，漢宣帝死去，漢元帝即位。呼韓邪第三次到長安，提出願意做漢家的女婿，結為親戚，加強漢匈友好。漢朝經歷了近百年的戰火侵擾，也希望內外和平安寧。漢元帝答應了呼韓邪的要求。漢元帝決定從後宮的宮女中挑選出合適的人選，嫁給單于。

　　後宮中有個叫王昭君的宮女，長得十分美麗，又是

明妃（昭君）出塞圖　元 ▼

個明大義、有遠見的姑娘，為了自己的終身，自願嫁到匈奴去。王昭君平時並未被人注意，可是當

組玉佩　西漢　▲
由玉璧、玉璜、玉人和金玉珠等三十二件不同質地的飾物串組而成，樣式奢華繁瑣，盡顯富貴之氣。

她裝束起來，竟是位絕色的姑娘。呼韓邪單于在五位列選的姑娘中，一下就看中了她。漢元帝吩咐辦事的大臣選擇吉日，讓呼韓邪單于和王昭君在長安成親。

呼韓邪單于得到這樣一個年輕貌美的妻子，又是高興又是感激。

在漢朝和匈奴官員的護送下，王昭君離開了長安，千里迢迢地來到了匈奴單于的領地。

到了匈奴後，呼韓邪單于封昭君為「寧胡閼氏」（王后），意思是說昭君嫁給匈奴，會帶來和平安寧。呼韓邪單于娶了昭君很滿意，他上書向漢元帝表示願意為漢朝守衛邊疆，讓漢天子和百姓永享和平、幸福。

昭君墓　▲
昭君墓，位於今內蒙古自治區境內，人稱「青塚」。

王昭君出塞的時候帶去很多禮物，她在塞外和匈奴人民和睦相處，愛護百姓，教給當地婦女織布、縫衣和農業生產技術，受到人民的愛戴。

王昭君在匈奴生了一兒兩女，這些子女長大後，也致力於漢與匈奴兩族的友好。

鎏金銀薰爐　西漢　▲
通體鎏金，爐體扁圓形，蓋上透雕蟠龍紋，下汲三隻鳥形支柱，爐腹與爐足均飾花紋，作工精細。

王昭君的歷史功績是值得彰揚的。自從她出嫁匈奴後，匈奴和漢朝和睦相處，友好往來，有六十多年沒有發生戰爭。

141

王莽篡位

王莽像　▲

王昭君離開長安不久，漢元帝就死去了。他的兒子劉驁即位，是為漢成帝。漢成帝是個荒淫的皇帝，他當了皇帝後，朝廷的大權逐漸被外戚（太后或者皇后的親屬叫外戚）掌握了。成帝的母親、皇太后王政君有八個兄弟，除了一個死去以外，其他人都封了侯。其中要數王鳳的地位最顯赫，他被封為大司馬、大將軍。

王鳳掌了大權，他的幾個兄弟、侄兒都十分驕橫。只有一個侄兒王莽與眾不同。他像平常的讀書人一樣，做事謹慎小心，生活也比較節儉。人們都說王家子弟中，王莽是最好的一個。

王鳳死後，他的兩個兄弟先後接替他的職位，後來又讓王莽做了大司馬。王莽很注意招攬人才，有些讀書人慕名前來投奔他。

大司馬印章　西漢　▲

漢成帝死後，在十年之內，換了兩個皇帝——哀帝和平帝。漢平帝登基時才九歲，國家大事都由大司馬王莽作主。很多大臣都吹捧王莽，說他是安定漢朝的大功臣，請太皇太后封王莽為安漢公。王莽說什麼也不肯接受封號和封地。後來，經大臣們一再勸說，他才勉強接受了封號。

王莽越是不肯受封，越是有人要求太皇太后封他。據說，朝廷裡的大臣和地方上的官吏、平民上書請求加封王莽的人多達四十八萬人。有人還收集了各種各樣歌頌王莽的文字，使王莽的威望越來越高。

大司馬印　西漢　▲

漸漸長大的漢平帝越來越覺得王莽的行為可怕、可

恨，免不了背地裡說些抱怨的話。

有一天，大臣們給漢平帝過生日。王莽藉機獻上一杯毒酒。漢平帝沒想到王莽膽敢做出這種事，接過來喝了。

沒過幾天，漢平帝就得了重病，死去了。王莽假惺惺地哭了一場。漢平帝死的時候才十四歲，沒有兒子。王莽從劉家的宗室裡找了一個兩歲的小孩做皇太子，叫做孺子嬰。王莽自稱「假皇帝」（假是代理的意思）。

一些文武官員想做開國元勳，便勸王莽即位做皇帝。一直以謙讓出名的王莽這會兒不再推讓了。

西元8年，王莽正式稱帝，改國號叫新，都城仍在長安。從漢高祖稱帝開始的西漢王朝，歷經了二百一十年，到此結束了。

王莽剛做了皇帝，便打著復古改制的幌子，下令實行變法。變法的內容是：第一，把全國土地改為「王田」，不准買賣；第二，把奴婢稱為「私屬」，不准買賣；第三，評定物價，改革幣制。

這些改革，聽起來都是好事情，可是沒有一件能行得通。這種復古改制，不但受到農民的反對，許多中小地主也不支持。

面對國內的混亂局面，王莽便想藉對外戰爭來緩和一下。這當然引起了匈奴、西域、西南各部族的反對。後來，王莽又徵用民伕，加重捐稅，縱容官吏對老百姓的壓迫和剝削。這樣一來，就逼得農民起來反抗了。

陶範與銅錢　王莽時鑄造 ▲

新莽時期銅斛　　　　▲
器身刻八十一字篆書銘文，記載王莽在全國範圍內頒布標準度量衡器的史實。

中華上下五千年

新莽「大泉五十」陶範 ▶
「大泉五十」是王莽第一次貨幣改革的新鑄幣之一，是王莽統治時期流行時間較長的一種幣型。

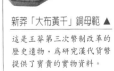
新莽「大布黃千」銅母範 ▲
這是王莽第三次幣制改革的歷史遺物，為研究漢代貨幣提供了寶貴的實物資料。

綠林赤眉起義

騎士扣飾　西漢　▲

鎏鑾戈　西漢　▲

此為滇族儀仗器，表面鍍
錫，製作精良，戈體花紋以
蛇為主，似與當地的圖騰崇
拜有關。

西元17年，荊州發生饑荒，老百姓到沼澤地區挖野
荸薺充饑，野荸薺越挖越少，便引起了爭鬥。新市（今
湖北京山東北）有兩個有名望的人，一個叫王匡，一個
叫王鳳，出來調解，受到農民的擁護。王匡、王鳳就把
這批饑民組織起來舉行起義。

王匡、王鳳他們把綠林（綠音　ㄌㄨ　）山（今湖北大
洪山）做為根據地，接著攻佔附近的鄉村。

王莽派了兩萬官兵去圍剿綠林軍，被綠林軍打得潰
不成軍。投奔綠林山的窮人越來越多，起義軍很快就發
展到五萬多人。

這時候，另一個起義領袖樊崇帶領幾百個人佔領了
泰山。不到一年工夫，就
發展到一萬多人，在青州
和徐州之間來往打擊官
府、地主。

樊崇的起義軍紀律嚴
明，規定誰殺死老百姓就
處死誰，誰傷害老百姓就
要受懲罰。這樣一來，得
到了老百姓的擁護。

西元22年，王莽派太
師王匡（和綠林軍中的王
匡是兩個人）和將軍廉丹
率領十萬大軍去鎮壓樊崇

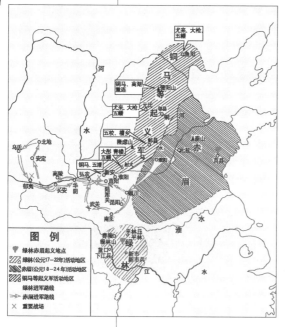

綠林、赤眉、銅馬起義圖　◀

起義軍。樊崇為了避免起義兵士跟王莽的兵士混雜，叫他的部下把自己的眉毛塗成紅色，作為識別的記號。這樣，人們都稱樊崇的起義軍為「赤眉軍。」

王莽的軍隊和赤眉軍打了一仗，結果被赤眉軍打得狼狽逃竄。赤眉軍越打越強，隊伍不斷發展壯大。

綠林、赤眉兩支起義大軍分別在南方和東方打敗王莽軍的消息一傳開，其他地方的農民也紛紛起義。另外，還有一批沒落的貴族和地主、豪強也乘機起兵造反。

南陽郡舂陵（今湖南寧遠北）鄉的漢宗室劉縯（音ㄧㄢˇ）、劉秀兩人，怨恨王莽廢除漢朝宗室的封號、不許劉姓人做官的做法，發動族人和賓客七八千人在舂陵鄉起兵。他們和綠林軍三路人馬聯合起來，接連打敗了王莽的幾名大將，聲勢越來越強大。

綠林軍將士們認為人馬多了，必須推選出一個負責統一指揮的首領，這樣才能統一號令。一些貴族地主出身的將軍，利用當時有些人的正統觀念，主張找一個姓劉的人當首領，這樣才能符合人心。

於是，舂陵兵推舉劉縯，可是其他各路的將領都不同意。經過商議，眾人立了破落的貴族劉玄做皇帝。

西元23年，劉玄正式做了皇帝，恢復漢朝國號，年號「更始」，所以劉玄又稱更始帝。更始帝拜王匡、王鳳為上公，劉縯為大司徒，劉秀為太常偏將軍，又封了其他的將領。從此，綠林軍又稱為漢軍。

織錦針黹盒　西漢　▲

以篾做胎，花紋精細富籠，是漢代絲織品中的珍品。

「新莽始建國之年」方斗 ▲

昆陽大戰

　　王莽聽到起義軍立劉玄為皇帝，頓時感到坐立不安。後來又聽說起義軍打下了昆陽（今河南葉縣），更是急得像熱鍋上的螞蟻，他立即派大將王尋、王邑率領四十三萬兵馬，從洛陽出發，直奔昆陽。

　　駐守在昆陽的漢軍只有八九千人。有些漢軍看見王莽的軍隊人馬眾多，擔心抵抗不住，主張放棄昆陽，退到原來的據點去。

　　劉秀對大家說：「現在我們兵馬和糧草都很缺乏，在這種情況下，全靠大家同心協力，才能戰勝敵人；如果放棄昆陽，漢軍各部也會被敵軍各個擊破，那就什麼都完了。」

　　大家認為劉秀說得有道理，可是王莽軍兵力實在太強大，死守在昆陽終究不是個辦法。於是派劉秀帶一支人馬突圍出去，到定陵和郾城去調救兵。

　　當天晚上，劉秀帶著十二個勇士，騎著快馬，趁黑

執戟騎士俑　西漢　▲

新莽尚方鳥獸紋鏡　▲

昆陽之戰形勢圖　▶

夜偷偷出了昆陽城。王莽軍沒有防備，
劉秀等人就衝出了重圍。劉秀到了定
陵，把定陵和郾城的人馬全部帶到昆陽
去解圍。但是有些漢軍將領，捨不得丟
掉得到的財產，不願去昆陽。後來，劉秀說服了眾人，
帶著全部人馬趕赴昆陽。

　　到了昆陽，劉秀帶著三千名勇士，向王莽軍的主力
部隊衝殺過去。王尋帶著一萬人馬跟劉秀交戰。漢兵越
打越有勁兒，王尋的軍隊開始亂了起來。漢兵看準王
尋，圍上去開始亂砍亂殺，結束了王尋的性命。王莽軍
得知主將被殺，一下就亂了套，頓時四散逃命去了。

　　昆陽大戰消滅了王莽主力的消息傳到各地，百姓紛
紛起來響應漢軍。

　　更始帝派大將申屠建、李松率領漢軍乘勝向長安進
攻。王莽驚慌失措，把關在監獄裡的囚犯組織起來，拼
湊起一支軍隊，抵抗漢軍，但是這樣的軍隊怎麼肯替王
莽賣命呢？還沒與漢軍對陣，就紛紛逃散了。

　　不久，漢軍攻進長安城，城裡的居民放火燒掉未央
宮的大門。眾人高聲吆喝，叫王莽出來投降。王莽慌不
擇路，帶了一些兵士逃到了宮裡的一座漸台上。

　　漢軍把漸台
裡三層、外三層
包圍起來，等漸
台上的兵士把箭
射完了，漢兵便
一擁而上，殺了
王莽。

　　王莽新朝維
持了十五年，就
此土崩瓦解了。

光武中興

漢光武帝劉秀像　　　▲

昆陽一戰，使劉和劉秀名揚天下。有人勸更始帝把劉縯除掉。更始帝便找了個藉口，殺了劉縯。劉秀聽說哥哥被殺，知道自已的力量打不過更始帝，就立刻趕到宛城（今河南南陽市），向更始帝賠禮。

更始帝見劉秀不記他的仇，有點過不去，就封劉秀為破虜大將軍，但沒有重用他。後來，攻下了長安，殺了王莽，更始帝才給劉秀少數兵馬，讓他到河北去招撫各郡縣。

這時候，各地的豪強貴族有自稱將軍的，有自稱為王的，還有的自稱皇帝，各據一方。更始帝派劉秀到河北去招撫，正好讓劉秀得到一個擴大勢力的好機會。他到了河北，廢除王莽時期的一些嚴酷的法令，釋放了一些囚犯。同時，不斷消滅割據勢力，鎮壓河北各路農民起義軍。整個河北幾乎全被劉秀佔領了。

西元25年，劉秀和他身邊的官員、將領認為時機成熟，在鄗（音 ㄏㄠˋ ，今河北柏鄉縣北）自立為皇帝，這就是漢光武帝。

更始帝先建都洛陽，後來又遷到長安。他到了長安以後，認為自己的江山已經坐穩，便開始腐化起來。原來的一些綠林軍將領，看到更始帝整天花天酒地，不問政事，都十分不滿。

赤眉軍的首領樊崇眼看更始帝腐敗無能，就立十五歲的放牛娃劉盆子為皇帝，率領二十萬大軍進攻長安。不久就攻佔了函谷關。

更始帝眼看赤眉軍就要攻到長安，便領文武百官逃

光武帝涉水圖　明　仇英　▲

中
華
上
下
五
千
年

到城外。樊崇進入長安後，派使者限令更始帝在二十天內投降。更始帝沒辦法，只好帶著玉璽向赤眉軍投降。

赤眉軍聲勢浩大地進了長安，可是幾十萬將士的口糧發生了困難，長安天天有人餓死。這樣一來，長安的混亂局面就無法收拾了。

無奈之下，樊崇帶著軍隊離開長安，向西流亡。但是別的地方的糧食也一樣困難；到了天水（郡名，在今甘肅）一帶，又遭到那裡的地主豪強的攔擊。樊崇沒轍，又帶著大軍往東走。

漢光武帝這時已佔領了洛陽，他一聽到赤眉軍向東轉移，就帶領二十萬大軍分兩路設下了埋伏。

漢光武帝派大將馮異到華陰，把赤眉兵往東邊引。馮異用計把一隊赤眉軍包圍在崤山下。馮異讓伏兵打扮得和赤眉軍一模一樣，雙方混戰在一起，分不出誰是赤眉兵，誰是漢兵。赤眉軍正在為難的時候，打扮成赤眉軍模樣的漢兵高聲叫嚷「投降」「投降」，赤眉軍兵士一看有那麼多人喊投降，沒了主意。赤眉軍一亂就被繳了武器。

西元27年1月，樊崇帶著赤眉軍向宜陽（今河南宜陽縣）方向轉移。漢光武帝得到消息，親自率領預先佈置好的兩路人馬截擊，把赤眉軍圍困起來。赤眉軍無路可走，樊崇只好派人向漢光武帝請降。

漢光武帝把劉盆子、樊崇等人帶回洛陽，給他們房屋田地，讓他們在洛陽住下來。但是不到幾個月，就加上謀反的罪名，把樊崇殺了。

馮異像 ▲

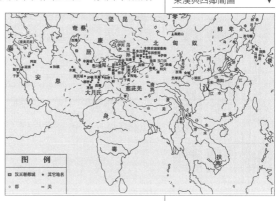

東漢與四鄰簡圖 ▼

強項令董宣

漢光武帝統一了中國，便把洛陽作為都城。為了和劉邦建立的漢朝區分開，歷史上把這個王朝稱為「東漢」，也叫「後漢」。

漢光武帝建立了東漢王朝之後，深知老百姓深受戰亂之苦，便也學著西漢的做法，採取休養生息的政策。

漢光武帝一面扶持發展農業，一面注重施行法令。不過法令也只能管老百姓，要拿它去約束皇親國戚，那就難了。

洛陽令董宣是一個執法嚴格的人。就是皇親國戚犯了法，他都同樣辦罪。

漢光武帝的大姐湖陽公主有一個家奴行兇殺了人，躲在公主府裡不出來。董宣不能進公主府去搜查，就天天派人在公主府門口守著，等那個兇手出來，以便捉拿。

有一天，湖陽公主坐著車馬外出，那個殺人兇手也跟在身邊侍候。董宣得到了消息，就親自帶著衙役趕來，攔住湖陽公主的車。他不管公主阻撓，吩咐衙役把兇手逮起來。然後，就當場把他處決了。

湖陽公主怒氣沖沖地趕到宮裡，向漢光武帝哭訴董宣怎樣欺負她。漢光武帝聽了，十分惱怒，立刻召董宣進宮，吩咐內侍當著湖陽公主的面，責打董宣，替公主消氣。

董宣說：「先別動手，讓我把話說完了，我情願死。」

光武帝廟碑　東漢　▲

武威儀禮漢簡　▲

漢光武帝瞪著眼說：「你還有什麼話好說？」

董宣說：「陛下是一個中興的皇帝，應該注重法令。現在陛下允許公主放縱奴僕殺人，怎麼能治理好天下？用不著打，我自殺就是了。」說罷，他仰起頭就向柱子撞去。

漢光武帝連忙喊內侍拉住董宣，可是董宣已經撞得頭破血流了。漢光武帝認為董宣說得有理，不該責打他，但是為了顧全湖陽公主的面子，便要董宣去給公主磕個頭賠個禮。

董宣寧願不要命了，怎麼也不肯磕這個頭。內侍把他的腦袋往地下摁，可是董宣用兩隻手使勁撐著地，挺著脖子，不讓內侍把他的頭摁下去。

內侍知道漢光武帝並不想責罰董宣，可又得給漢光武帝一個台階下，就大聲地說：「回陛下的話，董宣的脖子太硬，摁不下去。」

漢光武帝也只好笑了笑，下令說：「讓這個硬脖子的人下去！」後來，漢光武帝不但沒辦董宣的罪，還賞給他三十萬錢，獎勵他執法嚴明。董宣領了賞錢，全分給了手下的差役。

從此以後，董宣不斷打擊那些違法犯科的豪門貴族。洛陽的士豪聽到他的名字，都嚇得發抖。於是人們給他取了個名號——「臥虎」（意思是「躺著的老虎」）。

伎樂陶俑　東漢　▲

這組陶俑由六俑組成，表現了一個完整的伎樂表演的場面，形象生動逼真。

漢代耙耩圖　▲

鍍金銅馬　東漢　▲

東漢光武帝陵　▶

位於河南省孟津縣鐵謝村附近，陵墓封土堆高20公尺，周長1400公尺。陵前有清乾隆五十六年（1791年）石碑一通，上刻「東漢中興世祖光武皇帝之陵」。

漢明帝求佛

漢明帝劉莊像　▲

佉盧文木簡　東漢　▲

佛教於西漢末年傳入中國，東漢時，開始譯佛經，立佛寺，後來傳播漸廣，成為一種信仰廣泛的宗教，這是用佉盧文記載的佛教僧徒們活動的內容。

江蘇連雲港孔望山石刻 ▶
東漢

鑿刻有佛像和道教老子像一百多尊，是典型的佛像與道教像共同尊奉的例子。

漢光武帝活到六十三歲時，得病死了。太子劉莊繼承皇位，這就是漢明帝。

有一回，漢明帝做了個夢，夢裡出現一個金人，頭頂罩了一圈光環，繞殿飛行，一會兒升上天空，向西去了。

第二天，他向大臣們詢問這個頭頂發光的金人是誰。

有個叫傅毅的博士說：「天竺有神名叫佛。陛下夢見的頭頂發光的金人一定是天竺的佛。」

天竺的另外一個名稱叫身毒（音 ㄕㄣ ㄉㄨˊ ），是佛教創始人釋迦牟尼出生的地方（天竺是古代印度的別稱，釋迦牟尼出生在古印度北部迦毗羅衛國，在今尼泊爾境內）。釋迦牟尼原來是個王子，大約出生在西元前565年。傳說他在二十九歲那年，厭倦了王族的舒適生活，出家修道，後來創立了佛教。

釋迦牟尼到處宣講佛教的宗義。他傳教四十多年，收了許多信徒，大家尊稱他「佛陀」。他死了以後，他的弟子把他生前的學說整理出來，編成了經書，這就是佛經。

漢明帝對傅毅的話很感興趣，他就派蔡愔（音 ㄣ ）和秦景兩名官員到天竺去求佛經。

蔡愔和秦景跋山涉水，到達了天竺國。天竺人聽到中國派來使者求佛經，表示歡迎。天竺有兩

個沙門（就是高級僧人），一個名叫攝摩騰，另一個名叫竺法蘭，幫助蔡愔和秦景了解了一些佛教的理義。後來，他們在蔡愔和秦景的邀請下決定到中國來。

西元67年，蔡愔、秦景給兩個沙門引路，用白馬馱著一幅佛像和四十二章佛經，經過西域，回到了洛陽。

白馬寺中佛像　▲

儘管漢明帝不懂佛經，也不清楚佛教的道理，但對前來送經的兩位沙門還是很尊敬的。第二年，他命令在洛陽城的西面仿照天竺的式樣，造一座佛寺，把送經的白馬也供養在那兒，把這座寺取名叫白馬寺（在今洛陽市東）。

漢明帝雖然派人求經取佛像，但他其實並不懂佛經，也不相信佛教，倒是提倡儒家學說。朝廷裡的大臣們也不相信佛教，所以到白馬寺裡去拜佛的人並不多。

大佛殿內的釋伽牟尼　▲
佛坐像

白馬寺山門　◀

白馬寺有中國佛寺「祖庭」之稱，始建於東漢永平十一年，因漢明帝「感夢求法」，遣使迎天竺僧人到洛陽而創建。

153

投筆從戎

漢光武帝建立了東漢王朝後,讓大學問家班彪整理西漢的歷史。班彪有兩個兒子,一個叫班固,另一個叫班超,還有一個女兒叫班昭。班彪在幾個孩子幼小的時候,就教他們學習文學和歷史。

班彪死了以後,漢明帝任命班固為蘭台令史,繼續完成他父親整理歷史書籍的事業,就是《漢書》(一部記載西漢歷史的書)。班超跟著他哥哥做抄寫工作。哥倆都很有學問,可是性情和志趣不一樣,班固喜歡研究百家學說,致力於他的《漢書》,而班超卻不願意皓首窮經地在案頭寫東西。

後來,班超聽到匈奴不斷地擄掠邊疆的居民和牲口,就扔下了筆,氣憤地說:「大丈夫應當像張騫那樣到塞外去立功,怎麼能在書房裡待一輩子呢?」就這樣,他下決心放棄文案工作,去立戰功。

竇固為了抵抗匈奴,採用了漢武帝的辦法,派人到西域去,與各國建立友好關係,共同對付匈奴。他賞識班超的勇氣才幹,派班超出使西域。

班超帶著三十六個隨從,先到了鄯善(在今新疆境內)。鄯善原來是歸順匈奴的,因為匈奴逼他們納稅進貢,勒索財物,鄯善王十分厭惡。這次看到漢朝派了使者來,他很高興,非常殷勤地招待班超一行。

幾天後,班超發現鄯善王對待他們忽然變得冷淡了。班超料想到其中必有變故,他從鄯善的侍者口中得知匈奴也派使者來了,鄯善王何去何從猶豫不定。班超立即與同行的三十六個隨從密商,必須先發制人,夜襲匈奴使者。於是,班超佈置隨從們乘夜縱火燒了匈奴營

班超像　　　　　　▲

班固像　　　　　　▲

帳，將匈奴使者全
部殺死。第二天，
班超把鄯善王請
來，鄯善王看到匈
奴使者的人頭，非
常驚歎漢家將軍的
英勇行為，馬上打
消疑慮，擺脫匈奴
的統治，與漢家復
通友好。

鄯善國城牆遺址 ▲

　　班超回到洛陽，漢明帝提拔班超做軍馬司，又派他
去于闐聯絡。于闐王接見班超的時候，並不怎麼熱情。
班超勸他脫離匈奴，跟漢朝交好。于闐王猶豫不決，找
來巫師向神請示。班超見巫師裝神弄鬼，藉神的名義不
願與漢朝結交，便拔刀殺了巫師。最後，于闐王同意和
漢朝和好，並主動把匈奴派去奴役他們的「監護使者」
殺了。

瓷罐　東漢 ▲

　　班超在西域聯合弱小民族，團結抗暴，先後打敗莎
車（今新疆沙車一帶）、龜茲、焉耆（今新疆焉耆一帶）
等國，匈奴北單于在西域北道上的勢力也被驅逐出去，
西域五十多國又與
東漢王朝建立起友
好的關係。

　　不久，漢明帝
去世，他的兒子劉
烜即位，即為漢章
帝。

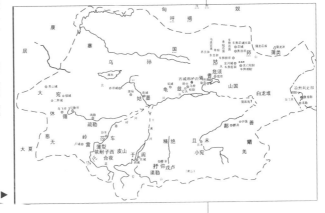

西域城邦國家分佈圖 ▲

155

張衡製造地動儀

張衡塑像 ▲

漢章帝在位期間，東漢的政治比較平穩。漢章帝死後，年僅十歲的漢和帝繼承了皇位。竇太后臨朝執政，她的哥哥竇憲掌握了朝政大權，東漢王朝便開始走下坡路了。

這段時期裡，出了一位著名的科學家——張衡。張衡是南陽人。十七歲那年，他離開家鄉，先後到了長安和洛陽，在太學裡用功讀書。朝廷聽說張衡很有學問，便召他進京做官，先是在宮裡做郎中，繼而又擔任了太史令，叫他負責觀察天文。這個工作正好符合他的研究興趣。

經過觀察研究，他斷定地球是圓的，月亮的光源是藉太陽的照射而反射出來的。他還認為天好像雞蛋殼，包在地的外面；地好像雞蛋黃，在天的中心。這種學說雖然不完全準確，但在一千八百多年以前，能得出這種科學結論，不能不使後來的天文學家感到欽佩。

張衡還用銅製作了一種測量天文的儀器，叫做「渾天儀」。上面刻著日月星辰等天文現象。

那個時期，地震發生頻繁。有時候一年發生一、兩次。發生一次大地震，就波及到好幾十個郡，城牆、房屋傾斜倒坍，造成人畜傷亡。

張衡記錄了地震的現象，經過細心的考察和試驗，發明了一個預測地震的儀器，叫做「地動儀」。

地動儀是用青銅製造的，形狀類似酒罈，四周刻鑄了八條龍，龍頭朝著八個方向。每條龍的嘴裡含了一顆

綠釉山岳走獸紋壺 東漢 ▲

中華上下五千年

小銅球；龍頭下面，蹲著一個銅製的蛤蟆，蛤蟆的嘴大張著，對準龍嘴。哪個方向發生了地震，朝著那個方向的龍嘴就會自動張開來，把銅球吐進蛤蟆的嘴裡，發出響亮的聲音，發出地震的警報。

鎏金鑲嵌獸形硯盒　東漢　▲

西元138年二月的一天，地動儀對準西方的龍嘴突然張開，吐出了銅球。按照張衡的設計原理，這就是報告西部發生了地震。

過了幾天，有人騎著快馬來向朝廷報告，離洛陽一千多里的金城、隴西一帶發生了大地震，還出現了山體崩塌。

陶踐碓和風車　東漢　▲

張衡六十一歲那年得病死去。他為中國的科學事業做出了巨大的貢獻。

陶井　東漢　▲

張衡製造的地動儀　◀

梁冀專權

從漢和帝起，東漢王朝大多是由小孩子繼承皇位，最小的皇帝是只生下一百多天的嬰兒。皇帝年幼，太后便臨朝執政，太后又把政權交給她的娘家人執掌，這樣就形成了外戚專權的局面。

但是，到了皇帝長大懂事後，就不甘心長期當傀儡，受人控制。他想擺脫這種局面，可是裡裡外外都是外戚培植的親信，跟誰去商量呢？每天在皇帝身邊伺候的，只有一些宦官，結果皇帝只好依靠宦官的力量，消除外戚的勢力。這樣，外戚的權力又轉到宦官手裡。

無論是外戚，還是宦官，都是最腐朽、沒落勢力的代表。外戚和宦官兩大集團互相爭奪，輪流把持著朝政，使得東漢的政治越來越腐敗。

西元125年，東漢第七個皇帝漢順帝即位，外戚梁家控制了朝政大權。梁皇后的父親梁商、兄弟梁冀先後做了大將軍。

梁冀為人十分驕橫，他胡作非為，公開敲詐，根本不把皇帝放在眼裡。

漢順帝死後，接替他的是兩歲的漢沖帝，半年後，漢沖帝死了。梁冀就在皇族中找了一個八歲的孩子接替，這就是漢質帝。

漢質帝雖然年紀小，但聰明伶俐。他對梁冀的刁專蠻橫看不慣。有一次，他在朝堂上當著大臣們的面，指著梁冀說：「真是個跋扈將軍！」

▲ 陶院落 東漢

這個院落把住宅和防禦設施結合了起來，是東漢時期豪強地主武裝力量的一種真實反映。

▲ 玉俑 東漢

中華上下五千年

梁冀聽了，氣得七竅生煙，當面又不好發作。暗想：這孩子這麼小的年紀就那麼厲害，將來必是心腹大患，就暗暗把毒藥放在煎餅裡，送給質帝吃了。

梁冀害死了質帝，又從皇族裡挑選了十五歲的劉志繼承皇位，這就是漢桓帝。

漢桓帝即位後，朝政全由梁冀掌握著。他更加窮奢極欲，蓋了不少高樓大廈，霸佔了洛陽近郊的民田，作為梁家的私人花園。裡面亭台樓閣，應有盡有。

梁冀無法無天地掌了將近二十年大權，最後跟漢桓帝也鬧起矛盾來。漢桓帝忍無可忍，就秘密聯絡了單超等五個跟梁冀有怨仇的宦官，趁梁冀沒有防備，帶領羽林軍一千多人，突然包圍了梁冀的住宅。

梁冀得知情況後，驚慌失措，知道自己活不了了，只好服毒自殺。

漢桓帝論功行賞，把單超等五個宦官封了侯，稱作「五侯」。從那時起，東漢政權又從外戚手裡轉到宦官手裡了。

銅車馬出行圖　東漢　▲

雙羊銅飾　東漢　▼

這件銅飾作雙羊佇立狀，羊首低俯，雙目圓睜，長角盤曲，短尾上翹，顯得活潑可愛，為南匈奴遺物。

彩漆人物圖盤　東漢　▲

黨錮之禍

李膺像　　　　　▲

「五侯」掌權以後，胡作非為，與梁冀相比，有過之而無不及。他們把持朝政，賣官鬻爵，黨羽遍佈朝廷和各郡縣，搞得整個社會一片黑暗。歷史上有名的「黨錮事件」就在這時發生了。

當時，除了外戚和宦官兩大勢力集團的相互鬥爭外，還有第三股力量，即士人集團，主要由名士和太學生組成。這個士人集團當中的名士，是一批士族地主出身的官員，他們對宦官掌權十分不滿，主張改革朝政，罷斥宦官；那些太學生，主要出身於中小地主階層，因為社會黑暗腐敗，政治前途渺茫，便要求改革。這些人批評朝政，對飛揚跋扈的宦官及其黨羽深惡痛絕。

西元165年，陳蕃做了太尉，名士李膺做了司隸校尉。他們都是讀書做官、操行廉正又看不慣宦官弄權的人，因而太學生都擁護他們。

李膺做司隸校尉的職責是糾察京師百官及附近各郡縣官吏。有人向他告發大宦官張讓的弟弟張朔做縣令時，橫行不法，虐殺孕婦，事後逃到張讓家躲避罪責。李膺打聽到張朔藏在張讓家空心柱子中，親率部下直入張讓家中，「破柱取朔」，拉出去正法了。

張讓馬上向漢桓帝哭訴。桓帝知道張朔的確有罪，也沒有責備李膺。

李膺執法公正，剛直不阿，轟動了京師，受到士人和百姓的推崇。

過了一年，有一個和宦官來往密切的方士張成，從宦官侯覽那裡得知朝廷即將頒佈大赦令，就縱容自己的兒子殺人。殺人兇手被逮起來，準備法辦。就在這時，

刻花多孔帶蓋陶簋　東漢　▲
簋是一種盛食物的生活用器，是兩廣漢墓常見的陪葬品。

大赦令下來了。張成得意地對衆人說：「有大赦詔書，司隸校尉也不能把我兒子怎麼樣。」這話傳到李膺的耳朵裡，李膺怒不可遏。他說：「張成預先知道大赦，故意叫兒子殺人，這是藐視王法，大赦輪不到他兒子。」就下令把張成的兒子處決了。

張成哪肯罷休，他與宦官侯覽、張讓一起商量了一個鬼主意，叫張成的弟子牢修向桓帝誣告李膺和太學生，罪狀是「結成一黨，誹謗朝廷。」

漢桓帝接到牢修的控告，便下令逮捕黨人。除了李膺之外，還有杜密、陳寔和范滂等二百多人，均在黨人之列。朝廷出了賞格，通令各地抓捕這些人。李膺和杜密都被關進了監獄。

捉拿人的詔書到達了各郡，各郡的官員都把與黨人有牽連的人申報上去，有的多達幾百個。

第二年，有個潁川人叫賈彪，自告奮勇到洛陽替黨人申冤叫屈，漢桓帝的岳父竇武也上書要求釋放黨人。李膺在牢裡採取以守為攻的辦法，故意招出了好些宦官的子弟，說他們也是黨人。宦官害怕，就對漢桓帝說：「現在天時不正常，應當施行大赦。」漢桓帝對宦官是唯命是從的，馬上宣佈大赦，把兩百多名黨人全部釋放了。

黨人被釋放後，宦官不許他們在京城居留，打發他們一律回家，並把他們的名字向各地通報，罰他們一輩子不得做官。歷史上稱之為「黨錮之禍」（「錮」，禁錮之意）。「黨錮之禍」實質上緣起於要求澄清吏治的東漢正直派與專權的宦官之間的鬥爭，對後代產生了深遠影響。

「黨錮之禍」發生後不久，漢桓帝死了。竇皇后便和竇武商量，從皇族中找了一個年僅十二歲的少年即位，這就是漢靈帝。

石獅子　東漢　▲

彩漆鳥魚紋盂　東漢　▲

青銅奔馬　東漢　▲

漢朝很講究馬的品種，漢武帝更是對珍貴的馬種著迷。這件在甘肅出土的奔馬，表現出馬行疾速、超越飛鳥的一瞬間，再現了漢武帝不惜代價追尋的天馬的形象。

黃巾起義

「蒼天乃死」字磚 東漢 ▲

字磚中「蒼天乃死」四字與黃巾起義的口號不謀而合，起義軍因此廣泛傳佈太平道，表達民眾推翻漢朝的普遍心願。

瑪瑙劍珌 東漢 ▲

珌是刀鞘末端的玉飾。

牽馬俑 東漢晚期 ▼

漢靈帝昏庸腐敗，寵信宦官，只知道吃喝玩樂。國庫裡的錢耗盡了，他們便在西園開了一個很特別的鋪子，專門用來搜刮錢財。有錢的人可以公開到這裡來買官職，買爵位。

老百姓面對朝廷的腐敗，地主豪強的壓迫，再加上接二連三的天災，活不下去了，紛紛起來造反。

鉅鹿郡有弟兄三個，老大名叫張角，老二名叫張寶，老三名叫張梁。三個人不僅有本領，還常常幫助老百姓排憂解難。

張角通曉醫術，給窮人治病，從來不要錢，深得窮人的擁護。他知道農民只求安安穩穩地過日子，可是眼下受地主豪強的壓迫和天災的折磨，多麼盼望有一個太平世界啊！於是，他決定利用宗教把群眾組織起來，創立一個教門叫太平道。

隨著他和弟子們的傳教廣泛深入民間，相信太平道的人越來越多。大約花了十年的時間，太平道傳遍了全國。各地的教徒發展到幾十萬人。

張角和其他組織者商議後，把全國八個州幾十萬教徒都組織起來，分為三十六方，大方有一萬多人，小方六七千人，每方選出一個首領，由張角統一指揮。

他們秘密約定三十六方在「甲子」年（西元184年）三月初五那天，京城和全國同時舉行起義，口號是：「蒼天已死，黃天當立；歲在甲子，天下大吉。」「蒼天」，指的是東漢王朝；「黃天」，指的是太平道。張角還派人在洛陽的寺廟和各州郡的官府大門上，用

白粉寫上「甲子」兩字，作為起義的暗號。可是，在離起義的時間還有一個多月的緊要關頭，情況發生了變化，起義軍內部出了叛徒，向東漢朝廷告了密。

面對突然變化的形勢，張角當機立斷，決定提前一個月舉事。張角自稱天公將軍，張寶稱為地公將軍，張梁稱為人公將軍。三十六方的起義農民，接到張角的命令後，同時起義。因為起義的農民頭上全都裹著黃巾，作為標誌，所以稱做「黃巾軍」。

漢靈帝得到消息後，驚慌失措，忙拜外戚何進為大將軍，派出大批軍隊，由皇甫嵩、朱儁（音 ㄐㄩㄣˋ）、盧植率領，兵分兩路，前去鎮壓黃巾軍。

然而，各地起義軍聲勢浩大，把官府的軍隊打得望風而逃。大將軍何進不得不請求漢靈帝調集各州郡的力量，讓他們各自招募兵丁，對付黃巾軍。這麼一來，各地的宗室貴族、州郡長官、地主豪強，都藉著攻打黃巾軍的名義，乘機擴張勢力，搶奪地盤，一時間，把整個國家鬧得四分五裂。

黃巾軍面對東漢朝廷和各地地主豪強的血腥鎮壓，進行了艱苦頑強的抵抗。在形勢極為嚴峻的關鍵時刻，黃巾軍領袖張角病死。張梁、張寶帶領起義軍將士繼續和官兵進行殊死搏鬥，先後在戰鬥中不幸犧牲。

起義軍的主力雖然失敗，但是化整為零的黃巾軍一直堅持戰鬥了二十年。經過這場大規模起義的嚴重打擊，東漢王朝的腐朽統治，也就奄奄一息了。

曹操討伐黃巾軍 粉彩瓶 ▲

手搏圖 東漢 ▲

黃巾起義形勢圖 ▼

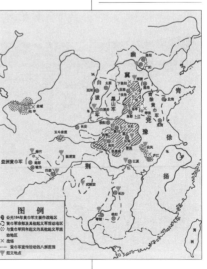

骨鏃　東漢　▲

綠釉陶灶　東漢　▲

袁紹擁兵自立

袁紹憑藉家族的權勢，官運亨通，年輕時就當上了中軍校尉。

漢靈帝在黃巾軍起義的風潮中，一命嗚呼了。他死後，年僅十四歲的皇子劉辯繼承皇位，這就是漢少帝。由於少帝年幼，何太后便按慣例臨朝，這樣一來，朝政大權又落入了外戚、大將軍何進的手裡。何進想依靠袁紹消滅宦官的勢力，就任命他為司隸校尉。

袁紹，字本初，汝南汝陽（今河南商水西北）人。他出生於一個世代為官的地主家庭，從祖上袁安起，一直到袁紹的父親袁逢，四代人中出了五個「三公」，人稱「四世三公」。

由於何太后不同意消滅宦官，袁紹就勸何進密召駐紮河東的董卓帶兵進京，用武力脅迫何太后。不料董卓還沒有到達洛陽，宦官已得到消息，提前下手把何進殺死了。袁紹得知消息後，就和他的兄弟袁術帶兵進宮，將搜捕到的宦官，全部殺死了。

這時，董卓已率關西軍進入洛陽。為了控制住局面，董卓假造聲勢，收編了何進的部下，獨掌了朝政大權。此後，他便想廢掉少帝劉辯，但

錦袍　東漢　◀

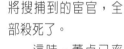

中華上下五千年

又害怕眾人不服，便找袁紹來商量，希望能
藉重袁紹的影響來控制朝野內外，誰知袁紹
表示堅決反對，兩人話不投機，拔刀相向。
袁紹待在京師，總擔心董卓對他下手，便匆
忙離開了京師。

　　袁紹走後，董卓立即廢掉少帝劉辯，另
立陳留王劉協為帝，這就是漢獻帝。袁、董
雖然反目成仇，但袁紹世代為官，是當時聲
名顯赫的世家大族，董卓顧及袁紹勢力太大，
為了緩和與袁紹的矛盾，就聽從一些官員的勸告，任命
袁紹為渤海太守。

　　不久，袁紹號召各地豪強貴族勢力反對董卓廢立皇
帝，董卓因此而殺死袁氏一族在洛陽和長安的五十多
人。董卓殘忍地對待袁氏家族，反而使袁紹更具有號召
力。在反對董卓的隊伍中，有一支不太引人注目的隊
伍，帶領這支隊伍的首領，名叫曹操。

玉座　東漢　　　　　▲

持戟青銅騎士俑出行　▼
儀仗　東漢

梟雄曹孟德

　　曹操，字孟德，小名阿瞞，沛國譙縣（今安徽亳縣）人。他父親夏侯嵩是漢桓帝時大宦官曹騰的養子，隨曹騰改姓了曹。

　　曹操從小就很聰明機警，善於隨機應變。當時汝南名士許劭以善於評論人物著稱，曹操特地登門拜訪，請他品評自己。許劭起初不肯評說，經曹操再三追問，他才說：「你在治世時，會成為能幹的大臣；在亂世裡，會成為奸雄。」

曹操像　▲

　　曹操在二十歲的時候，當了一個叫洛陽北部尉的小官。洛陽是一座大城，皇親國戚、達官顯貴很多，他們經常胡作非為，沒人敢管。曹操到任後，命令手下人做了十幾根五色棒，高高掛起，表明無論是什麼人，只要觸犯法規、禁令，就要挨棒子。大宦官蹇碩的叔叔依仗權勢，違法亂紀。一天，他違反禁令，深更半夜提刀亂闖，被巡夜的當場捉住，挨了一頓五色棒的痛打。從此以後，誰也不敢違反禁令，洛陽的治安有了好轉，曹操的威名一下子傳開了。

軍司馬印　東漢　▲

　　西元190年，曹操和各路討伐董卓的大軍，在陳留附近的酸棗（今河南延津西南）集合，組成一支「反董」聯軍，大家共同推舉袁紹作為聯軍的盟主。

　　董卓聽說各地起兵的消息，心驚膽戰。他不顧大臣們的反對，決定遷都長安。漢獻帝被迫離

玉劍格　東漢　▶

開洛陽後，董卓下令放火焚城。一時間，洛陽成了一片火海，致使洛陽的百姓流離失所，屍骨棄野。

　　這時，在酸棗附近集結的各路討董大軍都按兵不動，彼此觀望。曹操看到這種情形，義憤填膺，帶領手下五千人馬，向成皋進兵。曹操的人馬剛剛到了汴水，便遭到了董卓部將徐榮的攻擊。雙方力量對比懸殊，一交手，曹操便敗下陣來。

　　曹操損兵折將，回到酸棗。他看到起義討伐董卓的同盟軍不能與他一起成就大事，就單獨去了揚州（今安徽淮水和江蘇長江以南），在那裡招兵買馬，養精蓄銳。

玉「長樂」谷紋璧　東漢▲

中華上下五千年

陶戲樓　東漢　◀

這件陶戲樓分4層，上面是鼓樓，下面是舞台。舞台三面封閉，一面敞開，分前台（表演區）和後台（戲房），有上下場門。前台有5個樂俑正作表演或伴奏。它的發現，不僅將中國戲台史的起點從西元10世紀的北宋提前到西元3世紀的東漢末年，而且推翻了封閉式戲台來自西方和三面敞開的戲台是中國唯一傳統的定論，在中國乃至世界戲劇藝術發展史上都具有重大的價值。

王允除董卓

綠釉陶壺　東漢　▲

盛酒或盛樟器，山東省濰縣
出土。西漢中期在今陝西關
中地區首先創製了軟釉陶，
這類釉陶一般焙燒的溫度不
高（700℃～800℃），常見
的有綠釉、黃褐釉，也有
黃、綠、紅褐和複色釉。西
漢後期到東漢，軟釉陶已廣
泛流行於黃河流域和北方地
區，亦出現於長江流域。這
件綠釉陶壺是東漢時期典型
的北方釉製品。

董卓到了長安後，就自稱太師，要漢獻帝尊稱他是
「尚父」。他看到朝廷大臣們人心渙散，對他沒有威脅，
就尋歡作樂起來了。他在離長安二百多里的地方，建築
了一個城堡，稱作郿塢。郿塢的城牆修得又高又厚，他
把從百姓那裡搜刮得來的金銀財寶和糧食都貯藏在那
裡，單說糧食一項，三十年也吃不完。

郿塢築成以後，董卓得意地對人說：「如果大事能
成，天下就是我的；如果大事不成，我就在這裡安安穩
穩度晚年，誰也打不進來。」

董卓有一個心腹，名叫呂布，勇力過人。董卓把呂
布收做乾兒子，叫呂布隨身保護他。他走到哪裡，呂布
就跟到哪兒。呂布的力氣特別大，射箭騎馬的武藝，十
分高強。那些想刺殺董卓的人，因為害怕呂布的勇猛，
就不敢動手了。

司徒王允想除掉董卓。他知道要除掉董卓，必須先
打呂布的主意。於是，他就常常請呂布到他家裡，一起
喝酒聊天。日子久了，呂布覺得王允待他好，也就把他
跟董卓的事情向王允透露一些。

原來，董卓性格暴躁，稍不如他的意，就不顧父子

百戲圖畫像石（拓片）▼

關係，向呂布發火。有一次，呂布無意中衝撞了他，董卓竟將身邊的戟朝呂布擲去。幸虧呂布眼疾手快，側身躲過了飛來的戟，沒有被刺著。為此，呂布心裡很不痛快。王允聽了呂布的話，心裡很高興，就把自己想殺董卓的打算也告訴了呂布。

呂布答應跟王允一起做。

西元192年，漢獻帝生了一場病，身體痊癒後，在未央宮接見大臣。董卓得到通報從郿塢到長安去。為了提防有人刺殺他，他在朝服裡面穿上鐵甲，在乘車進宮的大路兩旁，派衛兵密密麻麻地排成一條夾道護衛。他還叫呂布帶著長矛在身後保衛他。他認為經過這樣安排，就萬無一失了。

孰不知，王允和呂布早已設好計策。呂布安插了幾個心腹勇士扮作衛士混在隊伍裡，專門在宮門口等候。董卓的坐車剛一進宮門，就有人拿起戟向董卓的胸口刺去。但是戟扎在董卓胸前鐵甲上，刺不進去。

呂布見此情景，立即舉起長矛，一下子戳穿董卓的喉頭。隨即，呂布從懷裡拿出詔書宣佈：「皇上有令，只殺董卓，別的人一概不追究。」董卓的將士們聽了，都高興地呼喊萬歲。

長安的百姓聽到奸賊董卓死了，歡聲雷動，舉杯相慶。可是過了不久，董卓的部將李傕、郭汜攻入長安，殺死了王允，趕走了呂布，長安又陷入混亂動盪之中。

玉劍首　東漢　▲

綠釉陶燈　東漢　▲

遷都許城

東漢王朝經歷了董卓之亂後，已經名存實亡，各地州郡割據一方，官僚、豪強趁機爭城奪地，形成了大大小小的割據勢力。

經過幾年的苦心經營，曹操的勢力漸漸壯大。他打敗了攻進兗州（今山東省西南部和河南省東部，兗音 ㄧㄢˇ）的黃巾軍，在兗州建立了一個據點。他還將黃巾軍的降兵補充到自己的軍隊中，擴大了武裝。後來，他又打敗了陶謙和呂布，成為一個強大的割據勢力。

西元195年，長安的李傕和郭汜發生火拼，互相攻伐。在這種情況下，外戚董承和一批大臣帶著獻帝逃出長安，回到洛陽。這時的洛陽宮殿，早已被董卓燒光了，到處是瓦礫碎石、殘垣斷壁、荊棘野草。漢獻帝到了洛陽，沒有宮殿，就住在一個官員的破舊住房裡。一些文武官員，沒有地方住，只好搭個簡陋的草棚，遮風避雨。這些還不算，最大的難處是沒有足夠的糧食充饑。

這時候，曹操正駐兵在許城（今河南許昌），聽到這個消息，就和手下的謀士商量，把漢獻帝迎過去。隨後，他派出曹洪帶領一支人馬到洛陽去迎接漢獻帝。

董承等大臣懷疑曹操另有圖謀，發兵阻攔曹洪的人馬。後來，曹操親自到了洛陽，向他們說明：許城有糧食，但是不便運輸到洛陽來，只好請皇上和大臣們暫時遷到那裡，免得在洛陽受凍挨餓。

漢獻帝和大臣一聽許城有糧食，都贊同了遷都的建議。

陶倉 東漢 ▲

漢代倉主要用於儲藏未舂之穀，一般比廩要大。為了通風防潮，漢代的倉一般門前有台階，倉底高於地平面。這件陶倉模型分上下兩層，中間用平座相隔，上層開有五個窗戶。平座上下都有壁畫，描繪與倉儲有關的活動。

綠松石子母鴿 東漢 ▲

中華上下五千年

170

西元196年，曹操把漢獻帝迎到了許城，從那時起，許城成了東漢臨時的都城，因此改稱為許都。

　　曹操在許都給漢獻帝修建了宮殿，獻帝便正式上朝了。曹操自封為大將軍，從此以後，曹操以漢獻帝的名義向各地州郡豪強發號施令。

　　但是日子一久，由於要支付大批官員和軍隊的糧食供應，許都的糧食也發生困難了。經過十年混亂，到處都在鬧饑荒。如果糧食問題不解決，大家也無法在許都待下去了。

　　有個叫棗祗（音 ㄓ ）的官員向曹操提出一個辦法，叫做「屯田」。他請曹操把流亡的農民召集到許都郊外開墾荒地，農具和牲口由官府提供。每年收割下來的糧食，官府和農民平分。

　　曹操接受了棗祗的建議，下令實行屯田。不久，許都附近的荒地就開墾出來了。一年下來，原來已經荒蕪的土地獲得了豐收。

　　曹操用皇帝的名義號令天下諸侯，又採用屯田的辦法，解決了軍糧供應問題，還吸收了荀攸、郭嘉等一批有才能的謀士，也就奠定了成就霸業的基礎。

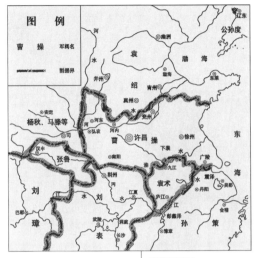

群雄割據圖　　▲

褐色釉穀倉　東漢　▲

木牛車　東漢　▶

171

煮酒論英雄

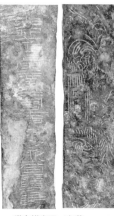

鎏金鐵書刀 東漢 ▲

1957年出土於四川省成都市天回山。長18.5公分，寬1.5公分。中國在未發明紙以前，用竹木簡來寫字，因而需要一種修製簡牘的小刀，漢代稱爲「書刀」。起先是用青銅製的，後來改用鐵製，漢代即用鐵製的。東漢時重書刀，書刀已成爲隨身攜帶之物。當時書刀中最講究的一種叫「金馬書刀」，是在刀上用金絲嵌出馬形，並刻工名。「金馬書刀」是四川廣漢郡工官所持製。這把刀也是廣漢工官所作，但上面的鎏金圖像不是馬形，而是鳥形。

鎏金神獸紋帶飾 東漢 ▼

曹操把漢獻帝迎到許都的這年，徐州牧劉備前來投奔他。那時，劉備駐守的徐州被袁術和呂布聯軍奪去。

劉備是河北涿郡（今河北涿縣）人，是西漢皇室的宗親。他從小死了父親，家境敗落，跟母親一起靠販鞋織席過日子。他對讀書不太感興趣，卻喜歡結交豪傑。有兩個販馬的大商人經過涿郡，很賞識劉備的氣度，就出錢幫助他招兵買馬。

當時，到涿郡應募的有兩個壯士，一個名叫關羽，一個名叫張飛。這兩人武藝高強，又跟劉備志同道合，日子一久，三個人的感情真比親兄弟還密切。後來，三人就結拜為把兄弟。

劉備投奔曹操以後，曹操和劉備一起去攻打呂布。呂布兵敗被殺。回到許都後，曹操請漢獻帝封劉備為左將軍，並且非常尊重劉備，走到哪兒，都要劉備陪在他身邊。

這時候，漢獻帝覺得曹操的權力太大了，又很專橫，便要外戚董承設法除掉曹操。他寫了一道密詔縫在衣帶裡，又把這條衣帶送給董承。

董承接到密詔，就秘密地找來幾個親信，商量如何除掉曹操。他們覺得自己力量不夠，認為劉備是皇室的後代，一定會幫助他們，就秘密與劉備聯絡。劉備果然同意了。

此後過了不久，曹操邀請劉備去喝酒。兩個人一面喝酒，一面說笑，談得很投機。他們談著談著，很自然地談到天下大事上來了。

曹操拿起酒杯，說：「您看當今天下，有幾個人能算得上英雄呢?」

劉備謙虛地說：「我說不清楚。」

曹操笑著對劉備說：「我看啊，當今的天下英雄，只有將軍和我曹操兩個人。」

劉備心裡想著跟董承同謀的事，正感覺不安，聽到曹操這句話，大吃一驚，身子打了一個寒戰，手裡的筷子掉在地上。

正巧在這時，天邊閃過一道電光，接著就響起一聲驚雷。劉備一面俯下身子撿筷子，一面說：「這個響雷真厲害，把人嚇成這個樣子。」

劉備從曹操府中出來，總覺得曹操這樣評價自己，將來會丟了性命，便等待機會離開許都。

事也湊巧，袁紹派他兒子到青州去接應袁術，要路過徐州。曹操認為劉備熟悉那一帶的情況，就派他去截擊袁術。劉備一接到曹操命令，就趕緊和關羽、張飛帶著人馬走了。

劉備打敗了袁術，奪取了徐州，決定不回許都去了。到了第二年春天，董承和劉備在許都合謀反對曹操的事敗露了。曹操把董承和他的三個心腹都殺了，並且親自發兵征討劉備。

劉備聽說曹操親自帶領大軍進攻徐州，慌忙派人向袁紹求救，袁紹手下的謀士田豐勸袁紹乘許都兵力空虛的時候偷襲曹操，袁紹沒有聽從。曹操大軍進攻徐州，劉備兵少將寡，很快就抵擋不住，最後只好放棄徐州，投奔冀州的袁紹。

官渡之戰

袁紹看到劉備兵敗後，才感到曹操是個強大的敵人，決心進攻許都。

西元200年，袁紹調集了十萬精兵，派沮授（沮音ㄐㄩ）為監軍，從鄴城（冀州的治所，在今河北臨漳西南）出發，進兵黎陽（今河南浚縣）。他先派大將顏良渡過黃河，進攻白馬（今河南滑縣）。

曹操採納荀攸的意見，把一部分人馬帶到延津（今河南延津西北）一帶假裝渡河，吸引袁軍主力。然後派出一支輕騎兵突襲白馬。袁紹聽說曹操要在延津渡河，果然派大軍來堵截。哪兒知道曹操已經親自帶領一支輕騎兵襲擊白馬去了。包圍白馬的袁軍大將顏良被打個措手不及。顏良死在亂軍之中，他的部下全都潰散了，白馬之圍也解除了。

袁紹得知曹操救了白馬，氣得哇哇大叫。下令全軍渡河追擊曹軍，並且派大將文醜率領五六千騎兵打先鋒。文醜的騎兵趕到南坡，看見曹兵的武器盔甲丟得滿地都是，認為曹軍已經逃遠了，叫兵士收拾那丟在地上的武器。早已埋伏好的六百名曹兵一齊衝殺出來。袁軍一下被殺得七零八落。文醜也糊裡糊塗地丟了腦袋。

一連打了兩場敗仗，損失了手下的顏良、文醜兩員大將的袁紹哪肯就此罷休，他帶領十萬大軍，猛追曹操。一直追到官渡，才紮下營寨。曹操的人馬也在官渡佈置好陣勢。

雙方在官渡相持了一個多月，曹軍糧食越來越少，兵士也疲憊不堪，眼看就要堅持不下去了。

蔡氏神人車馬鏡　東漢　▲

褐釉五聯罐　東漢　　▲

官渡之戰遺址　　　▼

袁紹的謀士許攸根據曹操缺糧的情況，向袁紹獻計，勸袁紹派出一小支人馬，繞過官渡，偷襲許都。袁紹很冷淡地拒絕了他的建議。

　　許攸在袁紹手下鬱鬱不得志，想起曹操是他的老朋友，就連夜投奔了曹操。曹操在大營裡剛脫下靴子，正想入睡，聽說許攸來投奔他，高興得顧不上穿靴子，光著腳板跑出來迎接許攸。他一見許攸的面便說：「您來了，真是太好了！我的大事有希望了。」

獨角獸　東漢　▲

　　許攸說：「我知道您的情況很危急，特地來給您透露個消息。現在袁紹有一萬多車糧食、軍械，全都在烏巢放著。那裡的守將是淳于瓊，他的防備很鬆。您只要帶一支輕騎兵去襲擊，把他的糧草全部燒光，三天之內，袁兵就會不戰自敗。」

玉帶扣　東漢　▲

　　曹操得到這個重要情報後，立刻佈置好官渡大營防守，自己帶領五千騎兵，連夜向烏巢進發。他們打著袁軍的旗號，對沿路遇到袁軍的崗哨說，他們是袁紹派去增援烏巢的。曹軍順利地到了烏巢，放起一把火，把一萬車糧食，燒了個一乾二淨。烏巢的守將淳于瓊匆忙應戰，也被曹軍殺了。

官渡之戰示意圖　▼

　　正在官渡的袁軍將士聽說烏巢的糧草被燒光，都驚慌失措。袁紹手下的兩員大將張郃（音 ㄏㄜ´ ）、高覽也帶兵投降了曹操。曹軍乘勢猛攻，袁軍頓時一敗塗地。袁紹和他的兒子袁譚如喪家之犬，向北逃走，身邊只剩下八百多騎兵。

　　經過這場大戰，袁紹的主力損失殆盡。袁紹也在兩年後病死了。爾後，曹操又花了七年的時間，消滅了袁紹的殘餘勢力，統一了北方。

孫策入主江東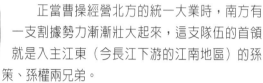

正當曹操經營北方的統一大業時，南方有一支割據勢力漸漸壯大起來，這支隊伍的首領就是入主江東（今長江下游的江南地區）的孫策、孫權兩兄弟。

孫策，字伯符，吳郡富春（今浙江富陽）人，出生於當地一個名家大族。他的父親孫堅因鎮壓農民起義有功，朝廷封他為長沙太守。

孫堅後來又參加了討伐董卓的聯軍。他到魯陽（今河南魯山縣）時遇上袁術，被袁術封為破虜將軍。在袁術和劉表爭奪荊州的戰鬥中，孫堅打先鋒，擊敗了劉表的大將黃祖，孫堅乘勝追擊。不料，在追擊途中被黃祖手下一名躲藏在樹叢中的士兵用暗箭射死。

孫堅死後，長子孫策接替他的職務，統領部隊，繼續在袁術手下供職。孫策打起仗來勇猛異常，總是一馬當先，當時人們都稱他為「孫郎」。

孫策想繼承父志，做一番大事業，但總感到在袁術手下難以施展自己的抱負。於是千方百計尋找機會脫離袁術，另尋出路。正巧孫策的舅舅、江東太守吳景，這時被揚州刺史劉繇趕出丹陽，孫策便向袁術請求，去平定江東，替舅舅報仇。

孫策帶領袁術撥給他的一千人馬到江東去，以此來開闢自己的地盤，他一路上招募兵士，從壽春到達歷陽（今安徽和縣）時，已招募了五六千人。這時，孫策少年時的好朋友周瑜正在丹陽探親，聽說孫策出兵，就帶領一隊人馬前來接應，幫助他補充了糧食和其他物

「廣陵王璽」金印文 ▲

虎子　東漢　　　▼

資。這樣，孫策進一步充實了自己的力量，而且增加了一個得力助手。

孫策帶領軍隊，渡過長江，先後幾次打敗劉繇的軍隊，最後把劉繇從丹陽趕走，還攻下了吳郡和會稽郡，同時控制了江東大部分地區。

孫策到江東後，軍紀嚴明，不許士兵搶掠百姓財物、侵害百姓利益，深得江東百姓的歡迎。

孫策平時愛好打獵。有一天，他追趕一頭鹿，一直追到江邊，他的馬快，跟從他的人都被遠遠地甩在後面。這時，原吳郡太守許貢的三個門客正好守在江邊。孫策在攻下吳郡時，殺了太守許貢，因此，許貢的門客一直在尋找機會替許貢報仇。他們見機會來了，便一齊向孫策突發冷箭。孫策的面頰中了一箭。

孫策的病情很快惡化，他自知好不了了，便把張昭等謀士請來，對他們說：「我們現在依靠吳、越地區的人力資源，長江的險固，可以幹一番事業，請你們好好輔佐我的弟弟。」

他又把孫權叫到面前，把自己的官印和繫印絲帶交給他，說：「帶領江東的人馬，在戰場上一決勝負，和天下人爭英雄，你不如我；推舉和任用賢能的人，使他們盡心竭力，保住現在的江東，我不如你。」當晚，這位縱橫江東的「孫郎」便死去了。

孫策死後，弟弟孫權接替他的職務，掌管大權。在張昭和周瑜的幫助下，年僅十九歲的孫權，繼承父兄大業，擔負起鞏固發展江東的重任。

玻璃腳杯　東漢　▲

透雕螭龍紋玉杯　東漢　▲

南京古石頭城遺址　▼
這裡古為長江故道，江濤逼城，形勢險峻。東漢末，孫權依山傍江築石頭城，作為軍事堡壘。所謂「石城虎踞」指的就是這裡。

三顧茅廬

諸葛亮像　　▲

當曹操掃除北方殘餘勢力時，在荊州依附劉表門下的劉備，也正尋找機會實現自己的政治抱負。他四處招請人才，為自己出謀劃策。在投奔他的人當中，有個名士叫徐庶，劉備非常賞識他的才智，便拜他為軍師。

有一天，徐庶對劉備說道：「在襄陽城外二十里的隆中，有一位奇士，您為什麼不去請他來輔助呢？這位奇士複姓諸葛，名亮，字孔明。此人有經天緯地之才，人稱『臥龍』。」

劉備聽到有這樣的賢才，非常高興，便決定親自去拜訪諸葛亮。第二天，劉備帶著關羽、張飛啓程前往隆中。劉備一行三人來到隆中臥龍崗，找到了諸葛亮居住的幾間茅草房。劉備下馬親自去叩柴門，一位小僮出來開門，劉備自報姓名，說明了來意。小僮告訴他們：「先生不在家，一早就出門了。」

幾天以後，劉備聽說諸葛亮已經回來了，忙讓備馬，再次前往。時值隆冬，寒風刺骨。他們三人頂風冒雪，非常艱難地走到臥龍崗。當他們來到諸葛亮家，才知道諸葛

古隆中　在今湖北襄樊　▼

古隆中三顧堂，在今湖北襄樊　　▲

亮又和朋友們出門了。劉備只好給諸葛亮留下一
封信，表達了自己求賢若渴的心情。

　　劉備回到新野之後，一心想著諸葛亮的事，
時常派人去隆中打聽消息，準備再去拜謁孔明。
三個人第三次去隆中時，為了表示尊敬，劉備離
諸葛亮的草房還有半里地就下馬步行。到了諸葛
亮的家時，碰巧諸葛亮在草堂中酣睡未醒。劉備
不願打擾他，就讓關張兩人在柴門外等著，自己
輕輕入內，恭恭敬敬地站在草堂階下等候。

　　諸葛亮被劉備的誠心所打動，他根據自己多
年來研究時勢政治的心得體會，向劉備詳細講述
了自己的政治見解，提出了實現統一的戰略方

三顧茅廬圖　明　佚名 ▲

針。他說：「現在曹操打敗了袁紹，擁有百萬兵馬，又
藉天子的名義號令天下，很難用武力與他爭勝負了。孫
權佔據江東，那裡地勢險要，民心順服，還有一批有才
能的人為他效勞，也不可以與他爭勝負，但可以與他結
成聯盟。」

　　接著，諸葛亮分析了荊州和益州（今四川、雲南和
陝西、甘肅、湖北、貴州的一部分地區）的形勢，認為
如果能佔據荊州和益州的地方，對外聯合孫權，對內整
頓內政，一旦機會成熟，就可以從荊州、益州兩路進
軍，攻擊曹操。到那時，功業可成，漢室可興。

　　劉備聽完諸葛亮的講述，茅塞頓開。他趕忙站起
來，拱手謝道：「先生的一席話，讓我如撥開雲霧而後
見青天。」劉備從諸葛亮的分析中看到了自己廣闊的政
治前景，於是再三拜請諸葛亮出山。諸葛亮見劉備這樣
真誠地懇求，也就高高興興地跟劉備到新野去了。

　　從那時起，年僅二十七歲的諸葛亮用他的全部智慧
和才能幫助劉備實現政治抱負，建立大業。從此，劉備
才真正拉開了稱霸一方的序幕。

青瓷盨　東漢 　　　　▲

赤壁之戰

曹操統一北方後，於西元208年秋天率兵三十萬，號稱八十萬，南下攻打荊州。駐守荊州的劉表那時已經病死了。他的兒子劉琮，沒有和曹兵交戰，就投降了。

孫權、劉備為各自利益，決定聯合起來對抗曹操。孫權任命周瑜為大都督，率三萬精兵沿江西上，到夏口與劉備的隊伍會合，孫劉聯軍乘舟一直西上迎敵。孫劉聯軍在赤壁駐紮，與長江北岸的曹軍對峙。

曹操的士兵因來自北方，初到南方各個水土不服，很不習慣南方潮濕的氣候，再加上不習慣乘船，沒多久就病倒了許多人。曹操見士兵們身體虛弱，只好召集謀士們商量對策。這時，有人獻上連環計：將水軍的大小戰船分別用鐵環鎖住，十幾條船一排，每排船上再鋪上寬闊的木板，不僅人可以在上面行走自如，就是馬也可以在上面跑起來。曹操聽了非常高興，立即下令：連夜打造連環大釘，鎖住大小戰船。這樣做後，效果果然不錯，人在船上走，如履平地，一點也不覺得搖晃。

駐防在長江南岸的孫劉聯軍，看見曹操的戰船連在一起，便想用火攻。正在發愁無法將火種靠近敵船時，周瑜手下的大將黃蓋主動要求自己假裝投降，以便靠近敵船。

周瑜很贊成黃蓋的主意，兩人經過商量，派人給曹操送去一封信，表示投降曹操。曹操以為東吳的人看清了形勢，害怕兵敗身亡，便沒懷疑黃蓋的假投降。

周瑜在江東將各路人馬佈置妥當，只等東南風起，火攻曹營。

東漢鬥艦復原圖 ▼

西元208年冬至那天半夜，果然颳起了東南風，而且風勢越來越猛。黃蓋又給曹操去了一封信，約定當晚帶著幾十隻糧船到北營投降。

當天晚上，黃蓋率領二十隻戰船，船上裝滿乾草、蘆葦，澆了膏油，上面蒙上油布，嚴嚴實

赤壁之戰舊址，在今 ▲
湖北蒲圻

實地把船遮蓋住。每隻船後又拴著三隻划動靈活的小船，小船裡都埋伏著弓箭手。降船扯滿風帆，直向北岸駛去。曹軍水寨的官員聽說東吳的大將前來投降，都跑到船間來觀看。

黃蓋的大船離北岸約二里左右時，只見黃蓋大刀一揮，二十幾隻大船一齊著起火來，火焰騰空而起，二十幾條戰船像狂舞的火龍，一起撞入曹操的水軍中。火趁風勢，風助火威，一眨眼的工夫，曹軍的水寨成了一片火海。水寨外圍都是用鐵釘和木板連起來的首尾相接的連環船，一時間拆也無法拆，逃也逃不走，只好眼巴巴地看著大火燒盡戰船。黃蓋他們則早已跳上小船，不慌不忙地接近北營，向岸上發射火箭。這樣一來，不但水寨裡的戰船被燒，連岸上的營寨也著了火。一時間，江面上火逐風飛，一片通紅，漫天徹地。

劉備、周瑜一看北岸火起，馬上率水陸兩軍同時進兵，殺得曹軍死傷了一大半，曹操只好率領殘軍從小道一直逃回許都。

赤壁之戰，以孫劉聯軍勝利、曹操大敗而告結束。這是三國時期以少勝多，以弱制強的著名軍事戰役，為三國鼎立奠定了基礎。

《蒲圻縣志》有關赤壁 ▲
之戰的記載

馬車　東漢　　　▼

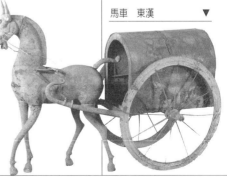

劉備入川

劉備像 ▲

漢「傳舍之印」 ▲

讓成都 版畫 ▼

　　赤壁之戰以後，周瑜把曹操的人馬從荊州趕了出去。在荊州的歸屬問題上，孫、劉兩家發生了分歧。劉備認為，荊州本來是劉表的地盤，他和劉表是本家，劉表不在了，荊州理應由他接管；孫權則認為，荊州是靠東吳的力量打下來的，應該歸東吳。後來，周瑜只把長江南岸的土地交給了劉備。劉備認為分給他的土地太少了，很不滿意。不久，周瑜病死，魯肅從戰略的角度考慮，認為把荊州借給劉備，可以讓他抵擋北方的曹操，東吳便可以藉機整頓兵馬，圖謀大業。為此，他勸說孫權把荊州借給劉備。

　　借人家地方總不是長遠之計，劉備按照諸葛亮的計劃，打算向益州發展。正好在這個時候，益州的劉璋派人請劉備入川。

　　原來，益州牧劉璋手下有兩個謀士，一個叫法正，另一個叫張松。兩人私交很深，都是很有才能的人。他們認為劉璋是無能之輩，在他手下做事沒有出息，想謀個出路。法正來到荊州後，劉備殷勤地接待了他，與他一起談論天下形勢，談得十分融洽。

　　法正回到益州後，就和張松秘密商議，想把劉備接到益州，讓他做益州的主人。過了不久，曹操打算奪取漢中（今陝西漢中市東）。這樣一來，益州就受到了威脅。張松趁機勸劉璋請劉備來守漢中。劉璋便派法正帶了四千人馬到荊州去迎接劉備。

劉備見到法正後，對於是否入川還有點猶豫。那時候，龐統已經當了劉備的軍師，他堅決主張劉備到益州去。

劉備聽從了法正、龐統的勸說，讓諸葛亮、關羽留守荊州，自己親率人馬到益州去。後來，張松作內應的事洩露了。劉璋殺了張松，佈置人馬準備抵抗劉備。

劉備帶領人馬攻打到雒城（今四川廣漢北，雒音ㄌㄨㄛˋ）時，受到雒城守軍的頑強抵抗，足足打了一年才攻下來，龐統也在戰鬥中中箭而亡。隨後，劉備向成都進攻，諸葛亮也帶兵從荊州趕來會師。劉璋堅持不住，只好投降了。

西元214年，劉備進入成都，自稱益州牧。他認為法正對這次攻進益州立了大功，便把他封為蜀郡太守，致使整個成都都歸法正管轄。

諸葛亮幫助劉備治理益州，執法嚴明，不講私情，當地有些豪門大族都在背地裡吐露怨氣。

法正勸告諸葛亮說：「從前漢高祖進關，約法三章，廢除了秦朝的許多刑罰，百姓都擁護他。您現在剛來到這裡，似乎也應該寬容些，這樣才合大家心意。」

諸葛亮說：「您知道的並不全面。秦朝刑法嚴酷，百姓怨聲載道，高祖廢除秦法，約法三章，正是順了民心。現在的情況與那時完全不同。劉璋平時軟弱平庸，法令鬆弛，蜀地的官吏橫行不法。現在我要是不注重法令，地方上是很難安定下來的啊。」

法正聽了這番話，對諸葛亮十分佩服。

綠釉浮雕狩獵紋陶壺　▲
東漢

玉璧　東漢　　　　　▲

古蜀道　　　　　　　▼

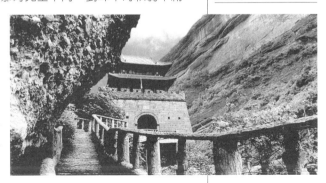

水淹七軍

劉備鞏固了在益州的地位後，自立為漢中王。他封關羽為前將軍，派益州前部司馬犍手下人費詩到荊州，把前將軍的印綬送給關羽。關羽把他趁著曹操在漢中失敗和士氣低落之機準備進攻襄陽和樊城的打算告訴了費詩，請他回去向劉備報告。關羽在南郡後方佈置好防務後，就準備發兵去攻打襄樊。

關公秉燭夜讀圖　▲

關羽叫南郡太守糜芳守江陵、將軍傅士仁守公安，囑咐他們隨時供應糧草，必要的時候補充兵源，自己帶著關平、周倉等率領一支人馬去打樊城。樊城的守將曹仁聽說關羽發兵，就向曹操報告求援。曹操派左將軍于禁、立義將軍龐德帶領七隊人馬趕到樊城去幫助曹仁。

曹仁叫于禁、龐德屯兵樊北，互相支援。關羽的軍隊很快地渡過襄江，圍住樊城，每天在城下叫戰。雖然樊城內的兵馬只有幾千，可是駐紮在城北的卻有七隊兵馬，聲勢浩大。曹仁就跟于禁商議好，一起夾攻關羽。于禁派兩個部將董超和董衡帶領兩隊人馬先去試探一下，沒有一頓飯的工夫，就被打得落花流水，死傷了三分之一，嚇得曹仁不敢出來了。

漢代「長宜子孫」玉勝　▲

曹兵堅守不戰，漢軍也沒法攻破城池。關羽便在白天帶著十幾個軍士，登上高處觀察地形。他看見樊城上曹軍的旗號雜亂，士兵慌亂；又看到于禁營寨建在山谷裡，四處一望，不禁喜上眉梢。

關羽回到營寨，馬上吩咐將士們趕緊準備大小船隻和木筏子。關平不解地問：「我們在陸地打仗，為什麼準備水具？」關羽說：「現時是八月雨季，過不了幾天

鎏金銅麒麟　東漢　▶

就會有暴雨降臨。我預料這場大雨，足以使江水泛漲，我們事先堵住各處水口，等到大水發來，就放水淹于禁營寨和樊城，戰船可就有用了。」關平聽了，連連表示贊同。

果然，開始下大雨了，過了很多天都沒停下來。

一天夜裡，龐德坐在帳中，只聽帳外水聲怒吼，戰鼓震地。他急忙出了營帳觀看，只見四面八方，全是白茫茫的大水，士兵們隨波逐流，漂走的不計其數。于禁、龐德急忙攀上小山避水。好不容易等到天亮，狂風暴雨好像發了瘋一般，樊北地勢低，平地積水高達三丈，把七軍都淹沒了，就是樊城，大水也漲到城牆的半腰，曹仁、龐德他們早已爬到城門樓上去了。

關羽、關平、周倉等人坐著大船，別的將士們划著小船，搖旗吶喊著，衝了過來。于禁見無路可逃，便舉手投降了。關羽命人脫下于禁的衣甲，把他押在大船裡，又去捉拿龐德。

這時，龐德奪了蜀兵的一隻小船，正往樊城划去。關羽身邊的周倉見了，跳入水中，掀翻小船，活捉了龐德。

關羽殺了不肯歸降的龐德，率軍兵乘水勢未退，上戰船直奔樊城。

關羽水淹曹仁大軍，震動了整個中原。

曹操得到消息，有些驚慌，打算暫時放棄許都，避開關羽的鋒芒。這時，謀士司馬懿獻計說，關羽雖然智勇過人，但他與孫權不合。不如派人去遊說孫權，約他從背後攻擊關羽，這樣，樊城之圍會解除，中原也自然沒有危險了。曹操聽從了司馬懿的計策。

鳳鈕禽獸紋樽
東漢晚期 ▲

水車（又稱天車），一種利用水流連續提水的工具。 ▼

七步成詩

曹植像　　　　　▲

《曹子建集》書影　▲

曹植詩、文、賦兼工俱美，
文章「獨冠群才」，賦以
《洛神賦》出名，代表了建
安辭賦創作最高成就。詩的
成就更佳，推為「建安之
傑」，辭藻華瞻，造語精
工，音韻和美，堪稱獨步；
形式以五言為主，對中國五
言詩發展卓有貢獻，鐘嶸
《詩品》譽為，「五言之冠
冕」。

　　建安二十五年（西元220年），六十六歲的曹操病死
在洛陽。曹操死後，太子曹丕繼襲他的魏王和丞相位，
掌握朝廷大權。這時，有人告發他的弟弟、臨淄侯曹植
經常喝酒罵人，還扣押了他派去的使者。曹丕便立即派
人到臨淄把曹植押回鄴城審問。

　　曹丕和曹植都是曹操的妻子卞（音 ㄅㄢˋ）后生
的。曹植是曹操的次子，從小聰明過人，十幾歲的時
候，就讀了不少書，寫的文章很出色。

　　曹操在征戰之餘，很喜歡文學，也賞識文士。他見
曹植文章出眾，開始懷疑是別人代寫的，試了曹植幾
次，果然覺得他才華出眾，品格質樸，因此對他特別寵
愛，多次想把他封為王太子，但很多大臣堅決反對，才
未決定下來。

　　曹丕怕自己地位不穩，也想方設法討曹操喜歡。有
一次，曹操出兵打仗，曹丕、曹植一同去送行。臨別的
時候，曹植當場念了一段頌揚曹操功德的文章，得到大
家的讚賞。有人悄悄對曹丕說：「大王要離開了，你只
要表示傷心就是了。」曹丕果然在與曹操告別時抹起了
眼淚。曹操很受感動，也掉下淚來。

　　曹操在世時，曹丕曾利用弟弟好酒貪杯的弱點，幾
次設計讓弟弟出醜，損害父親對弟弟的信任。曹丕做魏
王後，對曹植依舊嫉恨在心。這一回，就抓住了機會，
要處曹植死罪。

　　卞太后得知消息，急得不得了，趕忙在曹丕面前替
曹植求情，要他看在同胞兄弟份上，對曹植從寬處理。

　　曹丕不能不依從母親的話。再說，為了一點小事殺

洛神圖　清　蕭晨　◀

《洛神賦》描寫與洛神的一
段悲歡離合的愛情故事，始
則極意描繪洛神輕盈的風
儀，柔美的體態，艷麗的容
貌與服飾，嫻雅文靜而又嫵
媚纏綿的情致，繼而則述彼
此傾心愛慕之情，終以人神
道殊，終不得交接而離絕，
表達對理想的追慕和失望的
哀愁。此圖描寫洛神凌波微
步，高標玉潔，儀態萬方，
爲眾多洛神圖中的佳作。

了兄弟，也不是體面的事，就把曹植的臨淄侯爵位撤
了，降為一個比較低的爵位。然後，曹丕把曹植召來，
要他在走完七步的時間裡作出一首詩。如果作得出，就
免他的死罪。

曹植略微思索一下後，就邁開步子，邊走邊念出一
首詩：

　　　　煮豆持作羹，
　　　　漉豆以為汁，
　　　　萁在釜底燃（萁音ㄑㄧˊ，豆莖），
　　　　豆在釜中泣。
　　　　本是同根生，
　　　　相煎何太急。

曹植墓耳杯　三國　▲

曹丕聽後，也覺得自己對弟弟逼得太狠，感到有些
慚愧，就免去了曹植的死罪，把他遣回封地。最後，曹
植在一個遠離京城的小郡憂鬱而死。

就在曹丕做了魏王的這一年秋天，他的親信聯名上
書，勸漢獻帝讓位給魏王。

漢獻帝做了三十多年的掛名皇帝，接到大臣上
書後，就讓了位，曹丕封他為山陽公。曹丕的親信
大臣還隆重舉行了一個「推位讓國」的禪讓儀式。

西元220年，曹丕稱帝，建立魏朝，就是魏文
帝。東漢王朝到此也正式結束了。

曹植墓帶蓋灰陶罐
三國　　　　　　▲

火燒連營

蜀漢得知曹丕稱帝的消息後，大臣們便擁立劉備承繼漢家帝位。西元221年，漢中王劉備正式在成都即皇位，這就是漢昭烈帝。

由於孫權重用呂蒙，用計襲取了荊州，殺了關羽，使得蜀漢和東吳的矛盾越來越激化。劉備即位之後，便調集七十五萬大軍，以替關羽復仇為名，進攻東吳。劉備出兵前，張飛的部將叛變，殺了張飛投奔東吳。劉備舊恨未報又添新仇，報仇心切的他命令大軍急進。蜀軍先鋒吳班、馮習很快攻佔巫縣（今四川巫山）、姊歸（今四川姊歸）。

東吳君臣嚇得要命，趕緊派使者向劉備求和，但都沒有效果。孫權正在著急的時候，大臣闞澤以全家擔保舉薦陸遜為統帥。於是孫權封鎮西將軍陸遜為大都督，賜給他寶劍印綬，帶領五萬人馬抵禦蜀軍。

第二年正月，劉備到了姊歸。蜀軍水陸並進，直抵夷陵（今湖北宜昌東南）。劉備率領主力，進駐猇亭（今河北宜都北）。他在長江南岸，沿路紮下營寨，水軍也棄舟登陸。從巫峽到夷陵的六七百里山地上，蜀軍一連設置了幾十處兵營，聲勢非常浩大。

陸遜看到蜀軍士氣旺盛，又佔據了有利地形，很難攻打，就堅守不出。這時，東吳的安東中郎將孫桓被蜀軍包圍在夷道（今湖北宜都西北），派人向陸遜求救。陸遜手下的將領，也紛紛要求派兵救援。陸遜對大家說：「孫桓很得軍心，夷道城池牢

漢昭烈帝劉備像　▲

夷陵之戰示意圖　▼

固，糧草也很充足，不必憂慮，等我的計謀實現以後，孫桓就自然解圍了。」

東吳眾將見陸遜既不肯攻擊蜀軍，又不肯救援孫桓，認為他膽小怕打仗，都在背地裡忿忿不平。

劉備在夷陵受阻，從這年（西元222年）一月到六月，一直找不到決戰的機會。他為了引誘吳軍出戰，命令吳班帶領幾千人馬，到平地上紮營，擺出挑戰的架勢。事先在附近山谷裡埋伏了八千精兵，等候吳軍。東吳眾將以為機會來了，都想出擊。陸遜阻止說：「蜀兵在平地裡紮營的兵士雖然少，可是周圍山谷裡一定有伏兵。我們不能上這個當，看看再說。」劉備見陸遜不上當，便把埋伏在山谷中的伏兵撤出。這一來，東吳諸將都佩服陸遜了。

陸遜經過觀察，心中已經有數了，於是決定進行反擊。陸遜先派一支軍隊試攻蜀軍一處兵營。這一仗，吳軍雖然打敗，但陸遜卻找到了進攻蜀軍的辦法。

接著，陸遜命士兵每人拿著一把茅草衝入蜀營，順風點火，發動火攻。那天晚上，風颳得很大，蜀軍的營寨都是連在一起的，一個營起火，便延燒到另一個營。頓時，蜀軍的營寨陷入了一片火海之中。陸遜率領大軍，乘機反攻，一連攻破蜀軍四十餘座營寨，殺死蜀將張南、馮刁等人。蜀軍紛紛逃命，包圍夷道的蜀軍也都潰逃了。

劉備逃到夷陵西北的馬鞍山。陸遜督促大軍四面圍攻，又殺死蜀軍一萬多人。劉備乘夜衝出重圍，逃歸白帝城（今四川奉節東）。

這一場大戰，蜀軍幾乎全軍覆沒，軍用物資也全被吳軍繳獲。歷史上把這場戰爭「夷陵之戰」，又稱為「猇亭之戰」。

陸遜像　▲

青瓷穀倉罐　三國　▲

劉備墓神道　▼

七擒孟獲

諸葛亮像 ▲

諸葛亮營 三國 ▼

此營位於雲南省保山地區，傳說是諸葛亮七擒孟獲時的兵營所在。

劉備兵敗後，在永安（今四川奉節）一病不起，病勢越來越重。他把諸葛亮從成都召到永安，託付了後事。過了幾天，劉備就死了。

劉備死後，諸葛亮回到成都，扶助劉禪即了帝位。

後主劉禪繼位之後不久，南蠻王孟獲便帶領十萬蠻兵，不斷侵掠蜀國邊境。西元225年，諸葛亮親自帶領五十萬人馬前去征討。以趙雲、魏延為大將，長驅直入攻向南中。

南蠻王孟獲，聽說蜀兵南下就帶兵迎戰，遠遠看見蜀兵隊伍交錯、旗幟雜亂，心裡就想：「人們都說諸葛丞相用兵如神，看來言過其實了。」孟獲衝出陣去，蜀將王平迎戰。沒有幾個回合，王平回頭就跑，孟獲放膽追殺，一口氣就追趕了二十多里。忽然四下裡殺聲震天，蜀軍衝殺了出來，左有張嶷，右有張翼，截斷了退路。南兵大敗，孟獲死命衝出重圍。然而前邊路狹山陡，後邊追兵漸近，孟獲只得丟下馬匹爬山；緊跟著又是一陣鼓聲，埋伏在這裡的魏延帶領五百人衝殺了出來，結果毫不費勁兒就活捉了孟獲。

孟獲被押到大帳裡，諸葛亮問：「現在你被活捉了，有何話說？」孟獲說：「我是因為山路狹陡才被捉住的。」諸葛亮道：「你要是不服

氣，我放你回去如何？」孟獲答得倒也乾脆：「你要是放了我，我重整兵馬，和你決一雌雄，那時再當了俘虜，我就服了。」諸葛亮立即讓人給孟獲解開綁繩，放他回去。

連弩復原模型　三國　▲
傳說諸葛亮發明，它帶有箭匣，內裝箭10支，可連續射擊。

孟獲回寨以後，派他手下的兩個曾被俘虜後又放回的洞主出戰，但他們又打了敗仗。孟獲說他倆是故意用敗陣來報答諸葛亮，把他們痛打了一百軍棍。這兩人一怒之下，帶了一百多個放回的南兵，衝進孟獲的營帳，把喝醉了的孟獲綁了起來，獻給了諸葛亮。

諸葛亮笑著對孟獲說：「你曾經說過，再當俘虜就服了，現在還有什麼話說？」孟獲振振有詞地說：「這不是你的能耐，是我手下人自相殘殺，這怎麼能讓我心服呢？」諸葛亮見他不服，就又放了他。就這樣捉了放，放了捉，前後捉了孟獲七次。

到了第七次擒住孟獲時，諸葛亮也不和孟獲說話，只是給他解了綁，送到鄰帳飲酒壓驚，然後派人對孟獲說：「丞相不好意思見你了，讓我放你回去，準備再戰。」孟獲聽了這話，流下了眼淚，他對左右說：「丞相七擒七縱，從古至今沒有發生過這樣的事情。可以說，丞相待我仁至義盡了，我要是再不感謝丞相的恩德，可就太沒有羞恥了。」說完來到諸葛亮面前，跪倒在地上說：「丞相天威，南人永遠不再造反了。」諸葛亮當場封孟獲永遠為南人洞主，蜀兵佔領之地，全部退還。孟獲及家人感恩不盡，歡天喜地回去了，諸葛亮便率領大軍回到成都。

從那以後，諸葛亮解除了後顧之憂，一心一意為北伐中原做準備。

南方少數民族銅鼓
三國　　　　　　　▲

馬謖失街亭

蜀國武官像　　　▲

照武將軍長史　三國　▲

遂尺令印　三國　　▲

諸葛亮平定南中之後，又做了兩年的準備工作，在西元227年冬天，帶領大軍到漢中駐守。漢中接近魏、蜀的邊界，在那裡可以隨時找機會向魏國進攻。

蜀軍經過諸葛亮的嚴格訓練，士氣旺盛，陣容整齊。而且自從劉備死後，蜀漢多年沒有出兵，魏國毫無防備。這次蜀軍突然襲擊祁山，守在祁山的魏軍一下子就敗退下來。蜀軍乘勝進軍，祁山的北面天水、南安、安定三個郡的守將都投降了蜀漢。

那時候，魏文帝曹丕已經病死。剛剛即位的魏明帝曹叡（音　ㄖㄨㄟˋ）面對蜀漢的大舉進攻，非常鎮靜，他派張郃帶領五萬人馬趕到祁山去抵抗，還親自到長安去督戰。

諸葛亮到了祁山，準備派出一支人馬去守街亭（今甘肅莊浪東南）。參軍馬謖主動請戰，並立下了軍令狀。

馬謖平時讀了不少兵書，也很喜歡談論軍事。諸葛亮和他商量起打仗的事來，他就口若懸河，講個沒完。他也曾出過一些好主意，所以諸葛亮很信任他。但是劉備在世的時候，卻看出馬謖華而不實。他在生前特意對諸葛亮叮囑說：「馬謖這個人言過其實，不可重用。」這次，諸葛亮派馬謖去守街亭，想起劉備對馬謖的評價，有所顧慮，便讓王平做副將來幫助他。

馬謖和王平帶領人馬剛到街亭，張郃也率領魏軍從東面開過來。馬謖看了地形，對王平說：「這一帶地形險要，街亭旁邊的山上可以安營紮寨，佈置埋伏。」

王平提醒他說：「我們來這裡之前，丞相囑咐過，

讓我們堅守城池，穩紮營壘。在山上紮營是很危險的。」

馬謖自以為熟讀兵書，根本不聽王平的勸告，堅持要把營寨紮在山上。王平一再勸說，馬謖就是不聽，只好央求馬謖撥給他一千人馬，駐紮在山下臨近的地方。

張郃到了街亭後，看到馬謖放棄現成的城池不守，卻把人馬駐紮在山上，暗暗高興。他吩咐手下將士，在山下築好營壘，把馬謖紮營的那座山圍困起來。馬謖幾次命令兵士衝擊山下的魏軍，但是由於張郃堅守營壘，蜀軍不僅沒法攻破，反而被魏軍亂箭射死了許多士兵。

魏軍又切斷了山上的水源。蜀軍在山上斷了水，連飯都做不成，時間一長，軍心動搖起來。張郃看準時機，發起總攻。蜀軍兵士紛紛逃散，馬謖阻止不住，只好自己殺出重圍。

街亭的失守，影響了蜀軍的戰略局勢。諸葛亮為了避免遭受更大損失，決定蜀軍全部撤回漢中。

諸葛亮經過詳細查問，知道街亭失守完全是由於馬謖違反了他的作戰部署。馬謖也承認是自己的過錯造成了失敗。諸葛亮按照軍法，斬殺了馬謖。

諸葛亮雖然殺了馬謖，但一想起他和馬謖平時的情誼，心裡就十分難過。

行書《前出師表》帖
南宋 岳飛 ◀

諸葛亮出師一表，天下聞名，千古傳頌，評為表中傑作。歷朝歷代忠臣烈士，遷客騷人書之不倦，或寄託性情，或激勵明志。岳飛此帖，傳為行軍至南陽，秋夜深深，秋雨綿綿，遙想徽欽二帝遠囚北國，一時忠心觸動，揮淚如雨，寫就諸葛武侯出師表，墨氣淋漓，豪情畢現。

中華上下五千年

《諸葛忠武侯兵法》
張溥輯 明 ▲

青瓷薰爐 三國 ▲

弩機 三國 ◀

弩是弓箭的發射裝置，透過弩弓箭射程更遠、速度更快、殺傷力更強。這件吳國弩機由槐木做成，歷千年而不朽，實在讓人驚奇。

秋風五丈原

玉杯 三國 ▲

木牛復原模型 三國 ▲

蜀軍創製，用來運送軍用物資，適於山地使用。

諸葛亮北伐路線圖 ▼

吳王孫權在曹丕、劉備先後稱帝後，於西元229年四月，正式稱帝。蜀漢的一些大臣認為孫權稱帝是僭位，要求馬上和東吳斷絕往來。諸葛亮力排眾議，認為蜀漢目前的主要敵人是魏國，應繼續保持和東吳的聯盟，攻伐魏國。

西元231年，諸葛亮第四次北伐魏國，出兵祁山。魏國派大將司馬懿和張郃等一起率領人馬開赴祁山。諸葛亮把一部分將士留在祁山，自己率領主力進攻司馬懿。

司馬懿知道諸葛亮孤軍深入，帶的軍糧也不多，就在險要的地方築好營壘，堅守不出。後來，魏軍將領一再請求出戰，並用話來譏刺司馬懿。司馬懿只好與諸葛亮打了一仗，結果被蜀軍打得潰不成軍。

諸葛亮幾次出兵，往往因為糧食供應不上而退兵，這次又是如此。他接受了這個教訓，設計了兩種運輸工具，叫做「木牛」、「流馬」（兩種經過改革的小車），用它們把糧食運到斜谷口（在今陝西眉縣西南）囤積起來。

西元234年，諸葛亮作好充分準備後，帶領十萬大軍北伐魏國。他派使者到東吳，約孫權同時對魏國發起進攻，兩面夾擊魏國。

諸葛亮大軍出了斜谷口，在渭水南岸的五丈原構築營壘，準備長期作戰；另派一部分兵士在五丈原屯田，跟當地老百姓一起耕種。魏明帝派司馬懿率領魏軍渡過渭水，也築起營壘防守，和蜀

軍對峙起來。

　　孫權接到諸葛亮的信，馬上派出
三路大軍進攻魏國。魏明帝一面親自
率領大軍開赴南面抵擋東吳的進攻；
一面命令司馬懿只許在五丈原堅守，
不准出戰。

　　諸葛亮焦急地等待東吳進兵的戰
況，但是結果令他很失望：孫權的進

成都武侯祠　三國　　　　▲

攻以失敗而告終。他想跟魏軍決戰，但是司馬懿始終固守營壘，任憑諸葛亮怎
樣罵陣，就是堅守不出。雙方在那裡相持了一百多天。

　　諸葛亮在猜測司馬懿的心理，司馬懿也在探聽諸葛亮的情況。有一回，諸
葛亮派使者去魏營挑戰，司馬懿為了了解情況，假意殷勤地接待使者，跟使者
聊天，問道：「你們丞相公事一定很忙吧，近來身體還好吧！」使者覺得司馬
懿問的都是些無關大局的話，也就老實回答說：「丞相的確很忙，軍營裡大小
事情都親自過問。他每天早早起來，很晚才睡。只是近來胃口不好，吃得很
少。」

　　使者走了以後，司馬懿就跟左右將士說：「你們看，諸葛孔明吃得少，又
要處理繁重的事務，能支撐得長久嗎？」

　　不出司馬懿所料，諸葛亮過度操勞，終於病倒在軍營裡。

　　後主劉禪得知諸葛亮生了病，趕快派大臣李福到五丈原來慰問。諸葛亮對
李福說：「我明白您的意思，您想知道誰來接替我，我看就是蔣琬吧。」

　　過了幾天，這個年僅五十四歲的諸葛丞相病死在軍營裡。

　　按照諸葛亮生前的囑咐，蜀軍將領封鎖了他去世的消息。他們把屍體裹著
放在車裡，佈置各路人馬有秩序地撤退。

　　司馬懿探聽到諸葛亮病死的消息，立刻帶領魏軍去追蜀軍。剛過五丈原，
忽然蜀軍的旗幟轉了方向，一陣戰鼓響起，兵士們轉身掩殺過來。司馬懿大吃
一驚，趕快掉轉馬頭，下命令撤退。等魏軍離得遠了，蜀軍將領才不慌不忙地
把全部人馬撤出五丈原。

　　諸葛亮雖然沒有實現統一中原的願望，但是他的智慧和品格，一直被後代
的人所稱頌。

濟陽令印　三國　▲

蓮芍鹵督印　三國　▲

曲陽左尉　三國　▲

玉獸　三國　▲

獸形薰爐　三國　▶

三國時期，世家大族坐享高
官厚祿，著意追求生活享
受。當時貴族子弟愛美，打
扮講究可媲美女性。這件隨
葬的獸形薰爐，可用於室
內，也可使衣褲薰香。

司馬懿奪權

　　諸葛亮死後的一段時期內，蜀國再也沒有足夠的力量進攻魏國。魏國雖然外部的壓力減弱了，但內部卻亂了起來。

　　西元239年，司馬懿奉命去關中鎮守，在前往關中的路上，魏明帝曹叡給司馬懿連續下了五道詔書，催他火速趕到洛陽。司馬懿趕回洛陽宮中的時候，曹叡已經病勢沉重，他握著司馬懿的手，看著八歲的太子曹芳，說：「我等你來，是要把後事託付給你。你要和曹爽輔佐好太子曹芳。」

　　司馬懿說：「陛下放心吧，先帝（曹丕）不也是把陛下託付給我的嗎？」

　　曹叡死後，太子曹芳即位，這就是魏少帝。司馬懿和大將軍曹爽奉曹叡遺詔，共同執掌朝政。司馬懿本人才智出眾，文武雙全。他在曹操執政時期，曾幫助曹操推行屯田制。曹操兒子曹丕廢掉漢獻帝，自立為帝，司馬懿也幫助出過許多主意，立了大功。因此，他得到曹丕的信任，掌握了軍政大權。曹爽這個人沒什麼才能，卻依仗自己是皇帝宗室，總想排擠司馬懿，獨攬大權。

　　曹爽因司馬懿年高望重，起初還不敢獨斷專行，有事總聽聽司馬懿的意見。不久，他任用心腹何晏、鄧颺等人掌管樞要，並奏請魏少帝提升司馬懿為太傅。司馬懿表面上升了官，實際上卻被削了權。曹爽又安排自己的弟弟曹羲擔任中領軍，率領禁兵；曹訓任武衛將軍，

196

掌管了一些軍權。司馬懿對曹爽專擅朝政，很是不滿。他索性稱風痹病復發，不參與政事，但是暗中卻自有打算。

曹爽擔心司馬懿不是真的有病，正巧自己的心腹李勝調任荊州刺史，於是就命李勝到司馬懿那裡進行探察。李勝到了太傅府，求見司馬懿。司馬懿裝出重病的樣子。李勝回去後，把這次相見的情況告訴了曹爽，並說：「司馬懿已經形神離散，只剩下一口氣，活不了多久了。」曹爽滿心高興，從此就不再防備司馬懿了。

一轉眼就是新年。少帝曹芳按規矩要到高平陵去祭祀。曹爽和他的兄弟曹羲等人也一道前往。

曹爽他們出了南門，浩浩蕩蕩地直奔高平陵。等他們走遠了，司馬懿立刻帶著他的兩個兒子司馬師和司馬昭，率領自己的兵馬，藉著皇太后的命令，關上城門，佔據武庫，接收了曹爽、曹羲的軍營。同時假傳皇太后的詔令，把曹爽兄弟的職務給撤了。

曹爽接到了司馬懿的奏章，不敢交給曹芳，又想不出主意。司馬懿又派侍中許允、尚書陳泰來傳達命令，讓曹爽早些回去，承認自己的過錯，交出兵權，那樣就不會為難他們。

曹爽乖乖地交出兵權，回到洛陽侯府家中。司馬懿把少帝曹芳接到宮裡去，當天晚上就派兵包圍了曹爽府第，在四角搭上高樓，叫人在樓上察看曹爽兄弟的舉動。沒過幾天，又讓人誣告曹爽謀反，派人把曹爽一夥人全部處死了。

曹爽死後，司馬懿擔任丞相，掌握了魏國的軍政大權。

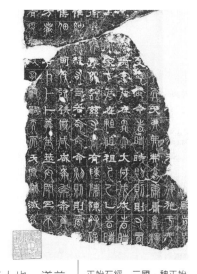

正始石經　三國·魏正始二年（西元241年）立　▲

又名《三體石經》，用古文、篆書和隸書字體書刻，建於洛陽太學門前（今洛陽市偃師縣）。石經共二十七塊，後佚失，自宋以來屢有殘石出土。

雙層甲冑騎馬俑
三國　　　　　　　▲

司馬昭之心

三國大袖寬衫圖 ▲

三國時期的服飾,由於魏晉名士特別是竹林七賢的巨大影響,從以前的緊身式發展為寬衣博帶。這種大袖寬衫即是當時服飾的重現,直至南朝時期,仍為各階層的人士所喜好。

校尉之印章 三國 ▲

左甲付射 三國 ▲

司馬懿殺了曹爽,又過了兩年,他也死去了。他的兒子司馬師接替了他的職位。魏國大權落在司馬師和司馬昭兄弟兩人手裡。大臣中有誰敢反對他們,司馬師就把他除掉。魏少帝曹芳早就對司馬師兄弟的霸道行徑極為不滿,一直想撤掉司馬氏兄弟的兵權。但還沒等曹芳動手,司馬師已經逼著皇太后,把曹芳廢了,另立魏文帝曹丕的一個孫子曹髦即了皇位。

魏國有些地方將領本來就看不慣司馬氏的專權行為,司馬師廢去曹芳後,揚州刺史文欽和鎮東將軍毋丘儉(毋丘,姓,毋音ㄍㄨㄢˋ)起兵討伐司馬師。司馬師親自出兵,打敗了文欽和毋丘儉。但是在回到許都之後,司馬師也得病死了。

司馬師一死,司馬昭便做了大將軍。司馬昭比司馬師更為專橫霸道。

魏帝曹髦實在忍無可忍了。有一天,他把尚書王經等三個大臣召進宮裡,氣憤地說:「司馬昭之心,路人皆知,我不能坐著等死。今天,我要和你們一起去誅殺他。」

年輕的曹髦,根本不懂得怎樣對付司馬昭。他帶領了宮內的禁衛軍和侍從太監,亂哄哄地從宮裡殺了出來。曹髦自己拿了一口寶劍,站在車上指揮。

司馬昭的心腹賈充,領了一隊兵士趕來,與禁衛軍打了起來。曹髦上前大喝一聲,揮劍殺過去。賈充的手

下兵士見到皇帝親自動手，都有點害怕，有的準備逃跑了。

賈充的手下有個叫成濟的，問賈充怎麼辦？

賈充厲聲說：「司馬公平時養著你們是幹什麼的！還用問嗎？」

經賈充這麼一說，成濟膽壯起來了，拿起長矛就往曹髦身上刺去。曹髦來不及躲閃，被成濟刺穿了胸膛，當時就死了。

司馬昭聽說手下人把皇帝殺了，也有點害怕了，連忙趕到朝堂上，召集大臣們商量。

老臣陳泰說：「只有殺了成濟，才勉強可以向天下人交代。」

司馬昭見沒法拖下去，就把殺害皇帝的罪責全都推在成濟身上，給成濟定了一個大逆不道的罪，把他的一家老少全殺了。

之後，司馬昭從曹操的後代中找了一個十五歲的曹奐即了皇位，這就是魏元帝。

漆紗籠冠圖 三國 ▲

青瓷唾壺 三國 ▲

青瓷宅院 三國 ◄

此院落平面方形，圍牆環繞，雙坡攢頂，大門上有一門樓，四角設角樓，正中有房舍，四角設圓形倉座，為當時民居建築的重要資料。

鄧艾智出陰平道

姜維像 ▲

　　魏帝曹髦死後，司馬昭的地位更加穩固了。於是，他決定進攻蜀國。

　　西元263年，司馬昭調集了十幾萬大軍，準備一舉消滅蜀國。他派鄧艾和諸葛緒各自統率三萬人馬，派鍾會帶領十萬人馬，兵分三路進攻蜀國。鍾會的軍隊很快攻取漢中。鄧艾的軍隊也到達沓中，向姜維進攻。姜維得知漢中失守，就將蜀兵集中到劍閣據守，抵禦魏軍。

　　鍾會兵力雖強，但姜維把劍閣守得牢牢的，一時攻不進去，軍糧的供應也發生了困難。鍾會正想退兵時，鄧艾趕到了。鄧艾讓鍾會在這裡與蜀軍對峙，自己領兵從陰平小道穿插到蜀國的後方，這樣就會攻破蜀國。鍾會覺得鄧艾的想法根本行不通，但一看鄧艾很堅決，也就馬馬虎虎地應付了幾句。

　　鄧艾派自己的兒子鄧忠作先鋒，每人拿著斧頭、鑿子，走在最前面，打開小路通道，自己則率領大軍緊跟在後。

　　最後，鄧艾他們到了一條絕路上，山高谷深，沒法走了。大家一看懸崖深不見底，禁不住抽了一口冷氣。好多人打了退堂鼓。鄧艾當機立斷親自帶頭，用氈毯裹住身子先滾下去。將士們不敢落後，照著樣子滾下去。士兵們沒有氈毯，就用繩子拴住身子，攀著樹木，一個一個慢慢地下了山。

　　鄧艾集中了隊伍，對將士們說：「我們到了這兒，已經沒有退路了，前面就是江油。打下江油，不但有了活路，而且能立大功。」鎮守江油的將軍馬邈，沒料想

到鄧艾會從背後像天兵一樣出現在眼前，嚇得他暈頭轉向，只好豎起白旗，向鄧艾投降了。

鄧艾佔領了江油城，又朝綿竹方向前進。蜀軍駐守綿竹的將軍是諸葛亮的兒子諸葛瞻。魏軍人數太少，雙方一交戰，就吃了個敗仗。

魏軍第二次出去跟蜀兵交戰時都鐵了心，反正打了敗仗也不能活著回去。這一仗真非同小可，打得天搖地動。兩軍殺到天黑，蜀兵死傷慘重，諸葛瞻和他的兒子諸葛尚，都戰死在疆場上。魏軍勝利地佔領了綿竹。

鄧艾攻下綿竹，向成都進軍。蜀人做夢也沒有想到魏兵來得這麼快，再要調回姜維的人馬也已經來不及了。後主劉禪慌忙召集大臣們商議對策，大臣們你一言我一語，都找不出好的辦法，最後大臣譙因提議投降。於是後主劉禪就派侍中張紹等捧著玉璽到鄧艾軍營裡去請求投降。

蜀國就這樣滅亡了。這時候，姜維還在劍閣據守，聽到蜀國投降的消息後，前思後想，決定向鍾會投降。鍾會賞識姜維是個好漢，把他當作自己人一樣看待。後來，姜維利用鍾會和鄧艾之間的矛盾，勸鍾會告發鄧艾謀反，殺掉了鄧艾。

鄧艾死後，兵權就全都掌握在鍾會的手裡。於是，鍾會就想謀反自立。姜維一心想著復國興漢，覺著有機可乘，便假意贊同鍾會的想法。

後來，有人傳言鍾會和姜維要殺光北方來的將士，一下引起了兵變。鍾會和姜維控制不住局面，被亂軍殺死了。

廣元明月峽古棧道 ▲

蜀國四圍皆山，地勢極為險峻，許多地方只能以狹窄的棧道通行。

四獸紋金飾牌　三國 ▲

此飾牌出土於盛樂故城，飾牌的背部刻有三字，這是拓跋鮮卑始祖力微之孫的遺物。

馬鈞指南車模型　三國 ▶

中華上下五千年

201

樂不思蜀

　　蜀漢滅亡以後，後主劉禪還留住在成都。到了鍾會、姜維發動兵變，司馬昭覺得讓劉禪留在成都，說不定還會引起麻煩，就派人把劉禪接到洛陽來。

青瓷虎首罐　三國　▲

自怡亭　三國　▼

　　劉禪是一個昏庸無能的人。當年全靠諸葛亮為他掌管著軍政大事時，他還很謹慎，遇事不敢自作主張。諸葛亮死後，雖然還有蔣琬、費禕一、姜維一些文武大臣輔佐他，但是他已經有點不像話了。後來，宦官黃皓得了勢，蜀漢的政治就越來越糟了。

　　到了蜀漢滅亡，姜維被亂軍所殺，大臣們死的死，走的走。隨他一起到洛陽去的只有地位比較低的官員郤（音 ㄒ一）正和劉通兩個人。劉禪不懂事理，不知道怎樣跟人打交道，一舉一動全靠郤正指點。

　　劉禪到了洛陽，司馬昭用魏元帝的名義，把他封為安樂公，還把他的子孫和原來蜀漢的大臣共有五十多人封了侯。司馬昭之所以這麼做，無非是為了籠絡人心，穩住對蜀漢地區的統治罷了。但在劉禪看來，卻是恩重如山了。

　　有一回，司馬昭請劉禪和原來蜀漢的大臣參加宴會。宴會中，叫一班歌女為他們演出蜀地的歌舞。

　　一些蜀漢的大臣看了這些歌舞，想起了亡國的痛苦，傷心得幾乎落下眼淚。只有劉禪咧開嘴，美滋滋地看著，就像在他自己的宮裡觀賞歌舞一樣。

　　司馬昭暗暗觀察著劉禪的神情，宴會

後，他對心腹賈充說：「劉禪這個人沒有心肝到了這個地步，即使諸葛亮活到現在，恐怕也沒法使蜀漢維持下去了！」

過了幾天，司馬昭在接見劉禪的時候，問劉禪：「您現在還想念蜀地嗎？」

劉禪樂阿阿地回答說：「這裡很快活，我不想念蜀地了。」（「樂不思蜀」的成語就是這樣來的）

站在一旁的郤正聽了，覺得太不像話。等劉禪回到府裡後，郤正說：「您不該這樣回答晉王（指司馬昭）。」

劉禪說：「你看我該怎麼說呢？」

郤正說：「如果晉王以後再問起您，您應該流著眼淚說：『我祖上墳墓都在蜀地，我沒有一天不想那邊。』這樣說，也許我們還有回去的希望。」

劉禪點點頭說：「你說得很對，我記住了。」

後來，司馬昭果然又問起劉禪，說：「我們這兒招待您很周到，您還想念蜀地嗎？」

劉禪想起郤正的話，便把郤正教他的話原原本本地背了一遍。他竭力裝出悲傷的樣子，可就是擠不出眼淚，只好把眼睛閉上。

司馬昭看了他這付模樣，心裡猜出是怎麼回事，笑著說：「這話好像是郤正說的啊！」

劉禪吃驚地睜開眼睛，傻裡傻氣地望著司馬昭說：「沒錯，沒錯，正是郤正教我的。」

司馬昭忍不住笑了，左右侍從也笑出聲來。

司馬昭這才看清楚劉禪的確是個糊塗透頂的人，不會對自己造成威脅，就沒有想殺害他。

劉禪的昏庸無能是出了名的。因劉禪小名「阿斗」，所以後來人們常把那種懦弱無能、沒法使他振作的人，稱為「扶不起的阿斗」。

吊嬰酒器　三國　▲

鏤空青玉佩　三國　▲

牙舞俑　▼

牙舞俑為紅陶製品，出土於四川蜀漢墓中、廣袖長裙，頭梳高髻，額前飾大花三朵，右側插花二束，閉口微笑。這件陶俑反應了當時牙舞的主體風格和婦女衣飾的特徵。

羊祜蓄志滅東吳

羊祜像 ▲

騎俑　西晉 ▲

這件騎俑，裝束輕便，適於
行動，戰馬只帶前護甲，是
典型的輕騎兵形象。

甘露寺　三國 ▲

司馬昭滅了蜀漢，又準備進攻東吳。正在這時，他得了重病死了。他的兒子司馬炎廢掉魏元帝曹奐，自己做了皇帝，建立了晉朝，這就是晉武帝。從西元265年至316年，晉朝都以洛陽為國都，史稱西晉。

西晉政權初步穩定以後，晉武帝司馬炎接受羊祜的建議，積極準備攻滅東吳，統一中國。

羊祜是蔡邕的外孫，司馬師的小舅子，從小喜歡讀書，知識淵博，有辯才，文章寫得好。有人把他比作孔子的弟子顏回。

從西元269年起，羊祜出任荊州都督，鎮守襄陽，很受老百姓的愛戴。他到襄陽的時候，軍營裡的糧食還不夠一百天用的，後來推行屯田政策，讓士兵開墾荒地，糧倉裡儲滿了糧食。他還對東吳軍民講究信用，投降過來的士兵想回去的隨他們自願。有些投降的人，回去後都說羊祜的好話。這樣，投降的人就越來越多了。

晉武帝司馬炎非常讚賞羊祜在襄陽的政績，提升他為車騎將軍。

羊祜決心採取一套攻心策略，用道義去爭取民心。他每回跟東吳交戰，一定按照約定的日子，絕不偷襲，絕不佈置埋伏。將士當中有誰向他獻計，只要聽到話裡有欺詐的苗頭，他就拿出上等的好酒，請獻計的人喝，讓他喝得醉醺醺的，開不得口。羊祜行軍的時候，經過東吳的地界，士兵割了稻穀，也必須報告吃了多少糧食，按價賠償人家。他出外打獵，每次都鄭重叮囑手下將士只准在自己的地界內。碰巧，東吳的將士也在對面打獵，雙方各不侵犯。如果有一隻飛鳥或者一隻野獸，

先給吳兵打傷，飛到這邊被晉兵抓住，必須送給對方。因此，吳人對他很是敬重，稱他為羊公。

羊祜見時機慢慢成熟起來，積極籌備伐吳。西元276年，羊祜上書，請示晉武帝征伐東吳。不料秦、涼二州的少數民族發生了動亂，朝廷大臣紛紛反對出兵東吳，只有杜預和張華贊成，於是建議被擱置下來。

又過了一年多，羊祜病了，他要求回到洛陽來。晉武帝請他坐車進宮，不必叩拜。後來又讓他回家養病，不必上朝。接著，就派張華去向羊祜請教征伐東吳的計策。羊祜說：「孫皓暴虐昏庸，今天去征伐，一定能夠勝他。要是孫皓一死，吳人另立一個有能耐、愛護老百姓的新君，咱們即使有百萬大軍，恐怕也打不過長江去了。」

過了幾天，張華向晉武帝詳細報告了羊祜滅吳的謀略。晉武帝接受了羊祜的建議，拜杜預為平安東將軍，統率荊州所有的軍隊。杜預受命後，招集兵馬，儲備糧草，準備伐吳。正在這個時候，羊祜病故了。

羊祜死後的第二年，杜預攻滅了東吳，統一了中國。在慶祝宴上，晉武帝拿起酒杯對大臣說：「討平東吳，統一天下，是羊太傅的功勞啊！」接著，他帶領文武大臣到羊祜的墓前去祭奠，告慰已經安眠於地下的羊祜。

位至三公銅鏡　三國　▲

鏡為青銅質，體呈扁圓形，鏡面略凸，有鏽痕，鏡背略凹平，中央為一扁圓形鈕，鈕有一穿孔，紐周為變形四葉紋，內四角各有一字，逆時針讀為「位至三公」四字，字跡清楚，筆畫工整。四區內各置一獸首，眉毛曲長，雙目圓睜，張口，頭頂有向上捲曲長毛，獸首上下均有捲曲雲紋飾，其外為變形雲紋飾一周，鏡邊高寬索緣。此器製作精美，為當時非常流行的一種銅鏡。

中華上下五千年

晉滅吳之戰示意圖　▼

石崇鬥富

全國統一後，晉武帝志滿意得，整日沉湎在荒淫生活裡。有他帶頭過奢侈的生活，朝廷裡的大臣也仿效他，把擺闊氣當作體面的事。

當時，在京都洛陽，有三個大富豪：一個是掌管禁衛軍的中護軍羊琇；一個是晉武帝的舅父、後將軍王愷；還有一個是散騎常侍石崇。

羊琇和王愷都是外戚，他們的權勢高於石崇，但是在豪富方面卻比石崇遜色多了。石崇的錢到底有多少，連他自己也說不清。石崇的錢是哪兒來的呢？原來他在出任荊州刺史期間，除了瘋狂地搜刮民脂民膏外，還幹過搶劫的骯髒勾當。有些外國的使臣或商人經過荊州地面，石崇便像江洋大盜一樣，公開殺人劫貨。這樣，他就掠奪了無數的錢財、珠寶，成了當時最大的富豪。

石崇到洛陽後，聽說王愷非常富有，就想跟他比一比。他聽說王愷家裡用飴（音 ˊ ）糖水洗鍋子，就命令他家廚房用蠟燭當柴燒火。

王愷為了炫耀自己富有，就在他家門前的大路兩旁，用紫絲編成屏障，一直延伸四十里地。誰要上王愷家，都要經過這四十里紫絲屏障，才能到達。這個奢華的裝飾，轟動了整個洛陽城。

石崇不服氣。他用比紫絲貴重的彩緞，鋪設了五十里屏障，不僅比王愷的屏障長，而且更豪華。

西晉州郡簡圖 ▼

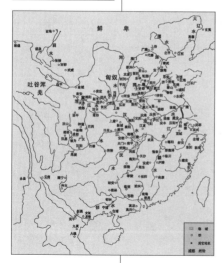

　　王愷又輸了一回。但是他不甘心，他向外甥晉武帝請求幫忙。晉武帝覺得這樣的比賽很有意思，就把宮裡收藏的一株兩尺多高的珊瑚樹賜給王愷，好讓王愷在眾人面前誇耀。

　　有了皇帝幫忙，王愷來了勁頭。他特地請石崇和一批官員上他家喝酒。

　　宴席上，王愷不無得意地對眾人說：「我家有一件罕見的珊瑚，請大家一起來觀賞怎麼樣？」王愷邊說邊讓侍女把珊瑚樹捧了出來。那株珊瑚有兩尺高，長得枝條勻稱，色澤鮮豔。大家看了讚不絕口，都說是難得一見的寶貝。

　　石崇在旁邊冷笑了一下，順手抓起案頭上的一支鐵如意（一種撓癢癢器物），朝著大珊瑚樹正中，輕輕一砸，那株珊瑚被砸得粉碎。

　　周圍的官員們都大驚失色，主人王愷更是氣急敗壞。

　　石崇不慌不忙地喊來他的隨從，讓他回家去，把家裡的珊瑚樹統統搬來讓王愷挑選。

　　不一會，石崇的隨從們搬來了幾十株珊瑚樹。這些珊瑚中，三四尺高的就有六七株，大的竟比王愷的高出一倍。株株長得條幹挺秀，光彩奪目。

　　周圍的人都看呆了。王愷這才知道自己的財富遠遠比不上石崇，也只好認輸了。

　　晉武帝跟石崇、王愷一樣，一面搜刮暴斂，一面窮奢極欲。西晉王朝從一開始就這樣腐敗不堪了。

六抬肩輿　西晉　▼

輿橋本是貴族的交通工具，
魏晉南北朝時逐漸普及，平
民也可使用，只是形式有分
別。這四頂肩輿由六人抬
扛，裝飾富麗，雖是初唐時
繪，但肩輿形式應與南北朝
分別不大。

周處除「三害」

青釉鏤空三獸足薰
西晉　　　　　　▲

鎮南將軍印　西晉　▲

中華上下五千年

　　西晉時期，窮奢極欲的豪門官員比比皆是。這些人整天不幹正經事，吃飽了飯就聚在一起胡吹海談。但是，另外也有一些正直實幹的人，周處就是其中的代表之一。西晉初年，周處擔任廣漢（今四川廣漢北）太守，當地原來的官吏腐敗，積下來的案件，有的長達三十年沒有處理。周處到任後，很快就把積案認真處理完了。後來他到京城做了御史中丞，凡是違法的，無論是皇親還是國戚，他都敢大膽揭發。

　　周處原是東吳義興（今江蘇宜興縣）人。他的父親很早就死了，他自小沒人管束，成天在外面遊蕩。他個子長得比一般人高，力氣也大，而且脾氣暴躁，動不動就出手傷人，甚至動刀使槍。當地的百姓都害怕他。

　　義興附近的山上有一隻白額猛虎，經常出來傷害百姓和家畜，當地的獵戶也不能把它制服。

　　當地的長橋下，有一條大蛟（一種鱷魚），出沒無常。過往的船隻常常受到威脅。義興人把周處和南山白

與周處的關係	姓名	官職	封侯
父親	周魴	東吳　　太守 西晉臨川太守	關內侯
本人	周處	西晉御使中丞 平西將軍	孝侯
兒子	周玘	西晉吳興太守	烏程　侯
兒子	周扎	右將軍 都督石　水　軍事	東　　侯
孫子	周贇	大將軍從事中郎	武康　侯
孫子	周縉	太子文學	都　　侯
孫子	周懋	晉陵太守	清流亭流

周處家族任官、封侯情況
西晉　　　　　　　　▶

額虎、長橋大蛟聯繫起來，合稱義興「三害」。這「三害」之中，最使百姓感到頭痛的要數周處了。

有一次，周處看見人們都悶悶不樂的樣子，就問一個老年人：「今年收成挺好的，為什麼大夥那樣愁眉苦臉呢？」

老人沒好氣地回答：「『三害』還沒除掉，能高興得起來嗎？」

周處第一次聽到有「三害」一說，就問：「你指的『三害』是什麼？」

老人說：「南山的白額虎，長橋的蛟，還有你，這就是『三害』。」

周處愣住了，他沒有想到鄉間百姓都把自己當作虎、蛟一般的大害了。過了一會兒，他說：「這樣吧，既然大家都為『三害』苦惱，我來除掉它們。」

第二天，周處果然帶著弓箭、利劍，進山捕虎去了。在密林深處，隨著一陣虎嘯，一隻白額猛虎竄了出來。周處躲在大樹後面，一箭射去，正中猛虎前額，結束了它的性命。

又過了幾天，周處穿上緊身衣，帶了刀劍跳進水裡去找蛟。那條蛟隱藏在水深處，發現有人下水，想過來咬。周處早就提防了，他猛地往蛟身上刺了一刀。那蛟受了重傷，逃向了江的下游。

周處一見蛟沒有死，緊緊跟在後面追殺。

三天三夜過去了，周處還沒有回來。大家議論開了，認為這回周處和蛟一定兩敗俱傷，都死在河裡了。本來，大家以為周處能殺死猛虎、大蛟，已經很高興；這回「三害」都死了，大家更是喜出望外。

周處在第四天回到了家裡才知道：他離家後，人們以為他死了，都為之高興。這件事使他認識到，人們對他平時的行為痛恨到什麼程度了。

他痛下決心，離開家鄉到吳郡找老師求學。那時，吳郡有兩個很有名望的人，一個叫陸機，一個叫陸雲。他們見周處誠心誠意要改過自新，就收留了他。

從那以後，周處一面跟陸機、陸雲讀書學習，一面注意自己的品德修養。過了一年，州郡的官府都徵召他去做官。等到晉朝滅掉東吳以後，他成了晉朝的大臣。

青瓷豬舍　西晉　▶

白癡皇帝

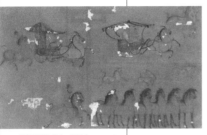

車馬出行圖　西晉 ▲

世家大族壟斷了社會的大部分資源，生活條件優裕。大規模的車馬出行除了玩樂，也可顯示身分。

晉武帝和他的祖父輩都是善於玩弄權術的人，可是他的兒子──太子司馬衷卻是一個什麼都不懂的白癡。朝廷裡的大臣都很擔心，晉武帝死後，要是讓這個低能兒即位，不知道會把朝政搞成什麼樣子。

有些大臣想勸武帝另立太子，但又不敢開口明講。

晉武帝也有些猶豫。他想試試他的兒子到底糊塗到什麼程度。有一次，他派人給太子送去一卷文書，裡面提到幾件公事，要太子處理一下。

太子的妻子賈妃，是個腦瓜靈活的女人，見到這卷文書，趕忙請來宮裡的老師，替太子代做答卷。那個老師很有學問，寫出的卷子，引經據典，講得頭頭是道。

賈妃看了非常滿意，旁邊有個太監卻提醒她：「這份卷子好是好，只是皇上知道太子平常不太懂事，看了這樣一份卷子，難免生疑。萬一追究起來，事情就不好辦了。」

賈妃經他一提醒，明白過來，便讓略懂文墨的太監另外起草了一份粗淺的答卷，讓太子抄寫一遍，給晉武帝送去。

大袖衫、間色裙穿戴展示圖　西晉 ▶

本圖所繪的服飾，在當時帶有普遍性，河南洛陽等地出土的陶塑婦女，也穿這類服裝。其特點是：對襟、束腰，衣袖寬大，袖口綴有一塊不同顏色的貼袖，下著條紋間色裙。當時婦女的下裳，除穿間色裙外，還有其他裙式。晉人《東宮舊事》記太子妃之服裝，有絳紗羅裙，丹碧紗紋雙裙，紫碧紗紋雙裙，丹紗杯文羅裙等。可見女裙的製作已很精良，質料顏色也各不相同。

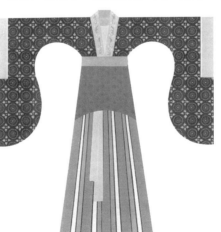

晉武帝一看，卷子雖然寫得不高明，但是總算有問必答，可以看出太子的腦子還是清楚的，也就不再想廢掉太子的事了。

西元290年，晉武帝病重。這時，太子司馬衷已經三十多歲了。按理說，三十多歲的人可以處理政事了。但是晉武帝還是不放心，臨死前立了遺詔，要皇后的父親楊駿和他叔父汝南王司馬亮共同輔政。楊駿想獨攬大權，便和楊皇后串通起來，偽造了一份遺詔，指定由楊駿一人輔政。

晉武帝死後，太子司馬衷繼承皇位，就是晉惠帝。

晉惠帝即位以後，根本管不了國家政事，還鬧出一些笑話來。

有一年，各地莊稼欠收。地方官員把災情上報朝廷，說災區餓死很多人。晉惠帝知道這件事，就問大臣說：「好端端的人怎麼會餓死呢？」

大臣回奏說：「當地災情嚴重，沒有糧食吃。」

惠帝沉思了一下，說：「為什麼不叫他們多吃點肉粥呢？」

大臣們聽了，目瞪口呆。

有這樣一個白癡當皇帝，西晉王朝難免要鬧出亂子來了。

青瓷穀倉罐　西晉　▲

整器由蓋、罐兩部分組成，蓋仿樓閣式建築，氣勢宏偉。瓶口為圓形，與蓋底相吻合。頸肩部上層堆塑亭台樓閣，下層為伎樂胡人，各具姿態；腹部堆塑人物禽獸。

八王之亂

　　晉武帝統一全國以後，為了保住司馬氏的天下，吸取了曹魏皇權太弱的教訓，大封自己的子侄兄弟做王，讓他們像眾星拱月一樣來護衛皇室。然而，晉武帝沒有想到，握有兵權的諸王野心越來越大，最終釀成了大禍。

　　司馬衷即位後，軍政大權落到楊太后的父親楊駿手中。楊駿用陰謀權術，排除異己，引起皇后賈南風與晉宗室的強烈不滿。

　　賈皇后不甘心讓楊駿掌權，就暗中聯繫宗室諸王，讓他們進京除掉楊駿。諸王早已心懷鬼胎，楚王司馬瑋一接到詔書，馬上進了京城。賈后即以惠帝名義下詔，宣佈楊駿謀反，在皇宮衛隊的配合下，司馬瑋殺死了楊駿，並滅了他的三族，其他凡是依附楊家的官員也都掉了腦袋。

　　賈皇后除掉楊家勢力後，為穩定大局，召汝南王司馬亮入朝輔政。司馬亮也是喜歡抓權的人，暗中謀劃著奪取楚王司馬瑋的兵權。賈皇后感到諸王難以控制，便生出了除掉諸王的想法。她先讓惠帝下詔，派司馬瑋殺了司馬亮全家。接著，賈皇后以司馬瑋擅殺朝廷重臣的罪名，將司馬瑋處死。這樣，賈后奪得了西晉的全部大權。

　　可是，賈后沒有生兒子，她怕大權將來會落到別人手裡，就假裝懷孕，暗地裡把妹夫韓壽的兒子抱來，說是自己生的。有了這個兒子，賈后就決定廢掉太子，並且派人把他毒死，立抱來的孩子做太子。這個消息傳出去以後，宗室群情激憤，以賈后篡奪司馬氏天下為名

中華上下五千年

私印　西晉　▲

西晉時，玄學成為主流，這些私印體現了當時嗜愛清奇的風尚，字體修長瀟灑，如玉樹臨風。

212

義，起兵討伐賈後。趙王司馬倫當即領兵入宮，派齊王司馬冏廢掉賈皇后，接著又將她毒死，之後司馬倫廢掉晉惠帝，自己稱了帝。

在許昌鎮守的齊王司馬冏，聽說趙王司馬倫當了皇帝，非常不滿，他向各處發出討伐司馬倫的檄文，號召大家共同起兵。成都王司馬穎、河間王司馬顒也有奪取政權的野心，他們和齊王司馬冏聯合起來，攻殺了司馬倫。齊王司馬冏進入洛陽後，獨攬大權，沉湎酒色。長沙王司馬乂乘機起兵發難，司馬穎、司馬顒互相聲援。司馬冏與司馬乂打了幾年，兵敗被殺。司馬乂乘機入朝輔政，控制了朝政大權。司馬顒見司馬乂又獨攬了朝政大權，惱羞成怒，隨即發大兵討伐司馬乂，與司馬穎聯合，大舉進攻洛陽。正當他們打得昏天暗地的時候，在洛陽城裡的東海王司馬越乘機偷襲了司馬乂，並把他用火燒死了。司馬穎也就乘機進入洛陽，做了丞相，控制了政權。

東海王司馬越認為自己殺司馬乂有功，卻沒撈到半點好處，很不甘心，就假藉惠帝的名義，起兵討伐司馬穎。司馬穎挾持著惠帝，到了長安。長安是在河間王司馬顒的掌握之中，他看到司馬穎兵敗勢窮，就乘機排擠司馬穎，把惠帝控制在自己手裡，獨攬了朝政大權。

持盾武士俑　西晉　▲

被司馬穎打敗逃走的東海王司馬越，見王浚的勢力大，就和王浚聯合起來，攻打關中。他打敗了司馬顒，進入長安。後來，司馬越又把惠帝和司馬穎、司馬顒全都帶回洛陽，把他們全都殺死，然後，立司馬熾做皇帝，這就是晉懷帝。晉懷帝把即位的這一年改年號為永嘉元年（西元307年）。至此，八個王圍繞皇權的血腥爭奪告一段落。

「八王之亂」時間長達十六年，八個王中死了七個，西晉的力量大大削弱了。此後，北方和西部的少數民族乘亂進攻中原，西晉王朝處在風雨飄搖之中。

青釉印花雙繫卣　西晉　▲

213

人形燈台 西晉 ▲

魏晉時期，貴族通宵達旦夜飲宴樂，這件精美的人形燈台就是當時的照明工具。

鮮卑歸義侯金印印文 西晉 ▲

歸義侯是西晉王朝賜給鮮卑族首領的封號。

西晉鎏金馬鞍具復原圖 ▲

河南安陽孝民屯晉墓出土。

李特起義

八王之亂給百姓帶來了無窮無盡的災難，天災人禍造成許多地方的農民沒有飯吃，被迫離開自己的家鄉，成群結隊地外出逃荒。這些逃荒的農民叫做「流民」。

西元298年，關中地區鬧了一場大饑荒，莊稼顆粒無收。略陽（治所在今甘肅天水東北）、天水等六郡十幾萬流民逃往蜀地。有個氐（音 ㄉㄧ）族人李特和他的兄弟李庠、李流，也夾雜在流民隊伍中。一路上，李特兄弟常常接濟那些挨餓、生病的流民。流民都很感激、敬重李特兄弟。

蜀地的百姓生活比較安定。流民進了蜀地後，就分散在各地，靠給富戶人家打長工過活，流民的生活總算穩定了下來。

可是過了不久，益州刺史羅尚要把這批流民趕回關中去。流民們聽到消息，想到家鄉正在鬧饑荒，回去沒有活路，人人都發愁叫苦。

李特得知情況後，幾次向官府請求放寬遣送流民的限期。並在綿竹設了一個大營，收容流民。不到一個月，流民越聚越多，約有兩萬人。

隨後，李特又派使者閻彧（音 ㄩˋ）去見羅尚，再次請求延期遣送流民。閻彧來到羅尚的刺史府，看到那裡正在修築營寨，調動人馬，便立即返回綿竹把羅尚那裡的情況一五一十地告訴了李特。

李特立刻把流民組織起來，準備好武器，佈置陣勢，防備晉兵的偷襲。到了晚上，羅尚果然派部將帶

移民路線示意圖 ◀

在西晉末年戰亂中，關中發
生饑荒，人民向四面流徙，
至西晉滅亡的十多年間，單
憑記載，流徙的人口便有百
餘萬人。

持刀陶俑　西晉 ▲

這兩個西晉陶俑，是莊園奴
僕的形象。

了步兵、騎兵三萬人，向綿竹大營進攻。

　　三萬晉軍剛進了營地，只聽得四面八方響起了一陣
震耳的鑼鼓聲。大營裡預先埋伏好的流民，手拿長矛大
刀，一起殺了出來。這批流民勇猛無比，把晉軍殺得丟
盔棄甲，四散逃竄。

　　流民們殺散晉軍，知道晉朝統治者不會罷休。大家
一商量，一致推舉李特為鎮北大將軍，李流為鎮東將
軍，幾個流民首領都被推舉為將領。他們整頓兵馬，向
附近的廣漢進攻，趕走了那裡的太守。

　　李特進了廣漢，打開了官府的糧倉，救濟當地的貧
苦百姓。流民組成的軍隊在李特領導下，紀律嚴明，軍
威大振。蜀地的百姓平時受盡晉朝官府的壓迫，現在來
了李特，生活倒安定起來，都非常高興。

　　過了不久，羅尚勾結當地豪強勢力，圍攻李特。李
特在戰鬥中不幸犧牲，他的兒子李雄繼續
率領流民與晉軍戰鬥。西元304年，李雄
自立為成都王。兩年後，又自稱皇帝，國
號大成。李雄死後，他的侄子李壽即位，
改國號為漢。歷史上稱之為「成漢」。

青城山 ▼

位於成都平原西側的道教名
山。

中華上下五千年

215

劉淵反晉

青瓷騎獸燭台　西晉 ▲

人端坐於獸背上，圓腹、高
鼻、大眼、短鬚，頭戴高筒
帽，身著圓圈紋衫褲，雙手
撫獸角，目視前方，一派駕
馭異獸的威嚴氣度。臥獸怒
目，張口，長尾垂地，獸身
印圓形斑紋，篦畫鬃毛，以
青中閃黃覆罩。造型奇特，
製作精細，極為珍貴。從中
空的高筒帽設計構思推測，
此器為插燭照明的燭台。

　　李雄在成都稱王的那一年（西元304年），北方的匈
奴貴族劉淵也自稱漢王，反晉獨立。

　　從西漢末年起，有一些匈奴人分散居住在北方邊遠
郡縣，他們和漢族人在一起生活久了，接受了漢族的文
化。匈奴貴族以前多次跟漢朝和親，可以說是漢朝皇室
的親戚，後來就改用漢皇帝的劉姓。曹操統一北方後，
為了便於管理，把匈奴三萬個部落集中起來，分為五個
部，每個部都設一個部帥，匈奴貴族劉豹就是其中一個
部的部帥。

　　劉豹死後，他的兒子劉淵繼承了他的職位。劉淵自
幼讀了許多漢族人的書，文才很好，同時武藝也很高
強。後來，劉淵在西晉的成都王司馬穎（八王之一）部
下當將軍，留在鄴城，專管五部匈奴軍隊。

　　西元304年，劉淵回到左國城，匈奴人想藉八王混
戰之機，復國興邦，便擁戴他做大單于。他集中了五萬
人馬，親自率軍南下，幫助晉軍攻打鮮卑兵。有人不解
地問他：「為什麼不趁這個機會滅掉晉朝，反倒去打鮮
卑呢？」

　　劉淵說：「晉
朝現在已經腐朽透頂
了，滅掉它非常容易，
但是晉朝的百姓未必會歸
順我們。我看漢朝立國的年
代最長，在百姓中還很有影
響，我們的上代又與漢朝皇室有血
緣關係，不如借用漢朝的名義，也許可

新月形嵌玉金飾
西晉　　　　　　▲

以得到漢族百姓的支持」。

劉淵稱漢王後，不久便攻下了上黨、太原、河東、平原等幾個郡，聲勢越來越大。一些勢力比較小的各族反晉力量也都前來歸附劉淵。

西元308年，劉淵稱漢帝。第二年遷都平陽（今山西臨汾西南），集中兵力向洛陽進攻。洛陽的老百姓雖然恨透了腐朽的西晉王朝，但是更不願受外族人統治。所以劉淵兩次進攻，都遭到洛陽軍民的頑強抵抗，沒有佔到一點便宜。

劉淵死後，他的兒子劉聰接替了皇位，又派大將劉曜、石勒進攻洛陽。洛陽城終於在西元311年被攻陷，晉懷帝做了俘虜。

劉聰進洛陽後，大批屠殺晉朝的官員和百姓。有一次，劉聰在宴會上，讓晉懷帝穿著奴僕穿的青衣為大家倒酒。一些晉朝的舊臣看了，禁不住失聲痛哭。劉聰看晉朝遺臣還對懷帝這樣有感情，便狠下心來，把懷帝殺了。

晉懷帝死後，在長安的晉國官員擁立懷帝的姪兒司馬鄴做了皇帝，這就是愍（音 ㄇㄣˇ）帝。

西元316年，劉聰攻入長安。晉愍帝也遭到了與懷帝同樣的命運，在受盡侮辱後被殺。維持了五十二年的西晉王朝，終於滅亡了。

西晉滅亡之後，北方的各族人民（主要是匈奴、鮮卑、羯、氐、羌五個少數民族）紛紛起義，許多人像李雄、劉淵一樣建立政權，前前後後一共出現十六個割據政權，歷史上稱為「十六國」（舊稱五胡十六國，胡是古時候對少數民族的泛稱）。

青瓷「偶」字銘筆洗 ▲
東晉

黃白色胎，淡綠色釉，釉質晶瑩，開細紋片。折沿，口微上捲，鼓腹，底略凹，中腰飾四弦三道：底面無釉，正中有褐黑色楷釉「偶」字。

「五胡」內遷後的分布 ▼

匈奴進入今山西汾水流域。東部的烏桓、鮮卑，從東北的遼河流域，一直發展到河西走廊。甘、青、滇、黔邊境的氐、羌人，亦進入關中。西晉時期，中原地區的西北諸郡，住滿了少數民族。

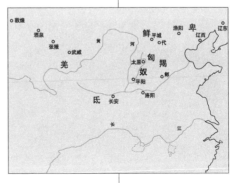

王馬共天下

　　劉聰攻下長安後，晉朝還有江南的半壁江山。晉愍帝在被俘前留下詔書，讓鎮守在建康（原名建業，今江蘇南京市）的琅琊王司馬睿繼承皇位。

　　司馬睿在西晉皇族中，地位和名望都不太高。晉懷帝的時候，派他去鎮守江南。他還帶了一批北方的士族官員，其中最有名望的是王導。司馬睿把王導看作知心朋友，對他言聽計從。

　　司馬睿剛到建康的時候，江南的一些大士族地主嫌他地位低，看不起他，都不來拜見。司馬睿為此常常不安，便讓王導想想辦法。

　　王導把在揚州做刺史的王敦找來，兩人商定了一個主意。

　　這年三月初三，按照當地的風俗是節，百姓和官員都要去江邊「求福消災」。這一天，王導讓司馬睿坐上華麗的轎子到江邊去，前面有儀仗隊鳴鑼開道，王導、王敦和從北方來的大官、名士，一個個騎著高頭大馬跟在後面，這個大排場一下轟動了建康城。

　　江南有名的士族地主顧榮等聽到消息，都跑來觀看。他們一見王導、王敦這些有聲望的人都這樣尊敬司馬睿，不禁大吃一驚，怕自己怠慢了司馬睿，一個接一個地出來排在路旁，拜見司馬睿。從那以後，江南大族

石頭城　晉　　　　▼

西元212年孫吳遷治秣陵，在金陵邑（周敬王三十六年建）原址上築城，稱石頭城，西晉時稱建康城。

紛紛擁護司馬睿，司馬睿在建康便穩固了地位。

　　後來，北方戰亂不止，一些士族地主便紛紛逃到江南避難。王導勸說司馬睿把他們中間有名望的人都吸收到王府來。司馬睿聽從王導的意見，前後吸收了一百多人在王府裡做官。

　　司馬睿在王導的輔助下，拉攏了江南的士族，又吸收了北方的人才，他的地位就日漸鞏固了。

　　西元317年，司馬睿在建康即位，這就是晉元帝。在這之後，晉朝的國都一直在建康。為了和司馬炎建立的晉朝（西晉）區別，歷史上把這個朝代稱為東晉。

　　晉元帝總認為他能夠得到這個皇位，都是憑藉王導、王敦兄弟的幫助，所以，對他們特別尊重。他封王導擔任尚書，掌管朝內的大權，又讓王敦總管軍事，又把王家的子弟封了重要官職。

　　當時，民間流傳著這樣一句話：「王與馬，共天下。」意思是：東晉的大權，由王氏與皇族司馬氏共同掌握。王敦掌握軍權後，便不把晉元帝放在眼裡。晉元帝也看出了王敦的驕橫，於是漸漸疏遠了王氏兄弟，另外重用了大臣劉隗和刁協。這樣，剛剛建立的東晉王朝內部，又出現了裂痕。

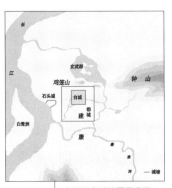

六朝建康城位置示意圖 ▲

建康城位於長江南岸，為長江及其支流環繞，依傍鍾山（今紫金山），呈龍蟠（鍾江）虎踞（鍾山）之勢，又築石頭城加強防衛。建康在六朝時代不僅是政治中心，城內也興建了不少佛寺。

酒具　西晉　　　　　　▲

騎馬陶俑　西晉　　　◀

石勒讀漢書

晉元帝即位不久，漢國國主劉聰就病死了。漢國內部也鬧起了分裂，劉聰的侄兒劉曜作了國主。他覺得再用漢朝的名義已失去了意義，便在西元319年，改國號為趙。漢國大將石勒在與晉朝的征戰中，擴大了勢力，不願再受劉曜的管束，也自稱趙王。

石勒是羯族人，祖輩都是羯族部落的小頭目。石勒年輕的時候居住在并州，後來并州鬧饑荒，他和部落失散了。為了生存，他先後給人家做奴隸、傭人。

石勒受盡苦難的折磨，沒有出路，就召集一群流亡的農民，組成了一支強悍的隊伍。劉淵起兵以後，石勒前去投奔他，並在劉淵部下當了一員大將。

石勒從小沒有受過漢族文化教育，不識字。他擔任大將以後，漸漸懂得要成大事業，光靠武力不行，必須要用腦子，用謀略。後來，他把漢族士人張賓請來為他

《漢書》書影　▲

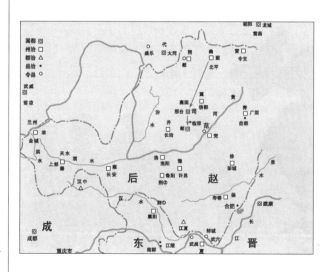

後趙疆域圖　▶

出謀劃策。他還收留了一批北方漢族中家境貧寒的讀書
人，組織了一個「君子營」。

由於石勒驍勇善戰，加上有了張賓等一批謀士的幫
助，石勒的勢力越來越強大。到了西元328年，終於把
劉曜消滅了。過了兩年，石勒在襄國自稱皇帝，國號仍
是趙。歷史上把劉氏建立的趙國稱為「前趙」，把石勒
的趙國稱為「後趙」。

石勒自己沒有文化，但是對讀書人卻十分重視。他
做了後趙皇帝後，命令部下，如果捉到讀書人，不許殺
害，一定要送到襄國來，讓他自己處理。

在張賓的建議下，他又設立了學校，讓他部下將領
的子弟進學校讀書。他還建立了保舉和考試的制度，凡
是各地保舉上來的人經過考核評定，都可以做官。

石勒喜歡書，但自己不識字，就找一些文化人給他
讀書，他一邊聽，一邊還隨時發表自己的見解。

有一次，石勒讓人給他讀《漢書》，聽到有人勸漢
高祖封舊六國貴族的後代的那段歷史時，他說：「唉！
劉邦採取這種做法是錯誤的，這樣做還能夠得天下
嗎？」講書的人馬上給他解釋說，後來由於張良的勸
阻，漢高祖才沒有這樣做。石勒點頭說：「這就對啦。」

由於石勒重視文化教育，起用人才，施行開明的政
治，後趙初期出現了興盛的景象。

兩趙大戰，前趙潰敗。 ▲
圖為今人繪兩趙作戰圖。

連枝燈　東晉　　　▲

銅牛車　東晉　　　◀
乘坐牛車是漢人的習慣，盛
行於東晉貴族間。

221

祖逖中流擊楫

官印　西晉　▲

升平十三年封泥筒
十六國　▲

彩繪聞雞起舞圖　民國
魏墉生瓷板畫　▶

本畫源自《晉書·祖逖
傳》：「祖逖與司空劉琨俱
為司州主簿，情好綢繆，共
被同寢。中夜雞鳴，蹴琨覺
曰：『此非惡聲也』。因起
舞」。祖逖立志為國效力，
與劉琨互相勉勵，半夜雞啼
起床舞劍。後成為有志者及
時奮發的典故。

　　自從匈奴兵攻佔了長安，結束了西晉統治，中國開始進入了歷史上所稱的「五胡亂華」時期，即永嘉之亂的民族大遷徙時期。

　　那時，祖逖也夾在洶湧如潮的南逃人群中。在他經過淮泗的路上，他讓老人和病人坐在自己家的馬車上，自己的糧食、衣物與大家一起享用。遇有劫匪，他總是親率家丁打退他們。南逃路上的祖逖獲得了極好的口碑。

　　西元317年，琅琊王司馬睿在士族王導等人支持下建立了東晉王朝。司馬睿早就聽說祖逖的聲名，又得知他已經到達泗口，便下詔任命他為徐州刺史。後又調任軍諮祭酒，駐防京口要隘。祖逖向司馬睿進言說：「中原大亂，胡人乘機攻進中原，百姓陷入水深火熱之中，

重裝甲馬作戰圖　西晉　▲

此圖表現了北方戰爭的場
面，再現了重裝甲馬和步兵
作戰的特徵。

人人都想起來反抗。只要陛下下令出兵，派一個大將去討伐亂賊，一定會收復失地。」

司馬睿只想偏安東南半壁江山，對於北伐並不抱太大希望，但是聽祖逖說得很有道理，就任命祖逖為奮威將軍、豫州刺史，發給他一千人吃的糧食、三千匹布，所有甲冑、武器、兵勇，都由祖逖自己解決。

祖逖帶著招募的隊伍，橫渡長江。船到江心的時候，他拿起船槳敲打船舷（文言是「中流擊楫」），向大家發誓說：「我祖逖如果不能把中原的敵人掃平，就絕不返回江南。」

祖逖渡江以後，將隊伍駐紮在淮陰，又命人打造兵器，招兵買馬，很快聚集了數千人。祖逖見士氣旺盛，親自率領人馬進攻譙城，又連續攻破石勒的各地割據武裝。至此，祖逖名噪大江南北，北方戎狄貴族聞風喪膽。祖逖乘勝出擊，派部下韓潛分兵進駐河南封丘，自己則進駐雍丘，成為掎角之勢，黃河以南的土地都回歸東晉了。

就在祖逖積穀屯糧、厲兵秣馬準備繼續北伐、收復黃河以北的土地時，司馬睿卻任命了戴若思為豫州都督，叫祖逖聽他指揮。

祖逖受到了主張偏安、不思進取的朝人牽制，很難施展北伐的抱負了。他心裡又是憂慮，又是氣憤，終於身染重病，鬱鬱而亡。

祖逖的北伐事業雖然沒有完成，但他中流擊楫的氣概被後人所稱誦。

晉元帝馬睿像　▲

青瓷香薰　晉　▲

223

陶侃搬磚

陶侃像　▲

蓮花瓦當　東晉　▲

霖南城建築構件之一。

對人雙牛紋二重織錦　▲
晉

　　祖逖死後，東晉王朝連續發生幾次內亂。晉元帝想削弱王氏的勢力，王敦一怒之下，起兵攻進了建康，殺了一批反對他的大臣。到了元帝的兒子晉明帝即位後，王敦又一次攻打建康，結果以失敗告終，他不久也病死了。後來晉成帝（明帝的兒子）在位時，歷陽（今安徽和縣）鎮將蘇峻起兵反叛，攻進了建康。東晉朝廷派荊州刺史陶侃出兵平叛，花了兩年時間，才把蘇峻的叛亂平定了。

　　陶侃原是王敦的部下。後來，陶侃立了戰功，做了荊州刺史。有人妒忌他，在王敦面前說他壞話。王敦把他調離到廣州。那時候，廣州是很偏僻的地方，調到廣州等於是降了他的職。

　　陶侃到了廣州，並沒有灰心。他每天早晨把一百塊磚頭從書房裡搬到房外；到了晚上，又把磚頭搬運到屋裡。每天都這樣做，別人看了感到很奇怪，忍不住問這是做什麼。

　　陶侃說：「我雖然身在南方，但心裡一刻都沒有忘記收復中原。如果閒散慣了，將來國家一旦需要我出力，怎麼能擔當得了重任呢？所以，我每天藉這個鍛鍊身體。」

　　王敦死後，東晉朝廷把陶侃提升為征西大將軍兼荊州刺史。荊州的百姓聽到陶侃回來，都跑出來歡迎他。

　　雖然提升了官職，可是陶侃還是謹慎小心。荊州衙門裡大大小小的事情，他都要親自過問，從來不放鬆。

　　他手下的一些官吏，經常喝酒賭博，因此而耽誤了公事。陶侃知道後，非常生氣。他吩咐人把酒器和賭具

全都沒收並毀掉，還鞭打了那些官吏。從這
以後，誰都不敢再賭博喝酒了。

　　有一天，陶侃到郊外去巡視，看見一個
過路人一邊走，一邊隨手摘了一把沒有成熟
的稻穗，拿在手裡玩弄。

　　陶侃馬上命令兵士把這個人捆綁起來，
狠狠地打了一頓。

　　人們聽說刺史這樣愛護莊稼，種田就更
有勁了。荊州地方也漸漸富裕起來。

　　陶侃一生帶了四十一年的兵，由於他執法嚴明，公
正無私，大家都很佩服他。在他管轄的地區，社會秩序
井然，真做到了夜不閉戶、路不拾遺哩！

中華上下五千年

樺樹皮罐　東晉　▲

鮮卑族長年在大興安嶺地區
生活，樺樹是用之不竭的天
然資源。這個樺樹皮罐子用
來盛放食物。

耙地圖磚畫　東晉　◀

嘉峪關魏晉墓室壁畫中的耙
地和耱地的內容，是迄今所
知我國使用耙耱農耕技術
最早的形象資料。圖中，農
夫站在耙上，左手揚鞭，右
手執韁繩，驅動二牛拉耙碎
土。

耱地圖磚畫　東晉　◀

圖中繪農夫半蹲於耱上，正
持鞭驅二牛耱地。現在已知
最早記載用耱耱地的典籍
為北魏賈思勰所撰《齊民要
術》，而磚畫中的耱耱則比
記載要早二百多年，是我國
迄今發現最早的耱耱農具
的圖像資料。

書聖王羲之

王羲之像 ▲

王羲之（321～379年，一作303～361年），字逸少，長年居會稽山陰（今浙江紹興），官至右軍將軍會稽內史，人稱「王右軍」，是我國書法史上最偉大的書法家之一，有「書聖」之稱。

在東晉時期，王氏是門弟高貴的士族，當時有「王馬共天下」的說法。在王氏家族中，出了一個大書法家，他就是王羲之。

王羲之從小酷愛書法。他七歲時就開始練習寫字。傳說他在走路、休息的時候，也用手指比劃著練字，仔細揣摩字體的結構和筆法，心裡想著，手指在自己身上一橫一豎、一筆一畫地比劃著。日子長了，衣服都被他劃破了。他每天寫完了字，總是要到自己門前的池塘裡去洗刷毛筆和硯台，久而久之，池塘裡的水都變成黑色的了。

王羲之每天在書房裡全神貫注地練字，到了吃飯的時候，他都不肯放下筆來。有一天，王夫人給他送來他喜歡吃的蒜泥和饃饃。他連頭也不抬，仍然繼續揮筆疾書。過了一會兒，王夫人到書房來，看見王羲之滿嘴烏黑，手裡還拿著一塊沾了墨汁的饃饃，王夫人禁不住放聲大笑起來。

王羲之出生在東晉大族士家，本來可以平步青雲，做很大的官，可是他喜歡逍遙自在，不願做官。後來，揚州刺史殷浩與他關係很好，寫信勸他出來，他才任職會稽內史。到那裡做官，主要還是因為會稽的風景秀麗，可以娛人性情。王羲之曾經與謝安、孫綽等著名文人四十多人到會稽山陰（今浙江紹興）的蘭亭舉行宴會。這些文人在蘭亭會上乘興作詩，共得詩四十首，編成《蘭亭集》。王羲之也在酒酣耳熱之

蘭亭草舍，位於今浙江 ▼
紹興西南。

《蘭亭集序》帖 東晉 ◀
王羲之

雨後帖 東晉 王羲之 ▲

羲之愛鵝圖 清 任頤 ◀

王羲之是東晉著名的書法家，相傳他常常觀察鵝游水的姿勢，從中悟出了用筆之法，從而養成了好鵝的性情。他曾經以寫一部《道德經》作為籌碼換取道士的一隻鵝，一時間傳為美談。此畫即擬意於此。橋下塘水連連，竹葉披紛掩映，兩隻白鵝游弋水中。橋頭王羲之憑欄觀鵝，其面目清秀，神情專注，手拿團扇卻忘記扇動，盡顯儒雅、恬淡之氣。身旁童子則以臂、頜撐欄上，一手下垂，雙目一眨不眨，姿勢自然全神貫注。作者以濃淡墨寫意，人物用筆揮灑自如，面部暈染合宜，村景用墨濃淡相同，盡顯雅境之淋漓氣息。全畫設色淡雅，力脫時習，造古意而極具文人畫氣息。

時，當場揮筆，為詩集作序，寫成《蘭亭集序》。這篇作品，共有二十八行，三百二十四字，筆飛墨舞，氣象萬千，歷來被認為是我國書法藝術的極品。

由於王羲之長期勤學苦練，他的書法達到了爐火純青的境界。誰能得到他的字，就像獲得珍寶一樣。據說，山陰地方有個道士很喜歡王羲之的書法，想請王羲之寫一本《道德經》。可是，他知道王羲之不肯輕易替人抄寫經書。後來，他聽說王羲之最喜歡白鵝，常常摹仿鵝掌划水的動作來鍛鍊手腕，以便運起筆來更加強勁而靈活。於是他就買了幾隻小白鵝，精心餵養。幾個月以後，鵝長大了，全身羽毛豐滿，非常可愛。道士故意把鵝放在王羲之時常經過的地方。一天，王羲之經過那裡，看見這些羽毛潔白，姿態美麗的白鵝後，心裡有說不出的喜歡，就向道士提出要買下這一群鵝。道士說：「鵝是不賣的，不過，如果你能給我寫一本《道德經》，我就把這群鵝贈送給你。」王羲之毫不猶豫地答應了，當場寫好了一本《道德經》，交給了道士，帶走了這群鵝。

227

桓溫北伐

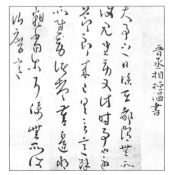

大事帖　東晉　桓溫　▶

桓溫是東晉時譙國龍亢人（今安徽懷遠）。桓溫的父親叫桓彝，在蘇峻之亂中，被蘇峻將領韓晃殺了。那一年桓溫剛滿十五歲，他得知父親被人殺害的消息後，悲痛欲絕，發誓要為父報仇。桓溫長到十八歲時，曾參與策劃殺他父親的江播死了，於是他懷揣刀劍大鬧靈堂，殺了江播兒子江彪等六人。

六蓮瓦當　東晉　▲

生長在永嘉亂世中的桓溫，青年時代就嶄露頭角。晉穆帝永和二年（西元347年），任職安西將軍的桓溫奉命率兵討伐蜀地李勢。

兩軍剛交兵時，形勢對晉軍極為不利，桓溫的部下參軍龔護戰死，桓溫的馬也中了箭，桓溫慌忙命令撤退。但擊鼓士兵誤解了桓溫的意思，反而擂起了前進的戰鼓，三軍將士奮勇向前，李勢完全沒有料到桓溫攻勢這樣猛烈，抵擋不住，連夜逃到葭萌關。後來，又派人求降。桓溫大軍浩浩蕩蕩進入成都，成漢王朝就這樣滅亡了。桓溫因此被提升為征西大將軍，封臨賀郡公，一時間聲震朝野。

黑瓷盤口壺　東晉　▲

此器盤口、長頸、圓腹、內四底。頸、肩間有三道凸出弦紋，肩部四側均有橋形繫（形似舊時拱形橋而得名），具有明顯的東晉瓷器特徵。通體滿施黑釉，釉層均匀，釉色烏黑發亮，製作十分精緻，為早期黑釉瓷器中的佳品。此類盤口壺作品的存世，充分證明了至晚在西元四世紀，中國黑釉的燒製已進入一個成熟階段。

西元354年，桓溫再次北伐，依然從江陵出兵，此次征伐的對象是羌族統治者姚襄。桓溫率兵北上至河南伊水時，與姚襄主力展開大戰。晉軍英勇無比，一戰就擊潰了姚軍，桓溫率部進入洛陽。

西元369年，桓溫又率五萬人馬北伐，攻打前燕慕容部落。當桓溫進軍到河南枋頭時，與守將慕容垂展開激戰。這時，桓溫犯了一個錯誤，他下令由水路運糧，結果燕軍佔領石門渡口，切斷了水運糧道，桓溫軍隊面臨斷糧的威脅。無奈之下，桓溫只好命令全軍撤退。退兵時，遭到了慕容垂的攔截，等桓溫逃到山陽（今江蘇淮安）時，手下已經沒有多少人馬了。

這次北伐的失利，使桓溫已升至日中天的威信大大降低了。然而，由於桓溫長期掌握東晉的軍事大權，他的野心卻越來越大。西元370年，桓溫以「昏濁潰亂」為由把司馬奕廢了，改立司馬昱為皇帝，也就是簡文帝。簡文帝繼位兩年後因病駕崩。桓溫以為簡文帝臨死會把皇位讓給他，卻沒想到簡文帝遺詔是讓他做輔政大臣，這不免讓他生了一肚子氣。

司馬曜繼位為孝武帝，派謝安去召桓溫入朝輔政。桓溫進京後，先去拜謁先帝陵寢，回家就一病不起。不久，這位赫赫有名的北伐將領就死去了。

晉簡文帝像 ▲

晉簡文帝司馬昱，字道萬，河內溫縣人，元帝少子。晉元帝大興三年（西元320年）生，晉簡文帝咸安二年（西元372年）崩，在位二年。

青瓷灌藥器　東晉 ▲

這件灌藥器口小腹大，流部上翹，腹上有一口。平底露胎，胎質灰白。裡外均施青黃色釉，有細小片紋。施釉較薄，有剝釉現象，為灌藥之器。

京口北固山圖　宋
燃誉 ◀

229

捫虱談天下

桓溫第一次北伐時，將軍隊駐紮在灞上。有一天，有個穿著破舊短衣的讀書人來軍營求見桓溫。桓溫很想招攬人才，一聽來了個讀書人，便馬上請他進來相見。

這個讀書人叫王猛，從小家裡很貧窮，靠賣畚箕謀生。但是他喜歡讀書，很有學問。當時關中士族嫌他出身低微，瞧不起他，但他毫不介意。有人曾經請他到前秦的官府裡做小官吏，他不願意去。後來索性在華陰山隱居了下來。這回他聽說桓溫來到關中，特地到灞上求見桓溫。

桓溫很想知道王猛的學識才能究竟如何，便請王猛談談當今的天下形勢。

王猛把南北雙方的政治軍事形勢分析得清晰明瞭，見解也很精闢，桓溫聽了暗暗佩服。

王猛一邊談，一邊把手伸進衣襟裡摸蝨子（文言是「捫虱」，捫音 ㄇㄣˊ）。桓溫左右的侍從見了，都忍不住想笑。但是王猛卻旁若無人，照樣談笑自若。

桓溫看出王猛是一個難得的人才，從關中退兵的時候，他再三邀請王猛跟他一起走，還封他一個比較高的官職。王猛知道東晉王朝的內部不穩定，就拒絕了桓溫的邀請，又回華陰山去了。

如此一來，王猛卻出了名。

後來，前秦的皇帝苻健死了，他的兒子苻生昏庸殘暴，很快就被他的堂兄弟苻堅推翻。

苻堅是前秦王朝中一個有作為

王猛像　　　　▲

苻堅統一北方戰爭　▼
示意圖

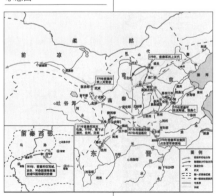

的皇帝。他在即位以前，有人向他推薦王猛。

　　苻堅派人把王猛請來相見，兩個人一見如故，談起時事來，見解完全一致。苻堅非常高興，像劉備得到了諸葛亮一樣。

　　苻堅即位後，自稱大秦天王。王猛在他的朝廷裡做官，一年裡被提升五次，成為他最親信的大臣。

　　有了王猛的幫助，苻堅鎮壓豪強，整頓內政，前秦國力日漸增強。王猛兼任京兆尹的時候，太后的弟弟、光祿大夫強德，強搶人家的財物和婦女。王猛一面逮捕了強德，一面派人報告苻堅。等到苻堅派人來宣佈赦免強德時，王猛早已把強德殺了。以後幾十天裡，長安的權門豪強、皇親國戚，有二十多人被處死、判刑、免官。從此以後，誰也不敢胡作為了。苻堅讚歎說：「我現在才知道國家要有法制啊。」

　　前秦在苻堅和王猛的治理下，國力越來越強大，在十幾年內，前秦先後滅掉了前燕、代國和前涼三個小國，黃河流域地區全成了前秦的地盤了。

　　西元375年，王猛得了重病。王猛對前來探望他的苻堅說：「東晉遠在江南，又繼承了晉朝的正統，現在內部和睦。我死之後，陛下千萬不要去進攻晉國。我們的敵人是鮮卑和羌人，留著他們終歸是後患。要保證秦國的安全，就一定要先把他們除掉。」

椅子腳部人像　▲
五胡十六國

井飲圖　東晉　◀

西北及北方地區缺乏河流湖泊，故主要依靠開鑿水井獲得水源，以供生活和飼養牲畜之用。圖中的禽畜正圍攏在井旁的水槽喝水。

苻堅一意孤行

金帶金具　東晉　▲

王猛活著的時候，苻堅對他言聽計從，但是王猛臨死留下的忠告，苻堅卻沒有聽。

王猛把鮮卑人和羌人看成前秦的敵手，但是苻堅卻信任從前燕投降來的鮮卑貴族慕容垂和羌族貴族姚萇（音ㄔㄤ）。王猛勸他不要進攻東晉，但苻堅卻一定要進攻東晉，非把它消滅不可。

西元382年，苻堅認為時機成熟，就下決心大舉進攻東晉。

苻堅把大臣們都召集來，在皇宮的太極殿裡商量出兵的事。苻堅說：「我繼承王位將近三十年了，各地的勢力差不多都平定了，只有東南的晉國，還不肯降服。我們現在有九十七萬精兵。我打算親征晉國，你們認為怎麼樣？」

大臣們紛紛表示反對。到後來，苻堅不耐煩了，他說：「你們都走吧。還是讓我來決斷這件事。」

大臣們見苻堅發火，誰都不再說話，一個個退出宮殿。最後，只剩下苻堅的弟弟苻融沒走。

苻堅把苻融拉到身邊，說：「自古以來，國家大計總是靠一兩個人決定的。今天，大家議論紛紛，沒有得出個結論。這件事還是由咱們兩人來決定吧。」

苻融面露難色地說：「我看攻打晉國不是很有把握。再說，我軍連年打仗，兵士們疲憊不堪，不想

三男議事圖　五胡十六國　▼

中華上下五千年

232

再打了。今天這些反對
出兵的，都是忠於陛下
的大臣。希望陛下採納
他們的意見。」

　　苻堅沒料到苻融也
反對出兵，馬上沉下臉
來，說：「連你也說這
種喪氣的話，太叫人失
望了。我有百萬精兵，
兵器、糧草堆積如山，要打下晉國這樣的殘餘敵人，還
怕打不贏嗎？」

　　面對一意孤行的苻堅，苻融苦苦勸告說：「現在要
打晉國，不但沒有必勝的把握，而且京城裡還有許許多
多鮮卑人、羌人、羯人，都是潛在的隱患。如果他們趁
陛下遠征的機會起來叛亂，後悔都來不及了。陛下還記
得王猛臨終前的留言嗎！」

　　此後，還有不少大臣勸苻堅不要進攻晉國。苻堅一
概不理睬。有一次，京兆尹慕容垂進宮求見。苻堅讓慕
容垂談談對這件事的看法。慕容垂說：「強國滅掉弱
國，大國兼併小國，這是自然的道理。像陛下這樣英明
的君王，手下又有百萬雄師，滿朝都是良將謀
士，要滅掉小小晉國，沒有問題。陛下只要自
己拿定主意就是，何必去徵求別人的意見呢。」

　　苻堅聽了慕容垂的話，喜笑顏開，說：
「看來，能和我一起平定天下的，只有你啦！」

　　苻堅不聽大臣們的勸說，決心孤注一擲，
進攻東晉。

　　他派苻融、慕容垂當先鋒，又封姚萇為龍驤將軍，
指揮益州、梁州的人馬，準備出兵攻晉。

燕秦分據及苻秦全盛 ▲
大勢

鳳鳥形金步搖　東晉　▲

謝安東山再起

謝安像　▲

西元383年八月，苻堅親自統率九十七萬大軍從長安出發。一時間，大路上煙塵滾滾，步兵、騎兵，再加上車輛、馬匹、輜重，隊伍浩浩蕩蕩，綿延千里。

一個月後，苻堅主力到達項城（在今河南沈丘南）。與此同時，益州的水軍也沿江順流東下，黃河北邊來的人馬也到了彭城（今江蘇徐州市），前秦的軍隊從東到西拉開一萬多里長的戰線，水陸並進，直撲江南。

消息傳到建康，晉孝武帝和京城的文武百官都亂了手腳。晉朝軍民都不願讓江南陷落在前秦手裡，大家都盼望宰相謝安拿出對敵策略。

謝安是陳郡陽夏（今河南太康）人，士族出身。年輕的時候，與王羲之十分要好，經常在會稽東山遊山玩水，吟詩作賦。他在當時的士大夫階層中很有名望，大家都認為他是個非常有才幹的人。但是他寧願在東山隱居，不願出來做官。

謝安到了四十多歲的時候，才重新出來做官。因為謝安長期在東山隱居，所以後來把他重新出仕稱為「東山再起」。

前秦強大起來以後，經常騷擾東晉北面的邊境。為此，謝安把自己的侄兒謝玄推薦給孝武帝。孝武帝封謝玄為將軍，鎮守廣陵（今江蘇揚州市），掌管江北的各路人馬，防守邊境。

謝玄是個文武全才的人。他到了廣陵以後，就招兵買馬，整頓軍隊。當時有一批從北方逃難到東晉來的

行書中郎帖　▼

謝安史傳善書，唐代李嗣真《書後品》讚之曰：「縱任自在，有螭盤虎踞之勢」。根據此帖重印及紙、墨，當屬南宋紹興御書院所臨摹的古帖。米芾有《謝帖讚》云：「山林妙寄，岩廊英舉。不繇不義，自發淡古。」

人，紛紛投到謝玄的麾下。他們中間有個彭城人叫劉牢之，武藝高強，打仗也特別勇猛。謝玄派他擔任參軍，叫他帶領一支精銳的部隊。後來這支經過謝玄和劉牢之嚴格訓練的人馬，成為百戰百勝的軍隊。由於這支軍隊經常駐紮在京口（今江蘇鎮江市），京口又叫「北府」，所以人們把它稱為「北府兵」。

這次，面對苻堅的百萬大軍，謝安決定自己在建康坐鎮，派弟弟謝石擔任征討總指揮，謝玄擔任前鋒都督，帶領八萬軍隊前往江北抗擊秦兵，又派將軍胡彬帶領五千水軍到壽陽（今安徽壽縣）去配合作戰。

謝玄手下雖然有勇猛的北府兵，但是前秦的兵力比東晉大十倍，敵我兵力對比懸殊，謝玄心裡到底有點緊張。出發之前，謝玄特地到謝安家去告別，想讓謝安給他出出主意。哪裡知道謝安像沒事一樣連句囑咐的話都沒有。等了老半天，謝安還是不開腔。謝玄回到家裡，心裡總有些忐忑不安。隔了一天，又請他的朋友張玄到謝安家去，託他向謝安探問一下。

謝安一見張玄，也不跟他談什麼軍事，馬上邀請他到自己建在山裡的一座別墅去下棋。整整玩了一天，張玄什麼也沒探聽到。

到了晚上，謝安把謝石、謝玄等將領召集到家裡來，把每個人的任務一件件、一樁樁都清清楚楚地交代一遍。大家看到謝安這樣鎮定自若，也增強了信心，都神情振奮地回軍營去了。

那時候，在荊州鎮守的桓沖，聽到形勢危急，專門派出三千名精兵到建康來保衛京城。謝安對派來的將士說：「這裡已經安排好了。你們都回去加強西面的防守吧！」

回到荊州的將士向桓沖覆命，桓沖憂心忡忡地對將士說：「謝公的氣度確實令人欽佩，但是不懂得打仗。眼下大敵當前，他還那樣悠閒自在；兵力那麼少，又派一些沒經驗的年輕人去指揮。我看我們要大難臨頭了。」

揚州天寧寺 ▶

此寺位於揚州城北，相傳為東晉時宰相謝安的別墅。

235

淝水之戰

東晉這邊佈置好了對敵之策，前秦那邊也馬不停蹄地向南進兵。

這年十月，苻堅求勝心切，他等不及各路人馬聚齊，便命令苻融進攻壽陽。

壽陽是軍事重鎮，它的得失對於整個戰局的勝負，具有舉足輕重的作用。奉命增援壽陽的晉將胡彬，在半路上就接到壽陽失守的消息，只好退守硤石（今安徽壽縣西北）。苻融馬上命令部將梁成率眾五萬進攻洛澗（今安徽淮南市東），切斷了胡彬與謝石大軍的聯繫。

苻堅到了壽陽，派尚書朱序到晉軍大營去勸降。朱序本來是東晉的將領，四年前在襄陽和前秦軍隊作戰時兵敗被俘，留在前秦。現在他見晉秦交戰，知道自己為東晉出力贖罪的機會到了。他到晉營後，不但沒有勸降，反而向謝石提出打敗秦軍的建議。他說：「這次苻堅發動了百萬人馬攻打晉國，如果全部人馬都到了，恐怕晉軍無法抵擋。所以，應乘秦軍還沒集結的時候，趕快進攻秦軍前鋒。打敗了它的前鋒，便可挫傷秦軍的士氣，這樣就可以戰勝他們了。」

謝玄聽從了朱序的建議，派戰鬥力較強的北府兵將領劉牢之帶領一支兵馬，在夜晚神不知鬼不覺地來到洛澗，向秦軍陣地發起突然襲擊。正在睡夢中的秦將梁成，聽到喊殺聲，嚇出了一身冷汗，慌慌張張地從床上爬起來，上馬迎戰，結果被劉牢之一刀砍翻，送了性命。

謝玄像　　　▲

淝水之戰示意圖　　　▼

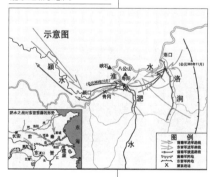

236

秦軍失去主將，四散奔逃，晉軍乘勝追擊。謝石帶領晉軍主力渡過洛澗，在離壽陽城只有四里地的八公山下，紮下營寨，與秦軍主力隔淝水對峙。苻堅在壽陽城裡，接到洛澗秦軍失利的消息，有些沉不住氣了。

過了幾天，謝石派人到壽陽城裡，送給苻融一份戰書，要求定期決戰，條件是秦軍把陣地向後撤出一些，騰出一塊空地作為戰場，讓晉軍渡過淝水決戰。秦諸將都反對晉軍的建議，苻堅和苻融卻同意晉軍的條件，說：「讓我們的士兵稍稍向後退一點，等他們正在渡過的時候，讓我們的騎兵衝上去，一定能把他們消滅。」

謝石、謝玄得到前秦答應後撤的回音後，迅速整頓兵馬，指揮渡河。

晉軍渡過淝水，勇猛地衝向秦軍陣地。朱序見狀，就在秦軍陣後大聲高喊：「秦軍敗了，秦軍敗了！」正在後退的秦軍，聽到喊聲，一時也分辨不清是真是假，逃的逃、躲的躲，整個隊伍潰不成軍。

苻融趕快跑到隊伍後面，去攔阻隊伍，不料連人帶馬被擠倒在地。還沒來得及從地上爬起來，就被趕上來的晉軍一刀砍死。苻堅見形勢不妙，嚇得丟下士兵，只顧自己逃命。到洛陽（今河南洛陽）時，苻堅收拾殘兵，只剩下十幾萬人了。

晉軍乘勝追擊，一口氣追趕了三十多里才收兵。謝石、謝玄連夜派人去建康報捷。當報捷的軍士趕回建康的時候，謝安正在與客人下棋，他看過告捷的書信，悄悄地把它擱在床上，不露聲色，照常下棋。等到客人問時，才漫不經心說：「孩子們已經打敗賊軍了。」

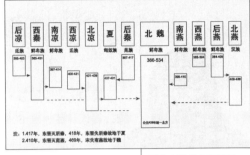

注：1.417年，東晉滅后秦，418年，東晉失后秦故地于夏
2.410年，東晉滅南燕，469年，宋失南燕故地于魏

淝水之戰後北方各族 ▲
政權表

謝安像　　　　　　▲

黃楊木雕東山報捷圖 ▲
筆筒　清　吳之璠

此筆筒分為兩部分，取材於歷史上著名的秦晉淝水之戰。在高立的山崖下，古松成蔭，樹下謝安正與一位老者專心對弈，三位侍女持玉如意竊竊私語，一位侍童在崎嶇邊端盤而立。清溪高山古樹之間，軍使奔馳，舉旗報捷，勝利之情洋溢在眉宇間。

陶潛歸隱

陶淵明像　▲

陶淵明又叫陶潛，潯陽柴桑（今江西九江）人，他祖上世代為官，曾祖父是陶侃，在東晉前期立過大功，曾掌管過八個州的軍事，也就是那個每天搬運一百塊磚以鍛鍊意志的人。不過到了陶淵明的時候，家道已經衰落了。陶淵明小的時候喜歡讀書，有「濟世救民」的志向，又很仰慕曾祖父陶侃，也想做一番事業。

陶淵明到了二十九歲後，才在別人的推薦下，陸陸續續做了幾任「參軍」之類的小官。他看不慣官場逢迎拍馬那一套，所以在仕途中輾轉了十三年之後，一腔熱情便冷了，決心棄官隱居。這裡還有一個不為五斗米折腰的故事。

那是陶淵明最後做彭澤縣（今江西湖口）令的時候。他上任之後，叫人把衙門的公田全都種上做酒用的糯稻。他說：「我只要常常有酒喝就滿足了。」他的妻子覺得這樣做可不行，吃飯的米總得要有啊，就堅決主張種粳米稻。爭執來，爭執去，陶淵明讓了步：二百畝公田，用一百五十畝種糯稻，五十畝種粳米稻。陶淵明原想等收成一次再作打算，不料剛過八十多天，郡裡派督郵了解情況來了。縣衙內有一個小吏，憑著多年的經驗，深知這事馬虎不得，就勸陶淵明準備一下，穿戴整齊，恭恭敬敬去迎接。陶淵明聽後歎了口氣，說：「我不願為了五斗米的薪俸，就這樣低聲

桃花源　▼

清靜無為的思想在陶淵明筆下便成了一處「絕聖棄智」、自然和諧的「桃花源」，桃花源成了老莊政治哲學的現實建構，也成了歷代政治家們疲累之餘的休息場所。圖為湖南桃源縣傳說中的「桃花源」遺址。

下氣向那人獻殷勤。」他當即脫下官服，交出官印，走出衙門，回老家去了。

陶淵明回家以後，下田做起了農活兒，起先只是趁著高興勁兒做一點。到後來，經濟上的貧困逼得他非把這作為基本謀生手段不可，做得就比較辛苦了。他經常從清早下地，直到天黑才扛著鋤頭踏著夜露回來。

此後，陶淵明創作了許多勞動詩篇，獲得了「田園詩人」的稱號。他曾寫過這樣的詩句：「相見無雜言，但道桑麻長。」可見，他與農民很有共同語言。同時，他還寫出了封建時代農民的某些要求和願望，晚年寫作的《桃花源記》就是最突出的一個例子。

《桃花源記》是個虛構的故事，反映了當時飽經戰亂的人們希望過安定的、沒有剝削壓迫的生活，為人們描繪了他們心目中的理想社會。

陶淵明與農民的關係很好，對那些達官貴人卻是另一副樣子。在他五十五歲那年，他住的那個郡的刺史王弘想結識他，派人來請他到官府裡敍談。陶淵明理都不理他，讓他碰了一鼻子灰。後來，王弘想了一個辦法，叫陶淵明的一個老熟人在他常走的路上準備好酒菜，等陶淵明經過時把他攔下來喝酒。陶淵明一見酒，果然停了下來。當他們兩人喝得興致正濃的時候，王弘搖搖擺擺地過來了，假裝是偶然碰到的，也來加入一起喝酒。這樣總算認識了，也沒惹陶淵明生氣。

幾年後，東晉的一代名將檀道濟到江州做刺史。他上任不久，就親自登門拜訪陶淵明，勸說陶淵明出去做官，並要送給他酒食，都被陶淵明回絕了。當時在那一帶隱居的還有劉遺民、周續之兩人。他們與陶淵明合稱「潯陽三隱」。事實上，這兩個人和陶淵明一點也不一樣，他們很有錢，與當官的交往密切。這些人只不過想藉「隱居」來找個終南捷徑罷了。

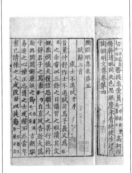

歸去來兮帖　明 沈度　▲

《陶淵明集》書影　　▲

劉裕成帝業

劉裕像　▲

犀皮鎏金扣皮胎漆耳杯　▲
長9.6公分，寬5.6公分，出
土於安徽馬鞍山朱然墓。

南朝軍事重鎮——
南京石頭城舊址　▼

劉裕幫助晉安帝復位後，自己掌握了東晉大權。劉裕是丹徒縣京口里人（今江蘇鎮江），小名寄奴兒，出身貧苦，生逢亂世。

劉裕的遠祖是漢高祖劉邦的弟弟劉交。漢王朝覆滅後，劉氏家族也漸漸沒落了。他的祖父劉靖，曾做過東安太守，父親劉翹卻只是個小小的郡功曹。

劉裕一出生，母親便死了，他也差一點被扔掉。後來，他父親給他取名裕，即多餘的意思。嬸母給他取了小名叫寄奴兒，即從小寄養他家的意思。

劉裕15歲時，劉翹病死了，他的繼母帶著他和他的兩個異母弟弟艱難度日。劉裕便做草鞋換糧食。生活雖然清貧，但他對繼母卻是十分孝敬，寧可自己餓肚子，也不讓繼母沒有飯吃。

生活在貧困之中的劉裕，一直懷有建功立業的志向，於是他加入了東晉北府兵的行列，成為了一名士兵。

後來，東晉北府兵將領孫元終讓劉裕在他身邊作了一名親兵，不久又提拔他作司馬。

劉裕作了參軍後，更加勤勉賣力。他三次帶兵打敗了孫恩，迫使孫恩逃到海上，從而被劉牢之當做心腹愛將，逐漸掌握了北府兵權。

後來，桓玄自立為帝，劉裕起兵討伐。他聯絡各方豪傑，於西元404年秋正式開始了他的討桓行動。劉裕的軍隊只有兩千

人，但個個英勇無比，在覆舟山一戰，
把桓玄的軍隊打得大敗。

西元405年，晉安帝司馬德宗
回到建康，大封平叛有功之臣，劉
裕被任命為都督揚、荊、徐等十六
州軍事，成為了一個封疆大吏。

西元409年初，南燕慕容超幾次派兵侵犯淮北，殺
東晉朝廷命官，搶劫財物，擄掠百姓。劉裕正想找機會
立功，便上表請求北伐南燕。幾個月後，劉裕滅了南
燕，朝廷命他兼任青、冀二州刺史，並允許他相機行
事。也就是說，他可以自作主張，不必請示朝廷了。

不久，盧循在廣州起義反晉，劉裕又率兵南征廣
州。東晉官兵在劉裕的嚴令督促下，積極奮戰，劉裕帶
著年僅4歲的兒子劉義隆親自到前線佈防，鼓舞士氣。
士氣高昂的東晉士兵，一舉打敗了盧循的軍隊。東晉朝
廷又加封劉裕為太尉中書監，加黃鉞，從此劉裕正式執
掌了朝政大權。

劉裕掌握了大權後，便起了取代晉安帝的念頭。

晉安帝雖然是個白癡，但生命力卻很旺盛。劉裕一
心想做皇帝，但苦於安帝不死，便命王韶之入宮，將安
帝活活勒死。劉裕見時機還沒成熟，就立晉安帝的弟弟
司馬德文繼位，這就是晉恭帝。司馬德文在劉裕的控制
下得過且過，成為一名傀儡皇帝。

這樣勉強過了一年，已經57歲的劉裕，覺得自己時
日不多了，更加急於當皇帝了。西元420年，劉裕派人
勸說晉恭帝讓了位。之後他率群臣祭告天地，登上太極
殿，正式稱帝，改國號宋。

至此，東晉王朝在南方統治了一百零四年後，終於
滅亡了。

青瓷五盅盤　南北朝　▲

五盅盤是南北朝的流行器具
之一，因在淺腹平底的盤內
環置五個小盅而得名。此盤
為南朝製品，屬五盅盤早期
製作階段的產品。盤胎骨厚
重，通體釉色青中閃黃，聚
釉處呈玻璃狀，釉面開細小
紋片，略高於盤沿，並利用
釉的黏連與盤連成一體。此
盤作工精細大方，為南北朝
時期的青瓷佳品。

青瓷盤口壺　東晉　▲

大盤口，短頸，肩部黏附四
對複繫，上腹部以纖細的線
條刻畫出蓮瓣紋。腹部豐
滿，底呈假圈足。兩晉時
期，宗教文化及外來文化影
響了當時陶器紋飾的發展，
此器上的蓮瓣紋的應用就與
佛教的精神不滅，輪迴永生
的教義有關，象徵靈魂的連
綿不斷和純潔如蓮。

檀道濟唱籌量沙

檀道濟像 ▲

南北朝戰爭形勢圖 ▼

　　宋武帝劉裕在南方建立宋朝後，北魏太武帝拓跋燾（拓跋是姓，燾音 ）正在加緊統一北方的大業。西元439年，太武帝滅了十六國中最後一個小國北涼，終於統一了北方。這樣一來，在東晉滅亡後的一百七十年的時間裡，中國歷史上出現了南北兩個政權對峙的局面。南朝先後更換了宋、齊、梁、陳四個朝代；北朝的北魏，後來分裂為東魏、西魏；東魏、西魏又分別被北齊、北周取代。歷史上把這段時期稱為「南北朝」。

　　宋武帝只做了兩年皇帝，就病死了。北魏趁南宋舉行國喪之機，大舉渡過黃河，進攻宋朝，把黃河以南的大片土地都搶去了。剛即位的宋文帝派檀道濟率領大軍去征討。

　　有一回，北魏兵進攻濟南，檀道濟親自率領將士來到濟水邊。在二十多天裡，宋軍打了三十多個勝仗，一直把魏軍追到歷城（在今山東省北部）。

　　這時候，檀道濟有點自大起來，防備也鬆懈了。魏軍瞅個機會，派兩支輕騎兵向宋軍的兩翼發起突然襲擊，把宋軍的糧草全燒光了。軍糧一斷，宋軍就沒法維持下去了，檀道濟便準備從歷城退兵。

　　宋軍中有個逃兵，到魏營把宋軍缺糧的情況告訴了北魏的將領。北魏就派出大軍追趕檀道濟，想把宋軍圍困起來。宋軍將士看到大批魏軍圍上來，都有點驚慌失措。只有檀道濟不慌不忙地命令將士就地紮營休息。

　　當天晚上，宋軍營寨裡燈火通明，檀道濟親自帶著一批管糧的兵士在一個營寨裡查點糧食。一些

兵士手裡拿著竹籌唱著計數，另一些兵士用斗量米。

魏兵的探子看見一個個米袋裡面都是雪白的大米後，趕快去告訴魏將，說檀道濟營裡有很多軍糧，要想跟檀道濟決戰，準是又打敗仗。

魏將得到消息，認為前來告密的宋兵是檀道濟派來騙他們上當的，就把那個宋兵殺了。

其實，檀道濟在營裡量的並不是白米，而是一斗斗的沙子，只是在沙子上覆蓋著少量的白米罷了。

天亮以後，檀道濟命令將士披甲戴盔，自己則穿著便服，乘著一輛馬車，不慌不忙地沿著大路向南轉移。魏將經常被檀道濟打敗，本來對宋軍就有點害怕，再看到宋軍從容不迫地撤退，說不定他們在哪兒設下了埋伏，不敢去追。

檀道濟以他的鎮定和智謀，使宋軍安全地回師。以後，北魏再也不敢輕易向宋朝進攻了。

檀道濟在宋武帝、文帝兩代，都立過大功。但是由於他功勞大，威望高，宋朝統治者就對他不放心了。

有一次，宋文帝生了一場病。宋文帝的兄弟劉義康就跟心腹商量說：「如果皇上的病好不了，留下檀道濟總是一個禍患。」他們就假藉宋文帝的名義下了一道詔書，說檀道濟有謀反的企圖，把檀道濟逮捕起來。

檀道濟被捕的時候，氣得眼睛裡像要噴射出火焰來。他恨恨地把頭巾摔在地上，說：「你們這是在毀掉自己的萬里長城！」

檀道濟終於被殺了。這個消息傳到北魏，魏朝的將士都高興得互相慶賀，說：「檀道濟死了，南方就沒有什麼叫人害怕的人啦！」

後來，北魏的軍隊打到江北的瓜步（今江蘇六合）。宋文帝在建康的石頭城上向遠處遙望，感慨地說：「如果檀道濟活著的話，胡騎就不會這樣橫行了。」

陶風帽立俑　南北朝　▲

此俑面頰豐腴，眉清目秀，戴皮風帽，外披小袖長袍，是少數民族武士裝束。

243

高允講實話

北魏的統治者原本是鮮卑族拓跋部落的人。後來，鮮卑貴族拓跋建立了北魏王朝，任用了一批漢族士人。其中最有名望的就是崔浩了。

崔浩在北魏統一北方的戰爭中，立了大功，受到北魏三代皇帝的信任。魏太武帝拓跋燾即位後，崔浩擔任司徒的高官。由於他派了許多漢族人到各地擔任郡守，引起了魏太武帝的不滿。

後來，魏太武帝派崔浩帶幾個文人編寫魏國的歷史。在崔浩他們做這件事之前，太武帝叮嚀他們，寫國史一定要根據實錄。

崔浩等人按照要求，採集了魏國上代的資料，編寫了一本魏國的國史。當時，皇帝要編國史的目的，原意是留給皇室後代看的。但是崔浩手下有兩個文人，偏偏別出心裁，勸崔浩把國史刻在石碑上，還把石碑豎在郊外祭天壇前的大路兩旁。

國史裡記載的倒是真實的歷史，但是北魏的上代沒有多少文化，做了許多不體面的事情。過路的人看了石碑，就紛紛議論起來。

有人向魏太武帝告發，說崔浩等人成心揭露皇室的醜事。太武帝一聽就火了，下令把寫國史的人統統抓起來辦罪。

太子的老師高允也參加了編寫工作。太子得到信息後，非常著

崔浩像　▲

柱礎　南北朝　▲
此時代的建築風格都或多或少的溶入了佛教建築的特色。

撫劍武士俑　南北朝　▶
泥質青灰陶俑，頭戴風帽，身著甲冑，內穿長衣，外披毛領斗蓬，張口吶喊，怒目而視，雙手握劍交於胸前，威風凜凜。周身塗白彩，服飾和甲冑等部位飾以朱彩。此俑高鼻深目，具有鮮卑族的特徵。北魏時武士俑，其造型、服飾大多相同，或握劍，或按盾，無不形銳威猛，蘊涵著威武和強悍的性格。

急。第二天，高允跟隨太子一起上朝。

太子先上殿見了太武帝，說：「高允眾人向來小心謹慎，而且地位也比較低。國史案件全是崔浩的事，請陛下赦免了高允吧。」

太武帝召高允進去，問他說：「國史全是崔浩寫的嗎？」

高允老老實實地回答說：「不，崔浩只抓個綱要。具體內容，都是我和別的著作郎寫的。」

太武帝對太子說：「你看，高允的罪比崔浩還大，怎麼能寬恕呢？」

太子又對魏太武帝說：「高允見了陛下，心裡害怕，就胡言亂語。我剛才還問過他，他說是崔浩做的。」

太武帝又問道：「是這樣嗎？」

高允說：「我不敢欺騙陛下。太子這樣說，只是想救我的命。其實太子並沒問過我，我也沒跟他說過這樣的話。」

魏太武帝看到高允這樣忠厚老實，心裡有點感動，對太子說：「高允死到臨頭，還不說假話，這確是很可貴的。我赦免他無罪了。」

魏太武帝又派人審問崔浩。崔浩嚇得面無血色，什麼也答不上來。太武帝大怒，要高允起草一道詔書，把崔浩滿門抄斬。

高允回到官署，猶豫了半天，什麼也寫不出來。他進宮對太武帝說：「如果崔浩僅僅是寫國史，觸犯朝廷，不該判死罪。」

魏太武帝認為高允在跟他作對，喊來武士，把他捆綁起來。後來經太子再三懇求，太武帝才把他放了。

後來，魏太武帝到底沒有饒過崔浩，把崔浩和他的一些親戚滿門抄斬。但是由於高允的正直，沒有株連到更多的人。據太武帝自己說：要不是高允，他還會殺幾千個人呢。

魏太武帝在西元452年，被宦官殺了。又過了一年，南朝宋文帝的兒子劉駿繼承皇位，這就是宋孝武帝。

彩繪騎馬持物俑 南北朝 ▶

北魏時期，陶塑藝術較以前有明顯進步，對各類人物的刻畫細膩入微，形態寫實，造型生動，頗富時代特色。此俑係北魏元邵墓儀仗俑之一，高鼻深目，明顯是鮮卑民族的形象。

祖沖之創新曆

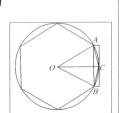

祖沖之像　▲

割圓術示意圖　▲

《隨書‧律曆志》關於 ▲
祖沖之圓周率的記載

宋孝武帝期間，出了一個傑出的科學家——祖沖之。

祖沖之的祖上於西晉末年，為了逃避戰亂而遷到江南。他家是科學世家，世代掌管國家的曆法。祖沖之在這樣的家庭裡，從小就讀了不少書。他特別喜愛天文學、數學和機械製造，並且常常顯示出不凡的才華。到了青年時期，他已經享有博學的名聲，受到宋孝武帝的重視，被朝廷聘到學術機關從事研究工作。

在數學上，祖沖之把圓周率數值準確推進到小數點後七位，成為世界上最早把圓周率數值推算到七位數字的科學家。直到十五、十六世紀，外國數學家才打破這個記錄。

中國當時是以農業立國，有著重視和研究天文曆法的傳統。祖沖之關心國計民生，極為注重天文曆法的研究。當時朝廷採用的是《元嘉曆》，它是天文學家何承

祖沖之的兒子祖日恆在開立圓術 ▲
中設計的立體模型

中
華
上
下
五
千
年

天編訂的。祖沖之對這本《元嘉曆》作了深入研究和推算後，發現《元嘉曆》仍然不夠精密。經過長期的實際觀測和仔細的驗算，並吸取了歷代各家曆本的成就，他終於重新制訂了一部新的曆法──《大明曆》。

祖沖之經過長期觀察，證實存在歲差，並計算出冬至點每四十五年要回向移動一度，測算出一個太陽年是365.24281481日，與近代科學測得的日數，只相差五十秒，誤差只有六十萬分之一。

西元462年，年方三十三歲的祖沖之把《大明曆》送給朝廷，要求頒佈實行。宋孝武帝命令懂曆法的官員對它進行討論。隨即，爆發了一場革新派和保守派的尖銳鬥爭。

在這場論戰中，祖沖之那精闢透徹、理實交融的分析，折服了許多大臣。

於是宋孝武帝決定在更元時改用新曆。可是，還沒多久，武帝就死了。直到祖沖之死去十年之後，他創製的大明曆才得以推行。

武帝死後不久，掌管宋朝禁衛軍的蕭道成滅了宋朝。西元479年，蕭道成稱帝，建立南齊，這就是齊高帝。

齊高帝蕭道成像　　▲

四面塔　南北朝　　▲

四面塔頗具印度風格，四面開門，門左右各有護衛天王，門楣上為雙龍圖案，佛端坐中央，是一件糅合中外造型獨特的塔，對研究中國建築史、佛教史都有極大價值。

漢代規矩圖　　▲

孝文帝改革

文吏俑　南北朝 ▲

北魏孝文帝改革時，厘定官制，依魏晉南朝制度，官吏著漢服，說漢話。此俑即是北魏官吏的形象，雙手拱立，表情端正。

　　自從太武帝被宦官殺死後，北魏政治腐敗不堪，不斷引起北方人民的反抗。西元471年，北魏孝文帝拓跋宏即位後，順應歷史潮流，實行了一系列漢化改革。

　　西元493年拓跋宏召集滿朝文武商議政事，他提出要動員北魏所有軍力，南征南方的齊國。這一提議，無疑是一石擊起千重浪，馬上就招來了眾多大臣的反對。任城王拓跋澄是孝文帝的叔父，在朝廷裡有很高的威望。他從國家利益出發，堅決反對此次南征。孝文帝見沒有人支持他的建議，非常生氣，宣佈退朝。

　　散朝之後，孝文帝在後殿對任城王拓跋澄交了底，他說：「您以為我真要南征嗎？老實告訴你，我不過是拿它做幌子罷了。我真正的意圖是想遷都到洛陽去。我們這裡不是用武的地方，不適應改革政治。現在我要移風易俗，非得遷都不可。所以我就想出這個主意，讓它生米煮成熟飯再說。」　拓跋澄這才恍然大悟，他佩服孝文帝的英明果斷，當即贊成孝文帝的決策。

　　有了任城王的支持，孝文帝的主張就可以施行了。西元493年，北魏正式遷都洛陽，孝文帝在改革的道路上邁進了一大步。

石棺床　南北朝 ▶

南北朝佛教盛行，墓葬中也多有體現。這件墓室中的石棺四周線刻各種佛教題材，床柱也採用佛教盛行的蓮花紋裝飾，極具時代特色。

鮮卑鐵刀 ▲

穆泰等元老重臣眼見孝文帝心醉改革，擔心對自己不利。他們知道太子拓跋恂留戀故都平城，就攛掇太子說服孝文帝，打消改革計劃。孝文帝得知太子有回平城的打算，怕自己死後，改革會半途而廢，就決定廢掉拓跋恂的太子身分。後來，又有人報告孝文帝，說拓跋恂與一些元老舊臣，聯絡密切。孝文帝便一不做二不休，乾脆派人把拓跋恂毒死了。

在孝文帝為改革舊制殺掉太子這一年，穆泰等人聯合東陵王拓跋思譽、代郡太守拓跋珍、陽平侯賀賴頭等人從平城起兵反叛。孝文帝以快制慢，迅速派任城王拓跋澄率師平叛，自己則率御林軍大批捕殺朝中的反對派勢力。一時間，反對改革的勢力全都被清除了。

孝文帝平定了穆泰等人的政變後，實施了一系列改革措施：改用漢人的姓，他帶頭將拓跋姓改為元姓；改說漢話，三十歲以下的人和上朝奏事的官員都必須說漢話；改穿漢裝、和漢人通婚；採用漢族封建制度等等。

北魏孝文帝大膽推行漢化改革，使北魏的政治、經濟煥然一新，促進了鮮卑族和漢族的大融合。

平民喪葬圖　南北朝　▲

一輛由牛所拉動的靈車，上有人字坡形白帳，帳下懸掛著隨葬明器。靈車無人挽送，一人頭頂祭盤走在前頭。

鮮卑貴族元顯雋的墓誌 ▲

孝文帝為了加強鮮卑族與漢族同化，規定鮮卑貴族改為漢姓，其中姓拓跋的，一律改姓元，又禁止遷洛的鮮卑人歸葬平城。

寧懋石屋　南北朝　◄

北方鮮卑族建國後，捨棄原有的游牧業，轉入農業生產，勤課農桑，定居樂業。這件當時的石屋摒去漢族建築的繁複，摻入鮮卑人的理念，使石屋更加簡單實用，代表了當時建築的一種風尚。即使是在魏分東西以後，這種風格也承延下去，一直傳到隋唐，影響以至現今。

如來立像　南北朝　▲

菩薩交腳像　南北朝　▲

南華禪寺　　　▶
該寺位於今廣東曲江東南，
始建於南北朝時期。

梁武帝出家

　　梁朝趁北魏內亂之機，曾幾次出兵北伐。但梁武帝出師不利，不但沒能佔到便宜，還死傷了不少軍民。此後，雙方都無力征伐，彼此相安無事。

　　蕭衍沒有當上皇帝之前，對百姓和士兵都很關心，到了登上皇位後，就換了一副面孔。他對皇親國戚格外寬容，對百姓卻盡情搜刮掠奪。他的臣下更是貪得無厭。有人告發他的弟弟蕭宏謀反，

梁武帝蕭衍像　▲

庫裡藏有兵器。梁武帝一聽，這還了得。他親自帶人去蕭宏家搜查，結果看到蕭宏家的庫房裡堆滿了布、絹、絲、棉，還有數以億計的錢財。蕭衍看到沒有謀反的現象，就對蕭宏說：「阿六呀，你的家當還真不少啊！」

　　其他的王公侯爺看到蕭衍對此一點也不在意，就更加肆無忌憚地搜刮民脂民膏了。

蕭衍到了晚年，開始崇信佛教，藉佛教名義愚弄百姓，搜刮錢財。他修建了一座規模宏大、富麗堂皇的同泰寺為自己誦經拜佛之用，自己裝成一副苦行僧的樣子，早晚到寺中朝拜。有一次，他到同泰寺「捨身」，表示要出家做和尚。他這一出家做和尚，國中無主，大臣們急得像熱鍋上的螞蟻，最後只得去寺中勸他回來。他做了四天和尚，大臣們出錢把他從同泰寺中贖了出來。這樣的滑稽劇總共演了四次，大臣們一共花了四萬萬錢的贖身錢。這筆錢，都轉嫁到老百姓身上去了。而且在他最後贖身回宮的那個晚上，竟派人把同泰寺的塔燒了，卻說是魔鬼做的。為了壓住魔鬼，又下詔要造一座幾丈高的高塔來壓住，繼續叫百官捐錢。

梁朝就這樣一天天地衰弱了，就像一個蘋果，裡頭全爛了，外面看不出來，只要有人踏它一腳，就什麼都完了。

蘇州寒山寺 ▲
始建於梁武帝天監年間。

河南登封嵩岳寺塔 ▼
河南登封嵩岳寺塔於北魏正光元年建造，是魏國現存最古老的磚砌佛塔。

中華上下五千年

造像　南北朝　

侯景反覆無常

金耳墜　南北朝　▲

這件北魏貴族飾物證明當時金銀器的打造技術已十分成熟。

黃釉綠彩長頸瓶 南北朝 ▲

童男　南北朝　▶

此像所著胡服很有特色，頭戴圓氈帽，身著圓領窄袖長袍，足穿圓頭氈靴，體態健美，籠袖而立，是一個天真聰慧、憨厚純樸的少男塑像。

梁武帝有一天晚上做了個夢，夢見北朝的刺史、太守都來向南梁王朝投降。這個夢無非是他日思夜想造成的。

二十多天後，恰好西魏的大將侯景派人來，說他跟東魏、西魏都有冤仇，打算投降南梁，還表示願意把他控制的函谷關以東十三個州都獻給南梁。

侯景原來是東魏丞相高歡部下的一員大將，高歡讓他帶兵在黃河以南鎮守。高歡臨死的時候，怕侯景叛亂，派人召侯景回洛陽。侯景怕自己去洛陽會被害死，就不接受東魏的命令，帶著人馬向西魏投降了。

西魏丞相宇文泰也不信任侯景，打算解除他的兵權。侯景又轉向南梁投降。

梁武帝接受了侯景的投降，把侯景封為大將軍、河南王，並且派他的侄兒蕭淵明帶著五萬兵馬去接應侯景。

蕭淵明帶兵北上，受到東魏的進攻。梁軍已經很久沒有打仗了，人心渙散，被東魏打得幾乎全軍覆沒。蕭淵明也被俘虜了。

東魏又向侯景進攻，侯景大敗，只帶著八百多人逃到南梁境內的壽陽。

東魏派使者到南梁講和，還說願意把蕭淵明送回來。侯景知道了這件事，害

中華上下五千年

怕對自己不利，就決定叛變。

　　侯景的人馬很快就打到了長江北岸，梁武帝急忙派他的侄兒蕭正德到長江南岸佈防。

　　侯景派人誘騙蕭正德做內應，說推翻了梁武帝後，就擁戴他做皇帝。蕭正德利欲薰心，秘密派了幾十艘大船，幫助侯景的軍隊渡過長江，還親自帶領侯景的軍隊渡過秦淮河。之後，侯景順利地進入建康，把梁武帝居住的台城包圍起來。

　　台城裡的軍民奮力抵抗，雙方相持了一百三十多天。到了後來，台城裡的軍民有的在打仗中死去，有的病死餓死，剩下的已不到四千人。

　　到了這個時候，誰也沒法挽回敗局。叛軍攻進了台城，梁武帝也成了侯景的俘虜。

　　侯景自封為大都督，掌握了朝廷的生殺大權。他先殺了那個一心想做皇帝的蕭正德，然後把梁武帝也軟禁起來。最後梁武帝連吃的喝的也沒有了，活活餓死在台城裡。

　　梁武帝死後，侯景又先後立了兩個傀儡皇帝。西元551年，他自立為皇帝。

　　侯景當了皇帝後，到處搜刮掠奪，給百姓帶來深重的災難。第二年，梁朝大將陳霸先、王僧辯率領大軍從江陵出發，進攻建康，把侯景的叛軍打得一敗塗地。最後，侯景只帶了幾十個人出逃，半路上被他的隨從殺死了。

　　南梁王朝經過這場大亂之後，分崩離析。西元557年，陳霸先在建康建立了陳朝，這就是陳武帝。

蓮花紋銀碗　南北朝　▲

這是一件東魏時期的盛食器具，碗內底中捶成一圓台，上有一朵俏麗的蓮花。碗內斟滿酒後，由於折光作用，酒波蕩漾，令人陶醉。

玉龍鳳形佩　南北朝　▲

騎兵和步兵戰鬥圖　▼
南北朝

陳後主亡國

陳武帝建立南陳的同時，北方的東魏、西魏也分別被北齊、北周取代。西元550年，東魏高歡的兒子高洋建立了北齊；西元557年，西魏宇文泰的兒子宇文覺建立了北周。北齊和北周經常相互攻打，後來，北周武帝滅掉了北齊，統一了北方。

北周武帝死後，荒淫殘暴的周宣帝繼承了王位。周宣帝一死，他的岳父楊堅就奪取了政權。西元581年，楊堅即位，建立隋朝，這就是隋文帝。

在北方動亂不安的時候，南陳王朝獲得了一個比較安定的時期，經濟漸漸發展起來。但是傳到第五個皇帝，卻是一個荒唐得出奇的陳後主。

陳後主名叫陳叔寶，是個不過問國事，只知道喝酒玩樂的人。他大興土木，為他的寵妃們造起了三座豪華的樓閣，自己常在裡面淫樂。他手下的宰相江總、尚書孔範等人，也都是一夥腐朽不堪的文人。陳後主和寵妃經常在宮裡舉行酒宴，宴會的時候，就把這些文人大臣召來，通宵達旦地喝酒賦詩。還把他們的詩配上曲子，又挑選了一千多個宮女，專門為他們演唱。

陳後主過著荒唐生活的同時，北方的隋朝卻漸漸強大起來，並為滅掉陳朝做準備。

西元588年，隋文帝造了大批戰船，派他的兒子晉王楊廣、丞相楊素擔任討陣元帥，賀若弼、韓擒虎為大將，帶領五十一萬大軍，分八路進兵，向陳朝攻來。

楊素率領的水軍從永安出發，其他幾路隋軍也進展順利，都將隊伍開到江邊。北路的賀若弼的人馬到了京口，韓擒虎的人馬到了姑孰。江邊的陳軍守將慌忙向建

陳後主像　　　　　　▲

康告急。告急的警報傳到建康時，陳後主正跟寵妃、文人們醉得一塌糊塗。他收到警報，連拆都沒有拆，就往床下一扔了事。

西元589年正月，賀若弼的人馬從廣陵渡江，攻克京口；韓擒虎的人馬從橫江渡江到采石，兩路隋軍一齊向建康撲來。

到了這個時候，陳後主才如夢方醒。這時城裡還有十幾萬人馬，但是陳後主手下的寵臣江總、孔範一夥哪裡懂得指揮。隋軍很快就攻進了建康城。

隋軍打進皇宮，搜了半天也沒有找到陳後主。後來，捉住了幾個太監，才知道陳後主躲到後殿的井裡去了。隋軍兵士來到後殿，果然有一口井。往下一望，是個枯井，隱約看到井裡有人，就高聲呼喊，讓井裡的人出來。井裡沒人答應。兵士們威嚇著大聲說：「再不出來，我們就要扔石頭了。」說著，拿起一塊大石頭放在井口比劃，做出要扔的樣子。井裡的陳後主嚇得尖叫了起來。兵士把繩索丟到井裡，把陳後主和他的兩個寵妃拉了上來。

南朝的最後一個朝代——陳朝滅亡了。中國自從西元316年西晉滅亡起，經過二百七十多年的分裂局面，又重新獲得了統一。

賀若弼像　▲

梳妝亭　▶

位於南嶽衡山藏經殿附近，傳為南朝陳後主寵妃張麗華梳妝之地。張妃曾拜慧思大師在藏經殿學習佛法，於是，南嶽便有了一些關於她的佳話及遺跡。

趙綽依法辦事

　　隋文帝統一全國後，採取了許多鞏固統治的措施：改革官制兵制；建立科舉制度；嚴辦貪官污吏。經過一番整頓治理，政局穩定，社會經濟開始繁榮起來。

　　隋文帝又派人修訂了刑律，把那些殘酷的刑罰都廢除了。這本來是件好事，但是隋文帝本人卻不完全按照這個刑律辦事，往往一時發怒，便不顧刑律規定，隨便下令殺人。

　　隋文帝的做法，叫大理（管理司法的官署）的官員十分為難。大理少卿趙綽覺得有責任維護刑律公正，常常跟隋文帝頂撞。

　　在大理官署裡，有一個叫來曠的官員，聽說隋文帝對趙綽不滿，想迎合隋文帝，就上了一道奏章，說大理衙門執法不嚴。隋文帝看了奏章，認為來曠說得很中肯，就提升了他的官職。

　　來曠自以為皇帝很賞識他的做法，就昧著良心，誣告趙綽徇私舞弊，放了一些不該赦免的犯人。

　　隋文帝雖然嫌趙綽辦事不合他的心意，但是對來曠的上告，卻有點懷疑。他派親信官員去調查，發現根本沒有這回事。隋文帝弄清真相後，勃然大怒，立刻下令處死來曠。

　　隋文帝把這個案子交給趙綽辦理，他覺得這一回來曠誣告的是趙綽自己，趙綽一定會同意他的命令。哪知道趙綽還是說：「來曠有罪，但是不該判

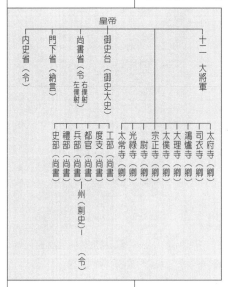

隋三省六部制簡表 ▼

死罪。」

隋文帝很不高興，起身就離朝回內宮去了。

五銖錢　隋　▲

趙綽在後面大聲嚷著說：「來曠的事臣就不說了。不過臣還有別的要緊事面奏。」

隋文帝信以為真，就讓趙綽隨他進了內宮。

隋文帝問趙綽要奏什麼事。趙綽說：「我有三條大罪，請陛下發落。第一，臣身為大理少卿，沒有管理好下面的官吏，使來曠觸犯刑律；第二，來曠本不該被判處死，臣卻不能據理力爭；第三，臣請求進宮，本來無事可奏，只是因為心裡著急，才欺騙了陛下。」

隋文帝聽了趙綽最後幾句話，禁不住笑了。在一旁坐著的獨孤皇后（獨孤是姓），也很賞識趙綽的正直，便讓侍從賜給趙綽兩杯酒。隋文帝終於同意了赦免來曠，改判革職流放。

隋文帝吸取了陳後主亡國的教訓，比較注意節儉，對那些有貪污奢侈行為的官吏，一律嚴辦，連他的兒子也不例外。他發現太子楊勇講究排場，生活奢侈，很不高興，漸漸疏遠了楊勇。

皇子晉王楊廣很狡猾，他摸清父親脾氣，平時裝得樸素老實，騙得了隋文帝和獨孤皇后的信任，再加上楊素經常在隋文帝面前說他的好話 —— 結果，隋文帝把楊勇廢了，改立楊廣為太子。直到他病重的時候，才發現楊廣是個品格很壞的人。後來，楊廣害死了父親，奪取了皇位，這就是歷史上出名的暴君隋煬帝。

隋科舉考試程序圖　▼

選科而考
明經（考儒家經典）、進士（對策和詩賦）、明法（考律令）、明算（考數學）等。武則天時創立武舉。

↓

進士及第
取得做官的資格，除武舉成績優異者直接得官外，其餘參加史部考試。

↓

參加尚書省史部考試，是為銓選，又稱釋褐試。唯五品以上官不用參加史不銓選，由宰相提名，再由皇帝任命。

↓

史部考試及第者授以六品以下官，否則放回待選。

隋煬帝三下江都

隋煬帝像 ▲

　　隋煬帝當上了皇帝，就開始追求享樂起來。他生性好玩，享樂遊玩的興趣要經常更換，因此頻繁出巡。

　　西元605年，就是隋煬帝即位的頭一年，他就下詔命令黃門侍郎王弘等人到江南造龍舟和各種船隻上萬艘。幾十萬人因此被徵調去造船，許多民工勞累過度，死在工地上，運載屍體的車子，東至成皋，北至河陽，絡繹不絕。同年八月，隋煬帝從洛陽出發遊江都，隨行的有嬪妃、文武百官、公主王侯和僧道尼姑等幾十萬人。煬帝乘坐的龍舟高達45尺，寬50尺，長200尺。沿途一些州縣的官僚，為了巴結皇帝，不顧百姓死活，狠命敲榨，讓百姓為隋煬帝一行準備吃的喝的，叫做「獻食」。一些州縣甚至強迫農民預交幾年的租稅，弄得許多百姓傾家蕩產。

　　西元611年，隋煬帝第二次巡遊江都。這次遊幸，又是大肆揮霍。不僅如此，隋煬帝一行到了江都，還大擺酒席，宴請江淮以南的名士，炫耀豪華，向百姓擺威風。

　　西元617年，隋煬帝第三次出遊江都時，農民起義的烽火已燃遍大河上下、長江南北，隋王朝的統治已是岌岌可危了。可是隋煬帝只顧個人享樂，根本不顧百姓死活。在遊江都之前，停泊在江都的幾千

隋煬帝龍舟出行圖　清　佚名 ◀

隋運河圖 ▶

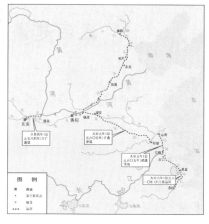

艘龍舟全被起義軍燒毀了。隋煬帝馬上下令重新建造,規格比原來的還要豪華富麗,耗費了大量的錢財,百姓也已窮困到了極點。

揚州古運河 ▲

高足金杯 隋 ▲

　　隋煬帝的船隊從寧陵向睢陽開進時,常常擱淺,拉縴的民夫用盡力氣,一天也走不了幾里路。煬帝十分惱火,下令追查這一段河道是哪個官員負責開鑿的。經查問,原來這個河段的負責人是麻叔謀。這時,督造副使令狐達乘機上書告發麻叔謀蒸食嬰兒、收受賄金等事。於是,煬帝下令查辦麻叔謀,並將當時挖這一段河道的五萬名民工統統活埋在河岸兩旁。

　　隋煬帝到達江都後,更加荒淫無度,每天都與嬪妃美女一起飲酒作樂。此時,他見天下大亂,心中也常常煩躁不安。一天,他照鏡子時對蕭后說:「我這顆頭顱將會葬送誰手呢?」他還準備了毒藥帶在身邊,準備在危急時吃。

　　隋煬帝一人出遊,幾乎是全天下的人民都在為他準備行裝、供奉食物。他的遊幸,給人民帶來了沉重的災難,以致百姓沒有飯吃,只能剝樹皮、挖草根,或者煮土而食,有的地方還出現了人吃人的現象。至此,隋朝江山已處於風雨飄搖之中了。

綠褐釉騎駝胡人俑 隋 ▶

瓦崗起義

持盾步兵俑 隋 ▲

瓦崗軍的首領翟讓，原來在東郡衙門裡當差，因為得罪了上司，被關進了監牢，還被判了死罪。有個獄吏很同情他，在一天夜裡，獄吏偷偷地給翟讓解下鐐銬，把翟讓放了。

翟讓出了監牢，逃到東郡附近的瓦崗寨，召集了一些貧苦農民，組織了一支隊伍。當地一些青年人聽到消息後，都來投奔他。這些人中有一個十七歲的青年叫徐世勣（ ㄐㄧ），不但武藝高強，而且很有謀略。

翟讓聽從徐世勣的意見，帶領農民軍到滎陽一帶，打擊官府和富商，奪了大批錢糧。附近農民來投奔翟讓的越來越多，隊伍很快壯大到一萬多人。

這時，有一個叫李密的青年前來投奔翟讓，並且幫助他整頓人馬。

李密對翟讓說：「從前劉邦、項羽，也不過是普通老百姓，後來推翻了秦朝。現在皇上昏庸殘暴，民怨沸騰，官軍大部分又遠在遼東。您手下兵精糧足，要拿下東都和長安，打倒暴君，是很容易辦到的事！」

接著，兩人商量了一番，決定先攻打滎陽。滎陽太守見事不妙，慌忙向隋煬帝告急。隋煬帝派大將張須陀帶大軍前來鎮壓起義軍。

李密請翟讓在正面迎擊敵人，他自己帶了一千人馬埋伏在滎陽大海寺北面的密林裡。

張須陀根本沒把翟讓放在眼裡，莽莽撞撞地指揮人馬殺奔過來。翟讓抵擋了一陣，假裝敗退。張須陀緊緊在後面追趕，追了十多里，路越來越窄，樹林越來越密，進入了李密佈置的埋伏圈。李密見敵軍到了，一聲

凡是軍人，可悉
屬州縣，墾田籍帳，
一與民同，軍府統領，
宜依舊式。

隋書

《隋書・高祖紀》有關 ▲
隋文帝改進府兵制的詔令

令下，埋伏著的瓦崗軍將士奮勇殺出，把張須陀的人馬團團圍住。張須陀左衝右突，沒法突圍，最後全軍覆沒。張須陀也被起義軍殺死了。

經過這次戰鬥，李密在瓦崗軍裡聲望提高了。李密不但號令嚴明，而且生活儉樸，對起義將士也十分關心。日子一久，將士們就漸漸傾向他了。

後來，翟讓覺得自己的才能不如李密，就把首領的位子讓給了李密。大家推李密為魏公，兼任起義軍元帥。

瓦崗軍在洛口建立了自己的政權。不久，又乘勝攻下許多郡縣，隋朝官吏士兵都紛紛前來投降。瓦崗軍一面繼續圍攻東都，一面發出討伐隋煬帝的檄文，歷數煬帝的罪惡，號召百姓起來推翻隋王朝的統治。這樣一來，震動了整個中原。

正當瓦崗軍不斷發展壯大的時候，它的內部卻發生了嚴重分裂。翟讓讓位給李密後，翟讓手下有些將領很不滿意。有人勸翟讓把權奪回來，翟讓卻總是一笑了之。這些話傳到李密耳朵裡，李密就心生疑慮了。李密的部下也攛掇他把翟讓除掉。李密為了保住自己的地位，終於起了殺心。

有一天，李密請翟讓喝酒。在宴會中，李密把翟讓的兵士支開後，假意拿出一把好弓給翟讓，請他試射。翟讓剛拉開弓，李密便暗示埋伏好的刀斧手動手，把翟讓殺了。

從此，瓦崗軍開始走向衰弱了。這時，北方由李淵帶領的一支反隋軍卻日益強大起來。

石子河遺址　▲

瓦崗軍曾在此地大敗隋虎賁郎將劉長恭部。

中華上下五千年

隋末農民起義晚期勢力分佈圖　▼

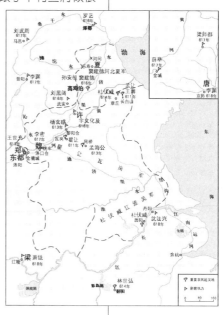

李淵起兵

唐高祖李淵像　　　▲

李淵出身貴族，繼承祖上的爵位，當了唐國公。西元617年，隋煬帝派他到太原去當留守（官名），鎮壓農民起義。

李淵有四個兒子，其中第二個兒子李世民是個很有膽識的青年，他很喜歡結交朋友。

晉陽（今山西太原）縣令劉文靜就是李世民非常賞識的一個朋友，他跟李密有親戚關係，李密參加起義軍以後，劉文靜受到株連，被革了職，關在晉陽的監牢裡。

李世民得知劉文靜坐了牢，急忙趕到監牢裡去探望。

李世民拉著劉文靜的手，一面敘友情，一面請劉文靜談談對時局的看法。

劉文靜早就知道李世民的心思，他說：「現在楊廣遠在江都，李密正進攻東都，到處都有人造反，這正是打天下的好時機。我可以幫您召集十萬人馬，您父親手下還有幾萬人。如果用這支力量起兵，不出半年就可以打進長安、取得天下。」

李世民回到家裡，反覆想著劉文靜的話，覺得很有道理。但是要說服他父親，卻不是一件容易的事。正好

唐長安城　　　▼

位於今陝西西安。這段城牆
爲明代修建，南城牆部分建
在唐長安皇城牆基上。

三彩鞍馬　唐　　　◀

在這個時候，太原北面的突厥（我國古代北方民族之一）可汗向馬邑進攻。李淵派兵抵抗，連連打敗仗。李淵怕這件事傳到隋煬帝那裡，要追究他的責任，急得不知怎麼辦才好。

李世民抓住這個機會，就找李淵勸他起兵反隋。

李世民對李淵說：「皇上委派父親到這裡來討伐反叛的人。可是眼下造反的人越來越多，您能討伐得了嗎？再說，皇上猜忌心很重，就算您立了功，您的處境也將更加危險。唯一的出路，只有起來造反。」

李淵猶豫了許久，才長歎一聲，說：「我思考你說的話，也有些道理，我只是有些拿不定主意。好吧！從現在起，是家破人亡，還是奪取天下，就憑你啦！」

李淵把劉文靜從晉陽監牢裡放了出來。劉文靜幫助李世民，分頭招兵買馬。李淵又派人召回正在河東打仗的另兩個兒子李建成和李元吉。

李淵自稱大將軍，讓李建成做左領軍大都督，李世民做右領軍大都督，劉文靜做司馬，帶領三萬人馬離開晉陽，向長安進軍。一路上他們繼續擴充人馬，還學著農民起義軍的做法，打開官倉，給貧民發糧。這樣一來，加入隊伍的人就越來越多了。

不久，唐軍攻下霍邑城，然後繼續向西進軍，在關中農民軍的配合下，渡過了黃河。

李淵率領了二十多萬大軍攻打長安。守在長安的隋軍，已經無力回天，很快就被李淵的軍隊攻破了城池。為了爭取民心，李淵一進長安就宣佈約法十二條，把隋王朝的苛刻法令全部廢除，隨後立隋煬帝的孫子楊侑（音 ㄧㄡˋ）做了掛名的皇帝。

第二年（西元618年）夏天，隋煬帝在江都被人殺了。消息一傳來，李淵就把楊侑廢了，自己登基稱帝，改國號為唐，這就是唐高祖。

彩繪武士俑　唐　▲

玄武門之變

唐朝剛剛建立不久，李世民和皇太子李建成之間，就為爭奪皇位展開了激烈的鬥爭。

李世民手下有大批人才：勇將有聲名顯赫的尉遲敬德、秦叔寶、程咬金，文人中有著名的十八學士，其中房玄齡、杜如晦多謀善斷，都是一時俊秀。太子李建成在太原起兵之後，也統領過一支軍隊，打過一些勝仗，在他的周圍聚集著一大批皇親國戚。另外，他長期留守關中，在京城長安一帶有牢固的基礎，宮廷的守軍（玄武門的衛隊）也在他的控制之下。他還和齊王李元吉結成聯盟對付李世民。因此，李世民和李建成是勢均力敵，旗鼓相當。

為了削弱李世民的勢力，李建成和李元吉絞盡腦汁。凡是有調動兵馬的機會，他們總是想方設法把李世民的部將調離。這樣，他們之間由明爭暗鬥發展到了兵戎相見的地步。

這時正好突厥入侵，李建成便和李元吉策劃，先奪了李世民的兵權，等出征的時候再把他殺掉。消息很快便傳到李世民那裡，他急忙找來長孫無忌、尉遲敬德商量對策，大家都主張立即動手，先發制人。

當天夜裡，李世民進宮去控告李建成和李元吉，揭發他們在後宮胡作非為。高祖大吃一驚，說：「有這樣的事嗎？」李世民說：「不但如此，他們還想謀害我。如果他們得逞，兒就永遠見不到父皇了！」說說完便哭了起來。高祖說：「你講的事情，關係重大，明天你們一同進宮，我要親自審問！」

第二天一早，李世民讓長孫無忌等人帶了一支精

左側邊欄

中華上下五千年

唐太宗像 ▲

昭仁寺碑 唐 ▲

西元618年，李世民大戰淺水原，平定了割據隴西的薛舉，薛仁杲勢力。為表彰此戰陣亡將士，唐太宗詔立昭仁寺碑。

兵，埋伏在玄武門內。守衛玄武門的將領叫常何，原來是李建成的心腹，事先已被李世民收買過來了。他見李建成和李元吉走進玄武門，便迅速將大門關閉。

　　李建成和李元吉下了馬，走上臨湖殿。李建成眼光向周圍一掃，發覺周圍的氣氛有點反常。他扯一下齊王的衣袖，轉身飛快走下石級，翻身上馬，奔向玄武門。這時，只聽有人喊道：「太子、齊王，為什麼不去上朝？」李建成回頭一看，不是別人，正是對頭李世民。李世民對準李建成一箭射去，先把李建成射死了。李元吉急忙向西逃去，也被尉遲敬德一箭射下馬來。

　　正當他們兄弟三人火拼的時候，唐高祖正帶著大臣、妃子在海池中乘船遊玩。忽然看見岸上有一個全副甲冑的將軍匆匆趕來，便問：「你是什麼人？」那位將軍跪在地上說：「臣就是尉遲敬德。」高祖又問：「你來這裡做什麼？」尉遲敬德說：「太子、齊王叛亂，秦王恐怕驚動陛下，特地派臣來護駕。」高祖大吃一驚，忙問：「太子、齊王在哪兒？」尉遲敬德說：「已經被秦王殺死了。」

　　高祖十分難過，吩咐遊船靠岸。左右大臣聽到李建成、李元吉已死，也就樂得順水推舟做個人情。宰相蕭瑀說：「建成、元吉本來就沒有大功，現在秦王已經殺了他們，也不是壞事。不如陛下把國事交給秦王，就沒有事了。」

　　事已至此，唐高祖只好聽從蕭瑀的話，命令各路軍隊都接受秦王李世民的指揮。三天之後，唐高祖李淵立李世民為皇太子，國家軍政大事一律由太子處理。又過了兩個月，唐高祖被迫讓位，自稱太上皇。李世民當上皇帝，就是唐太宗。

唐代鎧甲式樣　▲

《李世民論兵文錄》　▼
內頁

李世民論兵文錄

吾自少經略四方，頗知用兵之要，每觀敵陣，則知其強弱，常以吾弱當其強，強當其弱。彼乘吾弱，逐奔不過數十百步，吾乘其弱，必出其陣後，反擊之，無不潰敗，所以取勝，多在此也。

《資治通鑑卷一百九十二》

以人為鏡

　　魏徵在隋末參加瓦崗軍，後來隨瓦崗軍投奔唐軍，在皇太子李建成跟前當侍從官。他曾幾次勸太子殺掉秦王李世民。

　　玄武門之變後，有人向李世民告發了魏徵策劃殺他的事。李世民找來魏徵，板著臉問道：「你為什麼在我們兄弟之間挑撥是非？」魏徵神色自如地回答說：「要是皇太子早聽我的話，就不會發生今天的事了！」左右大臣都替魏徵捏把汗，沒想到李世民竟然轉怒為喜。他覺得魏徵很正直，就任命他做了諫議大夫。

　　西元626年，唐太宗派人徵兵。有大臣建議說：有些十六歲以上的男孩，雖然不滿十八歲，可長得身材高大，也應該讓他們當兵打仗，唐太宗同意了。但是魏徵扣住詔書不發。唐太宗催了幾次，魏徵就是不發。唐太宗氣得火冒三丈，對魏徵說道：「你好大的膽子！竟然敢扣住我的詔書不發？」魏徵不慌不忙地說：「我不贊成您這樣做！軍隊強大不強大，不在於人多人少，而在於用兵得法。好比湖裡的魚和水，您把水弄乾了，可以捉到很多魚，但是到明年湖中就無魚可撈了。如果把那些不到十八歲的男子都徵來當兵，以後還到哪裡徵兵

十八學士圖　唐　佚名　▶
李世民建文學館，廣攬人才，杜如晦等十八人稱學士。

呢?」唐太宗雖覺得有理,可就是不服氣。魏徵也生氣了,不顧一切地說:「陛下,您已經好幾次說話不算數、失信於民了!」魏徵一席話,說得唐太宗啞口無言。他彆扭了好半天,才老老實實承認了自己的錯誤。於是,又重新下了一道詔書,免徵不到十八歲的男子。

有一次,唐太宗去洛陽巡視,中途在昭仁宮(今河南壽安)休息,他對用膳安排不周大發脾氣。魏徵當面批評唐太宗說:「隋煬帝就是因為常常為百姓不獻食物而發火,或者嫌進獻的食物不精美,使百姓背上沉重的負擔而滅亡,陛下應該從中吸取教訓。如能知足,今天這樣的食物陛下就應該滿意了;如果貪得無厭,即使食物再好一萬倍,也不會滿足。」唐太宗聽後不覺一驚,說:「若不是你提醒,恐怕我就難得聽到這樣中肯的話了。」

西元643年,六十三歲的魏徵得了重病。唐太宗不斷派人前去探視他的病情。這一天,唐太宗聽說魏徵病危,急忙領著皇太子,親自到他府裡去看望。唐太宗難過地問魏徵:「您還有什麼話要說嗎?」魏徵用微弱的聲音說:「我最擔心的就是國家的危亡啊!如今國家昌盛,天下安定,希望陛下您在太平的時候要想到可能出現的危險局面啊(文言是居安思危)!」唐太宗邊聽邊點頭,表示一定記住他的話。幾天以後,魏徵病死了。

唐太宗十分悲痛,親自為他撰寫了墓碑的碑文。此後,他還時常懷念魏徵,有一次,唐太宗在朝堂上對大臣們說:「用銅做鏡子,可以整理衣帽;用歷史作鏡子,可以知道興亡的道理;用人做鏡子,可以明白自己的過失。我常常拿這三面鏡子來檢察自己的得失。如今魏徵去世了,我就少了一面鏡子啊!」

魏徵的忠言直諫和唐太宗的虛心納諫,使唐朝出現了繁榮的局面,形成了後世歷史學家稱讚的「貞觀之治」的局面。

古帖 唐 魏徵 ▲

魏徵此帖字勢雄強,布局寬博,用墨厚重,字畫粗細安排適中,隱隱間正氣凜然,正如古書論所說,字如其人。

鎏金葡萄紋鏡 唐 ▲

唐太宗昭陵 ▲
位於今陝西醴泉東北

267

李靖夜襲陰山

李靖像　　　　▲

三彩騰空馬俑　唐　▼

李世民便橋會盟圖　遼▼
陳及之

此圖是唐太宗李世民在長安
近郊的便橋與突厥頡利可汗
結盟。圖中右側全為突厥
人，下跪者即頡利可汗。

　　唐太宗剛即位的時候，中原戰事基本結束，但邊境
還經常受到外族的侵擾。特別是東突厥，當時還很強
大，常常威脅唐朝的邊境。當初，唐高祖一心對付隋
朝，只好靠妥協的辦法，維持和東突厥的友好關係，但
東突厥貴族仍舊不斷侵擾唐朝邊境，使得北方很不安
寧。

　　唐太宗即位不到二十天，東突厥的頡利（頡音 ㄒㄧㄝˊ）
可汗便率領十多萬人馬，一直打到離長安只有四十里的
渭水邊。頡利以為唐太宗剛即位，内部不穩，一定無力
抵抗，便先派使者進長安城見唐太宗，揚言一百萬突厥
兵馬上就到。

　　唐太宗親自帶了房玄齡等六名將領，騎馬來到渭水
邊的橋上，指名要頡利出來對話。

　　唐太宗隔著渭水對頡利說：「我們兩家已經訂立了
盟約，幾年來還給你們許多金帛，為什麼要背信棄義，
帶兵進犯？」

　　頡利覺得理虧，表示願意講和。過了兩天，雙方在
便橋上重新訂立盟約。接著，頡利就退兵了。從這以
後，唐太宗加緊訓練將士，每天召集幾百名將士在殿前
練習弓箭。

第二年，一場大雪覆蓋了北方。東突厥死了不少牲畜，大漠以北發生饑荒。頡利可汗加緊壓迫其他部族，引起各部族的反抗。頡利派他的堂兄弟突利去鎮壓，反被打得大敗。

　　唐太宗利用這個機會，派出李靖、徐世勣等四名大將和大軍十多萬，由李靖統率，分路向突厥攻擊。

　　李靖很快便攻下定襄，得勝還朝。唐太宗十分高興，說：「從前漢朝李陵帶領五千兵卒，結果被匈奴所俘虜；現在你以三千輕騎深入敵人後方，攻下定襄，威震北方，這是自古以來少有的成功戰例啊！」

　　頡利逃到陰山以北，擔心唐軍繼續追趕，便派使者到長安求和，還說要親自前來朝見。唐太宗一面派唐儉到突厥安撫，另一方面又命令李靖帶兵前去察看頡利動靜。

　　李靖領兵來到白道（在今內蒙古呼和浩特西北），與在那裡的徐世勣會師。兩個人商量對付頡利的辦法。李靖說：「頡利雖然打了敗仗，但是手下還有很多人馬。如果讓他逃跑，以後再要追他，就很困難了。我們只要選一萬精兵，帶二十天的糧，跟蹤襲擊，把頡利捉住，就可以大獲全勝了。」徐世勣表示贊成，兩支軍隊便向陰山進發了。

　　頡利得知唐軍騎兵來到，慌忙上馬逃走。李靖指揮唐軍追殺，突厥兵沒有主帥，全軍潰敗。唐軍殲滅突厥兵一萬多，俘獲了大批俘虜和牲畜。頡利東奔西逃，最後被他的部下抓住交給唐軍，隨後被押送到長安。

　　一度很強大的東突厥就這樣滅亡了。唐太宗並沒有殺死俘虜，同時，在東突厥原址設立了都督府，讓突厥貴族擔任都督，並由他們管理各部突厥。

　　這次勝利，使唐太宗在西北各族中的威信大大提高。這一年，回紇等各族首領一起來到長安，朝見唐太宗，擁護唐太宗為他們的共同首領，尊稱他是「天可汗」。

　　從那以後，西域各族人和亞洲許多國家的人，不斷來到長安拜見和觀光。在這一時期，我國高僧玄奘（音 ㄗㄤˋ）也通過西域各國去天竺求取佛經。

　　玄奘的原名叫陳褘（音 ㄏㄨㄟ），洛州緱氏（今河南偃師緱氏鎮，緱音 ㄍㄡ）人，是長安大慈恩寺的和尚。他從十三歲出家做和尚起，就認真研究佛學。後來到處拜師學習，很快就精通佛教經典，被尊稱為三藏法師（三藏是佛教經典的總稱）。玄奘發現原來翻譯的佛經有很多錯誤，就決定到天竺去學習佛經。

玄奘取經

玄奘像 ▲

　西元629年（一說627年）玄奘從長安出發，到了涼州（今甘肅武威）。當時，朝廷不允許唐人出境，他在涼州被邊境兵士發現，命令他回長安去。他沒有改變初衷，而是逃過邊防關卡，向西來到玉門關附近的瓜州（今甘肅安西）。

　出瓜州以後，玄奘在玉門關守吏王祥及同族兄弟的幫助下，艱難地走出玉門關五堡，其中經歷了沙漠缺水的考驗，最終到達高昌。

　高昌王麴（音 ㄑㄩˊ）文泰也篤信佛教，聽說玄奘是大唐來的高僧，十分敬重，請他講經，還懇切地要他留在高昌。玄奘堅決不肯。文泰沒法挽留，就給玄奘備好行裝，派了二十五人，帶著三十匹馬護送；還寫信給沿路二十四國的國王，請他們保護玄奘安全過境。

　玄奘帶著一行人馬，越過雪山冰河，經歷了千辛萬苦，到達碎葉城（在前蘇聯吉爾吉斯北部托克馬克附近），西突厥可汗接待了他們。從那以後，一路上十分順利，通過西域各國進入到天竺。

玄奘譯《功德經》內頁 ▲

玄奘譯經處，位於今陝西宜君縣玉華寺內。　▲

天竺摩揭陀國有一座古老的叫做那爛陀的大寺院。寺裡有個戒賢法師，是天竺有名的大學者。玄奘來到那爛陀寺，跟著戒賢法師學習。五年後，他把那裡的經全部學會了。

摩揭陀國的戒日王是個篤信佛教的國王，他聽到玄奘的名聲後，便在他的國都曲女城（今印度北方邦境內卡瑙季）為玄奘開了一個隆重的講學聚會。天竺十八個國的國王和三千多高僧都到會。戒日王請玄奘在會上講經說法，還讓大家討論。會議開了十八天，大家十分佩服玄奘的精采演講，沒有一個人提出不同的意見。最後，戒日王派人舉起玄奘的袈裟，宣佈講學圓滿成功。

玄奘的遊歷，在佛學上取得了巨大成功，還促進了東西方的文化交流。西元645年，他帶著六百多部佛經，回到闊別十多年的長安。他的取經事蹟，轟動了長安人民。當時，正在洛陽的唐太宗對玄奘的壯舉十分讚賞，在洛陽行宮接見了玄奘。玄奘將他遊歷西域的經歷向太宗作了詳細的講述。

從這以後，玄奘就在長安定居下來，專心致志地翻譯從天竺帶回來的佛經。他還和他的弟子合作編寫了一本《大唐西域記》。

玄奘墓塔，位於今陝西 ▲
城南。

唐玄奘取經圖　元　王振鵬 ▶

文成公主入藏

松贊干布像　　　▲

吐蕃人是藏族的先祖，唐初在青康藏高原上生活，並日益壯大起來。大約在西元620年，吐蕃贊普（吐蕃人的首領）松贊干布的父親統一了西藏各個部落。後來，松贊干布做了贊普，把都城遷到邏些（今拉薩），制定了官制和法律，建立了強大的奴隸制政權。

西元640年，松贊干布派得力的大相（宰相）祿東贊帶著五千兩黃金，數百件珍寶，去長安求婚。唐太宗向祿東贊仔細詢問了吐蕃的情況，答應把美麗多才的文成公主嫁給松贊干布。

傳說當時到長安求婚的有五個國家的使臣，唐太宗決定出幾道難題，考一考這些使臣，誰回答得正確，就把公主許配給誰的國王。

唐太宗叫侍從拿出一顆珍珠和一束絲線，對使臣們說：「誰能把絲線穿過珍珠的小孔，就把公主嫁給誰的國王？」這是一顆中間有一個彎彎曲曲小孔的珍珠，叫九曲珍珠。一根軟軟的絲線怎能從彎彎曲曲的小孔中穿過呢？幾位使臣拿著絲線不知怎麼辦。祿東贊靈機一

松贊干布迎接文成公主　▲
處，在今拉薩北部。

文成公主入藏壁畫 吐蕃 ▶

動，他捉來一隻螞蟻，把絲線拴在螞蟻的身上，再把螞蟻放進小孔的一端，然後向小孔內吹氣。一會兒，螞蟻爬出了小孔的另一端，絲線也就在螞蟻的帶動下，穿了過去。

接著，唐太宗又出了第二道難題。他命令馬

夫趕來一百匹母馬和一百匹馬駒，要求辨認一百對馬的母子關係。其他使臣束手無策，只有祿東贊想出了辦法。祿東贊把母馬和馬駒分別圈起來，只餵馬駒草料，不餵水。過了一天，再把馬駒放出來，小馬駒渴得厲害，紛紛找自己的媽媽吃奶，就這樣，祿東贊辨認出它們的母子關係。

於是，到了西元641年，唐太宗就派禮部尚書、江夏王李道宗護送文成公主，動身進入吐蕃。松贊干布親自率領大隊人馬從邏些趕到柏海（今青海省扎陵湖）迎接。松贊干布原來住在帳篷裡，為了和文成公主成婚，在邏些專門建築了一座華麗的王宮，就是現在的布達拉宮。在這座王宮裡，松贊干布和文成公主舉行了隆重的婚禮。

文成公主進藏，在吐蕃歷史上是一件重大事件。文成公主到達吐蕃，不僅帶去各種穀物、蔬菜種子，而且帶去了工藝品、藥材、茶葉及各種書籍。吐蕃過去沒有文字，無論什麼事都用繩打結，或在木頭上刻符號表示。文成公主勸松贊干布設法造字。於是，松贊干布指令吞彌・桑布扎去研究，後來創制出三十個字母及拼音造句的文法。從此吐蕃有了自己的文字。所有這些，都極大地促進了經濟文化的發展。

西元650年，松贊干布不幸英年早逝，只活了三十三歲。松贊干布死後，文成公主又活了三十年。文成公主受到吐蕃人世世代代的熱愛，留下了許多美麗的傳說。

布達拉宮松贊干布 ▲
壁畫圖

松贊干布鑲嵌寶石 ▲
銅盔　吐蕃

步輦圖　唐　閻立本 ◄
此圖描繪了唐太宗會見吐蕃贊普派來迎娶文成公主的使者祿東贊的情景。

女皇武則天

武則天像　▲

青釉彩繪花鳥燭台　唐　▲

唐高宗與武則天合葬墓　▲
在今陝西扶風縣。

唐高宗是個懦弱平庸的人，他即位以後，把朝政大事交給他的舅父、宰相長孫無忌處理。後來，他又立武則天為皇后，武則天權力欲很強，逐漸掌握朝政大權，成為中國歷史上唯一的女皇帝。

武則天名曌，幷州文水（今山西文水）人。她的父親武士彠原來是一個很有錢的木材商人。隋末時棄商從戎，成了一名府兵制下的鷹揚府隊正。李淵起兵反隋，武士彠轉而參加了李淵的軍隊，後來在唐朝廷為官，官至工部尚書，封應國公。武則天九歲時，父親死去。十四歲時，已經近四十歲的唐太宗聽說她長得很美，便選她入宮，賜號武媚，人稱媚娘，後來封為才人。唐太宗死了以後，她和一些宮女依舊制被送到感業寺去做尼姑。李治當太子時曾與她有曖昧關係，於是讓她蓄髮入宮侍寢，封為昭儀。但武則天心裡還不滿足，想奪取皇后的位子，於是武則天千方百計想陷害王皇后。

武則天生了一個女兒，有一天，王皇后來探望，愛撫地摸了摸，逗了逗。王皇后走後，武則天竟狠心地把女兒掐死，用被子蓋好。當高宗來看時，便誣陷是王皇后殺了她的女兒，使王皇后有口難辯。唐高宗因此大怒，從此動了廢王立武的念頭。

到了西元655年九月，唐高宗不顧褚遂良、長孫無忌等人的反對，正式提出廢王皇后，立武則天為后。

有一天，唐高宗問李勣：「我打算立武昭儀做皇后，褚遂良他們堅決反對，你看這事該怎麼辦呢？」李勣看見高宗廢立決心已下，便為武則天說好話，他說：「廢立皇后，這是陛下的家事，何必一定要得到外人同

意呢？」許敬宗也說：「鄉巴佬多割十斛麥子，尚且想換個新媳婦，何況天子富有四海，立新皇后沒有什麼不可以的！」於是高宗決定，廢王皇后為庶人，冊封武氏為皇后。

武則天當皇后以後，很快形成了自己的勢力集團，參與朝政。她利用高宗與元老重臣之間的矛盾，短短幾年內，就殺了長孫無忌，罷免了二十多個反對她的重臣。武則天對擁護她的人全都重用，李義府、許敬宗因而青雲直上，當了宰相。到了後來，武則天和高宗一起垂簾聽政，當時朝臣並稱他們為「二聖」，即稱高宗為天皇，武后為天后。武則天作威作福，高宗一舉一動都受她約束。唐高宗很不滿，就秘密找來大臣上官儀，讓他起草廢武后的詔書。消息傳到武則天那裡，武則天怒氣沖沖地去見唐高宗。厲聲問高宗說：「這是怎麼回事？」唐高宗十分害怕，沒了主意，就結結巴巴地說：「我本來沒有這個意思，都是上官儀教我這麼做的。」武則天立刻命人殺掉上官儀等人。從此大小政事，都由武則天一人定奪。

唐高宗感到武氏一派的威脅越來越大，擔心李家的天下難保，就想趁自己還在世，傳位給太子李弘（武則天的長子）。但是，武則天竟用毒酒害死了李弘，立次子李賢做太子。不久，又把李賢廢為平民，改立三兒子李顯為太子，弄得唐高宗束手無策。

到西元683年十二月，唐高宗病死，太子李顯即位，就是唐中宗。武則天以皇太后的身分臨朝執政。後來，她容忍不了唐中宗重用韋氏家族的人，廢了唐中宗，立她的四兒子李旦為帝，就是唐睿宗。同時，她不許睿宗干預朝政，一切事務由自己做主。

唐宗室功臣看到武氏家族弄權，人人自危，於是激烈的鬥爭便公開化了。最先起來反抗的是李唐舊臣徐敬業、唐之奇、駱賓王等人。他們以擁戴中宗為號召，在揚州起兵反對武則天，在朝廷內部獲得了宰相裴炎的支持，內外呼應，一時間聚集了十餘萬人馬。駱賓王乘討武軍浩大的氣勢，慷慨激昂地寫了一篇著名的《討武曌（音 ㄓㄠˋ）檄》。武則天派出三十萬大軍討平了徐敬業，殺了傾向徐敬業的宰相裴炎等人。

西元690年九月，六十七歲的武則天自稱聖神皇帝，改國號為周，以洛陽為神都，降唐睿宗為皇嗣。

名相狄仁傑

　　武則天對那些反對她的人，進行殘酷的迫害；對那些有才能的人，不計較門第出身，破格任用。她手下有許多有才能的大臣，其中最著名的是宰相狄仁傑。

狄仁傑像　　　　▲

　　狄仁傑，字懷英，太原（今山西太原）人。祖父狄孝緒，貞觀年間做過尚書左丞，父親狄知遜做過夔州長史。狄仁傑在少年時熱愛讀書。有一次縣吏下來詢問一椿案情，他周圍的人都爭著向縣吏說他自己的想法，唯獨狄仁傑聚精會神地讀書，不理不睬。縣吏責怪他，狄仁傑說，我正和書中聖賢對話，沒有工夫和凡夫俗子搭腔。

　　西元676年初，狄仁傑升任為大理丞。大理丞是負責掌管案件審判的官員。當時積壓了許多糾纏不清的案件，狄仁傑以卓越的才能，一年內處理了一萬七千餘件，件件都處理得公平合理，沒有一個喊冤叫屈的。

　　唐高宗知道狄仁傑這人不但有膽氣，而且有才識，便擢升他為侍御史。

莊園生活圖 敦煌石窟　▼
唐

　　侍御史是負責監察彈劾百官的官員。狄仁傑常常置個人安危於不顧，與那些有權有勢的貪官進行鬥爭。

　　武則天當上皇帝後，更加賞識狄仁傑的才幹，不斷提升他的官職，最後讓他當了宰相。

　　西元692年，酷吏來俊臣誣告狄仁傑謀反，狄仁傑被捕下獄。狄仁傑為了不被冤死，等待時機，就承認自己謀反。來俊臣還要逼狄仁傑供出另外

一些同謀的大臣。狄仁傑怒不可遏，氣憤地把頭向柱子撞去，血流滿地，以至來俊臣不敢再審問。後來，狄仁傑乘看管鬆懈，偷偷寫成一幅冤狀，放在棉衣裡轉給兒子。兒子接到冤狀急忙向武則天上報，引起武則天的注意，武則天親自召來狄仁傑，問他為什麼要造反。狄仁傑回答說：「如果不承認造反，我早死在酷刑之下了。」武則天又問他為什麼要寫謝罪表。狄仁傑說：「沒有這樣的事。」武則天這才知道是來俊臣陰謀陷害他。

後來，狄仁傑又恢復了宰相官職。這時，武則天在立李氏為太子還是立武氏為太子的問題上猶豫不決。武則天的侄兒武承嗣、武三思為謀求太子地位，在暗地裡頻繁地活動，曾多次讓人勸說武則天立武氏為太子。他們大肆宣揚自古到今從來沒有一個皇帝立異姓為太子的。狄仁傑趁武則天還沒有拿定主意，便勸她立李氏為太子。他說：「陛下您想想，姑侄的關係和母子的關係哪個親。陛下立兒子為太子，在千秋萬歲之後，配食太廟，享受祭祀，承繼無窮；如果立侄兒為太子，就沒有聽說太廟中供姑姑的！」狄仁傑的這些關鍵的話觸動了武則天的心。

狄仁傑作宰相，善於推舉賢才。先後推舉的有桓彥範、敬暉、竇懷貞、姚崇等數十人，均官至公卿，有的後來成為宰相。

狄仁傑善於用人，能夠讓他們發揮各自的才能。就是已經歸降的少數民族將領，狄仁傑也能使他們充分發揮作用。如契丹部落的兩員大將李楷固和駱務整，驍勇異常，屢次打敗唐朝軍隊，許多唐朝將領死在他們手中。後來，這兩個人都來歸順唐朝，大臣們紛紛上書，要求處死它們。最後，武則天接受了狄仁傑的意見，赦免了他們的罪過，派他們到邊境駐守。這兩人駐守邊境，盡忠守職，從此邊境平安無事。

狄仁傑晚年的時候，武則天更加敬重他，尊稱他為「國老」，而不直接叫他的名字。

西元700年，狄仁傑病死。武則天非常悲痛，罷朝三日，追封他為梁國公。以後，每有不能決斷的大事，武則天就想起狄仁傑，慨歎地說：「老天為什麼要那麼早奪走國老呢！」言語中，對狄仁傑充滿了無限懷念之情。

帝王與群臣圖　唐　　　▲

帝王戴冕旒，著青衣朱裳曲領，白紗蔽膝，升龍大綬。群臣形象、神態、年齡、性格各不相同。帝王在恭謹卑順的群臣簇擁下昂首闊步，大有不可一世的氣概。

姚崇滅蝗

唐玄宗像　　　▲

武則天臨終前一年，經過一場殘酷的宮廷鬥爭，唐中宗李顯在一些李氏舊臣的擁戴下復位了。唐中宗復位以後，不信擁李舊臣，卻讓韋皇后掌握了朝政大權。她重用武三思，把朝政弄得混亂不堪。西元710年，中宗一死，唐睿宗的兒子李隆基便起兵殺了韋皇后，擁戴睿宗復位。過了兩年，睿宗把皇位讓給李隆基，這就是唐玄宗。

二十多歲的唐玄宗即位後，一心想做一番唐太宗那樣的事業。他任用姚崇為宰相，整頓朝政，把中宗時期的混亂局面逐漸扭轉了過來。唐王朝重新出現了興盛繁榮的景象。

正當玄宗勵精圖治的時候，河南一帶發生了一場特大蝗災。中原的廣闊土地上，到處都是成群的飛蝗。那蝗群飛過的時候，黑鴉鴉的一片，遮天蔽日。蝗群落到哪裡，哪裡的莊稼就被啃得蕩然無存。

災情越來越嚴重，受災的地區也越來越大。地方官吏向朝廷告急的文書，像雪片一樣傳到京城。

宰相姚崇向玄宗上了一道奏章，認為蝗蟲不過是一種害蟲，處理得當，是可以治理的。只要各地官民齊心協力驅蝗，蝗蟲完全可以撲滅。

唐玄宗很信任姚崇，立刻批准了姚崇的奏章。姚崇下了一道命令，要百姓一到夜裡就在田頭將火堆燃起。等飛蝗看到火光飛下來，就集中撲殺；同時在田邊掘個大坑，邊打邊燒。

各地官民發動起來，用姚崇的辦法滅蝗，效果

姚崇像　　　▼

很顯著。僅汴州一個地方就撲滅了蝗蟲十四萬擔，災情緩解了下來。

可是那時在長安朝廷裡有一批官員，認為姚崇的滅蝗辦法，過去沒人做過，現在這樣冒冒失失推行，只怕會闖出亂子來。

唐玄宗見反對的人多，也有點猶豫不定。他又找姚崇來問，姚崇

冒雨耕牛圖　唐　　▲

鎮定自若地回答說：「做事只要合乎道理，不能講老規矩。再說歷史上大蝗災的年頭，都因為沒有採取好的撲滅措施，造成嚴重災害。現在，河南河北積存的糧食不多，如果今年因為蝗災而沒收穫，將來百姓沒糧吃，流離失所，那樣才危險呢。」

唐玄宗一聽蝗災不除，國家安全會受到威脅，就害怕起來，說：「依你說，該怎麼辦才好？」

姚崇說：「大臣們不贊成我的辦法，陛下也有顧慮。我看這事陛下只管交給我來處理。萬一出了亂子，我願意受革職處分。」

由於姚崇不顧個人安危，只考慮國家的安全、百姓的生活，堅決滅蝗，各地的蝗災終於平息下來。

唐玄宗在他即位以後的前二十多年中，除了姚崇之外，還任用過好幾個有名的賢相，比如宋璟、張說、韓休、張九齡等人；他還願意採納宰相和大臣們的正確意見，實行了很多有利於經濟發展的措施。這個時期唐朝國力強盛，財政充裕。歷史上稱之為「開元之治」（「開元」是唐玄宗前期的年號）。

農耕圖　唐　　▲

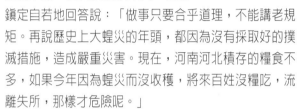

莊園生活圖　唐　　◀

口蜜腹劍

唐玄宗執政二十多年，見天下太平，便漸漸滋長了驕傲怠惰的情緒。他覺得，天下太平無事，宰相管政事，將帥守邊防，自己何必那麼為國事操心。於是，他就追求起奢侈享樂來了。

宰相張九齡看在眼裡、急在心上，常常給唐玄宗提意見。唐玄宗本來對張九齡很尊重，但是到了後來，再也聽不進張九齡的意見了。

有一個大臣叫李林甫，是一個不學無術的人。他什麼事都不會，專門學了一套奉承拍馬的本領。

唐玄宗想提升李林甫為宰相，跟張九齡商量。張九齡看出李林甫是個心術不正的人，就直截了當地說：「宰相的地位，關係到國家的安危。陛下如果拜李林甫為相，只怕將來國家就要遭難了。」

李林甫聽到這些話，把張九齡恨得咬牙切齒。

朔方（治所在今寧夏靈武）將領牛仙客，沒讀過書，但是很會理財。唐玄宗想提拔牛仙客，張九齡不贊同。李林甫在唐玄宗面前說：「像牛仙客這樣的人，是宰相的合適人選；張九齡是個書呆子，沒有大局觀念。」

有一次，唐玄宗又找張九齡商量任用牛仙客的事。張九齡還是不同意。唐玄宗生氣地說：「難道什麼事都得由你作主嗎！」

經過幾件事，唐玄宗越來越討厭張九齡，加上李林甫的挑撥，終於找了個藉口撤了張九齡的職，讓李林甫當了宰相。

李林甫當上宰相後，第一件事就是要把唐玄宗和百

張九齡像　　　▲

蓮瓣花鳥紋高足銀杯　唐▲

登科平樂舞圖　唐　　▲

中華上下五千年

官隔絕，不許大家在玄宗面前提意見。

有一個諫官不肯依附李林甫，上奏本向唐玄宗提建議。第二天他就接到命令，被降職去外地做縣令了。大家知道這是李林甫的意思，以後誰也不再向玄宗提意見了。

李林甫自知在朝廷中的名聲不好。凡是大臣中能力比他強的，他就千方百計地把他們排擠出朝廷。他要排擠一個人，表面上不動聲色，笑臉逢迎，卻在背地裡暗箭傷人。

狩獵出行圖壁畫　唐　▲

有一個官員叫嚴挺之，被李林甫排擠去外地做刺史。後來，唐玄宗想起他，跟李林甫說：「嚴挺之在什麼地方？這個人很有才能，可以任用。」

李林甫說：「陛下既然想念他，我去打聽一下。」

退朝後，李林甫忙把嚴挺之的弟弟找來，說：「你哥哥不是一直很想回京城見皇上嗎，我有一個辦法能讓他如願。」

嚴挺之的弟弟見李林甫對他哥哥很關心，當然很感激，連忙請教怎麼辦才好。李林甫說：「只要叫你哥哥上一道奏章，就說自己得了病，請求回京城來治病就行了。」

嚴挺之接到他弟弟的信，果然上了一道奏章，請求回京城看病。這時，李林甫就拿著奏章去見唐玄宗，說：「實在太可惜了，嚴挺之現在已經得了重病，做不了大事了。」

唐玄宗惋惜地歎了口氣，也就作罷了。

像嚴挺之這樣上當受騙的還有很多。但是，不管李林甫裝扮得多麼巧妙，他的陰謀詭計還是被人們識破了。人們就說李林甫這個人是「嘴上像蜜甜，肚裡藏著劍」（成語「口蜜腹劍」就是這樣來的）。

李林甫在宰相的職位上，一做就是十九年，一個個有才能的正直的大臣全都遭到排擠，一批批阿諛奉承的小人都受到重用提拔。就在這個時期，唐朝的政治從興旺走向衰敗，「開元之治」的繁榮景象也消失了，接著就發生了「天寶之亂」（天寶是唐玄宗後期的年號）。

中華上下五千年

李白傲權貴

李白像 ▲

太白故里，位於今四 ▲
川江油。

白玉八瓣花形杯　唐　　▲

　　唐玄宗暮年時，寵愛年輕美貌的楊貴妃，並把她的近親都封了官。

　　唐玄宗和楊貴妃每天都在宮裡飲酒作樂，時間一久，宮裡的一些老歌詞聽膩了，他便派人到宮外去找人來給他填寫新詞。就這樣，賀知章推薦李白進了宮。

　　李白，字太白，自號青蓮居士，又號謫仙人，祖籍隴西成紀，是涼武昭王李暠的後代。李白出生在西域碎葉城（位於今巴爾喀什湖南），五歲的時候，他父親才千里迢迢拖兒帶女回到內地，在綿州昌隆縣（今四川省江油縣）清廉鄉（一作青蓮鄉）定居下來。

　　李白的父親從小就對李白進行嚴格的教育和培養，所以李白五歲時就能誦六甲，十歲時就讀遍了諸子百家的書，連佛經、道書他也拿來讀。

　　二十歲前後，李白遊歷了蜀中的名勝古蹟，並作了《登錦城散花樓》、《白頭吟》、《登峨眉山》等名詩。雄偉壯麗的山川，開闊了李白的視野，培育了李白廣闊的襟懷、豪邁的性格和對祖國無比熱愛的思想感情。李白決心像歷史上一些傑出人物那樣，做一番轟轟烈烈的大事業。但他不願像當時的讀書人那樣，走科舉入仕的道路，而是希望依靠自己的學問、品德，獲得聲譽，一舉成名。

　　抱著這種目的，李白在家鄉時就開始了「遍訪諸侯」的活動。出蜀之後十餘年中，李白遊歷了大半個中國。他的求仕活動未獲得成效，他的詩歌卻越來越成熟了，而社會的閱歷和生活的磨難，更使他洞悉到世態的炎

涼。在這期間，李白寫下了許多不朽的詩篇，他自己也因而名滿天下。後來，賀知章利用唐玄宗找人填寫歌詞的機會把李白如何有才學、如何想為國出力的情況奏明了唐玄宗。唐玄宗很愛才，對李白的詩也十分欣賞，當即決定召見李白。

西元742年，李白應召進宮。十餘年來的願望終在這一天實現，李白簡直有點飄飄然了，於是他口中吟出「仰天大笑出門去，我輩豈是蓬蒿人」的詩句，高高興興地面見唐玄宗去了。

唐玄宗一見李白，頓時感到此人氣概非凡，情不自禁地站了起來，叫內侍給他看座。深入交談後，唐玄宗感到李白名不虛傳。唐玄宗說：「先生的大作我早已讀過一些，今日見面，果然是詩如其人。」當下，唐玄宗任命李白在翰林院供職。李白見唐玄宗對自己很欣賞，心裡自然高興，便愉快地接受了任命。

李白非常喜歡飲酒，一有空閒就約集幾個好朋友到野外飲酒作詩，當時人們把李白、崔宗等八個人稱作「酒中八仙」。李白也常常獨自跑到街上的酒樓裡痛飲，經常喝個酩酊大醉。

李白行為放浪，又蔑視權貴，終為權貴所不容。李林甫、楊國忠、高力士、楊貴妃等常在唐玄宗的面前講李白如何狂傲、如何不守禮節、如何輕慢大臣等等的壞話。因此，唐玄宗曾經幾次想提拔重用李白，都遭到這些人的極力反對，於是就把這件事擱置起來了。

時間一久，李白看出唐玄宗沒有重用自己的意思，原來那滿腔的熱情便漸漸冷卻了，於是就請求辭官回家。唐玄宗也順水推舟，批准他回家的請求，臨行前賜給李白一塊金牌，憑著它，李白無論走到哪裡都能得到當地官員的接待。

李白離開長安以後，重新開始了他自由的生活。他遍遊了祖國大好山河，寫下了許多膾炙人口的詩篇。

李白六十二歲時，病逝在他的族叔李陽冰那裡。就在李白遍遊祖國大好山河的同時，由於唐王朝的腐敗，中原地區遭受了一場戰火的洗劫。

太白酒歌軸　明 宋廣　▲

安祿山叛亂

　　唐玄宗在位期間，為加強邊境的防禦，在重要的邊境地區設立了十個軍鎮（也就是藩鎮），這些軍鎮的長官叫節度使。節度使的權力很大，不僅帶領軍隊，還兼管行政和財政。按照當時的慣例，節度使立了功，就有被調到朝廷當宰相的可能。

　　李林甫掌握朝政大權後，不但排擠打擊朝廷的文官，還猜忌邊境的節度使。擔任朔方等四個鎮節度使的王忠嗣，立了很多戰功，他手下就有著名的將領哥舒翰、李光弼等人。李林甫見王忠嗣的功勞大，威望高，怕他被唐玄宗調回京城當宰相，就派人向唐玄宗誣告王忠嗣想擁戴太子謀反，王忠嗣為此險些丟掉了性命。

　　當時，邊境將領中有一些胡族人。李林甫認為胡人文化低，不會威脅到自己的地位，就在唐玄宗面前竭力主張重用胡人。

　　在這些胡族的節度使中，唐玄宗、李林甫特別欣賞平盧（治所在今遼寧朝陽）節度使安祿山。

　　安祿山經常搜羅奇禽異獸、珍珠寶貝，送到宮廷討好唐玄宗。他知道唐玄宗喜歡邊境將領報戰功，就採取許多卑劣的手段，誘騙平盧附近的少數民族首領和將士到軍營來赴宴。在酒席上，用藥酒灌醉他們，把兵士殺了，又割下他們首領的頭，獻給朝廷報功。

安祿山像 ▲

安史之亂示意圖 ▼

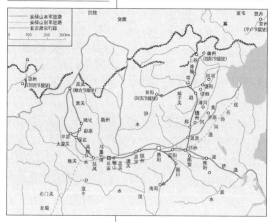

唐玄宗常常召安祿山到長安朝見。安祿山抓住這個機會，使出他的手段，逢迎拍馬討唐玄宗的喜歡。安祿山長得特別肥胖，又裝出一副傻呼呼的樣子。唐玄宗一見到他就高興得不得了。

安祿山得到了唐玄宗和李林甫的信任，做了范陽、平盧兩鎮及河東（治所在今山西太原）節度使，控制了北方邊境的大部分地區。他秘密擴充兵馬，提拔了史思明、蔡希德等一批猛將，又任用漢族士人高尚、嚴莊幫他出謀劃策，囤積糧草，磨礪武器。只等唐玄宗一死，他就準備造反。

沒過多久，李林甫病死了，楊貴妃的同族哥哥楊國忠藉著他的外戚地位，繼任了宰相。楊國忠本來是個流氓，安祿山瞧不起他，他也看不慣安祿山，兩個人越鬧越僵。楊國忠幾次三番在唐玄宗面前說安祿山一定要謀反，但是唐玄宗正在寵信安祿山，自然不相信他的話。

西元755年10月，安祿山作了周密準備以後，決定發動叛亂。這時，正巧有個官員從長安到范陽來。安祿山便假造了一份唐玄宗從長安發來的詔書，向將士們宣佈說：「接到皇上密令，要我立即帶兵進京討伐楊國忠。」

將士們都覺得事出突然，但是誰也不敢對聖旨表示懷疑。

第二天一早，安祿山就帶領叛軍出兵南下。十五萬步兵、騎兵在河北平原上進發，一時間，道路上煙塵滾滾，鼓聲震天。中原一帶已經有一百年左右沒有發生過戰爭，老百姓好幾代沒有看到過打仗。沿路的官員逃的逃，降的降。安祿山叛軍一路南下，幾乎沒有遭到什麼抵抗。

范陽叛亂的消息傳到長安，唐玄宗開始還不相信，認為是有人造謠，到後來警報一個個傳來，他才慌了起來，召集大臣商議對策。滿朝官員沒有經歷過這樣的大變亂，個個嚇得目瞪口呆，不知所措。只有楊國忠反而得意洋洋地說：「我早說安祿山要反，我沒說錯吧。不過，陛下儘管放心，他的將士不會跟他一起叛亂。十天之內，一定會有人把安祿山的頭獻上。」

唐玄宗聽了這番話，心情才安穩下來。可是，誰知道叛軍在短短的時間內便長驅直入，一直渡過黃河，佔領了洛陽。

楊貴妃像　　　▲

馬嵬驛兵變

潼關形勢險要,道路狹窄,是京城長安的門戶。唐玄宗派大將哥舒翰帶領重兵把守在那裡。叛將崔乾祐在潼關外屯兵半年,沒法攻打進去。

叛軍攻不進潼關,但是關裡的唐王朝內部卻生起事端。哥舒翰主張在潼關堅守,等待時機;郭子儀、李光弼也從河北前線給唐玄宗上奏章,請求引兵攻打安祿山的老巢范陽,讓潼關守軍千萬不要出關。但是,宰相楊國忠卻反對這樣做。他在唐玄宗面前說潼關外的叛軍已經不堪一擊,哥舒翰守在潼關按兵不動,殲滅叛軍的時機會喪失掉。昏庸的唐玄宗聽信楊國忠的話,接二連三派使者到潼關,逼哥舒翰帶兵出潼關。

哥舒翰明知出關凶多吉少,但是又不敢違抗皇帝的聖旨,只好痛哭一場,帶兵出關了。

關外的叛將崔乾祐早已作好準備,只等唐軍出關。崔乾祐派精兵埋伏在靈寶(在今河南省西部)西面的山谷裡。哥舒翰的二十萬大軍一出關,就中了埋伏,二十萬大軍幾乎被叛軍打得全軍覆沒。哥舒翰也被俘虜了。

潼關失守後,關內已無險可守。從潼關到長安之間的一些地方官員和守兵,都紛紛棄城而逃。到了此時,唐玄宗才感到形勢危急,他讓楊國忠趕緊想辦法。楊國忠召集文武百官商量,大家都失魂落魄,誰也想不出一個好主意來。楊國忠知道留在長安已經沒有了生路,就勸玄宗逃到蜀

騎馬仕女像 唐 ▲

掛衣鉤 唐 ▲
原安裝於華清宮的溫泉室,推測為掛衣用。

楊貴妃墓,在今陝西 ▲
興平縣馬嵬坡。

貴妃出浴圖 清 李育 ▶

中
華
上
下
五
千
年

地去。當天晚上，唐玄宗、楊國忠帶著楊貴妃和一群皇子皇孫，在將軍陳玄禮和禁衛軍的護衛下，悄悄地打開宮門，逃出了長安。他們事先派了宦官到沿路各地，讓官員準備接待。

誰知，派出的宦官早已經自顧逃命了。唐玄宗一夥人走了半天也沒有人給他們送飯。

他們走走停停，第三天到了馬嵬驛（在今陝西興平縣西，嵬音 ㄨㄟˊ）。隨行的將士疲憊不堪，饑渴難忍。他們心裡越想越氣，好好的長安待不住，弄得到處流亡，受盡辛苦。他們認為，這全都是受了奸相楊國忠的拖累，這筆帳應該向楊國忠算。

這個時候，有二十幾個忍饑受餓的吐蕃使者攔住楊國忠的馬，向楊國忠要糧。楊國忠正忙著應付，周圍的兵士便嚷起來：「楊國忠要造反了！」一面嚷，一面向他射起箭來。

兵士們殺了楊國忠，情緒更加激昂起來，把唐玄宗住的驛館也包圍了。唐玄宗聽到外面的吵鬧聲，問是怎麼回事，左右太監告訴他，兵士們已把楊國忠殺了。唐玄宗大驚失色，不得不扶著拐杖，走出驛門，慰勞兵士，要將士們回營休息。

兵士們哪裡肯聽唐玄宗的話，照樣吵吵嚷嚷。玄宗派高力士找到將軍陳玄禮，問兵士們不肯散的原因。陳玄禮回答說：「楊國忠謀反，貴妃也不能留下來了。」

唐玄宗為了保住自己的命，只好下了狠心，叫高力士把楊貴妃帶出去，用帶子勒死了。將士們聽到楊貴妃已經被處死，總算除了一口惡氣，撤回了軍營。

唐玄宗經過這場兵變，像驚弓之鳥一樣，急急忙忙逃到成都。太子李亨被當地官吏、百姓挽留下來主持朝政。李亨從馬嵬驛一路收拾殘餘的兵士北上，在靈武（今寧夏靈武西南）即位，這就是唐肅宗。

青瓷牡丹甕 唐 ▲

楊妃沉香亭，在今陝西西安興慶公園內。 ▲

287

草人借箭

張巡像 ▲

　　唐玄宗匆匆忙忙逃出長安不久，安祿山的叛軍便攻進了長安。郭子儀、李光弼得到長安失守的消息，不得不放棄河北，李光弼退守太原，郭子儀回到靈武駐守。原來已經收復的河北郡縣又重新被叛軍佔領。

　　叛軍在進入潼關之前，安祿山派唐朝的將領令狐潮去攻打雍丘（今河南杞縣）。令狐潮原來是雍丘縣令，安祿山佔領洛陽的時候，令狐潮就投降了他。雍丘附近有個真源縣，縣令張巡不願投降，就招募了一千多個壯士，佔領了雍丘。令狐潮帶了四萬叛軍來進攻。張巡和雍丘將士堅守六十多天，將士們穿戴著盔甲吃飯，負了傷也不下戰場，打退了叛軍三百多次進攻，叛軍死傷無數，終於迫使令狐潮不得不退兵。

　　不久，令狐潮又集合人馬來攻城。

　　張巡組織兵士在城頭上射亂箭把叛軍逼回去。但是，日子久了，城裡的箭射光了。為了這件事，張巡非常心急！

　　一天深夜，雍丘城頭上一片漆黑，隱隱約約有成百上千個穿著黑衣服的兵士，沿著繩索往牆下爬。這一情

陶駱駝俑　唐 ▼

況被令狐潮的兵士
發現了，報告給了
主將。令狐潮斷定
是張巡派兵偷襲，
就命令兵士向城頭放
箭。直到了天色發白，
叛軍才看清楚，原來城牆
上掛的全是草人。

張巡的兵士們在雍丘城頭上高高興興地拉起草人。
那千把個草人上，密密麻麻插滿了箭。兵士們查點了一
下，竟有幾十萬支之多。這樣一來，城裡的箭就足夠用
啦！

又過了幾天，與前幾天夜裡一樣，城牆上又出現了
「草人」。令狐潮的兵士見了又好氣，又好笑，以為張巡
又來騙他們的箭了。於是，誰也不去理它。

哪知道這一次城上吊下來的並非是草人，而是張巡
派出的五百名勇士。這五百名勇士乘叛軍沒有準備，向
令狐潮的大營發起突然襲擊。令狐潮無法組織起有效的
抵抗。幾萬叛軍失去指揮，四處亂奔，一直逃到十幾里
外，才停了下來。

令狐潮連連中計，氣得咬牙切齒，又增加了兵力攻
城。他屯兵在雍丘北面，不斷騷擾張巡的糧道。叛軍有
幾萬人之多，張巡的兵士不過一千，但是張巡瞅準機會
就出擊，總是得勝而回。

過了一年，睢陽（今河南商丘，睢音　ㄟ　）太守許
遠派人向張巡告急，說叛軍大將尹子奇帶領十三萬大軍
要來進攻睢陽。
張巡接到告急文
書，馬上帶兵去
了睢陽。

中
華
上
下
五
千
年

李泌歸山

握筆文吏俑　唐　▲

中華上下五千年

唐肅宗在靈武即位不久，身邊的文武官員只有三十人，這個臨時建立的朝廷，什麼事都沒有秩序。一些武將也不太聽指揮。肅宗想平定叛亂，非常需要有個能人來幫助他。

這時，他想起他當太子時的一個好朋友李泌（音 ㄅㄧˋ），就派人從潁陽（今河南省境內，潁音 ㄧㄥˇ）把李泌接到靈武來。

李泌原是長安人，從小就很聰明，讀了不少書。當時的宰相張九齡看到他寫的詩文，對他十分器重，稱讚他是個「神童」。肅宗當太子的時候，李泌已經長大了，他向玄宗上奏章，想給李泌一個官職。李泌推說自己年輕，不願做官，玄宗就讓他和太子交上了朋友。後來，他看到政局混亂，索性跑到潁陽隱居了起來。

這一回，唐肅宗來請他，他想到朝廷遭到困難，就到了靈武。唐肅宗看見李泌，高興得像得到寶貝一樣。那時候的臨時朝廷，不太講究禮節。唐肅宗跟李泌就像年輕時一樣，進出總在一起，大小事情，全都跟他商量。李泌出的主意，唐肅宗全都聽從。

唐肅宗想封他當宰相，李泌堅辭不受。後來肅宗只好任命李泌為元帥府行軍長史（相當於軍師）。

葵口小銀碟　唐　▲

李泌鄴侯書院　唐　▶

那時候，郭子儀也到了靈武。朝廷要指揮全國的戰事，軍務十分繁忙。四面八方送來的文書，從早到晚沒有一刻的間歇。唐肅宗命令把收到的文書，一律要先送給李泌拆看，除非特別緊要的，才直接送給肅宗。宮門的鑰匙，由太子李俶（音 ㄔㄨˋ）和李泌兩人掌管。李泌有時忙得連飯也顧不上吃，覺也不能睡安穩。

第二年春天，叛軍發生內訌，安祿山的兒子安慶緒殺了安祿山，自己稱帝。這本來是個消滅叛軍的好機會，但是肅宗急於回長安，不聽李泌的計劃，讓郭子儀的人馬從河東回攻長安，結果打了敗仗。後來，郭子儀向回紇（我國古代北方民族之一，紇音 ㄏㄜˊ）借精兵，集中了十五萬人馬，才把長安攻了下來。接著，又收復了洛陽。叛軍頭目安慶緒逃到了河北，不久，史思明也被迫投降。

唐軍收復了長安和洛陽，唐肅宗便覺得心滿意足起來，用駿馬把李泌接到了長安。

一天晚上，唐肅宗請李泌喝酒，並且留他在宮裡安睡。李泌趁機對肅宗說：「我已經報答了陛下，請讓我回家做個閒人吧！」

唐肅宗說：「我和先生幾年來患難與共，現在正想跟您一起享受安樂，怎麼您倒要走了呢？」

無奈李泌一再請求，唐肅宗雖然不願讓李泌離開，最終也只好同意。

李泌到了衡山（在今湖南省），在山上造了個屋子，重新過起了隱居生活。

嵩山草堂圖　清　王翬　▲

中興名將李光弼

李光弼像 ▲

　　李光弼是契丹人，原籍營州柳城（今遼寧朝陽）。父親李楷洛原本是契丹首領，武則天年間歸順唐朝，被封為左羽林大將軍。李光弼從小擅長騎馬射箭，為人嚴肅堅毅，沉著果斷，具有雄才大略。早年擔任左衛親府左郎將，後來逐漸晉升為河西節度使王忠嗣的府兵馬使，王忠嗣非常賞識他，對他十分優待。

　　安祿山發動叛亂後，大將軍郭子儀知道李光弼是一位了不起的將才，就推薦他為河東節度副使，知節度使、兼雲中太守。

　　李光弼執法嚴明，言行一致。唐肅宗即位後，李光弼奉命來到靈武，做了戶部尚書。當時太原節度使王承業政務鬆馳，侍御史崔衆掌握兵權，號令不行，唐王便命李光弼帶兵五千至太原，接過了崔衆的兵權。

　　西元757年，叛將史思明、蔡希德以十萬大軍圍攻太原。當時留守的李光弼軍隊不足一萬人，雙方力量相差很大。將士們都主張加固城牆，全力堅守。李光弼認為這是消極防守，應該在防守中積極主動地出擊。李光弼動員百姓拆掉房屋做擂石車，叛軍靠近則發石攻打。史思明則命令部下建造飛樓，圍上帳幕，築土山接近城牆，李光弼便組織人力挖地道直到土山下，這樣，土山便自然倒塌了，然後出其不意派精兵出擊。史思明害怕了，留下蔡希德繼續攻城，自己先逃走了。李光弼看出叛軍力量削弱，軍心動搖，便抓住這一時機，組織主力軍奮勇出擊，史思明軍隊迅速潰敗。

　　西元760年，史思明殺了安慶緒，改范陽（今北京

振武軍請受記　唐 ▲

西南）為燕京，自稱為大燕皇帝。不久，史思明整頓人
馬準備重新攻打洛陽，唐肅宗加封李光弼為太尉、
中書令，命令他去攻打叛軍。李光弼到了洛陽，
當地官員聽說叛軍勢力強大，都很害怕，主張退
守潼關。李光弼權衡了一下，認為這個時候官兵
絕不能退，但可以轉移到河陽（今河南孟縣）。史思
明率兵進入洛陽後，發現是一座空城，只得率軍到河
陽南面與唐軍對峙。

騎兵銅像　唐　▲

　　史思明為了顯耀自己兵強馬壯，每天把一批批戰馬
牽到河邊洗澡。李光弼見狀，想出一計。他命令將軍中
五百多匹馬集中起來，把小馬關在廄裡，待史思明放馬
洗澡之時，把母馬趕到城外。母馬思念小馬，便嘶叫起
來，而史思明的馬聽到馬群叫聲，立即掙脫韁繩，浮水
泅過河來。史思明一下子失去了上千匹好馬，氣得咬牙
切齒，立即糾集幾百條戰船，前面用一條火船開路，準
備把唐軍浮橋燒掉。李光弼得到消息，命令士兵準備幾
百條粗長竹竿，用鐵甲裹紮竿頭。待叛軍的船靠近後，
唐軍幾百條竹竿一齊頂住火船，火船無法靠進，很快便
燒沉了。唐軍又在浮橋上發射擂石機關炮攻擊叛軍，叛
軍死傷無數，倉惶逃竄。

　　不久，李光弼打敗了史思明。

　　李光弼多次掃平叛亂，戰功卓著，後來被晉封為臨
淮郡王。不久，圖像懸掛於凌煙閣，賜鐵券、予一子以
三品銜。後因受宦官牽制，在洛陽北邙山戰敗。宦官魚
朝恩和程元振屢次在皇帝面前進讒言，蓄意加害李光
弼，李光弼也一度被撤了帥職。

　　後來，史思明被他的兒子史朝義殺死。西元763
年，史朝義兵敗自殺。從安祿山發動叛亂，到史朝義失
敗，中原地區經歷了八年的戰火浩劫，史稱「安史之
亂」。

聯珠鹿紋　唐　▲

詩聖杜甫

杜甫像　▲

南山詩刻　唐　杜甫　▲

杜甫草堂　▲

唐代大詩人杜甫在成都的故居。

　　安史之亂的結束，對於飽受戰亂之苦的百姓來說，真是一件大喜事。當時在樟州（今四川三台）過著流亡生活的詩人杜甫，得知消息，更是與妻兒老小一起欣喜若狂。

　　杜甫，字子美，出身於官僚地主家庭，祖父杜審言是武則天時的著名詩人。他幼年就失去母親，父親外出做官，他被寄養在洛陽的姑母家中。杜甫自幼聰明過人，七歲便開始作詩，十多歲就與當時的文人名士交遊，受到廣泛的稱讚，他們把他的文章和漢代著名文學家班固、揚雄相比擬。杜甫年輕時代正是中國歷史上著名的開元盛世，也是他一生中最快意的時期。

　　西元735年，杜甫回洛陽應試，沒有考中。兩年後，他又北遊齊、趙，與朋友一起呼鷹逐獸，飲酒賦詩，流連於山水之間，這一時期杜甫的詩具有濃厚的浪漫主義色彩。

　　杜甫年輕時代的一件大事，是與李白相見。西元744年，兩位大詩人相會在洛陽。李白比杜甫大十二歲，杜甫很佩服李白的才華，兩人暢遊了河南、山東，「醉眠秋共被，攜手日同行。」共同的志趣和愛好使他們成為親密的好友。

　　杜甫年輕時有遠大的政治抱負，然而卻屢試不中。寄居長安，經濟來源已經不足以維持一家的生計。

　　杜甫寄居長安的十年，是唐朝由盛到衰急劇轉變的時期，階級矛盾、民族矛盾、統治階層內部矛盾激化。杜甫作了著名的《兵車行》，控訴統治者的殘暴，表現了對人民的深切同情：

車轔轔，馬蕭蕭，行人弓箭各在腰。

爺娘妻子走相送，塵埃不見咸陽橋。

牽衣頓足攔道哭，哭聲直上千雲霄。

‧‧‧‧‧‧

君不見，青海頭，古來白骨無人收。

新鬼煩冤舊鬼哭，天陰雨濕聲啾啾。

　　這首詩描繪了一幅妻離子散、白骨蔽野的凄慘景象，標誌著杜甫的詩歌從浪漫主義向現實主義的重要轉折。

　　「安史之亂」開始後，叛軍很快攻佔洛陽和都城長安。杜甫在逃亡途中不幸被叛軍俘虜。國破家亡的戰俘生活使杜甫寫下了不少政治性很強的詩篇，《春望》就是他被俘期間寫下的名篇：

國破山河在，城春草木深。

感時花濺淚，恨別鳥驚心。

烽火連三月，家書抵萬金。

白頭搔更短，渾欲不勝簪。

　　西元757年四月，杜甫做了八個月俘虜後，終於逃出長安。那個時候，杜甫已經窮困得連一套像樣的衣服也沒有了。他穿著麻鞋，露著兩肘朝見肅宗，被委任為左拾遺。後來由於杜甫上疏救宰相房琯得罪了肅宗，被外貶為華州司功參軍。一次由洛陽回華州，一路上滿目蕭條，民不聊生，官府暴戾，欺壓民眾，杜甫感慨良久，寫下了控訴官吏暴行、同情人民的「三吏」(《新安吏》、《潼關吏》、《石壕吏》)。從東部到潼關途中，杜甫看到戰亂中新婚離異、老人應徵，以及戰亂造成百姓無家可歸的凄慘情景，寫下了「三別」(《新婚別》、《垂老別》、《無家別》)。「三吏」「三別」，無論在思想性還是在藝術性上都達到了詩歌的高峰，在我國民間廣為流傳。

　　西元770年，杜甫在岳陽遭遇洪水，被迫將船停在驛所。此時他已斷了糧。幾天後，這位偉大的詩人死在船上，年僅五十九歲。杜甫死後，因家人無錢安葬，只好旅殯於岳陽。

　　直到四十三年後，西元813年，他的孫子杜嗣業才把他的遺體運到偃師，移葬在首陽山下杜審言墓旁。

　　杜甫是中國古代詩歌的現實主義大師，一生作詩三千多首。他的詩是時代的鏡子，真實反映了當時的社會狀況，所以，人們把他的詩篇稱為「詩史」。

顏真卿就義

顏真卿像 ▲

安史之亂過後，唐王朝由強轉弱。各地節度使乘機割據地盤，擴大兵力，造成了藩鎮割據的局面。唐代宗死後，其子李適即位，即唐德宗。唐德宗想改變藩鎮割據的局面，由此導致了藩鎮叛亂。唐德宗派兵討伐叛亂，結果叛亂不但沒有平定，反而蔓延開來了。

西元782年，有五個藩鎮叛亂，尤以淮西節度使李希烈兵勢最強。他自封天下都元帥，向唐境進攻。

五鎮叛亂，讓朝廷大為驚慌。唐德宗找宰相盧杞商量對策，盧杞說：「不要緊，只需派一位德高望重的大臣去規勸他們，不需動一刀一槍，就能平定叛亂。」

唐德宗問盧杞說：「你看派誰去合適？」

盧杞推薦年老的太子太師顏真卿，唐德宗馬上同意了。

玉雲形杯 唐 ▲

其時，顏真卿已是七十開外的老人了。聽說朝廷派他到叛鎮那裡去，許多文武官員都為他的安全擔心。但是，顏真卿卻不在意，帶了幾個隨從就出發了。

聽說顏真卿來了，李希烈便想給他一個下馬威。於是在見面的時候，叫他的部將和養子一千多人圍聚在廳堂內外。顏真卿剛剛開始規勸李希烈停止叛亂，那些部將、養子們就衝了上來，個個手裡拿著明晃晃的尖刀，圍住顏真卿進行謾罵、威脅，擺出要殺他的陣勢。顏真卿毫不畏懼，面不改色，對著他們冷笑。

李希烈假惺惺站起來保護顏真卿，讓他的養子退

下。接著，把顏真卿送進
驛館，想慢慢軟化他。

過了幾天，四個藩鎮
的首腦都派使者來跟李希
烈聯絡，希望李希烈即位
稱帝。李希烈大擺筵席款
待他們，也請顏真卿參
加。

叛鎮派來的使者看到
顏真卿來了，都向李希烈
祝賀說：「早聽說顏太師
德高望重。現在元帥將要
即位稱帝，太師正好來到這裡，不是有了現成的宰相
嗎？」

顏真卿揚起眉毛，對著四個使者罵道：「做什麼宰
相！我快八十了，要殺要剮無所畏，難道會受你們的誘
惑，怕你們的威脅嗎？」

四名使者被顏真卿凜然的神色震住了，縮著脖子不
敢說話。

一年以後，李希烈自稱楚帝，又派部將逼顏真卿投
降。兵士們在囚禁顏真卿的院子裡，架起柴火，倒足了
油，威脅顏真卿說：「再不投降，就把你燒死！」

顏真卿二話沒說，縱身
就往柴火跳去，叛將們急忙
把他擋住，向李希烈稟報。

李希烈想盡辦法也沒能
使顏真卿屈服，就派人逼迫
顏真卿自殺了。

干祿字書 唐 顏真卿 ▲

白瓷硯台 唐 ▲

三足鹽台 唐 ▼
鹽台是用來點茶的工具之
一。

永貞革新

三彩宦官俑　唐　▲

　　唐德宗寵信宦官，貪得無厭的宦官便想盡辦法來盤剝百姓，不擇手段地掠奪財物。他們設立了「宮市」，派太監專門到宮外採購宮裡需要的東西。這些太監看到他們需要的貨物，只付給百姓十分之一的價錢，強行購買。後來，索性派了幾百個太監在街上瞭望，看中了就搶走，叫做「白望」。

　　還有一些宦官在長安開設「五坊」。五坊是專門替皇帝養鵰、養鶻（音 ㄏ ）、養鷹、養狗的地方。五坊裡當差的太監，叫做五坊小兒。這批人吃飽了飯不做正經事，專門向百姓敲詐勒索。

　　那時候，太子李誦住在東宮，由兩位官員──王叔文、王伾陪伴讀書。太子讀書之餘，喜歡下棋寫字。而王叔文和王伾，一個是個好棋手，一個寫得一筆好字，於是他們倆就經常在東宮陪太子讀書下棋。

　　王叔文是下級官員出身，多少了解一些百姓疾苦。他趁跟太子下棋的機會，向太子反映外面的情況。太子聽到宦官藉宮市為名在外面胡作非為，大為不滿。有一次，幾個侍讀的官員在東宮議論起這件事，太子氣憤地說：「我見到父皇，一定要告知這件事。」

　　王叔文說：「我看殿下眼下還是不宜管這些事。如果壞人在皇上面前挑撥離間，說殿下想收買人心，皇上懷疑起來，殿下很難辯白。」

　　太子猛然醒悟說：「沒有先生提醒，我很難想到這一點。」從此，太子對王叔文更加信任。王叔文認為德宗已是暮年，太子接替皇位是遲早的事，就私下替他物色朝廷中有才能的官員，跟他們結交。

圍棋子　唐　▲

沒想到過了一年，太子得了中風病，說不出話來。年老的唐德宗為此事急出病來，一命嗚呼了。西元805年，太子李誦帶病即了位，這就是唐順宗。

　　唐順宗不能說話，只得靠原來在東宮伴他讀書的官員王叔文、王伾來幫他處理朝政。王叔文明白自己力量不夠，不便公開掌握朝政大權，只好請一個老資格的官員韋執誼出來做宰相，自己當一名翰林學士，為順宗起草詔書。他和韋執誼、王伾相互配合，又起用了劉禹錫、柳宗元等一些有才能的官員，這才把朝政大權抓了過來。

白釉圍棋盤　唐　▲

　　王叔文掌權後，第一件要做的就是整頓宦官欺壓百姓的壞風氣。他替唐順宗下了一道詔書，免了一些苛捐雜稅，統統取締了宮市、五坊小兒一類欺負百姓的事。

　　這個措施一實行，長安百姓個個拍手稱快，一些作惡多端的宦官卻氣歪了臉。

　　王叔文又對財政制度進行了改革，歷史上稱為「永貞革新」（「永貞」是唐順宗的年號）。

詩詞壺　唐　▲

　　王叔文大力的改革，自然觸犯了掌權的宦官。宦官頭子俱文珍認為王叔文的權力過大，便以順宗的名義解除了王叔文翰林學士的職務。

　　不出一個月，俱文珍又勾結一批擁護他們的老臣，以順宗病重不能執政為由，由太子李純監國。又過了一個月，太子正式即位，這就是唐憲宗。

　　順宗一退位，俱文珍等一批宦官立刻把王叔文、王伾革職，貶謫到外地去。第二年，又處死了王叔文。「永貞革新」不到一年就全盤失敗，那些支持王叔文一起改革的官員也受到了牽連。

仕女奕棋圖　唐　▶

劉禹錫遊玄都觀

　　王叔文改革時，不但一批宦官恨王叔文，還有不少大臣因王叔文地位低而辦事專斷感到不滿。到了唐憲宗時代，大夥都紛紛攻擊王叔文，原來支持王叔文改革的八個官員，都被當作是王叔文的同黨。憲宗下了命令，把韋執誼等八個人全部降職，派到邊遠地方做司馬（官名），歷史上把他們和王叔文、王伾合起來稱作「二王八司馬」。

　　「八司馬」當中，有兩個是著名的文學家，就是柳宗元和劉禹錫。他們倆是好朋友，柳宗元以寫散文聞名，劉禹錫以寫詩著稱。這一次，柳宗元被貶到永州（今湖南零陵），劉禹錫被貶到朗州（今湖南常德）。永州和朗州都在南邊，離長安很遠，那時候還是邊遠落後的地區。

　　他們倆在那裡一住就是十年。日子久了，朝廷裡有些大臣想起他們來，認為他們都是有才幹的人，放在邊遠地區太可惜了，就奏請憲宗，把劉禹錫、柳宗元調回長安，準備讓他們在京城當官。

　　劉禹錫回到長安，感到長安已經發生了很大變化，朝廷官員中，新提拔了很多他過去看不慣、合不來的人，心裡很不自在。

　　京城裡有一座有名的道觀叫玄都觀，裡面有個道士，在觀裡種了許多桃樹。時值春暖季節，觀裡桃花盛開，招引了很多遊客。有些老朋友邀劉禹錫到玄都觀去賞桃花。

　　劉禹錫過了十年的貶謫生活，回到長安，看到這些新栽的桃花，觸景生情，就寫了一首詩：

紫陌紅塵拂面來，無人不道看花回。

　　玄都觀裡桃千樹，盡是劉郎去後栽。

　　劉禹錫本以詩著名，這篇新作品一出來，便在長安傳開了。有一些大臣本來就不願意召回劉禹錫，讀到這首詩，就開始細琢磨裡面的含意。也不知道是誰說，劉禹錫這首詩表面是寫桃花，實際是諷刺當時新提拔的權貴的。

　　這一下子捅了馬蜂窩，唐憲宗對他也不滿意起來，本來主張留他在京城的人也不便說話了。劉禹錫又被貶到播州（今貴州遵義市）去做刺史。刺史比司馬高一級，表面上是提升，其實是貶官，因為播州比朗州更遠更偏僻，那時候還是荒蠻之地呢。

　　劉禹錫有個老母親，已經八十多歲了，需要人照顧，如果跟著劉禹錫一起到播州，上了年紀的老人很難受得了這個苦。這使劉禹錫感到為難！

　　這時候，柳宗元在長安也待不下去了，朝廷把他改派為柳州刺史。柳宗元了解劉禹錫的困難情形，決心幫助好朋友。他連夜寫了一道奏章，請求把派給他柳州的官職跟劉禹錫對調，自己到播州去。

　　柳宗元待朋友一片真心，讓許多人很受感動。後來，大臣裴度也替劉禹錫在唐憲宗面前說情，憲宗總算同意把劉禹錫改派為連州（今廣東連縣）刺史。以後，劉禹錫又被調動了好幾個地方。十四年後，裴度當了宰相，他才被調回長安。

　　劉禹錫重新回到京城，又是暮春季節。他到玄都觀舊地重遊。到了那裡，知道那個種桃的道士已死，觀裡的桃樹吹倒和枯死了很多，滿地長著野葵燕麥，一片荒涼。他想起當年桃花盛開的情景，聯想起一些過去打擊他的宦官權貴在政治爭鬥中紛紛下了台，而他自己卻是一如既往地堅持自己的見解。為抒發他心裡的感慨，他又寫了一首詩，詩裡說：

　　百畝中庭半是苔，桃花淨盡菜花開。

　　種花道士歸何處？前度劉郎今又來。

　　一些大臣聽到劉禹錫寫的新詩，認為他又在發牢騷，很不滿意，便在皇帝面前誣毀他。過了三年，他又被派到外地當刺史去了。

青釉詩詞盤　唐　▲

301

詩傑白居易

　　中唐時期的白居易是一位為世人所熟悉、所敬慕的詩人。在整個古代文學史上，他也是堪稱一流的大詩人。

　　白居易，字樂天，號香山居士，出生在河南鄭州新鄭一個官僚士族家庭裡。幼時的白居易聰明過人，五六歲起就開始寫詩，八九歲時已能按照複雜的音韻寫格律詩。

　　十六歲時，白居易初次進京應舉，當時的蘇州太守韋應物把他引見給大詩人顧況。他送上新詩作《賦得古原草送別》，顧況看著詩卷，輕輕吟誦起來：

白居易像　▲

> 離離原上草，一歲一枯榮。
> 野火燒不盡，春風吹又生。
> 遠芳侵古道，晴翠接荒城。
> 又送王孫去，萋萋滿別情。

　　顧況讀完後不禁拍案叫絕。從此，白居易的聲名大振。

　　白居易二十歲時回到安徽宿縣家中，廢寢忘食，發憤攻讀。從二十八歲起，他完全靠自己的力量，「十年之間，三登科第」。

　　白居易在中央和地方總共做了四十多年官，中間也曾辭職和被貶過，但他為官清正廉潔，從來不向惡勢力低頭。

《白氏長慶集》書影　▲

　　白居易在陝西周至縣當縣尉時，結識了陳鴻、王質夫，三人同遊仙遊寺，聊天中時常談及唐玄宗和楊貴妃的故事。白居易感慨興歎，於是大家鼓勵他寫一首敘事詩，後來終於寫成名篇《長恨歌》。這首詩對唐玄宗

「春宵苦短日高起，從此君王不早朝」的荒唐生活與楊貴妃「後宮佳麗三千人，三千寵愛在一身」的恃寵而驕進行了諷刺和譴責。

　　白居易為官期間也很關心百姓的疾苦，如詩歌《新豐折臂翁》就和杜甫的名作《兵車行》有些類似。詩中藉一位八十八歲的老人追述他當年「夜深不敢使人知，偷得大石槌折臂」的慘痛故事，說明了百姓不願參加不義之戰的真實心態。《賣炭翁》則對下層勞動人民寄予了無限的同情，而對倚勢凌人的官宦充滿了憎恨。

　　西元807年，白居易被授翰林學士，三年後，被任為左拾遺。因屢次直言進諫和寫了不少諷喻詩，白居易為權貴們所忌恨。在一連串的惡毒攻擊下，唐憲宗不分青紅皂白，把白居易貶為江州（今江西九江）司馬。這一打擊，使白居易鬱鬱不樂，在悲哀和憤恨中，寫下了「似訴平生不得志」的傳世名篇《琵琶行》。詩人從漂泊歌女的自述和淒蒼曲調中，產生了共鳴，發出了「同是天涯淪落人，相逢何必曾相識」的歎息！

　　後來，白居易又被召回長安。在長安城，他看到昔日的朋友們個個為了權勢明爭暗鬥，意識到此地不可久留，於是上奏本，力求外放，得到了批准。

　　白居易晚年目睹朝政黑暗，對政治鬥爭深感厭倦，便辭官隱居洛陽。在那裡，他十分喜愛清幽的香山寺，便攜書僮移居那裡，並和寺僧結社，經常唱酬，自號「香山居士」。

　　此後，白居易便把全部精力都投入詩歌創作中。他一生共寫了兩千八百多首詩，後人對他的為人和文學成就有著高度的評價。

楞嚴經帖　唐　白居易　▲

白居易《長恨歌》「七月七日長生殿，夜半無人私語時。」詩意圖　清　袁江　▼

韓愈直諫

　　裴度、李愬平定了淮西叛亂後，唐憲宗覺得臉上光彩，決定立一個記功碑，來紀念這一次勝利的功績。裴度手下有個行軍司馬韓愈，擅長寫文章，又跟隨裴度到過淮西，了解淮西的情況。唐憲宗就命令韓愈起草《平淮西碑》。

　　韓愈是唐朝傑出的文學家，河南河陽（今河南孟縣西）人。他認為自從魏晉南北朝以來，社會風氣混亂，連文風也衰落了。許多文人寫文章，喜歡堆砌詞藻，缺乏真情實感。他決心改革這種文風，寫了不少散文，在當時產生了很大的影響。他的主張和寫作實踐實際上是一種改革，但是也繼承了一些先秦傳統的古代散文技法，所以被稱為「古文運動」。後來，人們把他和柳宗元兩人稱為「古文運動」的創導人。

　　韓愈不但文章寫得好，還是個直言敢諫的大臣。在他寫完《平淮西碑》之後，便做出了一個得罪朝廷的舉動。

韓愈像　▲

法門寺銀鍍舍利棺　唐 ▶

法門寺位於陝西扶風，是唐
代著名寺院，為中國供奉釋
迦真身舍利的四座寺院之
一。

原來唐憲宗到了晚年，迷信起佛教來。他聽說鳳翔的法門寺裡有一座叫護國真身塔的寶塔，塔裡供奉著一根骨頭，據說是釋迦牟尼佛祖留下來的一節指骨，每三十年才能開放一次，讓人禮拜瞻仰。人們瞻仰之後，便能夠求得風調雨順，富貴平安。

佛骨崇拜本來就是違背釋迦牟尼「四大皆空」的祖訓的，但許多寺院為了迎合僧眾的迷信需要，就人為製造一些假佛骨（影骨）或假舍利（舍利是火化時修行者體內結石遇高溫後的結晶體，假舍利則大多為水晶製品）。唐憲宗對此深信不疑，特地派了三十人的隊伍，到法門寺把佛骨隆重地迎接到長安。他先把佛骨放置在皇宮裡供奉，而後送到寺裡，讓大家瞻仰。下面的一班王公大臣，也千方百計想得到瞻仰佛骨的機會。

韓愈向來不信佛，對這樣鋪張浪費來迎接佛骨，很不滿意，便給唐憲宗上了一道奏章，勸諫憲宗不要做這種勞民傷財的迷信事。他說，佛法的事，中國古代沒有記載，只是在漢明帝以來，才從西域傳進來。歷史上凡是信佛的王朝，壽命沒有長的，可見佛是不可信的。

唐憲宗接到這個奏章，龍顏大怒，立刻把宰相裴度叫了來，說韓愈誹謗朝廷，一定要處死他不可。

裴度連忙替韓愈求情，唐憲宗才慢慢消了氣，說：「韓愈說我信佛過了頭，我還可寬恕他；他竟說信佛的皇帝，壽命都不長，這不是在咒我嗎？就憑這一點，我絕不能饒了他。」

後來，有很多人替韓愈求情，唐憲宗沒殺韓愈，把他降職到潮州去當刺史，一年後才回到了長安，負責國子監（朝廷設立的最高教育機構）的工作。就在這一年（西元820年），唐憲宗死在宦官手裡。他的兒子李恆即位，這就是唐穆宗。

法門寺鎏金銀質真身 ▲
菩薩像　唐

法門寺青磁五花形盤 ▲
唐

朋黨之爭

黃釉加彩繪貼金文官 ▲
俑　唐

騎馬擊球彩繪陶俑　唐 ▼

1958年出土於陝西省西安市
韋洞墓。在唐代，馬球運動
十分流行。

　　宦官專權時期，朝廷官員中凡是有反對宦官的，大都受到打擊排擠。一些依附宦官的朝官，又分成兩個不同的派別。兩派官員互相攻擊，爭吵不休，這樣鬧了四十年，歷史上把這場政治爭鬥叫作「朋黨之爭」。

　　這場爭吵開始於唐憲宗在位之時。有一年，長安舉行考試，選拔能夠直言敢諫之人。在參加考試的人中，有兩個下級官員，一個叫李宗閔，另一個叫牛僧孺。兩個人在考卷裡都批評了朝政。考官看了卷子後，認為這兩個人都符合選拔的條件，就向唐憲宗推薦。

　　宰相李吉甫知道了這件事。李吉甫是個士族出身的官員，他本來就對科舉出身的官員有想法，現在出身低微的李宗閔、牛僧孺居然對朝政大加指責，揭了他的短處，更加令他生氣。於是他在唐憲宗面前說，這兩人被推薦，完全是因為跟考官有私人關係。唐憲宗對李吉甫的話深信不疑，就把幾個考官降了職，李宗閔和牛僧孺也沒有得到提拔。

　　李吉甫死後，他的兒子李德裕憑藉他父親的地位，做了翰林學士。那時候，李宗閔也在朝做官。李德裕對李宗閔批評他父親這事件，仍舊記憶猶新。

　　唐穆宗即位後，又舉行了進士考試。有兩個大臣因為有熟人應考，就在私下裡與考官勾通，但是考官錢徽沒賣他們人情。正好李宗閔有個親戚應考，結果被選中了。這些大臣就向唐穆宗告發錢徽徇私舞弊。唐穆宗問翰林學士，李德裕便謊稱有

這樣的事。唐穆宗於是降了錢徽的職，李宗閔也受到牽連，被貶謫到外地去做官。

李宗閔認為李德裕存心排擠他，恨透了李德裕，而牛僧孺當然同情李宗閔。從這以後，李宗閔、牛僧孺就跟一些科舉出身的官員結成一派，李德裕也與士族出身的官員拉幫結派，雙方明爭暗鬥得很厲害。

唐文宗即位之後，李宗閔利用宦官的門路，當上了宰相。李宗閔向文宗推薦牛僧孺，把牛僧孺也提為宰相。這兩人一掌權，就合力對李德裕進行打擊，把李德裕調出京城，派往四川（治所在今四川成都）做節度使。

唐文宗本人因為受到宦官控制，沒有固定的主見。一會兒用李德裕，一會兒用牛僧孺。一派掌了權，另一派就日子不好過。兩派勢力就像走馬燈似地輪流轉換，把朝政搞得十分混亂。

牛、李兩派為了爭權奪利，都向宦官討好。李德裕做淮南節度使的時候，監軍的宦官楊欽義被召回京城，人們傳說楊欽義回去必定掌權。臨走的時候，李德裕就辦酒席請楊欽義，還給他送上一份厚禮。楊欽義回去以後，就在唐武宗面前竭力推薦李德裕。

到了唐武宗即位以後，李德裕果然當了宰相。他竭力排斥牛僧孺、李宗閔，把他們都貶謫到南方去。

西元846年，唐武宗病死，宦官們立武宗的叔父李忱即位，就是唐宣宗。唐宣宗對武宗時期的大臣全都排斥，即位的第一天，就把李德裕的宰相職務撤了。

朋黨之爭鬧了四十年，最後終於收場，但是混亂的唐王朝已經鬧得更加衰敗了。

中書省之印　唐　▲

白瓷圓柄杯　唐　▲

回鶻寶髻長裙女　唐　▶

黃巢起義

黃巢像 ▲

　　唐朝末年，經過藩鎮混戰、宦官專權和朝廷官員中的朋黨之爭，朝政混亂不堪。儘管唐宣宗是一個比較精明的皇帝，但也不能改變這種局面。唐宣宗死後，先後接替皇位的唐懿宗李、僖宗李儇（音 ㄒㄩㄢ ），只知尋歡作樂，追求奢侈糜爛的生活，腐朽到了極點。皇室、官僚和地主加緊剝削農民，稅收越來越重；加上接連不斷的天災，農民斷了生路，到處逃亡。有的忍受不了苦難，只有走上造反的路了。

　　西元874年，也就是唐僖宗即位那一年，濮州（治所在今河南范縣）地方有個鹽販首領王仙芝，帶領幾千農民，在長垣（在今河南）起義。王仙芝稱自己為天補平均大將軍，發出文告，揭露朝廷造成貧富不等的罪惡。這個號召很快得到貧苦農民的回應。不久，冤句（今山東曹縣北）地方的鹽販黃巢也起兵回應。

　　後來，黃巢和王仙芝兩支起義隊伍匯合了，繼而轉戰山東、河南一帶。

　　後來，黃巢決定跟王仙芝分兩路進軍。王仙芝向

西，黃巢向東。不久，王仙芝率領的起義軍在黃梅（在今湖北）打了敗仗，他本人也被唐軍殺死了。

　　王仙芝失敗後，剩餘的起義軍重新與黃巢的隊伍會合，大家推黃巢為王，又稱沖天大將軍。

　　當時在中原地區的官軍力量還比較強，起義軍進攻河南的時候，唐王朝在洛陽附近集中大批兵力準備圍攻。黃巢看出唐軍的企

唐代鎧甲 ▲

圖，決定攻打官軍兵力薄弱的地區，於是帶兵南下。後來，一直打到廣州。

起義軍在廣州休整後不久，嶺南地區發生了瘟疫。黃巢於是決定揮師北上。

西元880年，黃巢統率六十萬大軍開進潼關，聲勢浩大。

起義軍攻下了潼關，唐王朝驚恐萬狀，唐僖宗和宦官頭子田令孜帶著妃子，向成都出逃，來不及逃走的唐朝官員全部出城投降。

過了幾天，黃巢在長安大明宮稱帝，國號叫大齊。經過七年的鬥爭，起義軍終於取得了勝利。

但是，黃巢領導的起義軍長期流動作戰，攻佔過的地方，都沒留兵防守。幾十萬起義軍佔領長安以後，四周還是官軍勢力。沒過多久，唐王朝便調集各路兵馬，把長安圍住。長安城裡的糧食供應發生了嚴重困難。

黃巢派出大將朱溫在同州（今陝西大荔）駐守。在起義軍最困難的時候，朱溫竟做了可恥的叛徒，投降了唐朝。

唐王朝又調來了沙陀（古代西北少數民族）貴族、雁門節度使李克用，率領四萬騎兵向長安進攻。起義軍迎戰，大敗而回，最後只好撤出長安。

黃巢帶領起義軍撤退到河南時，又遭到朱溫、李克用的圍攻。西元884年，黃巢攻打陳州（今河南淮陽）失利，官軍緊緊追趕。最後，黃巢在泰山狼虎谷英勇犧牲。

黃巢與王仙芝起義始末示意圖　▲

趙懷滿租田契約　唐　▲

京畿瑞雪圖　唐　佚名　▲

海龍王錢鏐

錢鏐像 ▲

　　西元907年，朱溫代唐，建立了梁朝。以後五十多年的時間裡，中原地區前後更替了五個王朝——梁、唐、晉、漢、周（為了跟以前相同名稱的王朝區別，歷史上把它們稱作後梁、後唐、後晉、後漢、後周），合稱為五代。五代時期，在南方和巴蜀地方，還出現了許多割據政權，有的稱王，有的稱帝，前後建立了九個國（前蜀、吳、閩、吳越、楚、南漢、南平、後蜀、南唐），加上建立在北方的北漢，一共是十國。所以又把五代時期稱做「五代十國」時期。

　　朱溫一即位，鎮海（治所在今浙江杭州）節度使錢鏐（音 ㄌㄧㄡˊ）第一個派人到汴京祝賀，表示願意臣服於梁。朱溫很高興，把他封為吳越王。

吳越國官吏俑　五代 ▲

五代十國興亡表			
朝代和國名	創建人	西元年代	歸於何朝何國
後梁	朱溫	907–923	後唐
後唐	李存勛	923–936	後晉
後晉	石敬瑭	936–946	契丹
後漢	劉知遠	947–950	後周
後周	郭威	951–960	後周
吳	楊行密	902–937	宋
南唐	徐知	937–975	南唐
吳越	錢鏐	907–978	宋
楚	馬殷	927–951	宋
閩	王審知	909–945	南唐
南漢	劉龑	917–971	南周
前蜀	王建	907–925	後唐
後蜀	孟知祥	934–965	宋
南平	高季興	924–963	宋
北漢	劉旻	951–979	宋

錢鏐原來家境貧寒，早年做過鹽販，後來給浙西鎮將董昌當部將。黃巢起義軍攻打浙東的時候，錢鏐保住臨安（今浙江杭州），立了功，唐王朝封他為都指揮使。不久，又提拔為節度使。

錢鏐當上節度使後，開始追求奢華的生活。在臨安蓋了豪華的住宅，出門，坐車騎馬，興師動衆。他的父親對他這樣的做法，很看不過去。

他對錢鏐說：「我家祖祖輩輩都是靠打魚種莊稼過日子，沒有出過做官的人。你處在今天的位置，周圍都是敵對勢力，還要跟人家爭城奪地。我怕錢家今後要遭難了。」

錢鏐聽了，很有感觸。從那以後，他做事謹小慎微，只求保住這塊割據地區。當時，吳越是小國，人少勢弱，比北方的吳國弱小，吳越國常常受他們的威脅。

由於錢鏐長期在混亂動盪的環境裡生活，使他養成了一種保持警惕的習慣。他給自己做了個「警枕」，就是用一段滾圓的木頭做枕頭，倦了就斜靠著它休息；如果睡熟了，頭從枕上滑下，人也驚醒過來了。

他除了自己保持警惕外，還嚴格要求他的將士。每天夜裡，兵士在他住所周圍值更巡邏。有一天晚上，值更的兵士坐在牆角邊打瞌睡，隔牆飛來幾顆銅彈子，正好掉在兵士身邊，驚醒了兵士。兵士們後來才知道這些銅彈子是錢鏐打過來的，就不敢在值更的時候打盹了。

錢鏐就靠小心翼翼地做事才保住他在吳越的統治地位的。吳越國雖然不大，但是因為長期沒有遭到戰爭的侵擾，經濟漸漸繁榮起來。

後來，錢鏐徵發民工修築錢塘江的石堤和沿江的水閘，這樣就有效地防止了海水倒灌；又叫人把江裡的大礁石鑿平，方便船隻來往。民間因他在興修水利方面的貢獻，給他起了個「海龍王」的外號。

朱溫像　▲

中華上下五千年

錢鏐鐵券　五代　▲

這是皇帝賜給功臣免死或其他特權時所頒發的憑據。錢鏐鐵券是目前中國保存下來的唯一的唐代鐵券實物，是唐昭宗於乾寧四年（西元897年）賜給鎮海、鎮東節度使，即五代十國中吳越國建立者錢鏐的。

唐莊宗擊鼓圖 ▲

錢幣　五代 ▲

五代時期，由於長期混戰，黃河中下游地區的社會經濟受到嚴重破壞，當時的幣制也極為素亂，錢幣缺乏，盜鑄不絕，而且品質低劣，很多是鉛鐵小錢。貨幣素亂說明當時經濟殘破，同時也嚴重阻礙了商業的發展。

後唐滅後梁之戰示意圖 ▶

伶人做官

　　朱溫在建立了梁朝的時候，北方還存在著兩個較大的割據勢力：一個是劉仁恭，據守在幽州；一個是晉王李克用，在河東割據。與此同時，北方的契丹族異軍突起，契丹族首領耶律阿保機（耶律是姓）統一了契丹各部。西元907年，李克用想利用契丹兵力，與朱溫抗衡，就跟阿保機聯絡，雙方見了面，結為兄弟，還約定了一起攻梁的日子。但是阿保機一回到契丹，看到朱溫勢力很大，就後悔了，又偷偷地跟朱溫結成了同盟。

　　李克用得知消息，氣得一病不起。他自己知道好不了了，就把兒子李存勖（音 ㄒㄩˋ）叫到跟前，叮囑說：「朱溫是咱家的冤家，這你早就知道；劉仁恭是我舉薦上去的，後來他反覆無常，投靠朱溫；契丹曾經跟我結為兄弟，結果不守信用違背盟約。這幾口氣沒出，我死不瞑目。」

　　說著，他吩咐侍從拿來三支箭，親手交給李存勖，說：「給你留下三支箭，你要記住三個仇人，給咱家報仇。」

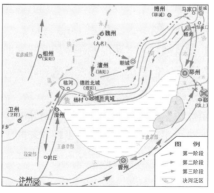

李存勖含著眼淚跪在床邊，接過箭，表示一定牢記父親的囑咐。李克用聽了，點點頭，閉上眼睛死了。

　　李克用死

後，李存勖即了晉王位。他專心訓練兵士，整頓軍紀，訓練出一支勇猛善戰的隊伍。

李存勖出兵跟梁兵進行了幾次大戰，大敗朱溫率領的五十萬大軍。朱溫一氣之下，發病死了。接著，李存勖又攻取了幽州，活捉了劉仁恭和他的兒子劉守光。

西元916年，耶律阿保機稱帝。過了五年，發兵南下。李存勖親自出兵，大敗契丹，把阿保機趕回北邊去了。

朱溫死後，李存勖又跟朱溫的兒子梁末帝打了十多年仗。最後，李存勖於西元923年，滅了梁朝，統一了北方。他在洛陽稱帝，改國號為唐，這就是後唐莊宗。

唐莊宗為父親報了仇，安定了中原，就享受起來了。他從小喜歡看戲演戲，做了皇帝後，他便整天跟伶人在一起，穿著戲裝，登台表演，不問國事。他給自己起了個「李天下」的藝名。

後來，唐莊宗要封伶人當刺史。有人勸諫說：「新朝剛剛建立，跟陛下一起出生入死的將士，還沒得到封賞，如果讓伶人當刺史，恐怕大家不服。」

唐莊宗對勸告不理不睬，讓伶人當了官。一些將士見了，果然氣得發瘋。沒過幾年，後唐朝廷內部就亂了起來，大將郭崇韜被人暗害，另一個大將李嗣源（李克用的養子）也遭到猜忌，差點把命丟了。

不久，將士們擁戴李嗣源，打進汴京，唐莊宗被亂箭射死。李嗣源做了後唐皇帝，這就是唐明宗。

青玉飛天　唐　▲

中華上下五千年

男舞俑　五代　▲

散樂圖　五代　◀
圖中伎樂服飾華麗，體態豐腴，高盤髮髻，各種樂器握於手中，神態各不相同，為研究當時音樂、服飾文化的實物資料。

兒皇帝石敬瑭

唐明宗死後，他的兒子李從珂做了後唐皇帝，這就是唐末帝。唐明帝在位時，唐末帝便與他的姐夫、河東節度使石敬瑭不和，等到唐末帝登基後，兩人終於鬧到公開決裂的地步。

李從珂派了幾萬人馬進攻石敬瑭所在的晉陽。石敬瑭眼看要抵擋不住了，這時，有個叫桑維翰的謀士給他出個主意，讓他向契丹人求救兵。

那時候，耶律阿保機已經死了，他的兒子耶律德光做了契丹國主。桑維翰幫石敬瑭起草了一封求救信，對耶律德光表示願意拜契丹國主做父親，並且答應在打退唐軍之後，將雁門關以北的燕雲十六州（又稱幽雲十六州，指幽州、雲州等十六個州，都在今河北、山西兩省北部）土地獻給契丹。

耶律德光正打算向南擴張土地，聽到石敬瑭給他優厚的條件，真是喜出望外，立刻出五萬精銳騎兵援救晉

石敬瑭像　▲

契丹刀器　契丹　▲

武士跪射圖壁畫　五代 ▶

中華上下五千年

陽。這樣，內外出兵夾擊，把唐軍打得大敗。

　　後來，耶律德光來到晉陽，石敬瑭親自出城迎接，卑躬屈膝地把比他小十歲的耶律德光稱作父親。

　　經過一番觀察，耶律德光覺得石敬瑭的確是死心塌地投靠他，便正式宣佈石敬瑭為皇帝。石敬瑭稱帝後，立刻按照原來答應的條件，把燕雲十六州送給了契丹。

　　石敬瑭在契丹的支持下，帶兵南下攻打洛陽，接連打了幾個勝仗。唐末帝被契丹的聲勢嚇破了膽，在宮裡燒起一把火，帶著一家老少投火自殺了。

　　石敬瑭攻下洛陽，滅了後唐，在汴京正式做了中原的皇帝，國號叫晉，這就是後晉高祖。石敬瑭對契丹國主耶律德光感恩戴德，向契丹上奏章，把契丹國主稱作「父皇帝」，自己稱「兒皇帝」。朝廷上下都覺得丟臉，只有石敬瑭毫不在乎。

　　石敬瑭做了七年的兒皇帝，病死了。他的侄兒石重貴即位，這就是晉出帝。晉出帝向契丹國主上奏章的時候，自稱孫兒，不稱臣。耶律德光藉機說晉出帝對他不敬，帶兵進犯。

　　契丹兩次進犯中原，都被晉朝軍民打敗了。但是後來，由於漢奸的出賣，契丹兵攻進了汴京，俘虜了晉出帝，把他押送到契丹。後晉便滅亡了。

　　西元947年，耶律德光進了汴京，自稱大遼皇帝（這一年契丹改國號為遼）。

　　後來，中原的百姓受不了遼兵的殘酷壓迫，紛紛起義，反抗遼兵。東方的起義軍聲勢浩大，攻佔了三個州。

　　耶律德光害怕了，被迫退出中原。但是，被石敬瑭出賣的燕雲十六州仍在契丹貴族的控制之中，這些地方後來成為他們進攻中原的基地。

白玉雲龍紋帶　五代　▲

鎏金銀壺　契丹　▲

中華上下五千年

白瓷象形燭台　五代　▼

周世宗斥馮道

周世宗柴榮像　▲

遼兵被迫退出中原的時候，後晉大將劉知遠在太原稱帝。隨後，率領大軍向南進兵。劉知遠的軍隊紀律嚴明，受到中原百姓的歡迎。劉知遠很快收復了洛陽、汴京等地。同年六月，劉知遠在汴京建都，改國號為漢。這就是後漢高祖。

劉知遠只做了十個月皇帝就得病死了。他的兒子後漢隱帝劉承祐即位以後，嫌手下將領權力太大，秘密派人到鄴都去殺大將郭威，導致郭威起兵反叛。西元950年，郭威推翻了後漢，並於第二年在汴京即位，國號周，就是後周太祖。

周太祖出身貧苦，很能體諒民間疾苦，同時他也有些文化，注意重用人才，改革政治。在他的治理下，五代時期的混亂局面開始好轉。

後周建國的時候，劉知遠的弟弟劉崇佔據太原，不服後周統治，成為一個割據政權，歷史上稱為北漢（十國之一）。劉崇見自己的力量無法抵禦後周，便投靠了遼朝，拜遼主為「叔皇帝」，自稱「侄皇帝」，多次依靠遼兵進犯周朝，但都以失敗告終。

西元954年周太祖過世。他沒有兒子，便把柴皇后的侄兒柴榮收作自己的兒子。柴榮從小聰明能幹，練得一身武藝。周太祖死後柴榮繼承皇位，這就是周世宗。

北漢國主劉崇見周世宗剛即位，認為周朝局勢不穩，正是進佔中原的大好時機。他集中了三萬人馬，又請求遼主派出一萬騎兵，向潞州（治所在今山西長治）進攻。

消息傳到汴京，周世宗立即召集大臣商議對策。他

玉堂富貴圖　五代　徐熙　▲

提出要親自出征。

大臣們看周世宗態度很堅決，也不好說什麼了。這時，有一個老臣站出來反對，他就是太師馮道。馮道從後唐明宗那時候起，就當了宰相。後來，換了四個朝代，他都能隨機應變，一些新王朝的皇帝，也樂得利用他。所以，他一直位居宰相、太師、太傅等職。

周世宗對馮道說：「過去唐太宗都是自己帶兵，最終平定了天下。」

馮道說：「陛下與唐太宗相比，誰更英明呢？」

周世宗看出馮道瞧不起他，激動地說：「我們有強大的軍隊，要消滅劉崇，還不是像大山壓雞蛋一樣容易。」

馮道說：「陛下能像一座山嗎？」

周世宗聽罷一甩袖子，怒氣沖沖地離開了朝堂。後來，由於有其他大臣的支持，周世宗把親征的事決定了下來。

周世宗率領大軍到了高平（在今山西省），與北漢兵相遇，雙方擺開了陣勢。

劉崇指揮北漢軍猛攻周軍，情況十分危急，周世宗見狀親自上陣，指揮他的兩名將領趙匡胤（音 ㄧㄣˋ）和張永德各帶領兩千親兵衝進敵陣。周軍兵士看到周世宗沉著應戰，也奮勇衝殺。最後，北漢兵抵擋不住，大敗而逃。

高平一戰，大大提高了周世宗的聲望。過了兩年，他又親自征討南唐（十國之一），攻下了長江以北十四個州。接著，他又下令北伐，水陸兩路進軍，收復北方大片失地。

西元959年，正當周世宗要實現統一全國的願望的時候，卻病倒了。他死後，由年僅七歲的兒子柴世訓接替皇位，就是周恭帝。

山西平遙形塑武官像 ▲
五代

武官頭戴金盔，全身著甲，左手拄劍，右手握拳，一副威武剛猛的神態。

褐彩雲紋壺　五代　　▲

黃袍加身

「宋太祖黃袍加身處」碑，▲
位於今河南封丘陳橋鄉。

青磁刻花寶相華唐草 ▲
紋水注　北宋

這件提梁倒罐壺造型結構奇
特，紋飾繁褥華麗，是耀州
窯器皿中罕見的珍品。

周恭帝剛即位時，由宰相范質、王溥輔政。這時京城裡傳出謠言，說趙匡胤（音 ㄣ）有奪取皇位的野心。

趙匡胤原來是周世宗手下的得力大將，跟隨周世宗南征北戰，戰功卓著。周世宗在世時，很信任趙匡胤，讓他做殿前都點檢，統帥禁軍。禁軍是後周一支最精銳的部隊。

西元960年，後周接到邊境送來的緊急戰報：北漢國主和遼朝聯合出兵，攻打後周邊境。

趙匡胤得令後，立刻調兵遣將，帶了大軍從汴京出發。他的弟弟趙匡義和親信謀士趙普也一同出征。

當天晚上，大軍開出京城二十里後，到了陳橋驛，趙匡胤命令將士就地紮營休息。在陳橋驛宿營時，一些將領聚集在一起，有人說：「現在皇上年紀那麼小，我們拼死拼活去打仗，他也不會知道我們的功勞，倒不如擁護趙點檢做皇帝吧！」大夥聽了，都贊成這個意見。

沒多久，這消息就傳遍了軍營。將士們擁到趙匡胤住的驛館，一直等到天亮。

趙匡胤起床後，還沒來得及說話，幾個人把早已準備好的一件黃袍，披在他的身上，大夥跪倒在地上高呼「萬歲」。

到了汴京，有石守信、
王審琦等人作
內應，沒費多
大勁兒就控制了
京城。

將領們把范質、
王溥叫到趙匡胤的
住處。趙匡胤一見
他們的面，就裝出為難
的模樣說：「世宗對我恩重如
山，現在我被將士逼成這個樣子，你們看怎麼辦？」

范質等吞吞吐吐不知該怎麼回答好。這時有個將領
聲色俱厲地喊道：「我們沒有主人，今天大家一定要請
點檢當天子！」

范質、王溥嚇得趕快給趙匡胤下拜。

隨後，周恭帝讓了位，趙匡胤做了皇帝，國號叫
宋，定都東京（今河南開封），歷史上稱為北宋。趙匡
胤就是宋太祖。這樣一來，經過五十多年混戰的五代時
期就結束了。

白磁青海波紋法螺貝
北宋　◀

此器手工製作，採用接貼與
畫花技法，胎質潔白細膩，
釉色瑩潤，是定窯出產的藝
術佳品。

刻花牡丹紋尊　北宋　▲

中華上下五千年

北宋冑甲穿戴復原圖　▶

北宋東京城平面圖　▼

杯酒釋兵權

文官服飾俑　北宋　▲

　　宋太祖即位後不久，就有兩個節度使起兵反叛。宋太祖親自出征平定了叛亂。

　　經過這件事之後，宋太祖心裡總感到不安穩。有一次，他單獨找來趙普，對他說：「自從唐朝末年以來，接連更換了五個朝代，戰爭從來沒有停止過，不知道有多少老百姓死於非命，這到底是怎麼回事呢？」

　　趙普說：「道理很簡單，國家混亂，病症就出在藩鎮權力太大。假如把兵權集中到朝廷，天下就會太平無事了。」

　　宋太祖連連點頭，表示贊同。

　　幾天後，宋太祖在宮裡設宴，請石守信、王審琦等幾位老將聊天喝酒。

　　宋太祖趁酒酣耳熱之際，命令身邊的太監退出。他拿起一杯酒，請大家喝乾之後說：「我要不是有你們幫助，也不會有今天這個樣子，但是你們哪知道，做皇帝也有很多難心事，還不如做個節度使自在。不瞞你們說，這一年來，我就沒有睡過一夜安穩覺。」

　　石守信等人聽了很吃驚，連忙問這是什麼原因。

　　宋太祖說：「這不是明擺著嗎？皇帝這個位子，誰不眼紅呀？」

景德鎮窯磁器　北宋　▲

　　石守信等人聽宋太祖這麼一說，都驚慌失措，跪在地上說：「陛下為什麼這樣說呢？現在天下已經太平無事了，誰還敢對陛下不忠呢？」

金絲籠式便帽　北宋　▶
這是北宋官員的便帽。

宋太祖擺擺手說:「你們幾位我是信得過的,只怕你們的部下當中,有人貪圖富貴,往你們身上披黃袍,你們想不做,恐怕也不行吧?」

石守信等聽宋太祖這麼說,頓時感到大禍臨頭,連連磕頭,流著淚說:「我們都是粗心人,想得不周到,請陛下給我們指引一條出路。」

宋太祖說:「我替你們著想,你們不如把兵權交給朝廷,去地方做個閒官,置些田產房屋,給子孫留點家業,平平安安地度個晚年。我和你們結為親家,彼此毫無猜疑,這樣不是很好嗎?」

石守信等一齊說:「陛下為我們想得太周到啦!」

第二天,石守信等大臣一上朝,每人都遞上一份奏章,說自己年老多病,請求辭職。宋太祖馬上准許,收回他們的兵權,賞給每人一大筆財物,打發他們到各地去做節度使。歷史上把這件事稱為「杯酒釋兵權」(「釋」就是「解除」的意思)。

後來,宋太祖又收回了地方將領的兵權,建立了新的軍事制度,從地方軍隊挑選出精兵,組編成禁軍,由皇帝直接指揮;各地行政長官也由朝廷委派。這些措施實行後,新建立的北宋王朝穩定了下來。

三彩武士俑 北宋 ▲

李後主亡國

南唐後主李煜像 ▲

宋太祖穩定了內政，將國家的權力集於一身後，便開始做統一中國的打算。當時，五代時期的「十國」，留下來在北方割據的有北漢，在南方割據的還有南唐、南平、南漢、吳越、後蜀等。要統一全國，該先從哪裡下手呢？宋太祖越想思緒越亂。

一個風雪交加的夜裡，趙普正在家裡烤火取暖，宋太祖找上門來。趙普連忙請宋太祖進屋，撥紅了炭火，在炭火上燉上肉，叫僕人拿出酒來招待。宋太祖此行，正是為了與趙普商量如何一統全國。

這一夜，宋太祖和趙普決定了先攻滅南方，後平定北方的計劃。在隨後的十年裡，宋王朝先後出兵滅了南平、後蜀、南漢。這樣，南方只剩下南唐和吳越兩個割據的政權了。

南唐最後的一個國主李煜（音 ），即南唐後主，是個著名的詞人，他對詩詞、音樂、書畫都十分精通，可是就是不懂得如何處理國事。

西元974年九月，宋太祖派大將曹彬、潘美帶領十萬大軍分水、陸兩路攻打南唐。

宋軍到了長江邊，馬上用竹筏和大船趕造浮橋。這個消息傳到南唐的國都金陵（今江蘇南京市），南唐君臣正在歌舞飲宴。李後主問周圍大臣該怎麼辦，大臣說：「從古至今，沒聽說搭浮橋過江的，不必理會！」

北宋填壕車模型 ▶

這是用來填埋城牆周圍護城壕所使用的一種裝甲車。填壕時，把填壕物投入壕內，把城壕填平，以便軍隊進攻。

後主邊笑邊說：「我早說過這不過是小孩子的把戲罷了。」

三天後，宋軍搭好浮橋，潘美的步兵在浮橋上如履平地，跨過長江。南唐的守將抵擋不住，敗的敗，降的降。十萬宋軍轉瞬間就打到金陵城邊。

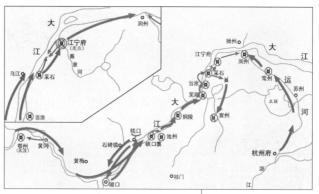

宋滅南唐之戰要圖　▲

那時候，李後主正在宮裡跟一批和尚道士誦經講道，宋軍到了城外，他還一無所知呢。等他到城頭上巡視，才發現城外到處飄揚著宋軍旗幟。

李後主連忙調動駐守上江的十五萬大軍來救。救兵剛到了皖口，便遭到宋軍的兩路夾攻，南唐軍全軍覆沒。李後主叫人在宮裡堆了柴草，準備放火自焚，但是最終膽怯了，後來帶著大臣出宮門，向曹彬投降。

李後主被押到東京，過著囚徒的生活。李後主從一個奢靡享樂的國君變成了一個亡國的俘虜，心裡十分辛酸，每天流著眼淚過日子。亡國之君的悽楚，正如他的詞裡所描述的那樣：

李煜書法　▼

　　問君能有幾多愁，
　　恰似一江春水向東流。

鳴鳳琴（正面）　北宋　▲

趙普受賄

趙普為宋太祖打下江山出了不少計策，立了不少大功。後來趙普被任命為宰相，事無大小，宋太祖都跟趙普商量。

趙普是小吏出身，他的學問連一般的文臣都比不上。宋太祖常勸他多讀點書。趙普每次回家，馬上關起房門，取出書箱裡的書，認真誦讀。第二天上朝處理政事，總是十分快捷。後來，家裡人發現，他的書箱裡只有一部《論語》，於是人們就傳說：趙普是靠「半部《論語》治天下」的。

宋太祖對趙普很信任，趙普也敢於在宋太祖面前堅持自己的觀點。有一次趙普向宋太祖推薦一個人做官。接連兩天，宋太祖都沒有同意。第三天趙普上朝的時候，又送上奏章，堅持要求宋太祖同意他的推薦。宋太祖動了怒，把奏章撕成兩半，扔在地上。

趙普俯下身，不慌不忙地把扯碎的奏章拾起來，放在袖子裡。過了幾天，趙普把黏接起來的奏章，又在上朝時交給宋太祖。宋太祖見趙普態度這樣堅決，只好接受了他的意見。

趙普做了十年宰相，權傾朝野，日子久了，就有人

趙普像 ▲

黑花獅紋枕　北宋 ▲

《清明上河圖》北宋 ▶

從此圖可以看出北宋都城開封當時的繁榮景象

想巴結他，常常有人來給他送禮物。

宋太祖經常到趙普家裡去，事先也不打招呼。有一次，吳越王錢俶（音 ㄔㄨˋ）派個使者給趙普送信，還捎帶了十罈「海產」，正好宋太祖到了。

宋太祖在廳堂裡坐下，看到這十隻罈，便問趙普裡面裝的是什麼東西。趙普回答說：「是吳越王送來的海產。」

宋太祖笑著說：「既然是吳越王送來的海產，準錯不了，把它打開來看看吧！」

趙普吩咐僕人，打開罈蓋，在場的人一看都傻了眼。原來罈裡根本沒有什麼海產，而是一塊塊金子。

宋太祖一向忌諱官員接受賄賂，濫用權力，看到這種情況，氣得臉變了色。

從這以後，宋太祖開始猜疑趙普。不久，又有官員告發趙普違反禁令，販運木料。原來，當時朝廷禁止私運秦、隴（今陝西、甘肅一帶）大木，趙普為自己造住宅的時候曾經到那裡運過木料。他的部下趁機冒用趙普名義，私運一批大木到東京販賣。宋太祖聽說趙普藐視朝廷的禁令，不禁大怒，要辦趙普的罪。由於其他大臣為他說情，宋太祖才平息怒火，撤了趙普的宰相職位。

雪夜訪趙普圖 明 劉俊 ▲
此畫描繪的是宋太祖雪夜私訪宰相趙普商議統一大計的故事。

纏枝花卉紋金帶 北宋 ▲
官員在腰間所束的大帶。

王小波起義

「應運元寶」銅錢　北宋　▲

這枚銅錢是李順領導的巴蜀
地區起義民眾在淳化五年
（西元994年）鑄造的。宋朝
商品經濟發達，起義者也用
自己鑄造錢幣的方式，籌措
軍餉。

宋太宗征討遼朝，以慘敗告終，不僅這樣，還喪失
了像楊業這樣的勇將，再也沒有跟遼朝作戰的勇氣了。
加上國內局勢也很不穩定，特別是川蜀地區連續爆發農
民起義，弄得宋王朝手忙腳亂，窮於應付。

川蜀地區在五代時期，先後建立過前蜀、後蜀兩個
政權，長期遠離戰火，因此，後蜀時期，國庫十分豐
實。宋太祖滅蜀後，縱容將士在成都搶掠，把後蜀積累
的財富運到東京，激起了百姓的怨恨。到了宋太宗的時
候，又在那裡設立衙門，壟斷了蜀地出產的茶葉、絲帛
買賣。一些地主、大商人趁機投機倒把，賤買貴賣。蜀
地百姓的日子一天比一天艱難。

青城縣（今四川灌縣西南）有個農民叫王小波，和
他妻子的弟弟李順，都是以販賣茶葉謀生的。官府禁止
民間買賣茶葉後，王小波被斷了活路，決心起義。消息
傳開後，各地貧民紛紛前來參加王小波的起義軍。十天
的工夫，就聚集了幾萬人。

王小波有了人馬，先打下了青城。接著，又乘勝攻
打彭山（今四川彭山）。在彭山百姓的回應下，起義軍
很快攻下了縣城，殺了大貪官齊元振，把他平日從百姓
那裡搜刮得來的錢財，分給貧苦的百姓們。

王小波隨後便帶兵北上，向江原（今四川崇慶東南）
進軍。駐守江原的宋將張玘（音 ㄑㄧˇ）發兵抵抗，雙方
在江原城外展開一場大戰。

北宋火箭模型　　　　▲

王小波的起義軍個個英勇頑強，張玘眼看支持不住了，就放起冷箭來。王小波沒防備，前額中了冷箭。王小波不顧鮮血從臉上往下流，繼續戰鬥，終於打敗宋軍，把兇惡的張玘殺了。

起義軍進佔了江原後，王小波因傷勢太重死去。

王小波死後，起義將士推舉李順做首領，繼續帶領大家打擊官軍。

在李順的指揮下，起義軍不斷壯大，連續攻下許多城池，不斷取得勝利，最後攻取了蜀地的中心成都。成都的文武官員見勢不妙，早就逃跑了。

西元994年正月，李順在軍民的擁戴下，建立了大蜀政權。李順做了大蜀王，一面整頓人馬，一面繼續派兵攻佔各州縣。從北面劍門到東面的巫峽，到處是起義軍的勢力。

消息傳到東京，宋太宗非常驚慌，趕快召集宰相商量對策。隨後派宦官王繼恩為劍南西川治安使，前往鎮壓。王繼恩兵分兩路，派人從東面將巫峽的起義軍堵住，自己率領大軍向劍門進兵。

用以破壞城防工事的 ▲
餓鶻模型

王繼恩通過了劍門後，集合蜀地宋軍，進攻成都。那時候，駐守成都的起義軍還有十幾萬人，但是在敵人重兵包圍之下，起義軍漸漸抵擋不住，成都城終於被攻破，李順也在戰鬥中犧牲了。

牌子金　北宋　◀

這種純金金牌經常被用作君王賞賜臣下的禮品，但製作者卻是普通的商人，上面往往刻有製作的地名、鋪號、姓氏、成色，反映了宋朝社會私有經濟的長足進步。

寇準謀國

　　宋太宗死後，他的兒子趙恆即位，這就是宋真宗。這時候，宋朝的邊境上出了事。西元1004年，東北方的遼國，出動了二十萬軍隊來打宋朝。

　　告急的消息不斷地傳到已經當了宰相的寇準那裡，一個晚上竟來了五次。寇準不慌不忙，只說聲「知道了」，照樣喝酒下棋。宋真宗慌忙把寇準叫來，問：「大兵壓境，怎麼辦？」

　　寇準說：「這好辦，只要五天時間就夠了。」沒等真宗再發問，寇準接著說：「現在只有陛下親自出征，才能長我軍士氣，滅敵人威風，我們就一定能打敗強敵！」站在旁邊的一些大臣聽後都慌了，怕寇準也讓自己上前線，都想趕快走開。

　　宋真宗也是個膽小鬼，聽了寇準的話，臉都嚇白了，就想回皇宮躲起來。寇準鄭重地說：「您這一走，國家的事沒人決斷，不是壞了大事了嗎？請您三思！」在寇準的堅持下，宋真宗才平靜下來，商量起親征的事。

　　過了幾天，遼軍的前鋒已經打到了澶州（今河南省），離東京只有幾百里地了，情況萬分緊急。與平章事王欽若趁機勸真宗遷都避敵，寇準據理力爭，真宗才答應親征。

　　宋真宗和寇準帶領人馬離開東京往北，來到韋城（今河南省內）時，聽說遼國兵馬十分兇猛，宋真宗又害怕了。有的大臣趁機再向他提出到南方去的事。

　　宋真宗派人把寇準找來，問他：「有人勸我到南

宋真宗像　　▲

寇準像　　▼

方去避風險，你看怎麼樣？」寇準心中生氣，可還是耐心地說：「您千萬別聽那些懦弱無知的人的話。前方的將士日夜盼您呢！他們知道您親征，就會勇氣百倍，您要是先走了，軍心就會動搖，就要打敗仗。敵人在後面緊緊追趕，就是想逃到南方也是不可能的了！」宋真宗聽了，還是下不了決心，皺著眉頭，一聲不吭，停了一會兒，他讓寇準出去。

寇準剛出來，遇到將軍高瓊，連忙對他說：「將軍這次打算如何為國出力呢？」

高瓊說：「我是一個武人，願意為國戰死！」「好，你跟我來！」

寇準帶著高瓊又來到宋真宗面前，說：「我對您說的，您要是不信，就再問高瓊好了！」接著，他又把反對遷都和主張親征的事說了一遍。

高瓊聽了，連聲對宋真宗說：「寇準說得非常對，您應該聽他的。只要您到澶州去，將士們就會拚死殺敵，一定會打敗遼軍！」

寇準激動地接過話，「陛下，機不可失，眼下正是打敗遼軍的好機會，您應該立即出征！」宋真宗讓寇準說得也露出笑容，抬頭看了看站在旁邊的衛官王應昌。王應昌緊緊握住掛在腰上的寶劍，說：「陛下親征，一定成功，假如停止前進，敵人更加猖狂！」寇準和兩員武將抗敵的堅定態度感染了宋真宗，他這才下了決心去澶州親征。

宋真宗親征的消息傳到前線，宋軍將士士氣大振。當遼軍攻打澶州城的時候，宋軍拚死抵抗，威虎軍頭張瓌（ㄍㄨㄟˋ同「瑰」）眼疾手快，一箭射死了遼軍統帥蕭達覽。遼軍見不能取勝，只好答應和宋朝講和。宋真宗也不願再打仗，就派使者跟遼軍談判。曹利用去談判了，經過一番討價還價，最後商量好：宋朝每年送給遼國銀十萬兩，絹二十萬匹。遼軍退走了。就這樣，宋朝雖勝猶敗，按約每年還要給遼國送東西。因為澶州也叫澶淵，歷史上把這次和約叫做「澶淵之盟」。

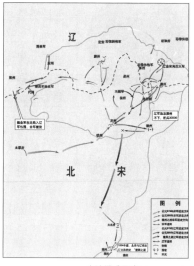

宋遼戰爭示意圖 ▲

元昊建西夏

韓琦像　　　　　▲

　　宋真宗一味地妥協求和，這種做法雖然安下了遼朝那一頭，但西北邊境的黨項族（古代少數民族之一）貴族卻趁機侵犯宋朝邊境，提出無理要求。宋真宗疲於應付，只好妥協退讓，封黨項族首領李繼遷為夏州刺史、定難軍節度使。西元1004年，李繼遷死後，又封他的兒子李德明為西平王，每年送去大批銀絹，以示安撫。

　　李德明的兒子元昊（音　）是個雄心勃勃的人。他精通漢文和佛學，多次打敗吐蕃、回鶻等部落，勢力範圍不斷擴大。他勸說李德明不要再向宋朝稱臣。

　　李德明不肯接受他的意見。直到李德明死後，元昊繼承西平王的爵位，才按照自己的主張，設置官職，整頓軍隊，準備脫離宋朝的控制，自立門戶。

　　西元1038年，元昊正式宣佈即位稱帝，國號大夏，建都興慶（今寧夏回族自治區銀川市）。因為它在宋朝的西北，歷史上叫做西夏。

　　元昊稱帝以後，派使者要求宋朝承認。那時候，宋真宗已經死去，在位的是他的兒子趙禎，即宋仁宗。宋朝君臣討論結果，認為這是元昊反宋的表示，就下令削去元昊西平王爵位，斷絕貿易往來，還在邊境關卡上張榜懸賞捉拿元昊。元昊被激怒了，就決定大舉進攻。

　　那時，在西北駐防的宋軍兵士有三四十萬，但是這些兵士分散在二十四個州的幾百個堡壘裡，而且各州人馬都直接由朝廷指揮，彼此之間沒有作戰配合。西夏的騎兵卻是統一指揮，機動靈活，所以常常打敗宋軍。

　　一年後，西夏軍向延州進攻，宋軍又打了一個大敗仗。宋仁宗十分生氣，把延州知州范雍革了職，另派大

西夏之敕牌　　　　▲

西夏驛站傳遞文書時使用的敕牌。

臣韓琦和范仲淹到陝西指揮抗擊西夏。

范仲淹到了延州，改革邊境上的軍事制度。他把延州一萬六千人馬分為六路，由六名將領率領，日夜操練，宋軍的戰鬥力顯著提高。西夏將士看到宋軍防守嚴密，不敢進犯延州。

西元1041年2月，西夏軍由元昊親自率領，向渭州進犯，韓琦集中所有人馬佈防，還選了一萬八千名勇士，由任福率領出擊。

任福帶了幾千騎兵迎擊西夏兵，兩軍相遇，雙方打了一陣，西夏兵丟下戰馬、駱駝就逃。任福派人偵察，聽說前面只有少量的敵兵，就在後面緊緊追趕。

任福帶著宋軍向西進兵，到了六盤山下，連西夏兵的影子都沒看見。只見路邊有幾隻銀泥盒子，封得很嚴實，兵士們走上前去，端起銀泥盒子聽了一下，有一種跳動的聲音從裡面發出。兵士報告任福，任福吩咐兵士打開盒子。只見裡面接連飛出了一百多隻帶哨的鴿子，在宋軍的頭上飛翔盤旋。

原來，西夏兵採取了誘敵戰術。在六盤山下，元昊帶了十萬精兵，早已佈置好埋伏，只等那鴿子飛起，四面的西夏兵就一齊殺出，將宋軍緊緊圍在中央。宋軍奮力突圍。從早晨一直打到中午，大批的西夏兵不斷從兩邊殺出。宋兵邊打邊退，傷亡不斷增加。

任福身上中了十多支箭，兵士勸任福逃脫。任福說：「我身為大將，兵敗至此，只有以死報國。」他又衝了上去，死在西夏兵刀下。

這一仗，宋軍死傷慘重，元昊獲得大勝。韓琦聽到這消息，非常難過，上書朝廷處分。宋仁宗撤了韓琦的職。范仲淹雖然沒直接指揮這場戰爭，但是被人誣告，也降了職。

從這以後，宋夏多次交兵，宋軍連連損兵折將，宋仁宗不得不重新起用韓琦、范仲淹指揮邊境的防守。兩人同心協力，愛護士卒，軍紀嚴明，西夏才不敢再進犯。

好水川之戰遺址 ▲

在今寧夏隆德西北。1041年，宋將任福奉命率兵數萬進攻西夏。夏景宗元昊領兵十萬在好水川設伏。當宋軍進至埋伏圈後，夏軍四面圍攻，大敗宋軍，宋將任福戰死。圖為宋軍好水川之戰遺址。

西夏陵石刻 ▶

范仲淹推行新政

范仲淹在邊境整頓軍紀的同時，還注意減輕邊境百姓的負擔，使北宋的防守力量明顯得到加強。西夏和北宋打了幾年仗，沒佔到什麼便宜。到了西元1043年，西夏國主元昊願意稱臣求和，北宋的邊境這才暫時安定下來。

范仲淹不但是個軍事家，而且還是政治家、文學家。他是蘇州吳縣人，父親在他很小的時候就死去了，因為家裡貧窮，母親不得不帶著他改嫁了人家。范仲淹在十分艱苦的環境中成長，他在一座廟裡居住、讀書，窮得連三餐飯都吃不上，每天只得熬點薄粥充饑，但是他仍舊苦學不輟。有時候，讀書到深更半夜，實在倦得睜不開眼，就用冷水潑在頭上，去除倦意，繼續攻讀。這樣苦讀了五六年，終於成為一個學識淵博的人。

范仲淹最初在朝廷當諫官，因為看到宰相呂夷簡濫用職權，謀求私利，就向仁宗大膽揭發。這件事觸犯了呂夷簡，呂夷簡懷恨在心，誣陷范仲淹結交朋黨，挑撥君臣關係。宋仁宗聽信了呂夷簡的話，貶謫范仲淹去了南方。直到西夏戰爭發生以後，才把他調到陝西去防守邊境。

范仲淹在宋夏戰爭中屢立戰功，宋仁宗覺得他確實是個難得的人才。這時候，宋王朝因為內政腐敗，加上在跟遼朝和西夏戰爭中軍費和賠款支出浩大，財政極為緊張。宋仁宗就把范仲淹從陝西調回京城，任命他為副宰相。

范仲淹回到京城後，宋仁宗馬上召見了他，要他提

范仲淹像　▲

剔花詞曲瓷枕　北宋　▲

岳陽樓　▲

出治國的方案。范仲淹知道朝廷弊病太多，不可能一下子都改掉，準備一步一步來。但是，禁不住宋仁宗一再催促，就提出了十條改革措施。

正在改革興頭上的宋仁宗，看了范仲淹的方案，立刻批准在全國推行。歷史上把這次改革稱為「慶曆新政」（「慶曆」是宋仁宗的年號）。

范仲淹的新政剛一推行，就捅了馬蜂窩。一些皇親國戚、權貴大臣、貪官污吏，見自己的利益受到威脅，紛紛鬧了起來，散佈謠言，攻擊新政。那些原來就對范仲淹不滿的大臣，天天在宋仁宗面前說壞話，又說起范仲淹與一些人結黨營私，濫用職權。

宋仁宗看到有那麼多的人反對新政，就動搖起來。范仲淹被逼得無法在京城立足，便主動要求回到陝西防守邊境，宋仁宗就把他打發走了。范仲淹剛走，宋仁宗就下令廢止新政。

范仲淹因改革政治一事，受了很大打擊，一年之後，他的一位在岳州（治所在今湖南岳陽）做官的老朋友滕宗諒，重新修建當地的名勝岳陽樓，請范仲淹寫篇紀念文章。范仲淹揮筆寫下了《岳陽樓記》。在這篇著名的文章裡，范仲淹提到：一個有遠大政治抱負的人，他的思想感情應該是「先天下之憂而憂，後天下之樂而樂」（意思是「擔憂在天下人之前，享樂在天下人之後」）。這兩句名言一直被後人傳誦，而岳陽樓也因范仲淹的文章而名揚四海。

持笏朝臣俑　北宋　▲

唐宋以來，民間喪禮出現僭越禮制的現象。用朝臣俑隨葬，象徵死者身居高位。

《范文正公文集》二十卷◀

范公亭　北宋　◀

今位於山東省青州市西門外，相傳宋皇祐二年，范仲淹任青州知府時，陽河邊忽出醴泉，范仲淹建亭泉上，後人遂起名范公亭。

333

歐陽修改革文風

范仲淹遭遇排擠後，支持新政的大臣富弼，被誣陷是范仲淹的同黨，丟了官職；韓琦替范仲淹、富弼辯護，也受到牽連。當時，雖然有些人同情范仲淹，但是碍於形勢，不敢出頭說話。只有諫官歐陽修大膽給宋仁宗上書說：「自古以來，壞人陷害好人，總是說好人是朋黨，誣衊他們專權。范仲淹是難得的人才，為什麼要罷免他？如果聽信壞人的話，把他們罷官，只能使親者痛，仇者快！」

歐陽修是著名的文學家，廬陵（今江西永豐）人。他四歲的時候，父親就病死了，母親帶著他到隨州（今湖北隨縣）投奔他的叔父。歐陽修的母親一心想讓兒子讀書成人，可是家裡窮，買不起紙筆。她就用屋前池塘邊生長的荻草稈在泥地上畫字，教歐陽修認字。幼小的歐陽修在母親的教育下，很早就愛上了書本。

後來，歐陽修讀了韓愈的散文，覺得韓愈文筆流暢，說理透徹，跟流行文章完全不同。他就認真研究琢磨，學習韓愈的文風。長大以後，他到東京參加進士會考，連考三場，都得了頭名。

歐陽修二十多歲的時候，已經在文壇上很有聲譽了。雖然他的官職不高，但是十分關心朝政，正直敢諫。

這一次，歐陽修支持范仲淹新政，又出來替范仲淹等人說話，讓朝廷一些權貴大為氣

歐陽修像 ▲

集古錄跋尾 北宋
歐陽修 ▼

中華上下五千年

《歐陽文忠公集》書影 ▶

穿襦裙、佩玉環綬的 ▲
宮女　北宋

惱。他們捕風捉影，把一些罪名安在歐陽修身上，最後
又把歐陽修貶謫到滁州（今安徽滁州市）。

　　滁州四面環山，風景優美。歐陽修到滁州後，除了
處理政事之外，常常遊覽於山水之間，怡情悅性。當地
有個和尚在滁州琅琊山上造了一座亭子供遊人休息。歐
陽修登山遊覽之時，常常在這座亭上喝酒作文。他自稱
「醉翁」，便給亭子起了個名字叫醉翁亭。他寫的散文
《醉翁亭記》，成為人們傳誦的傑作。

　　歐陽修做了十多年地方官，由於宋仁宗讚賞他的文
才，才把他調回京城，在翰林院供職。

　　歐陽修積極提倡改革文風，在擔任翰林學士以後，
更把這種想法付諸實施。有一年，京城舉行進士考試，
朝廷派他擔任主考官。他認為這正是選拔人才、改革文
風的大好時機，在閱卷的時候，凡是發現華而不實的文
章，他一概不錄取。從此以後，考場的文風就發生了變
化，大家都學著寫內容充實和文風樸素的文章了。

　　歐陽修在大力改革文風的同時，還
十分注意發現和提拔人才。許多原來沒
什麼名氣的人才，經過他的賞識和提拔
推薦，一個個都成了名家。最出名的有
曾鞏、王安石、蘇洵（音ㄒㄩㄣ）和他的兒
子蘇軾、蘇轍。在文學史上，人們把歐
陽修等六人和唐代的韓愈、柳宗元合稱
為「唐宋八大家」。

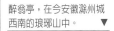

醉翁亭，在今安徽滁州城
西南的琅琊山中。　▼

335

鐵面包拯

包公像 ▲

在今河南開封包公祠內。包拯是宋朝有名的廉吏，秉公執法、剛正不阿，被人們稱為「包青天」，千百年來一直為後人景仰。

白玉髮冠　北宋 ▼

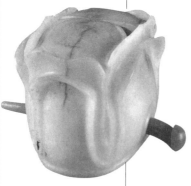

隨著范仲淹新政的失敗，北宋的朝政越來越腐敗不堪。特別是在京城開封府，權貴大臣貪得無厭，社會風氣十分污濁。一些皇親國戚更是肆無忌憚，眼裡沒有國法。後來，開封府來了個新任知府包拯，改變了這種狀況。

包拯是廬州合肥人，早年在天長縣（今安徽天長）做縣令。有一次，縣裡出了一個案子。有個農民夜裡把耕牛拴在牛棚裡，早上起來，發現牛躺倒在地上，嘴裡淌著血，掰開牛嘴一看，原來有人割了牛的舌頭。這個農民又氣又心痛，來到縣衙門告狀，請求包拯為他追查割牛舌的人。

這個無頭案該如何去查呢？包拯想了一會兒，就跟告狀的農民說：「你先不要聲張，回去把你家的牛宰了。」農民本來捨不得宰耕牛，而且按當時的法律，耕牛是不能私自屠宰的。但是，一來割掉了舌頭的牛也活不了多久；二來縣官叫他宰牛，也就不會追究法律責任了。

那農民回家後，便把耕牛殺掉了。第二天，天長縣衙門裡就有人來告發那農民私宰耕牛。

包拯把事由問了一遍，立刻沉下臉，大聲說：「好大膽的傢伙，你把人家的牛割了舌頭，反倒來告人家私宰耕牛？」

告狀的人一聽就呆了，馬上趴在地上連連磕頭，老老實實供認是他做的。原來，割牛舌的人跟那個農民有冤仇，所以先割了牛舌，等牛主人宰牛後再來告發。

從那以後，包拯審案的名聲就傳開了。包拯做了幾任地方官，每到一個地方，都取消一些苛捐雜稅，清理一些陳年冤案。後來，他被調到京城做諫官，也提出不少好的建議。宋仁宗見開封的秩序混亂，就把包拯調任開封府知府。

開封府是皇親國戚、豪門權貴集中的地方。從前，不管哪個人當這差使，都免不了跟權貴勾通關節，接受賄賂。包拯上任以後，決心好好整頓一下這種腐敗的風氣。

按照宋朝的規矩，要到衙門告狀的人，先得託人寫狀子，還得透過衙門小吏把狀子傳遞給知府。一些訟師惡棍，就趁機敲詐勒索。包拯廢掉了這條規矩，老百姓要訴冤告狀，就可以直接到府衙門前擊鼓。鼓聲一響，府衙門就大開正門，讓百姓上堂控告。這樣一來，衙門的小吏就做不了手腳了。

一些權貴聽說包拯執法嚴明，都嚇得不敢為非作歹了。有個權貴打算送點什麼禮物給包拯，通通關節。旁人提醒他：別白費心了，誰不知道包拯的廉潔奉公啊！

宋仁宗很器重包拯，把他提升為樞密副使。他做了大官，家裡的生活照樣十分樸素，與普通百姓沒有區別。由於包拯一生做官清正廉潔，不但生前得到人們讚揚，而且在他死後，人們也把他當作清官的典型，尊稱他為「包公」。民間流傳著許多包公鐵面無私、打擊權貴的故事，還編成包公辦案的戲曲和小說。

官員幞頭、朝服、腰帶 ▲
北宋

青白瓷刻花孩兒攀枝 ▲
紋碗　北宋

宋人對茶具非常講究，這些瓷製的茶壺和茶碗就是其中精品。

包公祠大殿　　　　　◄

此殿位於今河南開封。包公祠的建立，既是後人對社會公正的盼望，也是對包拯治績的讚頌。也許包拯所辦的案件也有許多不足之處，但人們對於「公正廉明」的希望卻永遠如一。

337

王安石變法

王安石像 ▲

鐵彎鋤 北宋 ▲

這件農具形狀類似現今農民使用的彎鋤，是耕作所必需的主要農具。

鐵犁壁 北宋 ▲

宋朝的犁由犁床、犁壁組成，犁壁置於犁床前端，用來耕地翻土。為了減輕翻土的阻力，當時多將犁壁製成桃形。

宋仁宗在位四十年，雖然朝中有像范仲淹、包拯等一些正直的大臣，但是並沒有真正使他們發揮作用，因而國家越來越衰弱下去。宋仁宗沒有兒子，死後由一個皇族子弟做他的繼承人，這就是宋英宗。英宗只在位四年，就得病死了。太子趙頊（音 ㄒㄩ）即位，這就是宋神宗。

宋神宗即位的時候年僅二十歲，想有一番作為。他看到國家衰弱的景象，有心改革一番，可是他周圍的人，都是仁宗時期的老臣，就連富弼這樣支持過新政的人，也變得暮氣沉沉了。宋神宗想，要改革這種現狀，一定得找個得力的助手。

宋神宗即位之前，身邊有個叫韓維的官員，常常在神宗面前談一些好的見解。神宗稱讚他，他說：「這些意見都是我朋友王安石說的。」從那時起，宋神宗就對王安石有了一個好印象。現在他想找助手，便想到了王安石。於是下了一道命令，把正在江寧做官的王安石調到京城來。

王安石是宋朝著名的文學家和政治家，撫州臨川（今江西撫州西）人。他年輕時，文章就寫得很出色了，得到了歐陽修的讚賞。

王安石在地方做了二十年的官，名聲越來越

太湖圍田今景 ▲

太湖流域是圩田較早開發的地區，北宋時已十分興旺，圩田數目以千計。

大。後來，宋仁宗調他到京城做管理財政的官。他一到京城，就向仁宗上了一份近一萬字的奏章，提出他對改革財政的主張。宋仁宗剛剛廢除范仲淹的新政，一聽到要改革就頭疼，便把王安石的奏章束之高閣。王安石知道朝廷沒有改革的決心，自己又跟一些官員合不來，就趁母親去世的時機，辭職回家了。

這一次，他接到宋神宗召見的命令，又聽說神宗正在物色人才，就高高興興地進京來了。

王安石一到京城，宋神宗就單獨召見他。神宗一見面就問他說：「你看要治理國家，該從哪兒入手？」

王安石從容地回答說：「先從改革舊的法度，建立新的法度開始。」

西元1069年，宋神宗把王安石提為副宰相。經過宋神宗批准，又起用了一批年輕的官員，並且設立了一個專門制定新法的機構。至此，王安石抓住了變法的權力。這樣一來，他就放開手腳進行改革了。

王安石的變法鞏固了宋王朝的統治，增加了國家收入，但也觸犯了大地主的利益，遭到了來自朝廷內外各種勢力的反對。

宋神宗聽到反對的人不少，就動搖起來。

王安石眼看新法實行不下去，便上書辭職。宋神宗也只好讓王安石暫時離開東京，去江寧府休養。

第二年，宋神宗又把王安石召回京城當宰相。誰知幾個月後，天空出現了彗星。這本來只是一種正常的自然現象，但是在當時的人看來這是不吉利的預兆。宋神宗又慌了，要大臣對朝政提意見。一些保守派便趁機對新法攻擊誣衊。王安石竭力為新法辯護，讓宋神宗不要相信這種迷信的說法，但宋神宗還是猶豫不定。

後來王安石無法繼續貫徹自己的主張，便於西元1076年春天，再一次辭去宰相的職位，回江寧府去了。

王安石尺牘　▲

木蘭陂今景　▲

木蘭陂位於福建莆田。它不僅抵禦海潮，又截住永春、仙遊等地的淡水河流，灌溉了大片農田。

339

沈括出使

沈括像 ▲

夢溪園內沈括紀念館 ▼

這是鎮江夢溪園內的沈括紀念館。

自從宋真宗以後，宋朝每年給遼朝送大量銀絹，以此來維持與遼朝邊境的穩定局面，但是遼朝欺負宋朝軟弱，想進一步侵佔宋朝土地。西元1075年，遼朝派大臣蕭禧到東京，要求重新劃定邊界。

宋神宗派大臣跟蕭禧談判。在談判的幾天之中，雙方爭論不休，沒有任何結果。蕭禧一口咬定說黃嵬山（在今山西原平西南，嵬音 ㄨㄟˊ）一帶三十里地方應該屬於遼朝。宋神宗派去談判的大臣對那裡的地理不了解，明知蕭禧提出的要求沒有道理，也沒法反駁他。宋神宗就另派沈括去和蕭禧談判。

沈括是杭州錢塘人，原是支持王安石新法的官員。沈括不但辦事認真細緻，而且對地理也十分精通。他先到樞密院，從檔案資料中查清楚了過去議定邊界的文件，證明那塊土地應該是屬於宋朝的，隨後向宋神宗作了報告。宋神宗聽了很高興。後來沈括畫成地圖送給蕭禧，蕭禧才沒有話說。

宋神宗又派沈括到上京（遼朝的京城，在今內蒙古自治區巴林左旗南）出使。沈括首先收集了許多地理資料，並且叫隨從的官員把資料背熟。到了上京，遼朝派宰相楊益戒跟沈括談判邊界。對於遼方提出的問題，沈括和官員們都對答如流，有憑有據。

遼朝官員見無法說服沈括，又怕鬧僵了，對他們也沒有好處，只好放棄了他們的

無理要求。

　　沈括帶著隨
員從遼朝回來的
路上，每經過一
個地方，便把那
裡的大山河流、
險要關口，畫成
地圖，還調查了

《夢溪筆談》書影　▲

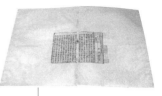

當地的風俗人情。回到東京以後，他把這些資料整理起
來獻給宋神宗。宋神宗讚揚沈括辦事得力，拜他為翰林
學士。

　　沈括十分重視地形勘察，為宋朝邊境減少摩擦作出
了重要的貢獻。有一次，宋神宗派他到定州（今河南定
縣）去巡視。他假藉打獵的名義，花了二十多天的時
間，詳細考察了定州邊境的地形，還用木屑和融化的蠟
捏製成一個立體模型。回到定州後，沈括讓木工用木板
根據他製成的模型，雕刻出木製的模型，獻給宋神宗。

　　宋神宗對沈括畫的地圖和製作的地圖模型很感興
趣。第二年，就叫沈括做全國地圖的編製工作。十二年
後，沈括終於完成了當時最準確的一本全國地圖——
《天下郡國圖》。

　　沈括不但在地理研究上成就突出，而且是個研究興
趣非常廣泛的科學家。他曾經為了確定北極星的位置，
一連三個月在夜裡用渾天儀觀察，終於計算出北極星的
確切位置。

　　沈括晚年時，在潤州（今江蘇鎮江）的夢溪園閒
居。在那裡，他把一生研究的成果都記載下來，寫成了
一本著作《夢溪筆談》。在那本書裡，除了記載他自己
研究的成果以外，還記錄了當時百姓的許多創造發明。

青白瓷刻花犬鈕蓋水　▲
注及彩盤　北宋

《夢溪筆談》天文圖　▲

司馬光寫《資治通鑑》

　　王安石雖然罷了相，宋神宗還是把他定下的新法推行了將近十年。西元1085年，宋神宗病死，年僅十歲的太子趙煦（音 Ⅹ）即位，這就是宋哲宗。哲宗年幼，他的祖母高太后臨朝聽政。高太后一向反對新法。她臨朝後，便把反對新法最激烈的司馬光召到東京擔任宰相。

　　司馬光在當時的大臣中，名望最高。他的名聲，從他幼小的時候就已經開始傳開了。他七歲那年，就開始專心讀書。不論是酷暑，還是嚴寒，他總捧著書不放，有時候連吃飯喝水都忘了。他不但用功讀書，而且很機靈。有一次，他和小夥伴們在後院子裡玩耍。院子裡有一口大水缸，有個小孩爬到缸沿上，一不小心，掉進缸裡。缸大水深，眼看孩子快要沒頂了。別的孩子們一見出了事，嚇得一面哭喊，一面往外跑，找大人來救。司馬光不慌不忙，從地上搬起一塊大石頭，使盡力氣朝水缸砸去。缸被砸破了，水從缸裡流了出來，被淹在水裡的小孩也脫險了。這件偶然的事情，讓幼小的司馬光出了名。

　　宋神宗在位的時候，司馬光擔任翰林學士。司馬光和王安石本來是交往密切的好朋友，後來王安石主張改革，司馬光不贊同，兩個人就談不到一塊兒去了。

司馬光像　▲

北宋通天冠復原圖　▲

北宋黑靴復原圖　▲

《資治通鑑》書影　▶

金口玉盞　北宋　▲

王安石做了宰相以後，提出的一件件改革措施，司馬光全都反對。

原來，司馬光很喜歡研究歷史，他認為治理國家的人，一定要通曉從古以來的歷史，從歷史中吸取興盛、衰亡的經驗教訓。他又覺得，從上古到五代，歷史書實在繁雜無序，做皇帝的人沒有那麼多精力去看。於是，他很早就動手編寫一本從戰國到五代的史書。宋英宗在位之時，他把一部分稿子獻給朝廷。宋英宗覺得這是本對鞏固王朝很有好處的書，十分讚賞這項工作，就專門為他設立了一個編寫機構，叫他繼續編下去。

宋神宗即位以後，司馬光又把編好的一部分稿子獻給宋神宗。宋神宗不欣賞司馬光的政治主張，但是對司馬光編書卻十分支持。他把自己年輕時收藏的二千四百卷書都送給了司馬光，讓他好好完成這部著作，還親自為這本書起了個書名，叫《資治通鑑》（「資治」就是能幫助皇帝治天下的意思）。

司馬光一共花了十九年時間，才完成了這部著作。這部書按歷史年代編，從戰國時期西元前403年編寫到五代時期西元959年，記載了一千三百六十年的歷史。

高太后臨朝聽政後，把司馬光召回朝廷。這時的司馬光已經是又老又病了，但是他反對王安石新法的思想卻毫不放鬆。他一當上宰相，第一件大事就是把新法的思想廢除掉。王安石聽到廢除新法的消息，十分生氣，不久就鬱鬱不樂地死去了。而司馬光的病也越來越重，在同年九月也死去了。

白釉黑搔落鵲紋枕
北宋　　　　▲

刻花豎條紋高足燈
北宋　　　　▲

寧州帖卷　北宋　司馬光　▼

中華上下五千年

343

文豪蘇軾

蘇軾像 ▲

蘇軾，字子瞻，號東坡居士，眉山（今四川眉山）人，北宋著名文學家、畫家、書法家。

海南儋州東坡書院載酒亭 北宋 ◀

蘇軾在北宋的黨爭中，屢遭貶謫，曾因為變法派的攻擊，被流放至今海南儋州市。

王安石變法時，蘇軾站在保守的舊黨一邊，兩次上書反對變法。為此，他被排擠出京，先後做過杭州通判，密州、徐州、湖州的知州。不久，他又因「烏台詩」案被捕下獄，釋放後被貶為黃州團練副使。

司馬光為相後，把所有的新法都廢除掉了。這時，蘇軾好不容易回到京城，做了翰林學士。可是他在現實生活中又體驗到新法也有可取之處，便主張保留某些新政，司馬光不聽他的意見，他就氣憤地說了些風涼話。結果，保守派把他看作與王安石是一派。於是他又被排擠出京，到杭州、潁州、揚州等地做知州。後來，新黨再度上台，蘇軾又被一貶再貶。

蘇軾的政治態度雖然保守，但他在做地方官吏期間，還是一個有建樹的好官員。他在徐州時，黃河洪水泛濫，他率領軍民築堤搶險，保全了一城的生命財產；

枯木怪石圖 北宋 蘇軾 ▼

蘇軾在繪畫上倡導「士大夫畫」，主張「畫以適吾意」，此圖以旋轉筆鋒繪一怪石，幾簇焦墨細竹，右側一枯之木，情境怪異。

他在杭州時，疏浚西湖，興修水利，用挖掘出來的湖底淤泥，築成長堤，這就是有名的「蘇堤」。

中華上下五千年

　　蘇軾的一生在政治上雖然很不得志，但在文學上卻獲得了豐碩的成果。他的散文波瀾迭出，很有感染力；他的詩清新豪邁，獨具藝術風格；他在詞的領域，突破音律形式的束縛，一掃當時綺豔柔靡的詞風，開創了豪放詞派。

　　謫居黃州時，蘇軾曾來到黃州附近的赤壁，面對著滾滾東去的大江，慷慨激昂地高聲吟唱這首《念奴嬌·赤壁懷古》：

　　大江東去，浪淘盡，千古風流人物。故壘西邊，人道是，三國周郎赤壁。亂石穿空，驚濤拍岸，捲起千堆雪。江山如畫，一時多少豪傑！

　　遙想公瑾當年，小喬初嫁了。雄姿英發，羽扇綸巾，談笑間，檣櫓灰飛煙滅。故國神遊，多情應笑我，早生華髮。人生如夢，一樽還酹江月。

　　一年後，蘇軾的好友潘大臨看到這首詞，立即叫了起來：「好詞！好詞！多麼豪放的氣魄！」

　　古耕道的評論更是精闢。他將蘇軾這首詞與當時最流行的柳永的《雨鈴霖》相比較說：「柳詞配由十七八歲的女孩，手執紅牙檀板，唱那淒淒婉婉的『楊柳岸，曉風殘月』。而蘇詞須得請那關西大漢，手執鐵板銅琶，高唱『大江東去』。」

　　另外，蘇軾還是著名的書法家和畫家。他尤其擅長行書、楷書，還喜歡畫竹石。可以說，他是個「全能」的文學藝術家。因此，他得到後人由衷的敬仰與愛戴。

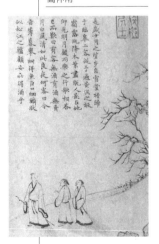

花石綱

宋徽宗趙佶像　▲

高太后臨朝八年後死去，宋哲宗親臨朝政。年輕的宋哲宗對他祖母重用保守派很不滿意，親自執政後，他就重新起用變法派。但是後來的變法派不像王安石那樣真心實意改革朝政，一批投機份子打著變法的幌子，趁機為自己謀利。等宋哲宗一死，他的弟弟宋徽宗趙佶（音ㄐ）即位後，朝政便更加混亂不堪了。

宋徽宗是個風流皇帝，不懂得如何治國，對書畫珍寶卻很感興趣。他身邊有個心腹宦官童貫，想方設法迎合他的心意，替他搜羅書畫珍寶供他賞玩。有一次，童貫到蘇州一帶去搜集書畫珍寶，有個不得志的官員蔡京想討好童貫，每天陪著童貫遊樂。童貫得到蔡京的好處，便捎話給宋徽宗，說他物色到一個少有的人才。

蔡京到東京後，又四處活動，拉幫結夥。有個官員對宋徽宗說：「推行新法是件大事，朝臣中無人能幫助辦好這件事。如果陛下要繼承神宗的遺志，只有起用蔡京。」那個官員還獻給宋徽宗一幅圖。圖表上列了大批朝臣名字，寫在右面的是保守派，寫在左邊的是變法派。右邊的名字都是當朝大臣，而左邊的名單只有兩個名字，其

草書千字文　宋徽宗　▼

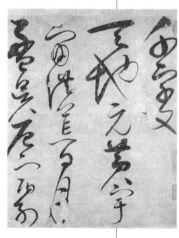

蓮花式注碗　北宋　▲

玻璃金蓋附把手瓶　北宋　▶

中一個就是蔡京。宋徽宗看後很高興，馬上決定讓蔡京當宰相。

蔡京上台後，就打起變法的幌子，把一些正直的官員，不論是保守的或是贊成變法的，一律稱作奸黨。他還慫恿宋徽宗在端禮門前立一塊黨人碑，碑上把司馬光、文彥博、蘇軾、蘇轍等一百二十人稱做元祐（元祐是宋哲宗前期的年號）奸黨，已經死了的，革去官銜；活著的，一律免職流放。這樣一來，很多正直的官員就被排擠出朝廷，而蔡京的同夥卻高升了。至於王安石制定的新法，到蔡京手裡完全是另一副模樣，把本來可以減輕百姓勞役負擔的免役法，變成了敲榨百姓的手段。

蔡京、童貫為了討好宋徽宗，派了一個二流子朱勔，在蘇州辦了一個「應奉局」，搜羅奇花異石。朱勔手下養了一批差官，專門辦理這件事。聽說哪個老百姓家有塊石頭或者花木比較精巧別緻，差官就帶領兵士闖進那家，用黃封條一貼，這就屬於進貢皇帝的東西了。並且百姓還得認真保管，如果有半點損壞，就要被戴上「大不敬」的罪名，輕的罰款，重的抓進監牢。

朱勔把搜刮來的花石，用船隻大批大批地運送到東京。運送的船隻不夠，就截下運糧的商船，強行倒掉船上的貨物，裝運花石。這大批船隻又要徵用大量民伕。於是船隻在江河裡穿梭似地來往，民伕們為運送花石而日夜奔忙。這種運送花石的隊伍就叫「花石綱」。

花石綱到了東京，宋徽宗一見，果然高興，給朱勔加官進爵。花石綱越來越多，朱勔的官也越做越大。一些達官貴人，都去評論朱勔的好，以致人們把朱勔主持的蘇杭應奉局稱作「東南小朝廷」，可見朱勔權力是何等之大了。

五色鸚鵡圖　宋徽宗　▲

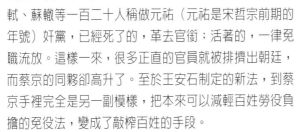

青玉鶴銜枝佩　北宋　▲

北海名石　北宋　▲

這就是不遠千里從江南運到京師的花石遺物。金滅北宋之後，許多花石被擄往中都（今北京城西南隅），妝點都城。

李綱抗金

就在宋朝國力日漸衰弱的同時，中國東北地區的女真族卻逐漸強大起來。西元1115年，完顏阿骨打建立了金朝。之後，強大的金兵屢次南侵，宋朝只有抵抗的能力。

西元1125年冬，金太宗派宗望率軍南侵，進逼北宋都城汴京。宋徽宗趙佶一聽，直嚇得魂飛魄散，急忙寫下了「傳位東宮」的詔書宣佈退位，自己當了「太上皇」，並且，連夜帶著親兵逃出了京城。太子趙桓即位，這就是宋欽宗。他在宮中也六神無主，宰相白時中、楊邦彥乘機勸他棄城逃往襄陽。兵部侍郎李綱聽說後，立刻求見宋欽宗。

李綱在殿上責問宋欽宗，說：「太上皇把固守京城的千斤重擔託付給陛下，現在金兵還沒到，陛下就把京城拋棄了，將來怎麼向太上皇交代，怎麼向全國的百姓交代？」

宋欽宗啞口無言。白時中卻怒氣沖沖地說：「金兵來勢洶洶，銳不可當，京城哪裡能守得住？」

李綱怒視白時中，反問道：「天下的城池，還有比京城更堅固的嗎？如果京城守不住，那麼天下就沒有守得住的城了。況且宗廟社稷、百官萬民都在這裡，丟開不顧，還去守衛什麼？如果我們鼓勵將士，安慰民心，就一定能守住京城！」

李綱的一片忠心打動了宋欽宗，他馬上讓李綱負責守京城。

李綱隨即去城樓上調兵遣將，佈置好守城的人馬準備迎擊金兵。

金副元帥印　▲

青白釉牽馬俑　北宋　▲

中華上下五千年

猛火油櫃（模型），噴火兵器 ▲

幾天後，宗望率領十萬鐵騎，來到汴京城下。這一天，天剛亮，金兵就瘋狂地攻城了。他們沿著汴河出動了幾十隻火船，企圖順流而下，燒掉城樓。李綱早有準備，在汴河裡佈置了一排排的木樁，又從蔡京府中搬來了大量的假山石，壘塞在門道間，使金兵火船無法前進。這時，佈置在城下的二千多名敢死隊員一齊上前，手執長竿鐃鉤，牢牢地鉤住那些火船，使它進退不得，不久那些火船便化為灰燼。

武官像　金　▲

北宋神臂弓復原圖　▲

神臂弓是一種單兵操射的弩，其威力之大，為弓弩之冠，在460公尺的射程內可以穿透兩層鎧甲鱗片。

北宋東京圖 ▼

　　宗望一計不成又生一計，把他的王牌鐵騎搬了出來。他們身穿鐵甲，頭戴兜鍪，全身只露出兩個眼睛，刀箭不入，十分兇悍。但因為是騎兵，在城下施展不開，只能坐在大船裡順流而來。李綱便把城下的兵撤到城頭上，也不放箭，只是讓那些船隻駛近水門前。緊接著一聲令下，巨大的石塊如暴雨般向下投擲。任憑你的兜鍪怎樣堅韌，百十斤重的石塊落在頭上，也只有腦漿迸裂，一命嗚呼。船隻也被砸碎，跌入汴河的鐵甲兵，上不了岸，只有活活被淹死。

　　宋軍將士鬥志高昂，他們個個奮勇殺敵。李綱脫去官服，親自擂鼓激勵將士，打退了敵人一次又一次的進攻。

　　金兵統帥宗望孤軍深入，千里奔襲宋朝都城，原打算速戰速決，卻不料汴京的防守那樣堅固、嚴密。不僅城池久攻不下，而且損兵折將，傷亡慘重，只好派人議和。

靖康之辱

宋欽宗像 ▲

聽琴圖　宋徽宗 ▲

　　在金將宗望被迫退兵的時候，种師道向宋欽宗建議，趁金兵渡黃河之際，發動一次襲擊，把金兵消滅掉。宋欽宗不但不同意這個好主意，反而把种師道撤了職。

　　金兵退走以後，宋欽宗和一批大臣以為從此可以安穩度日了，哪料到東路的宗望雖然退了兵，西路的宗翰率領的金兵卻不肯罷休，仍然加緊攻打太原。宋欽宗派大將种師中帶兵前去援救，半路上被金兵包圍，种師中兵敗犧牲。投降派的一些大臣正嫌李綱在京城礙事，就攛掇宋欽宗把李綱派到河北指揮作戰。

　　李綱明知道自己遭到排擠，但是要他上前線抗金，他也不願推辭。

　　李綱到了河陽，招兵買馬，準備抗金。但是朝廷卻命令他解散招來的新兵，立刻前往太原。李綱調兵遣將，分三路進兵，但是，那裡的將領都受朝廷的直接指揮，根本不聽李綱的命令。由於三路人馬沒統一領導，結果打了一個大敗仗。

　　李綱名義上是統帥，卻沒有實際指揮權，只好向朝廷提出辭職。宋欽宗撤了李綱的職，把他貶謫到南方去了。

　　金朝君臣最怕李綱，現在李綱罷了官，他們就再沒有顧忌了。金太宗又命令宗翰、宗望向東京進犯。

　　這時候，太原城被宗翰的西路軍圍困了八個月後，終於陷落在金兵手裡。

　　太原失守之後，兩路金兵同時南下。各路宋軍將領聽到東京吃緊，主動帶兵前來援救。宋欽宗和一些投降

派大臣忙著準備割地求和，竟命令各路援軍退回原地。

面對兩路金兵不斷逼近東京，宋欽宗被嚇昏了。一些投降派大臣又成天勸宋欽宗向金求和。宋欽宗只好派他弟弟康王趙構到宗望那裡去求和。

趙構經過磁州（今河北磁縣），州官宗澤對趙構說：「金朝要殿下去議和，不過是騙人的把戲而已。他們已經兵臨城下，是求和的態度嗎？」

磁州的百姓也攔住趙構的馬，不讓他去金營求和。趙構也害怕被金朝扣留，就留在了相州（今河南安陽）。

金代騎馬武士磚像　▲

沒過多久，兩路金軍已經趕到東京城下，即而猛烈攻城。城裡只剩下三萬禁衛軍，不久就差不多逃跑了一大半。各路將領因為朝廷下過命令，也不來援救東京。這時候，宋欽宗已是叫天天不應，叫地地不靈了。

眼看末日來到，沒有辦法，宋欽宗痛哭了一場，親自帶著幾個大臣去金營送降書。宗翰勒令欽宗把河東、河北土地全部割讓給金朝，並且向金朝獻金一千萬錠，銀二千萬錠，絹帛一千萬匹。宋欽宗一一答應，金將才把他放回了城。

宋欽宗派了二十四名官吏幫金兵在皇親國戚、各級官吏、和尚道士等人家裡徹底查抄，前後抄了二十多天，除了搜去大量金銀財寶之外，還把珍貴的古玩文物、全國州府地圖檔案等也搶劫一空。

西元1127年四月，金軍俘虜了宋徽宗、宋欽宗兩個皇帝和皇族、官吏二三千人，滿載著掠奪去的財物，回到北方，這便是歷史上的「靖康之辱」。從趙匡胤稱帝開始的北宋王朝統治了一百六十七年，至此宣告滅亡。

鹵簿大鐘　▲

靖康元年（西元1126年），金人攻陷北宋首都開封。次年擄去宋徽宗和宋欽宗，同時又劫走大量財寶。圖中的大鐘就是其中一件被劫走的器物。

宗澤衛京

宗澤像 ▲

宗澤墓，位於今浙江 ▲
義烏。

臨蕭照瑞應圖 明 仇英 ▼
此圖描繪的是趙構從磁州北
回渡河時剛上岸冰即拆裂，
高宗倖免於難。

北宋滅亡以後，當初留在相州的康王趙構逃到了
南京（今河南商丘）。西元1127年五月，趙構在南京
即位，這就是宋高宗。這個偏安的宋王朝，後來在臨
安（今浙江杭州）定都，歷史上稱為南宋。

宋高宗即位以後，迫於輿論的壓力，不得不把李
綱召回朝廷，擔任宰相。而實際上他信任的卻是親信
黃潛善和汪伯彥。

李綱擔任宰相後，提出許多抗金的主張，還極力在
宋高宗面前推薦宗澤。

宗澤是一位堅決抗金的將領。金兵第二次攻打東京
的時候，宗澤領兵抗擊金兵，一連打了十三次勝仗。有
一次，他率領的宋軍被金軍包圍，金軍的兵力比宋軍多
十倍。宗澤對將士們說：「今天進也是死，退也是死，
我們一定要從死裡殺出一條生路來。」將士們受到他的
激勵，以一當百，英勇衝殺，果然打退了金軍。

宋高宗對宗澤的勇敢早有耳聞，這次聽了李綱的推
薦，就派宗澤去開封府做知府。

這時候，金兵雖然已經從開封撤出，但是開封城經
過兩次大戰，城牆已經全部損壞了。金兵又經常在北面
活動，開封城裡人心惶惶，秩序混亂。

宗澤在軍民中很有威望。他
一到開封，就殺了幾個搶劫犯，
開封的秩序便漸漸安定了下來。

宗澤到了開封之後，積極聯
絡各地民眾組織起來的義軍。河
北各地義軍聽到宗澤的威名，都

自願接受他的指揮。這樣一來，開封城的周邊防禦鞏固了，城裡人心安定，存糧充足，物價穩定，重新恢復了大戰前的局面。

但是，就在宗澤準備北上恢復中原時，宋高宗和黃潛善、汪伯彥卻嫌南京不安全，做好了繼續南逃的準備。李綱因反對南逃，被宋高宗撤了職。

不久，金兵又分路大舉進攻。金太宗派大將兀朮（音 ㄨㄓㄨˋ，又叫宗弼）向開封進攻，宗澤事先派部將分別駐守洛陽和鄭州。兀朮帶兵接近開封的時候，宗澤派出幾千精兵，繞到敵人後方，把敵人退路截斷，又和伏兵前後夾擊，把兀朮打得狼狽逃竄。

宋高宗趙構像　▲

金軍將士對宗澤又害怕，又欽佩，提到宗澤，都稱他為宗爺爺。宗澤依靠河北義軍，積蓄兵馬，認為完全有力量收復中原，便接連向高宗上了二十幾道奏章，請他回到開封。然而卻如同石沉大海，沒有回音。

這時候，宗澤已經是七十歲的年邁老人了，他見朝廷沒有收復中原的想法，一氣之下，背上發毒瘡病倒了。部下一些將領去問候他，宗澤已經病得很重，他睜開眼睛激動地說：「我因為不能報國仇，心裡憂憤，才得了這個病。只要你們努力殺敵，我就死而無憾了。」

南宋、夏、金對峙圖　▼

將領們聽了，個個感動得流下了淚水。宗澤臨死之前，用足了全身的力氣，呼喊：「過河！過河！過河！」然後才閉上眼睛。開封軍民聽到宗澤去世的消息，沒有一個不傷心流淚的。

宗澤去世後，宋朝派杜充接替宗澤的職位。杜充是個昏庸無能的人，他一到開封，就把宗澤的一切防守措施都廢除了。沒多久，中原地區又全部落在金軍手裡。

韓世忠阻擊金兵

金兵在南下的路上，不斷遭到百姓組織起來的義軍的襲擊。金將兀朮到了明州海邊，想到長江沿岸還留著宋軍的大批人馬，便帶領金兵搶掠了一陣，向北方退兵。

西元1130年三月，兀朮帶了十五萬金兵，北撤到鎮江附近，遇到宋軍大將韓世忠的攔擊。

兀朮到了江邊，得知韓世忠不放他們過江，就派個使者到宋營下戰書，要求跟宋軍決戰。韓世忠馬上答應下來，還跟兀朮定下了決戰的日期。那時候，金兵有十萬人，而韓世忠手下宋軍只有八千人，雙方兵力相差懸殊。韓世忠明白，只有依靠士氣才能打贏這一仗。他跟妻子梁紅玉商量對策。梁紅玉是個很有見識、又會武藝的女將，她支持丈夫的計劃，並且要求一起參加戰鬥。

決戰的時刻到了。雙方在江邊擺開陣勢，展開了一場大戰。韓世忠披掛上陣，他的夫人梁紅玉身穿戎裝，親自在江心的一艘戰船上擂鼓助威。將士們見主帥夫人上陣助戰，士氣高漲，紛紛向金兵衝殺過去。金兵雖然人馬多，但是，一來軍紀渙散，二來長途行軍，疲憊不堪，哪裡敵得過韓世忠手下精兵的襲擊。一場戰鬥下來，金兵死傷無數，連兀朮的女婿龍虎大王也當了俘虜。

兀朮又派使者去宋營，情願把從江南搶來的財物全還給宋軍，只求讓他們過江，韓世忠堅決不答應。

韓世忠像 ▲

韓世忠書札 ▲

海船復原模型　◀

中華上下五千年

354

兀朮過不了江，只好帶著金兵乘船退到黃天蕩（今江蘇南京市東北）。哪裡知道黃天蕩是一條死港，船駛進那裡，找不到出路。

後來，兀朮命令金兵開鑿一條五十里長的水道，指揮金兵沿水道逃到建康。沒想到，半路上又遇到岳飛的堵擊，無奈之下，又退回到黃天蕩。

金兵在黃天蕩被宋軍整整圍困了四十八天，金軍將士叫苦連天。這時候，江北的金軍派兵接應。兀朮想用小船渡江，韓世忠早有準備，他在大船上備好了大批帶著鐵索的撓鉤，等金兵的船隻開始渡江，便讓大船上的宋兵用長鉤把小船鉤住，再用鐵索用力一拉。小船翻了，金兵連人帶船一起沉在江心裡。

過了幾天，金兵趁江面上風平浪靜，偷偷登上小船，分批渡江。韓世忠想用大船追上去攻擊，但是因為沒有風，大船行駛慢，趕不上小船。正在急的時候，金兵又向宋軍的大船射來火箭，射中了宋船的風帆。風帆起了火，整個船隻都燒了起來，船上的宋軍紛紛落水。韓世忠只好放棄船隻，乘小船退回鎮江。

兀朮擺脫了韓世忠的阻擊後，帶兵到建康搶掠了一陣，準備撤回北方，到了靜安鎮（今江蘇江寧西北）時，又遇到了岳飛軍隊的襲擊，被殺得潰不成軍，狼狽逃竄。岳飛把金兵趕走了，繼而收復了建康。

梁紅玉擂鼓助威的妙高台遺址　▲

金山今景　▼

位於今江蘇鎮江市西北長江南岸。宋將韓世忠與金軍戰於長江，其妻梁紅玉在金山妙高擂鼓助威。

岳家軍大敗兀朮

收復建康的岳飛，是南宋的抗金名將。

岳飛是相州湯陰（今河南湯陰）人，從小刻苦讀書，尤其愛讀兵法，他還力大過人，十幾歲的時候就能拉開三百斤的大弓。後來，他聽說同鄉老人周同武藝高強，就拜周同為師，學得一手百發百中的好箭法。

後來，岳飛從了軍。金兵南下的時候，他在東京當一個小軍官。有一次，他帶領一百多名騎兵，在黃河邊練兵，忽然對面來了大股金兵。兵士們都嚇得不知所措，岳飛卻不慌不忙地說：「敵人雖然多，但他們不知道我們有多少兵力。我們可以趁他們沒準備的時候擊敗他們。」說著，就帶頭衝向敵陣，斬了金軍一名將領。兵士們受到岳飛的鼓舞，也衝殺上去，果然把金軍殺得落花流水。

從這以後，岳飛的勇敢便出了名。過了幾年，他在宗澤部下當了將領。

岳飛跟宗澤一樣，把抗金作為自己的職責。

宗澤死後，岳飛的隊伍仍舊堅持在建康附近戰鬥。這回趁兀朮北撤的時候，他跟韓世忠配合，打得兀朮一敗塗地。

岳飛率領將士多次打敗了金軍，屢立戰功。到他三十二歲的時候，已經從一個普通將領提升為節度使，跟當時的名將韓世忠、劉光世、張浚並駕齊驅了。

就在這個時期，他寫了一首傳誦千古的詞《滿江紅》，抒發了他抗金的壯志豪情。

岳飛像　▲

用以毀壞城防設施的 ▶
撞車　宋

岳家軍軍紀嚴明。一次，有個士兵擅自用百姓的一束麻來縛柴草，被岳飛發現，當即就按軍法處置了。岳家軍行軍經過村子，夜裡都在路旁露宿，老百姓請他們進屋，沒有人肯進去。岳家軍中有一個口號，叫做：「凍死不拆屋，餓死不擄掠。」

岳飛在作戰之前，總是先把領將們召集起來，一起商量作戰方案，然後才出戰。所以打起仗來，每戰必勝。金軍將士見到岳家軍，沒有一個不害怕的，他們中間流傳著一句話：「撼山易，撼岳家軍難。」

西元1140年十月，金朝又撕毀和約，發動全國精銳部隊，以兀朮為統帥，分四路南下大舉進攻。

岳飛一面派部將王貴、牛皋、楊再興等分路出兵，一面派人到河北跟義軍首領梁興聯絡，要他率領義軍在河東、河北向敵人後方包抄。岳飛在郾城坐鎮指揮。

過了幾天，幾路人馬紛紛告捷，先後收復了潁昌（今河南許昌東）、陳州（今河南淮陽）和鄭州。

岳家軍節節勝利，一直打到距離東京只有四十五里的朱仙鎮。河北的義軍得知岳家軍打到朱仙鎮的消息，都歡欣鼓舞，渡過黃河來與岳家軍會合。老百姓用牛車拉著糧食慰勞岳家軍，有的還頂著香盆來歡迎，個個興奮不已。

岳飛眼看形勢大好，勝利在望，也止不住內心的興奮。他鼓勵部下說：「大家共同努力殺敵吧。等我們直搗黃龍府的時候，再跟各路弟兄痛飲慶功酒！」

岳飛坐像，在今浙江杭州岳王廟內。　▲

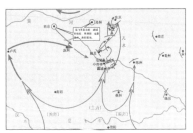

船形硯滴　南宋　▲

青瓷船形硯滴是龍泉窯的特色產品。此硯滴依照木船造型，船艙船艄和捲棚一應俱全，具水鄉特色。艙內還塑有一對竊竊私語的俊男俏女，更是趣味橫生。

岳飛反攻中原之戰要圖◀

莫須有罪名

宋高宗趙構像　▲

岳飛北伐路線圖　▼

　　紹興和議之後，兀术派使者給秦檜送去密信說：「你天天向我們求和，但是岳飛不死，我們就不放心。一定得想法子把他殺掉。」秦檜接到密信，就對岳飛下了毒手。

　　秦檜先唆使他的同黨、監察御史万俟卨（音 ㄇㄛˋ ㄑㄧˊ ㄒㄧㄝˋ，万俟是姓）給朝廷上奏章，攻擊岳飛驕傲自滿，捏造了岳飛在金兵進攻淮西的時候擁兵觀望、放棄陣地等許多「罪名」。万俟卨開了第一炮以後，又有一批秦檜同黨接連上奏章對岳飛進行攻擊。

　　岳飛知道秦檜要陷害他，就主動要求辭去了樞密副使的職務。

　　然而，事情並沒能到此結束。岳飛原來是大將張俊的部下，後來岳飛立了大功，受到張俊的妒忌。秦檜知道張俊對岳飛不滿，就與張俊勾結起來，唆使岳家軍的部將王貴、王俊，誣告另一個部將張憲想發動兵變、攻佔襄陽，幫助岳飛奪回兵權，還誣告岳飛的兒子岳雲曾經給張憲寫信，秘密策劃這件事。

　　岳飛、岳雲兩人被逮捕到大理寺的時候，張憲已被拷打得遍體鱗傷。岳飛見了，心裡又難過、又氣憤。

　　万俟卨開始審問岳飛，他拿出王貴、王俊的誣告狀，放在岳飛面前，吆喝著說：「朝廷並沒有虧待你們三人，可是你們為什麼要謀反？」

　　岳飛說：「我沒有對不起國家之

處，你們掌管國法的人，可不能誣陷忠良啊！」

秦檜又派御史中丞何鑄去審問岳飛，岳飛一句話也不說，他扯開上衣，露出脊梁讓何鑄看，只見岳飛背上刺著「精忠報國」四個大字。何鑄看後，大為震動，不敢再審，就把岳飛押回監獄。隨後，他又看了一些卷案，覺得岳飛謀反的證據不足，只好向秦檜照實回報。

秦檜認為何鑄同情岳飛，不再讓他審問，仍叫万俟卨羅織罪名。万俟卨一口咬定岳飛曾經給張憲寫信，佈署奪軍謀反的計劃。他們沒有物證，就誣說原信已經被燒毀了。

這個案件一拖就是兩個月，審訊毫無結果。朝廷官員都知道岳飛冤枉，有些官員上奏章替岳飛申冤，結果卻遭到秦檜陷害。

老將韓世忠氣憤地親自去找秦檜，責問他憑什麼說岳飛謀反，證據是什麼。秦檜吞吞吐吐地說：「岳飛給張憲寫信，雖然沒有證據，但是這件事莫須有（就是『也許有』的意思）。」

韓世忠憤怒地說：「『莫須有』三個字，怎能叫天下人心服！」

西元1142年一月的一個夜裡，這位年僅三十九歲的民族英雄被害犧牲。岳雲、張憲也同時被害。

岳飛被害以後，臨安獄卒隗順偷偷地把他的遺骨埋葬起來。直到宋高宗死後，岳飛的冤案才得到平反昭雪。人們把岳飛的遺骨改葬在西湖邊的棲霞嶺上，後來又在岳墓的東面修建了岳廟。

岳王廟內之岳飛墓 ▲

岳王廟內正殿 ▲

岳王廟內秦檜夫婦 ▲
鐵鑄跪像

岳王廟 ◄

位於今浙江杭州。這是原有岳飛的墓。後來增建了岳王廟，廟內大殿的壁上有「精忠報國」四個大字，是岳飛的母親自小對他的教誨。

鍾相楊么起義

西元1130年，金兵攻佔了潭州，搶掠了一陣走了。隨後，被金兵打敗的宋朝團使孔彥舟，又帶著一批殘兵敗卒在那裡趁火打劫，催糧逼租。當地百姓沒有了生路，便在鍾相帶領下，舉行了起義。

鍾相是鼎州武陵（今湖南常德）人，他用宗教的形式在農民中宣傳，自稱「天大聖」，能夠解救人民疾苦。

當孔彥舟的作法激起民憤時，鍾相就宣佈起義。他自稱楚王，建立政權。

南宋朝廷得知消息，十分恐慌，任命孔彥舟擔任捉殺使，鎮壓起義軍。孔彥舟派出一批奸細，假扮成貧民，混進鍾相起義軍隊伍，隨後對起義軍發起攻擊，裡應外合，打敗了起義軍。鍾相和他的兒子鍾子昂被捕，慘遭殺害。

鍾相被害後，起義軍推舉楊么為首領，繼續和官軍作戰。起義軍在楊么領導下，在洞庭湖沿岸建立營寨，隊伍越來越壯大。

南宋朝廷又派程昌寓（音 ㄩˋ）擔任鎮撫使，鎮壓起義軍。程昌寓到了鼎州，不惜血本製造了大批車船，每船裝載一千水兵，由人踏車就可以使船進退。程昌寓指揮水軍使用車船攻打起義水寨，水寨灘頭水淺，車船開進港汊便擱在淺灘裡動彈不得

宅子酒肆　壁畫　▲

三弓床弩　南宋　▲

南宋兵器　▶

了。起義軍見時機已到，發起攻擊，官軍兵士丟了車船就逃，車船全都落在了起義軍手裡。

紫漆海月清輝七弦琴 ▲
（正面及背面）南宋

楊么起義軍在洞庭湖建立了根據地，隊伍發展到二十萬人，佔領了廣大的地區。西元1133年農曆四月，楊么立鍾相的兒子鍾子儀作太子，楊么自稱大聖天王。起義軍每佔領一個地方，就宣佈免除百姓的一切勞役和賦稅，百姓無不歡欣鼓舞。

南宋朝廷把楊么起義軍看作心腹大患，又派王瓊（音 ㄑㄩㄥˊ）帶兵六萬進攻。王瓊不敢再用大船，改用小船進攻。起義軍用車船迎戰官軍，車船高的有幾丈，來往自如。他們又在船身前後左右都裝上了拍竿，拍竿上縛著一塊塊大石。官軍的小船剛一接近，他們就搖動拍竿，將大石甩出把敵船打沉。車船上還能發出一種用硬木削尖的「木老鴉」，和弓箭一起發射，打得官軍叫苦不堪。

戧金人物花形盒　南宋 ▲

中華上下五千年

到了西元1135年，也就是起義的第六個年頭，宋高宗派宰相張浚親自督戰，又從抗金前線把岳飛的軍隊抽調回來參戰。這時起義軍將領有人動搖叛變，楊么大寨最終被官軍攻破，楊么被俘犧牲，堅持六年的起義失敗了。

鐵刀　南宋　　　▼

金鐵棍頭、銅鞭穗　南宋 ▲

書生退敵

采石磯 ▲

在今安徽省馬鞍山市。紹興三十一年（西元1161年），南宋名臣虞允文在此指揮水軍，打敗金主完顏亮的南下大軍。

文官坐像 金 ▲

紹興和議之後，宋金雙方有二十年沒有發生戰爭。宋高宗和一批投降派對於這個偏安的局面非常滿意，他們在臨安修築起豪華的宮殿府第，過起紙醉金迷的生活來了。

在這段時間裡，金朝統治集團內部動盪。貴族完顏亮殺死了金熙宗，自立為帝，歷史上稱海陵王。完顏亮把金朝的京都從上京遷到燕京，他野心勃勃，一心想消滅南宋。

西元1161年九月，完顏亮做好一切準備，發動全國六十萬大軍，組成三十二支部隊，全部出動，向南宋發起進攻。

完顏亮的大軍逼近淮河北岸，防守江北的主帥劉錡（音 ㄑ）生病了，不能帶兵打仗，他派副帥王權到淮西壽春防守。王權是個貪生怕死的傢伙，還沒見到金兵的人影兒，早已聞風逃奔，一直逃過長江，直到采石才停下來。

宋高宗聽到王權兵敗，就將王權撤了職，另派李顯忠代替王權的職務，並且派宰相葉義問親自去視察江淮防務。葉義問是個膽小鬼，自己不敢上前線，派一個叫虞允文的中書舍人（文官名）去慰勞采石的宋軍將士。

虞允文到了采石，王權已被撤職，接替他職務的李顯忠還沒到。對岸的金兵正在準備渡江，宋軍沒有主將，到處人心惶惶，秩序混亂。

虞允文看到隊伍這樣渙散，非常吃驚，他覺得等李顯忠來已經來不及了，立刻把宋軍將士召集起來，對他們說：「我是奉朝廷的命令到這裡來勞軍的。你們只要

為國家立功，我一定報告朝廷，論功行賞。」

　　大夥兒見虞允文出來作主，都來了精神。他們說：「我們恨透了金人，誰都抵抗。現在既然有您作主，我們願意拼命作戰。」

　　虞允文是個書生，從來沒有指揮過打仗，但是愛國的責任心使他鼓起勇氣。立刻命令步兵、騎兵都整好隊伍，排好陣勢。

　　宋軍剛剛佈置停當，金兵就已經開始渡江了。完顏亮親自指揮金軍進攻。幾百艘大船迎著江風，滿載著金兵向南岸駛來。不久，金兵便開始陸續登岸。

北宋車船復原圖　　▲

南宋水軍曾使用這種車船，
在采石磯擊敗金主完顏亮。

　　虞允文命令部將時俊率領步兵出擊。時俊揮舞著雙刀，帶頭衝入敵陣。士兵們士氣高漲，奮勇衝殺。金兵進軍以來，從來沒有遭到過這樣頑強的抵抗，還沒有適應這樣的敵手，就很快敗下陣來。

　　完顏亮在采石渡江沒有成功，就帶著剩下的人馬到揚州去，準備從那裡渡江。

　　宋軍在采石大勝之後，主將李顯忠才帶兵到達，李顯忠了解了虞允文指揮作戰的情況，非常欽佩。虞允文對李顯忠說：「敵人在采石失敗之後，一定會到揚州去渡江。鎮江那邊沒準備，情況很危急。我打算到那邊去看看。」

　　鎮江的守將是老將劉錡。那時候，劉錡已經病得不能起床了。

　　虞允文安慰了他一陣，就來到軍營，命令水軍在江邊訓練。在他的佈置下，宋軍製造了一批車船，在江邊的金山周圍來回巡邏，快得像飛一樣。北岸的金兵看了十分吃驚，趕快報告完顏亮。完顏亮不僅不信，還把報告的人打了一頓板子。

　　金軍將士無法容忍完顏亮的殘酷統治，還沒等完顏亮發出渡江命令，當天夜裡就湧進完顏亮的大營，殺死了他。完顏亮一死，金兵就撤退了。

　　完顏亮帶兵攻打南宋的時候，金朝內部也起了內訌。一些不滿完顏亮統治的大臣，另外擁戴完顏雍為皇帝，這就是金世宗。采石大戰後，金世宗為了穩定內部局勢，派人到南宋議和，宋金戰爭又暫時停了下來。

陸游絕唱

江蘇鎮江焦山陸游
石刻碑亭　▲

自書詩卷　陸游　▲

青玉筆山　南宋　▲

陸游祠　▶

　　宋孝宗剛即位之時，決心改變屈辱求和的政策，想做一番恢復中原的事業。於是，他任用一名很有名望的老將張浚（音 ㄐㄩㄣ）做樞密使。

　　張浚請朝廷發佈詔書出兵北伐，號召中原人民奮起抗戰，配合宋軍收復失地。當時陸游在樞密院做編修官，張浚就派陸游起草這份詔書。

　　陸游是南宋著名的愛國詩人，浙江山陰人。幼年時的陸游經歷了北宋滅亡的國恨家仇，也看到、聽到了很多江南軍民抗擊金兵的可歌可泣的事蹟。因此，在他幼小的心靈裡，便滋長了對祖國、對民族的深厚感情。

　　少年時代的陸游，就能寫一手出色的文章。二十九歲那年，他參加了兩浙地區的考試，中了第一名。

　　陸游熱情支持北伐，可是擔任統帥的張浚缺少指揮才能。宋軍出兵沒有多久，就在符離（今安徽宿縣北）被金兵打敗，全線潰退。

　　北伐失敗後，那些一貫主張求和的大臣又在宋孝宗

面前說風涼話，並對張浚大肆攻擊，還說張浚用兵是陸游慫恿的。不久，張浚被排擠出朝廷，陸游也罷官回到山陰老家了。

宋孝宗像 ▲

宋孝宗面對金兵的威脅，抗金的決心動搖了。第二年，又跟金朝訂立了屈辱的和約，從那以後，再也不提北伐的事了。

過了將近十年，負責川陝一帶軍事的將領王炎聽到陸游的名聲，請他到漢中做幕僚。漢中接近抗金的前線，陸游認為到那裡去，也許有機會參加抗金戰鬥，為收復失地貢獻一份力量，便很高興地接受了這個任命。

陸游像 ▲

不久，王炎被調走，陸游也被調到成都，在安撫使范成大部下當參議官。范成大與陸游是老朋友，雖說是上下級關係，卻並不講究官場禮節。陸游的抗金志願得不到實現，心裡非常鬱悶，便常常喝酒寫詩來抒發自己的思想感情。但是，一般官場上的人看不慣他，說他不講禮法，思想頹廢。陸游聽了，就索性給自己起了個別號，叫「放翁」。後來人們就稱他為陸放翁。

這樣一過又是二三十年，陸游長期過著閒居的生活，他把滿腔的熱情寄託在自己的詩歌創作上。

他一生辛勤創作，一共寫下了九千多首詩。他的創作，在中國歷代詩人中，是最豐富的。

西元1210年，這位八十六歲的愛國詩人臥病在床。臨終的時候，他還念念不忘恢復中原。他把兒孫們叫到床邊，寫下他的最後一首詩，也就是感人肺腑的《示兒》：

玉帶鉤　南宋 ▲

　　死去原知萬事空，但悲不見九州同。
　　王師北定中原日，家祭無忘告乃翁。

一代天驕成吉思汗

　　南宋北伐屢屢失敗的同時，金朝也因內部腐敗而漸漸走向衰落。這時，北方的蒙古族卻日漸強盛起來。

　　鐵木真，出生於蒙古孛兒只斤氏族。曾祖合不勒統一了蒙古尼倫各部。後來，叔祖忽圖剌和父親也速該也相繼做了尼倫部的首領。

成吉思汗像　　　▲

　　也速該英勇善戰。在成吉思汗出生的那一天，也速該征討塔塔兒部凱旋。為了紀念出征的武功，他給這剛出生的兒子取名鐵木真。「鐵木真」蒙語的意思是「精鋼」。鐵木真在二十八歲時被擁戴為「汗」，成為尼倫部落的首領。從此，鐵木真大展宏圖的時代開始了。

　　鐵木真首先對部落的組織形式進行了改造，採取了一些措施來鞏固自己的權力和地位，然後便開始了統一蒙古各部的戰爭。

　　此後，鐵木真抓住戰機，幫助金朝平定了害死他父親的塔塔兒部的叛亂，既報了家仇，又被金國封為招討官。隨後又與克列部首領脫里王汗配合，先後打敗了乃蠻人、乞剌人和以扎木合為首的十一個部落的聯合進攻。這樣一來，鐵木真的勢力就更加強大了。

　　鐵木真與克列部脫里王汗聯合打了幾次勝仗後，希望透過聯姻進一步密切聯繫，但王汗在狂妄自大的兒子桑昆的挑撥下，不僅藉故推託聯姻，反而陰謀設酒宴來加害鐵木真。鐵木真一方面積極備戰，一方面派使者譴責脫里王汗的不義行為，並乘克列部沒有戒備，發動進攻，徹底打敗了勢力強大的克列部。

　　接著，鐵木真征服了蒙古西部的乃蠻

成吉思汗陵，位於今　　▼
內蒙古伊克昭盟境內。

部。一年以後，擒獲勁敵扎木合，並處死了他。到了西元1205年，經過二十年的征伐，鐵木真統一了蒙古各部。西元1206年，鐵木真在斡難河畔舉行大會。會上，各部落首領共推鐵木真為全蒙古的大汗，即皇位，上尊號「成吉思汗」（即皇帝）。

隨著國力的強大，成吉思汗逐漸產生了稱霸世界的雄心。西元1211年到1215年間，成吉思汗發動對金的戰爭，迫使金國遷都汴梁（今開封），佔領了金國河東的廣闊土地。

西元1219年，成吉思汗親率大軍征討中亞大國花剌子模國，佔領花剌子模國後，蒙軍前鋒越過印度河，西進至底格里斯河下游，又進入東歐，侵佔了俄羅斯的東南部。後來由於氣候不適應，只好班師回朝。

西元1226年，成吉思汗出兵征討西夏，佔領了西夏大片領土。第二年，由於長年勞累，成吉思汗一病不起。

成吉思汗死後，他的兒子窩闊台接替他做了大汗。窩闊台按照成吉思汗的遺囑，向南宋借路，而後包圍了金朝都城開封。西元1233年，蒙古軍攻下開封，金哀宗逃到蔡州（今河南汝南）。蒙古又聯合南宋對蔡州進行圍攻。

金哀宗在重兵包圍之下，派使者向宋理宗（宋寧宗的兒子，名叫趙昀）求和，說：「如果金朝被滅，下一步就輪到宋國了；要是我們聯合起來，對金、宋兩國都有好處。」

宋理宗沒有理睬他，金哀宗走投無路，便自殺了。西元1234年，金朝在蒙、宋兩軍夾攻之下滅亡。

蒙古軍作戰圖　伊朗　▲
志費尼

志費尼所著《世界征服者史》中收錄多幅繪畫，反映蒙古人即位、朝覲、征戰等情形。圖為其中的《蒙古軍攻城圖》，描繪了蒙古軍在中亞進攻城市的情形。

賈似道誤國

蒙古、南宋聯合滅了金朝以後，南宋出兵想收復開封、河南一帶土地。窩闊台藉口南宋破壞協議，向南宋發起進攻。從這以後，蒙宋雙方不斷發生戰爭。

到窩闊台的侄兒蒙哥即位後，派他弟弟忽必烈和大將兀良合台進軍雲南，佔領了西南地區。西元1258年，蒙哥分三路進兵攻打南宋。他自己親率主力進攻合州（今四川合川），忽必烈攻打鄂州（今湖北武昌），另一路由兀良合台率領，從雲南向北攻打潭州（今湖南長沙），三路的進軍路線，都直指臨安。

警報一個接一個送到臨安，南宋朝廷震動了。宋理宗命令各路宋軍援救被忽必烈圍困的鄂州；又任命賈似道擔任右丞相兼樞密使，去漢陽督戰。

新任丞相賈似道，原本是個不學無術的二流子，靠著他的姐姐是宋理宗的寵妃，才步步高升起來。

這一回，宋理宗派他上漢陽前線督戰，他只好硬著頭皮去了。

忽必烈攻城越來越猛。賈似道眼看形勢緊張，就瞞著朝廷，偷偷地派了一個親信到蒙古大營去求和，表示只要蒙古退兵，宋朝就願意稱臣，進貢銀絹。正巧這時候，忽必烈接到他妻子從北方派人送來的密信，說蒙古一些貴族正準備立他的弟弟阿里不哥做大汗。忽必烈見汗位要被弟弟佔了，就答應了賈似道的請求，訂下了秘密協定，趕著回去爭奪汗位去了。

賈似道回到臨安，瞞著私自訂立和約的事，還抓了一些蒙古兵俘虜，吹噓各路宋軍大獲全勝，不但打跑了鄂州的蒙古兵，還把長江一帶的敵人也全部肅清了。

宋理宗像　　　　▲

突火槍　南宋　　▲

突火槍是後世槍枝的雛型。
開慶元年（1259年），南宋
壽春府（治所在今安徽壽縣）
的軍民發明了突火槍。這種
武器利用巨竹造槍筒，內裝
火藥和子彈，燃燒火藥後，
子彈便會高速推出，射程達
230公尺。

宋理宗聽信了賈似道的謊言，認為賈似道立了大功，特意下了一道詔書，讚賞賈似道指揮有方，給他加官進爵。

賈似道靠欺騙過日子，居然做了幾十年的宰相。宋理宗死後，太子趙禥（音 ㄑㄧˊ）即位，這就是宋度宗。宋度宗封賈似道為太師，拜魏國公，地位只比皇上低一點。

忽必烈打敗了阿里不哥，穩定了內部以

元世祖忽必烈像　▲

後，在西元1271年稱帝，改國號叫元，他就是元世祖。

元世祖藉口南宋不履行和約，派大將劉整、阿术出兵進攻襄陽，把襄陽城整整圍了五年。賈似道把前線來的消息一一封鎖起來，不讓宋度宗知道。有個官員向宋度宗上奏章告急，奏章落在賈似道手裡，那個官員馬上被革職了。

最終，襄陽還是被元兵攻破了。消息傳來，南宋朝廷大為震驚。這個時候，賈似道再想瞞也瞞不住了，就把責任推給襄陽守將，免了守將的職了事。

元世祖見南宋這樣腐敗，便決定一鼓作氣消滅南宋。他派左丞相伯顏率領元兵二十萬，分兵兩路，一路從西面攻鄂州，另一路從東面攻揚州。

這時，宋度宗病死了，賈似道擁立一個四歲的幼兒趙㬎（音 ㄒㄧㄢˇ）做皇帝。伯顏攻下鄂州後，沿江東下，

蒙古軍作戰圖　伊朗　▼
志費尼

直指臨安。賈似道一面帶領七萬宋軍駐守蕪湖，一面派使臣到元營求和。伯顏拒絕議和，命令元軍在長江兩岸同時發起進攻，宋軍全線潰敗，賈似道逃回揚州。到了這個時候，南宋滅亡的局勢已經無法挽回了。

文天祥像　　　▲

三彩欄杆紋枕　南宋　▲

浴馬圖　元　趙子昂　▼

蒙古族靠馬上功夫一統天
下，此圖即描繪了河邊浴馬
的情景。

文天祥抗元

　　元兵乘勝南下，眼看就要打到臨安了。四歲的皇帝趙㬎自然無法處理朝政，他的祖母謝太后和大臣們一商量，趕緊下詔書，要各地將領帶兵到臨安救駕。詔書發到各地，回應的人寥寥無幾，只有贛州的州官文天祥和郢州（今湖北鍾祥）守將張世傑兩人立刻起兵救援。

　　文天祥是中國歷史上著名的民族英雄，吉州盧陵（今江西吉安）人。他自幼愛讀歷史上忠臣烈士的傳記，立志要為國建功。二十歲那年，他到臨安參加進士考試，在試卷裡表明他的救國主張，很受主考官的賞識，中了狀元。他到江西去擔任贛州的州官時，南宋正值快要滅亡的危急時刻。

　　文天祥接到朝廷詔書，立刻招募了三萬人馬，排除種種干擾，領兵到了臨安。右丞相陳宜中派他到平江（今江蘇蘇州）防守。這時候，元朝統帥伯顏已經渡過長江，三路進兵攻取臨安。其中一路從建康出發，越過平江，直取獨松關（今浙江餘杭）。陳宜中得到消息，馬上命令文天祥退守獨松關。文天祥剛離開平江，獨松關已經被元軍佔領，想再回平江，平江也在這時陷落了。

　　謝太后和陳宜中驚慌失措，趕緊派了一名官員帶著國璽和求降表到伯顏大營求和。伯顏卻指定要南宋丞相親自去談判。

陳宜中害怕被扣留，不敢到元營去，偷偷地逃往了南方；張世傑不願投降，一氣之下，帶兵出海去了。

謝太后無可奈何，只好宣布文天祥接替陳宜中做右丞相，讓他到伯顏大營去談判投降。

徵稅圖　義大利
馬可波羅　　　　▲

此圖選自義大利馬可‧波羅
(1254-1324年) 所著的《世
界奇觀》，描繪的是忽必烈
的稅吏徵稅的情景。蒙古統
治者徵收的最重的稅種有鹽
稅、糖稅和煤稅。

文天祥答應到元營去，但是他心裡卻另有打算。他帶著大臣吳堅、賈餘慶等到了元營，根本不提求和的事，反而義正辭嚴地責問伯顏說：「你們究竟是想跟我朝友好呢，還是想存心消滅我朝？」

伯顏說：「我們皇上（指元世祖）的意思很清楚，沒有消滅宋朝的打算。」

文天祥說：「既然是這樣，那麼請你們立刻把軍隊撤回。如果你們硬要消滅我朝，南方軍民一定會跟你們打到底，那樣對你們也不會有好處的。」

伯顏把臉一沉，用威脅的口氣說：「你們再不老實投降，就饒不了你們。」

文天祥也氣憤地說：「我是堂堂南宋宰相。現在國家危急，我已經準備拼死報答國家，哪怕刀山火海，我也毫不畏懼。」

文天祥的氣勢把伯顏的威脅頂了回去，周圍的元將個個都驚呆了。之後，伯顏讓別的使者先回臨安去跟謝太后商量，卻把文天祥扣留了下來。

隨同文天祥到元營的吳堅、賈餘慶回到臨安，把文天祥拒絕投降的事向謝太后奏報了一番。謝太后一心想投降，便改任賈餘慶做右丞相，到元營去求降。伯顏接受降表後，把文天祥請進營帳，告訴他宋朝廷已另外派人來投降。文天祥氣得痛罵了賈餘慶一頓，但是投降的事已無法挽回了。

西元1276年，伯顏帶兵進入了臨安，謝太后和趙㬎出宮投降。元軍把趙㬎當作俘虜押往大都（今北京市），文天祥也被一同押走。一路上，他一直在考慮怎樣逃脫。路過鎮江時，他和幾個隨從人員商量好，趁元軍沒防備之機，逃出了元營。

後來，揚州的宋軍主帥李庭芝聽信謠言，以為文天祥已經投降，便懸賞緝拿他。不得已，文天祥等人日行夜宿，歷盡千難萬險，從海口乘船到了溫州。在那裡，他聽說張世傑和陳宜中在福州擁立新皇帝即位，就決定去福州。

張世傑死守厓山

陸秀夫像　　　▲

　　在臨安被元兵佔領、小皇帝趙㬎被俘虜去大都以後，南宋皇族和大臣陸秀夫護送趙顯的兩個哥哥——九歲的趙昰（音 ㄕ）和六歲的趙昺（音 ㄅ）逃到福州。陸秀夫派人找到張世傑、陳宜中，把他們請到福州。三個大臣一商量，便擁立趙昰即位，繼續反抗元朝。

　　文天祥得到消息，感到有了興國的希望，馬上也趕到福州，在新的朝廷裡擔任樞密使。

　　這個時候，元軍南下攻打福州，宋軍節節敗退。陳宜中眼看興國沒有希望，就獨自乘船逃到海外去了。張世傑和陸秀夫等人保護趙昰逃到海船上，往廣東轉移。年幼的趙昰在途中受了驚嚇，得病死了。

　　張世傑和陸秀夫又在海上擁立趙昺即位，把水軍轉移到厓山（在今廣東新會南，音 ㄧㄞˊ）堅守。

　　元世祖擔心，如果不迅速撲滅南方的小朝廷，會有更多的宋人回應。就派張弘範為元帥，李恆為副帥，帶領二萬精兵，分水陸兩路南下。

　　張弘範先派兵攻打駐守在潮州的文天祥。不久，文天祥便因兵少勢孤，兵敗被俘了。

　　張弘範知道張世傑平日很敬佩文天祥，就要文天祥寫信給張世傑招降。文天祥接過筆，毫不猶豫地寫下了兩句詩：

山水十二景圖　南宋　▼
夏圭

人生自古誰無死，
留取丹心照汗青！

　　兵士把他寫的詩句拿給張弘範，張弘範眼看勸降毫無希望，就帶兵猛烈攻打。

　　厓山地處我國南面海灣裡，背山面海，地勢十分險要。張世傑在海上把一千多條戰船一字排開，用繩索連接起來，船的四周還築起城樓，決心跟元兵決一死戰。

　　張弘範先用火攻，失敗後，就用船隊封鎖海口，斷絕了張世傑通往陸地的交通。宋兵忍饑挨餓，誓死抵抗，雙方相持不下。

　　這時候，元軍副統帥李恆也從廣州趕到厓山跟張弘範會師。張弘範增加了兵力，重新組織力量進攻。他把元軍分為四路，圍攻宋軍。張世傑知道大勢已去，急忙把精兵集中在中軍，又派人駕駛小船去接，準備組織突圍。

　　趙昺的坐船，由陸秀夫保護著。他對張世傑派出來接趙昺的小船，弄不清是真是假，擔心小皇帝落在元軍手中，就拒絕了使者的要求。他對趙昺說：「國家到了這步田地，陛下也只好以身殉國了。」說著，就背著趙昺跳進了大海，淹沒在滾滾波濤裡了。

　　張世傑沒有接到趙昺，便指揮戰船，趁著夜色朦朧，突圍撤退到海陵山。這時候，海岸又颳起了颶風，把張世傑的船打沉了，這位誓死抵抗的宋將落水犧牲。

貼龍紋盤　南宋　▲

　　西元1279年二月，元朝統一了中國，南宋宣告滅亡。

天文學家郭守敬

郭守敬像 ▲

銅方日晷　元　▲

元世祖忽必烈非常重視吸收漢族的人才，劉秉忠便是他重用的漢族大臣之一，將國號定為元就是劉秉忠的主張，劉秉忠還向忽必烈推薦了著名科學家郭守敬。

郭守敬出生在河北邢台的一個學者家庭裡，他的祖父郭榮學識淵博，對數學和水利都有深入的研究。祖父常常帶著小孫孫東看看西摸摸，教他數學，教他技術。郭守敬認真讀書，刻苦鑽研，進步很快。十五六歲時，他曾經看到一幅從石刻上拓印的蓮花漏圖（古代一種計時器），沒用多少時間，他就弄清了它的製造方法和原理。

忽必烈統一全國以後，下令要修改曆法，郭守敬和王恂受命主持這項工作。由於原有的天文觀測儀器已經陳舊不堪，難以精確地觀測天象，郭守敬便決定把創製天文儀器的工作放在首位。他說：「曆法的根本在於測驗，而測驗是否精確，首先要有精密的儀器。」於是，他自己動手創製和改造天文儀器。在三年之中，郭守敬製成了簡儀、圭表、仰儀等十多種天文儀器。

首先，郭守敬大膽地改革了圭表。圭表是中國古代

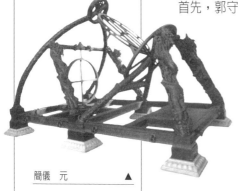

簡儀　元　▲

土圭　元　▲

發明的一種測量日影的工具，根據日影變化以決定春分、秋分、夏至和冬至等二十四節氣。

郭守敬又創製了簡儀。簡儀是一種用來測量日月星座位置的天文儀器，它是郭守敬對西漢落下閎發明的渾儀改造而來的。郭守敬大刀闊斧地把渾儀幾個妨礙視線的活動圓環去掉，又拆除原來作為固定支架的圓環，改用柱子托住，這樣既簡單，又實用，故稱簡儀。簡儀製成於1276年，比歐洲發明同樣類型的儀器要早三百多年。

元代觀星台和石圭，位於今河南登封。▲

郭守敬不僅是一個天文學家，又是一個水利專家，他在水利方面所作的最大貢獻是開鑿了從大都到通州的「通惠河。」

有一年，成宗皇帝召郭守敬到上都，商議開鑿鐵幡竿河渠的事。郭守敬認為這個地方降雨量大，年年有山水暴發，要開鑿河渠，非得有六七十步寬不可。但是，執管的官員嫌水利工程費用太大，不接受郭守敬的建議，在施工的時候，將郭守敬提出的寬度縮減了三分之一。結果，第二年大雨一來，山水兇猛下瀉，淹沒了許多人、畜、房子，差一點把皇帝的行宮也沖毀。成宗皇帝後悔莫及地說：「郭太史（郭守敬）真是神人，當初實在不該不聽他的話呀！」

郭守敬在曆法方面也有卓越的成就。他修成《授時曆》，計算出一年為365.2425天，這和地球繞太陽的周期只差二十六秒，與現在世界上公用的陽曆相同。

郭守敬一生堅持不懈地從事於科學實踐，直到八十六歲高齡還在進行研究。

《欽定授時通考》書影 ▲

馬可‧波羅來華

馬可‧波羅像 ▲

《馬可‧波羅遊記》 ▲
書影

阿拉伯數字幻方鐵板 ▲
元

中國與「西域」各國的接觸
始於漢代，宋元時得到了進
一步發展，此板是中國與阿
拉伯等國數學交流的實物。

　　元世祖在位時期，中國是世界上最強大最富庶的國
家，西方各國的使者、商人、旅行家紛紛慕名來中國觀
光，其中最有名的要數馬可‧波羅。

　　馬可‧波羅的父親尼古拉‧波羅和叔父瑪飛‧波羅
是威尼斯的商人，兄弟倆常常到國外去做生意。

　　有一次，忽必烈的使者在布哈拉經過，見到這兩個
歐洲商人，感到很新奇，便邀請他們一起來到上都（今
內蒙古自治區多倫縣西北）。忽必烈聽到來了兩個歐洲
客人，十分高興，把他們召進行宮，問這問那，特別熱
情。

　　忽必烈從他們那兒聽說了一些歐洲的情況，要他們
回歐洲給羅馬教皇捎個消息，請教皇派人來傳教。兩人
就告別了忽必烈，離開了中國。他們在路上走了三年
多，才回到威尼斯。那時候，尼古拉的妻子已經死去，
留下了已經十五歲的孩子馬可‧波羅。

　　馬可‧波羅聽父親和叔父說起中國的繁榮景象，羨
慕得不得了，央求父親帶他一塊兒去中國。尼古拉覺得
讓孩子一個人留在家裡不放心，就決定帶他同走。

　　尼古拉兄弟拜見了教皇，隨後帶著馬可‧波羅到中
國來。路上又花了三年多時間，在西元1275年到了中
國。那時候，忽必烈已經即位稱帝，聽說尼古拉兄弟來
了，便派人到很遠的地方迎接，一直把他們接到上都。

　　尼古拉兄弟帶著馬可‧波羅進宮拜見元世祖。元世
祖一看尼古拉身邊站著一位少年，詫異地問這是誰，尼
古拉回答說：「這是我的孩子，也是陛下的僕人。」

　　元世祖看著英俊的馬可‧波羅，連聲說：「你來得

太好了。」當天晚上，元世祖特地在皇宮裡舉行宴會，歡迎他們。後來，又把他們留在朝廷裡辦事。

馬可‧波羅聰明伶俐，很快學會了蒙古語和漢語。元世祖見他進步這樣快，十分賞識他。沒多久就派他到雲南去辦事。馬可‧波羅出門，每到一處，都留心觀察風俗人情。回到大都，就詳細向元世祖彙報，元世祖高興地誇獎馬可‧波羅能幹。

馬可‧波羅在中國整整住了十七年，被元世祖派到許多地方視察，還經常出使到國外。

日子一久，三個歐洲人開始思念起家鄉來，三番五次向元世祖請求回國。但是元世祖寵愛著馬可‧波羅，捨不得讓他們回去。到了後來，元世祖見他們思鄉心切，只好答應。

馬可‧波羅回國後，向人們講述了東方和中國的情況。有一個名叫魯思梯謙的作家，把馬可‧波羅講述的事記錄下來，編成一本叫做《馬可‧波羅行記》（一名《東方聞見錄》）的書。在這本遊記裡，馬可‧波羅把中國的著名城市都作了詳細的介紹，稱頌中國的富庶和文明。這本書一出版，便激起了歐洲人對中國文明的嚮往。

從那以後，中國和歐洲人、阿拉伯人之間的來往更加密切。阿拉伯的天文學、數學、醫學知識開始傳到中國來；中國古代的三大發明──指南針、印刷術、火藥，也傳到了歐洲（中國的另一個大發明造紙術，傳到歐洲要更早一些）。

大元進貢寶貨碑　元　▲

此碑記載了當時各國進貢元朝寶貨的史實。其中有瑪瑙、玻璃、安息香、珊瑚、金銀器等各種物品。

指南針碗　元　　　　▲

元滅宋之後，繼承了宋朝發達的海道貿易，貿易地區東起今菲律賓諸島，經過印度尼西亞諸島、印度，遠涉波斯灣沿岸、阿拉伯半島和非洲。此碗為元代海運中船隻的定位儀器。

灰陶騎駱駝俑　元　　◀

這件元代陶俑重現了外國商旅騎著駱駝遠赴中國經商的情景。

377

關漢卿與《竇娥冤》

關漢卿像　　　　　▲

清皮影人竇娥　　　▲

戲曲壁畫與雜劇壁畫　▼
元

　　元朝初期，元世祖採取了許多促進生產發展的措施，使社會經濟出現了繁榮的景象。但是，最大的受益者，是那些蒙古的王公貴族和地主官僚，而處於社會底層的貧民百姓，在殘酷的階級壓迫和民族壓迫下，依然過著悲慘的日子。

　　元世祖死後，他的孫子鐵穆耳即位，即元成宗。元成宗在位期間，官吏、貴族貪贓枉法的情況日益嚴重，冤案繁出，民不聊生。正是在這樣的社會背景下，誕生了一個偉大的雜劇作家關漢卿。

　　關漢卿是一個剛直不阿、不向權貴屈服的人。在元代那個黑暗的社會裡，像關漢卿這樣具有正義感的漢族中下層讀書人，根本受不到重用。關漢卿也就索性不服務於統治階級，成為一位「不屑仕進」的有骨氣的知識份子。

　　關漢卿鍾愛戲曲藝術　，把畢生的精力用在這一事業上。隨著年齡的增長和許多嚴酷現實的磨練，關漢卿對當時的黑暗社會有了清醒而深刻的認識。他把自己所看到或聽到的民間悲慘遭遇，編寫成雜劇，猛烈地抨擊了官府的黑暗統治和社會不公平現象。

　　尤其值得稱道的是關漢卿晚年的代表作品《竇娥冤》。

　　《竇娥冤》的全名是《感天動地竇娥冤》，主要情節說的是：

　　當時楚州（今江蘇淮安一帶）地方，有一個貧苦的女子，名叫竇娥。她三歲就失去了母親。七

歲時，她父親竇天章為還清借債和籌集進京趕考的盤纏，欠了蔡婆婆幾十兩銀子，便將女兒竇娥賣給蔡家做童養媳。竇娥到蔡家沒兩年，丈夫就生病死了，家裡只剩下老少寡婦倆相依為命。

一天，蔡婆婆出外索債，賽盧醫謀財害命，想將她勒死。張驢兒父子搭救了蔡婆婆。

原來張驢兒是個流氓、地痞，他看見蔡家婆媳無依無靠，就趁機要挾，逼迫蔡婆婆嫁給了張老頭。張驢兒見竇娥年輕美貌，欲娶她為妻。竇娥秉性剛強，堅決拒絕，還痛罵了張驢兒一頓。

張驢兒懷恨在心，企圖用毒藥害死蔡婆婆，以便強娶竇娥，不料，卻把自己貪嘴的父親給毒死了。張驢兒嫁禍於人，把毒死他父親的罪名栽到了竇娥的身上，告到了楚州衙門。

楚州的知府是一個見錢眼開的官吏，背地裡被張驢兒買通了，就在公堂上百般地拷打竇娥，逼竇娥招供。竇娥雖受盡了折磨，痛得死去活來，卻始終不肯承認。

這個貪官知道竇娥非常孝敬婆婆，就把蔡婆婆抓來，當著竇娥的面嚴刑拷打。竇娥想到婆婆年老體弱，受不了這種重刑，只好含冤招了供。

在赴刑場的路上，竇娥滿腹冤屈，無處去申訴，於是她喊出了「衙門自古向南開，就中無個不冤哉」的強烈抗議。臨刑時，她指著天發了三樁誓願：血濺丈二白練、六月飛雪、楚州三年大旱。她的三樁誓願震動了天地，件件應驗了。

後來，竇娥的父親竇天章在京城做了大官，竇娥的冤案得到了昭雪，殺人兇手張驢兒被判處死罪，貪官知府也得到了懲處。

竇娥不向黑暗勢力低頭，堅貞不屈的頑強鬥志，代表了當時人民的精神面貌，反映了在封建統治下，無數含冤受苦的百姓伸冤報仇的強烈願望。

關漢卿的雜劇創作豐富了中國古代文學的寶庫。他的雜劇以思想性和藝術性的完美結合，得到了國內外廣大人民的喜愛和推崇。

《竇娥冤》插圖　　　▲

紅巾軍起義

元成宗像 ▲

青花雲龍紋雙耳瓶　元 ▲

青花瓷作為元朝以來中原最
具民族特色的瓷器聞名世
界，而景德鎮作為新興的瓷
業中心也在南方崛起。

元朝從成宗以後，又傳了九個皇帝，皇室鬥爭日趨激烈，政治也越來越腐敗，人民生活在水深火熱之中。最後一個皇帝元順帝（又叫元惠宗）妥懽帖睦爾即位後，荒淫殘暴，百姓沒有了活路，紛紛起來造反。

河北有個叫韓山童的農民，聚集了不少受苦受難的百姓，燒香拜佛，後來慢慢發展成了白蓮會（一種秘密宗教組織）。韓山童對他們說：佛祖見天下大亂，將要派彌勒佛下凡，拯救百姓。

正巧這時黃河在白茅堤決口，兩岸百姓遭受了嚴重的水災。西元1351年，元王朝徵發了汴梁（今河南開封）、大名等地民工十五萬和兵士兩萬人，到黃陵岡開挖河道，疏通河水。

韓山童決定利用這個機會起事。他先派幾百個會徒去做挑河民工，在工地上傳播一支民謠：「石人一隻眼，挑動黃河天下反。」

民工們不懂這首歌謠是什麼意思，開河開到了黃陵岡，有幾個民工，忽然挖出一座石人來。大家好奇地聚攏來一瞧，只見石人臉上正是一隻眼，都禁不住呆住了。這件新鮮事很快地在十幾萬民工中傳開，大家心裡想，民謠說的真的應驗了，既然石人出來了，天下造反的日子自然也來到了。不用說，這個石人是韓山童事先派人偷偷地埋在那裡的。

百姓被鼓動起來了。韓山童便挑選了一個日子，聚集起一批會徒，殺了一匹白馬，一頭黑牛，祭告天地。大家都推舉韓山童做領袖，號稱「明王」，並約定日

子，在潁州潁上（今安徽阜陽、潁上）起義，起義軍用紅巾裹頭作為標記。然而正在歃血立誓的時候，有人走漏了消息。官府派兵士抓走了韓山童，押到縣衙門殺了。韓山童的妻子帶著他兒子韓林兒，逃脫了官府追捕，到武安（今河北武安）躲了起來。

韓山童的夥伴劉福通逃出包圍，把約定起義的農民召集起來，攻佔了潁州等地。在黃陵岡開河的民工得到消息，也殺死了河官，紛紛投奔劉福通。起義兵士頭上裹著紅巾，百姓就把他們稱作「紅軍」，歷史上稱做「紅巾軍」。不到十天的工夫，紅巾軍已經發展到十多萬人。

劉福通的紅巾軍陸續攻下了一些城池。江淮一帶的農民早就受到白蓮會的影響，也紛紛回應劉福通起義。

西元1354年，元順帝派丞相脫脫，動用了西域、西番的兵力，號稱百萬，圍攻佔領高郵的張士誠起義軍。起義軍正處在危急存亡之時，元王朝突然發生內亂，脫脫被撤掉官爵。元軍失去了統帥，不戰自亂，全軍崩潰。

第二年二月，劉福通把韓山童的兒子韓林兒接到亳州（今安徽亳縣）正式稱帝，國號宋，稱韓林兒為小明王。韓林兒、劉福通在亳州建立政權以後，分兵三路，出師北伐。其中毛貴的東路軍一直打到元大都城下。劉福通親自率領大軍攻佔了汴梁，然後把小明王韓林兒接來，定汴梁為都城。

元王朝不甘心失敗，糾集地主武裝加緊鎮壓紅巾軍，致使三路北伐軍先後失利，汴梁重新落在元軍手裡。元王朝又用高官厚祿招降了張士誠。劉福通保著小明王逃到安豐（今安徽壽縣）後，受到張士誠的襲擊，西元1363年，劉福通戰死。紅巾軍經過十二年的戰鬥，最終失敗。

元末農民起義軍用的石彈 ▲

中華上下五千年

劉福通鑄「龍鳳通寶」 ▲

和尚皇帝

朱元璋像　▲

論不必渡海帖　明
朱元璋　▲

《聖政雜錄》書影　▲
這是一部記述明太祖朱元璋
事蹟的史書。

蒙古武士像　▲

在劉福通帶領紅巾軍征戰的同時，據守在濠州的郭子興領導的紅巾軍，也在日益壯大。濠州雖處在元軍的包圍中，但義軍將士們英勇不屈，眾志成城，使元軍無計可施。

一天，在凜冽的寒風中，匆匆趕來了一位衣衫襤褸的年輕和尚。城衛懷疑他是元軍的奸細，一面將他捆在拴馬樁上，一面派人去通報元帥郭子興。郭元帥聞訊趕到城門，只見繩索緊縛的和尚，相貌奇偉，氣度非凡，心裡不禁暗暗稱絕。此人便是後來的大明開國皇帝朱元璋。

朱元璋祖籍江蘇沛縣，本名朱重八。當時布衣百姓一般都不取正式名字，只用行輩或父母年齡合計數作為稱呼。

朱元璋小時候一有空就跑到皇覺寺去玩耍，這寺内的長老見他聰明伶俐，討人喜歡，便抽空教他識文認字。朱元璋天賦過人，過目不忘，天長日久，便也粗曉些古今文字了。

朱元璋十七歲那年，淮北發生旱災、蝗災和瘟疫，他的父母、長兄在不到半個月的時間裡相繼死去，鄉里人煙稀少，非常淒涼。朱元璋走投無路，只好剃髮進了皇覺寺，當了一個小行童，整天掃地上香，敲鐘擊鼓，還經常受到那些老和尚的訓斥。

為了混口飯吃，朱元璋只好忍氣吞聲。

後來，災情越來越嚴重，靠收租米度日的皇覺寺再也維持不下去了。主持只好把寺裡的和尚一個個打發出去雲遊化齋，自謀生路。進寺剛剛五十天的朱元璋也只得背上小包袱，一手拿木魚，一手托瓦缽，穿城越村，加入了雲遊僧人的隊伍。

雲遊中，朱元璋親眼目睹了混亂不堪的世事，對當時的社會有了深刻的認識，人生經驗也大大豐富，他決定廣泛交遊，等待出人頭地的時機。三年後，他回到了皇覺寺，不久，接到了已在郭子興部隊當了軍官的窮夥伴湯和的來信，邀他前去投軍。於是他連夜奔往濠州城。

朱元璋加入郭子興的起義軍後，打仗非常勇敢，無論遇到什麼樣的強敵，他總是奮不顧身，衝在前面。加上他又識得一些文字，就格外受到郭子興的器重，打仗時，總讓朱元璋伴隨左右。沒多久，他就成為軍中的重要將領。郭氏夫婦看到朱元璋人才出眾，對郭子興的事業很有幫助，就把二十一歲的養女嫁給了朱元璋。

西元1355年三月，郭子興死去，朱元璋取得了這支起義軍的領導權。他率領著這支部隊，採納老儒朱升「高築牆，廣積糧，緩稱王」（即積極擴充兵力，加固城防，發展生產，儲備糧食，不圖虛名，暫不稱王）的建議，轉戰南北，最終奪得了天下，做了皇帝。

招絲琺瑯纏枝蓮紋象首足
爐　元　　　　　　　　◀

此爐由不同時期的器物組
成，只有腹外壁的蓮花枝
葉豐滿舒展，花朵碩大，釉
色光澤亮麗，為元代器物。
此爐是研究早期琺瑯工藝的
珍貴實物。

鄱陽湖大戰

當朱元璋向南方發展勢力的時候，遇到了一個強敵名叫陳友諒。陳友諒佔據江西、湖南和湖北一帶，地廣兵多，自立為王，國號叫漢。西元1360年，他率領強大的水軍，從采石沿江東下，進攻應天府，想一下子吞併朱元璋佔領的地盤。

朱元璋趕忙召集部下商量對策。大家七嘴八舌，議論紛紛，只有新來的謀士劉基待在一旁，一聲不吭。

朱元璋猶豫不決，散會後，把劉基單獨留下來，問他有什麼主意。劉基說：「敵人遠道而來，我們以逸待勞，還怕不能取勝？您只需用一點伏兵，抓住漢軍的弱點痛擊，就可以打敗陳友諒了。」

朱元璋聽了劉基的話，非常高興。

朱元璋有個部將康茂才，跟陳友諒是老相識。朱元璋把康茂才找來，和他定下了引陳友諒上鉤的計策。

康茂才回到家裡，按照朱元璋的吩咐寫了封信，連夜叫老僕去采石求見陳友諒。陳友諒見了這封信，並不懷疑，問老僕說：「康公現在在什麼地方？」

老僕回答說：「現在他帶了一支人馬，在江東橋駐守，專等大王去。」

陳友諒連忙又問：「江東橋是什麼樣子？」

老僕說：「是座木橋。」

陳友諒在老僕走後，立刻下令全體水軍出發，由他親自帶領，直駛江東橋。沒想到到了約定地點，

常遇春像 ▲

杭州鳳山水門 ▼

竟沒見木橋，只有石橋。

一霎間，戰鼓齊鳴，朱元璋安排在岸上的伏兵一起殺出，水港裡的水軍也加入戰鬥。

陳友諒遭到突然襲擊，幾萬大軍一下子潰敗下來，被殺死的和落水淹死的不計其數。

此後，朱元璋的聲勢越來越大。陳友諒不甘心，三年之後，他造了大批戰船，帶領六十萬大軍，向洪都進攻（今江西南昌）。

朱元璋親自帶領二十萬大軍援救洪都，陳友諒這才撤去包圍，把水軍全部撤到鄱陽湖。朱元璋把鄱陽湖出口封鎖起來，決定跟陳友諒在湖裡決戰。

劉基像　▲

陳友諒的水軍有大批戰船，又高又大；朱元璋的水軍，卻盡是一些小船，實力比陳友諒差得多。雙方打了三天的仗，朱軍失敗了。

朱元璋採納了部將的建議，採用火攻。他命令用七條小船，裝載著火藥，每條船尾帶著一條輕快的小船。傍晚時分，空中颳起了東北風，朱元璋派了一支敢死隊駕駛這七條小船，乘風點火，直衝陳友諒大船。風急火烈，一下子就把漢軍大船全部燒起來。陳友諒在突圍的時候，被朱軍的亂箭射死。

第二年，朱元璋又消滅了張士誠的割據勢力。接著，朱元璋任命徐達為征虜大將軍，常遇春為副將軍，率領二十五萬大軍北伐。兩個月後，徐達的軍隊佔領了山東。

西元1368年正月，朱元璋在應天即位稱帝，國號叫明，他就是明太祖。

這一年八月，明軍攻下大都，元順帝逃往上都。統治中國九十七年的元王朝終於被推翻了。

胡惟庸之案

明太祖即位後，總不放心那些幫助他開國的功臣。他設立了「錦衣衛」的特務機構，監視大臣的活動，發現誰有什麼嫌疑，就被打進牢獄甚至殺頭。

西元1380年，有人告發丞相胡惟庸叛國謀反，明太祖立刻把胡惟庸滿門抄斬，還下令查他的同黨。竟株連文武官員一萬五千多人。把那些有胡黨嫌疑的人全殺了。

學士宋濂，在明朝開國初期受過明太祖重用，後來又當過太子的老師。宋濂為人謹慎小心，但是明太祖對他也不放心。有一次，宋濂在家裡請了幾個朋友喝酒，第二天上朝，明太祖問他昨天喝酒的事，宋濂一一照實回答。明太祖笑著說：「你沒欺騙我。」原來，宋濂家那天請客的時候，明太祖早已偷偷派人去監視。後來明太祖稱讚宋濂說：「宋濂跟隨我十九年，從沒說過一句謊言，也沒說過別人一句壞話，真是個賢人啊！」宋濂六十八歲時告老還鄉，明太祖還送他一塊錦緞，說：「留著它，三十二年後，做件百歲衣吧！」

胡惟庸案件發生後，宋濂的孫子宋慎被揭發是胡黨，宋濂也受到株連。明太祖派錦衣衛把宋濂從金華老家抓到京城，要處死他。

馬皇后知道這件事後，勸明太祖說：「老百姓家孩子請個老師，尚且恭恭敬敬，何況是皇帝家的老師

宋濂像

制誥之寶　明

這是皇帝頒佈詔書所用之印。

宋濂草書

宋濂還是一名傑出的書法家，他的字行筆流暢、氣勢不凡，自成一派。

明太祖之妻馬皇后像 ◀

馬后自幼聰明賢慧，心地仁
慈，性格堅強，是朱元璋的
得力助手。馬后一生保持儉
樸之風，待人寬厚，且常諫
於太祖。洪武十五年病逝，
太祖心痛不已，未再立后。

明太祖朱元璋坐像 ▲
明 宮廷畫家所繪

呢。再說，宋先生在鄉下居住，他怎麼會知道
孫子的事呢？」

　　明太祖正在氣頭上，不肯饒恕宋濂。當天，馬皇后
陪明太祖吃飯，她呆呆地坐在桌邊，不喝酒，也不吃
肉。明太祖感到奇怪，問她是不是身體不舒服。馬皇后
難過地說：「宋先生就要死了，我心裡難受，在為宋先
生祈福呢。」

　　馬皇后和太祖是患難夫妻，明太祖平時對她也較尊
重，聽她這一說，也有點感動，下令赦免宋濂死罪，改
成充軍茂州（今四川茂縣）。七十多歲的宋濂，沒到茂
州就死去了。

　　過了十年，又有人告發李善長明知胡惟庸謀反不檢
舉揭發，犯了大逆不道的罪。李善長是第一號開國功
臣，又是明太祖的親家，明太祖大封功臣的時候，曾經
賜給李善長兩道免死鐵券。可是明太祖一翻臉，把已經
七十七歲的李善長和他的全家七十幾口全部處死。接
著，再一次追查胡黨，又處死了一萬五千多人。

　　事情並沒到此結束。

　　過了三年，錦衣衛又告發大將藍玉謀反。明太祖殺
了藍玉，追查同謀，又殺了文武官員一萬五千多人。

　　這兩件大案下來，幾乎把朝廷功臣殺個精光，明太
祖的專制和殘暴在歷史上也就出了名。

錦衣衛木印 ▼

燕王進南京

明成祖像 明
宮廷畫家繪 ▲

招絲琺瑯纏枝花卉紋 ▼
鵝形匙 明

明太祖殺了一些權位很高的大臣，把他的二十四個兒子分封到各地為王。明太祖認為這樣做，可以鞏固他建立的明王朝的統治，卻不料後來引起了一場大亂。

明太祖六十多歲的時候，太子朱標死了，朱標的兒子朱允文被立為皇太孫。各地的藩王大都是朱允文的叔父，眼看皇位的繼承權落到侄兒的手裡，心裡不服氣。特別是明太祖的第四個兒子——燕王朱棣，他多次立過戰功，對朱允文更瞧不起了。

朱允文的東宮裡，有個官員叫黃子澄，是朱允文的伴讀老師。有一次，黃子澄見朱允文一個人坐在東角門口，心事重重，便問太孫為什麼發愁。朱允文說：「現在幾個叔父手裡都有兵權，將來如何管得了他們。」

黃子澄跟朱允文講了一個西漢平定七國之亂的故事，來安慰他。朱允文聽後，心總算放寬了一點。

西元1398年，明太祖死了，皇太孫朱允文繼承皇位，這就是明惠帝，歷史上又叫建文帝（建文是年號）。當時京城裡就聽到謠傳，說幾位藩王正在互相串通，準備謀反。建文帝聽了這個消息害怕起來，忙讓黃子澄想辦法。

黃子澄找建文帝另一個親信大臣齊泰一起商量。齊

故宮全景圖 ▶

泰認為諸王之中，燕王兵力最強，野心最大，應該首先把燕王的權力削除掉。黃子澄不贊成這個做法，他認為燕王已有準備，先從他下手，容易引發突變。於是，兩人商量好先向燕王周圍的藩王下手。

建文帝便依計而行。

燕王早就暗中練兵，準備謀反。為了麻痺建文帝，他假裝得了精神病，成天胡言亂語。齊泰、黃子澄不相信燕王有病，他們一面派人到北平把燕王的家屬抓起來，一面又秘密命令北平都指揮使張信去捕燕王，還約定燕王府的一些官員做內應。不料張信是站在燕王一邊的，反而向燕王告了密。

燕王是個精明人，知道建文帝畢竟是法定的皇帝，公開反叛，對自己不利，就說要幫助建文帝除掉奸臣黃子澄、齊泰，起兵反叛。歷史上把這場內戰叫做「靖難之變」（靖難是平定內亂的意思）。

這場戰亂，差不多打了三年。到了西元1402年，燕軍在淮北遇到朝廷派出的南軍的抵抗，戰鬥進行得十分激烈。有些燕軍將領主張暫時撤兵，燕王卻堅持打到底。不久，燕軍截斷南軍運糧的通道，發起突然襲擊，南軍一下子垮了。燕軍勢如破竹，進兵到應天城下。

過了幾天，守衛京城的大將李景隆打開城門投降。燕王帶兵進城，只見皇宮火光沖天。燕王派兵把大火撲滅時，已經燒死了不少人。他查問建文帝的下落，有人報告說，燕兵進城之前，建文帝下令放火燒宮，建文帝和皇后都跳到大火裡自焚了。

隨後，燕王朱棣即了位，這就是明成祖。西元1421年，明成祖遷都北京。從那時起，北京一直是明朝的京城。

故宮太和殿 ▲

太和殿是故宮內最大的建築，也是我國現存古殿宇建築中規模最大的。殿高37.44公尺，建築面積達到2377平方公尺。它是皇權的象徵，國家重大事件如登極、大婚、命將出師等，都要在這裡舉行隆重的典禮。

黃子澄像 ▲

明孝陵 ▲

明朝開國皇帝朱元璋陵墓，位於紫金山南麓，是我國最大的帝王陵墓之一。

鄭和下西洋

鄭和像　▲

　　明成祖奪得皇位後，有一件事總使他心裡不安穩，那就是皇宮大火撲滅之後，沒有找到建文帝的屍體。為了把這件事查個水落石出，他派出心腹大臣，去各地秘訪建文帝的下落，但是這件事不好公開宣佈，就藉口說是求神問仙。

　　後來，明成祖又想，建文帝會不會跑到海外去呢？於是，他就決定派一支隊伍，出使國外。他想到跟隨他多年的宦官鄭和，是最合適的人選。

　　鄭和，本姓馬，小名叫三保，出生在雲南的一個回族家庭裡。鄭和小時候就從父親那裡聽說過外國的一些情況。後來，他進宮裡當了太監。明成祖見他聰明能幹，很信任他，還給他起了鄭和這個名字。

　　西元1405年6月，明成祖正式派鄭和為使者，帶一支船隊出使「西洋」。那時候，人們叫的「西洋」，指的

鄭和下西洋海船復原圖 ▶

鄭和船隊最大的海船長44丈4尺，寬18丈，立九桅，掛十二帆，是當時世界上最大的木帆船。短寬型船體的設計，體現了先進的造船技術，行駛起來平穩安全。船隊航行中兼用天文與水羅盤導航。

是中國南海以西的海和沿海各地。鄭和帶的船隊，一共有二萬七千八百多人，除了兵士和水手外，還有技術人員、翻譯、醫生等。他們駕駛六十二艘大船，從蘇州劉家河（今江蘇太倉瀏河）出發，經過福建沿海，浩浩蕩蕩，揚帆南下。

印度尼西亞爪哇島 三保廟 ▲

鄭和第一次出海，到了占城（在今越南南方）、爪哇、舊港（在今印度尼西亞蘇門答臘島東南岸）、蘇門答臘、滿刺加、古里、錫蘭等國家。他每到一個國家，先把明成祖的信遞交國王，並且把帶去的禮物送給他們。許多國家見鄭和帶了那麼大的船隊，而且態度友好，都熱情地接待他。

鄭和這一次出使，一直到第三年九月才回來。西洋各國國王見鄭和回國，也都派了使者帶著禮物跟著他一起回訪。各國的使者見了明成祖，送上大批珍貴的禮物。明成祖見鄭和把出使的任務完成得很出色，高興得合不攏嘴。

後來，明成祖覺得沒有必要再去尋找建文帝了，但是出使海外的事，既能提高中國的威望，又能促進與各國的貿易往來，有很多好處。所以從那以後，明成祖一次又一次派鄭和帶領船隊下西洋。從西元1405年到1433年的將近三十年裡，鄭和出海七次，先後一共到過印度洋沿岸三十多個國家。

鄭和第六次出使回國的同一年，明成祖得病死了。當他第七次出使回來後，大臣們認為鄭和出使花費太大，便把出外航行的事業停了下來。

鄭和石碑 ▲

鄭和第五次下西洋中，在泉州吳山伊斯蘭聖墓行香祈求航海平安時刻立。

銅鐘 明 ▲

明宣德六年（西元1431年），鄭和第七次遠航西洋時在福建鑄造了這口銅鐘。此鐘通高83公分、口徑49公分。

土木之變

明成祖從他侄兒手裡奪得皇位，怕大臣不服他的管制，便特別信任身邊的宦官。這樣一來，宦官的權力就漸漸大起來。到了明宣宗的時候，連皇帝批閱奏章，也交給宦官代筆，宦官的權力更大了。

有一年，皇宮要招收一批太監。蔚州（今河北蔚縣，蔚音 ㄩˋ）地方的一個二流子，名叫王振，年輕的時候讀過一點書，參加幾次科舉考試都名落孫山，便在縣裡當了教官。後來因為犯罪該判充軍，聽說皇宮招太監，就自願進了宮，從而充了罪罰。宮裡識字的太監不多，王振粗通文字，所以大家都叫他王先生。後來，明宣宗派他教太子朱祁鎮讀書。朱祁鎮年幼貪玩，王振就想出各種各樣法子讓他玩得高興。

明宣宗一死，剛滿九歲的太子朱祁鎮繼承皇位，這就是明英宗。王振當上了司禮監，幫助明英宗批閱奏章。明英宗年少好玩，根本不問國事，王振趁機掌握了朝廷軍政大權。朝廷大員誰敢頂撞王振，不是被撤職，就是被充軍發配。一些王公貴戚都討王振的好，稱呼他「翁父」。王振的權力可以說是頂了天了。

這個時候，我國北方的蒙古族瓦剌（音 ㄌㄚˋ）部已經強大起來。西元1449年，瓦剌首領也先派三千名使者到北京進貢馬匹，要求賞金。王振發現也先謊報人數，而且還將進貢的馬匹減少了，於是就削減了賞金。也先又為他的兒子向明朝求婚，也被王振拒絕。這一來，也

明英宗像　　▲

先被激怒了，他率領瓦剌騎
兵進攻大同。守大同的明將出
兵抵抗，被瓦剌軍打得潰不成軍。

　　邊境的官員向朝廷告急，明英宗召集大臣商量對
策。大同離王振家鄉蔚州不遠，王振在蔚州有大批田
產，他怕家產受損失，竭力主張英宗帶兵親征。兵部尚
書（兵部尚書和侍郎是軍事部門的正副長官）鄺埜（音
ㄧㄝˇ，同野）和侍郎于謙認為朝廷準備不夠充分，不能
親征。明英宗是個沒主見的人，王振怎麼說，他就怎麼
聽，不管大臣勸諫，就冒冒失失決定親征。

　　明英宗叫他弟弟郕（音ㄔㄥˊ）王朱祁鈺（音ㄩˋ）和
于謙留守北京，自己跟王振、鄺埜等官員一百多
人，帶領五十萬大軍從北京出發，浩浩蕩蕩向大同
開去。

　　過了幾天，明軍的前鋒在大同城
邊被瓦剌軍打得全軍覆沒，各路明軍
也紛紛潰退下來。明軍退到土木堡（在今河北懷來
東）時，太陽剛剛下山，有人勸英宗趁天沒黑，再
趕一陣，進了懷來城（今河北懷來）再休息，即使
瓦剌軍來了，也可以堅守。可是王振卻想著落在後
面裝運他家財產的幾千輛車子，硬要大軍在土木
堡停下來。土木堡名稱叫做堡，其實沒有什麼城
堡可守。不久，明軍就遭到了瓦剌軍兵的伏擊。明
軍毫無鬥志，丟盔棄甲，狂奔亂逃。瓦剌軍緊緊追
趕，被殺和被亂兵踩死的明軍，不計其數，鄺埜在
混亂中被殺死，禍國殃民的奸賊王振也被禁軍將領樊
忠一鐵錘砸死。明英宗作了俘虜。歷史上把這次事件稱
作「土木之變」。

　　經過這一場戰鬥，不僅五十萬明軍損失了一半多，
明王朝大傷元氣，而且北京也受到瓦剌軍的威脅。

明將官冑甲穿戴圖 ▲

明朝的新式鎧甲主要有鎖子
甲和布面甲兩種。鎖子甲是
用小鐵環編成，布面甲由棉
布和甲片製成。這兩種鎧甲
都非常輕便，並能有效地抵
禦火銃的攻擊。

于謙守京城

　　英宗帝被俘的消息傳到北京後，滿朝文武大臣亂作一團，沒有一個人能拿出好主意。翰林侍講官徐主張走為上策，向南撤退。此時，朝中你一言，我一語，吵吵嚷嚷，毫無結果。正在關鍵時刻，兵部侍郎于謙挺身而出，他說：「京都是國家的根本，如果朝廷一撤出，大勢就完了，大家難道忘了南宋的教訓嗎？」

　　于謙的主張得到許多大臣的贊同。皇太后和朱祁鈺眼看在這關鍵時刻，能站出一位力挽狂瀾的忠臣，當然滿心歡喜，立即委以于謙兵部尚書的重任，讓他負責指揮軍民守城。

　　這個時候，由於朝中觀點不同，事實上已分成主戰和主和兩派，加上英宗不能回朝主政，長此下去不是辦法。于謙等人為了拯救國家存亡，向皇太后提出請求，立郕王朱祁鈺為皇帝。太后再三考慮後，表示贊成。九月，朱祁鈺即位，號代宗皇帝，改年號為景泰，尊英宗為「太上皇」。

　　景泰元年九月，代宗即位不久，瓦剌軍進逼宣府城下。于謙面對敵我兵力懸殊的態勢，一面抓防衛，一面抓備戰，大力徵募新兵，調運糧草，趕製兵器，不到一

于謙像　▲

于謙《題公中塔圖贊》　▶

明短袖鎖子甲
復原圖 ▲

鎖子甲是明中晚期出現的一種新式鎧甲，它用直徑1
公分的小環編連，不再像元朝鎧甲那樣綴上鐵片。因
其輕便靈活，軍人行動更為自如，鎖子甲可以直接罩
在戎服外，遮蓋面大，保護力強。

箭樓 ▲

天安門廣場南端的箭樓，建
於明正統四年（西元1439
年）。開箭窗八十二個，有
門通向城台。

個月，就徵集了二十萬人馬，做好一切迎敵的準備。

十月，也先挾持著被俘的皇帝朱祁鎮攻破紫荊關，
兵逼北京城。于謙主張先打掉也先的囂張氣焰，鼓舞士
氣。他調集了二十二萬軍隊，作好迎戰準備，並作了周
密佈置：都督王通、副都御史楊善率部守城，其餘將士
分別駐紮在九個城門外，列陣待敵。

明軍副總兵高禮首先在彰義門外告捷，殲敵數百，
奪回民眾千人。狡猾的也先，眼看明軍有于謙等將領指
揮，硬攻不能取勝，便變換手法，以送還朱祁鎮為名，
準備誘殺于謙等人，但被于謙識破了。

也先見此計不成，便採取強攻。于謙不在正面與敵
人拼殺，他派騎兵佯攻，把敵軍引入伏擊圈內，便用埋
伏好的火炮轟擊，瓦剌軍傷亡慘重，也先的弟弟勃羅也
在炮火中喪生。

瓦剌軍圍攻京都，屢遭挫敗，進攻居庸關又遭守將
羅通的抵抗。也先怕歸路被明軍切斷，忙帶著朱祁鎮向
良鄉（北京房山縣東）後撤。明軍乘勝追擊，大獲全
勝。也先帶著殘兵敗將逃回塞外。

北京之戰，瓦剌軍受到重挫，引起內部不和。也先
見留著朱祁鎮也沒有多大作用，就把他送回了京都。從
此，瓦剌軍再也不敢進犯明朝了。

青花魚藻紋碗 明 ▲

明武宗朱厚照像 ▲

楊一清除內患

　　土木之變以後，明王朝開始走向衰落。明英宗以後的幾代皇帝，都是昏庸腐敗的傢伙。

　　西元1505年，明武宗朱厚照即位。他身旁有八個宦官，經常陪伴他騎馬、打獵，為首的叫劉瑾。明武宗貪圖玩樂，劉瑾就迎合他的心意，得到武宗的寵信。這八個宦官依仗皇帝的勢，在外面無惡不作。人們把他們合稱為「八虎」。

　　西元1510年，安化王朱寘鐇（音 ㄓ ㄈㄢˊ）以反對劉瑾為名，發兵反叛。明武宗派楊一清指揮寧夏、延綏一帶的軍士，起兵討伐朱寘鐇，又派宦官張永做監軍。

　　楊一清本是陝西一帶的軍事統帥，因為他為人正直，不與劉瑾同流合污，被劉瑾誣陷迫害，後來經大臣們在皇上面前說情，才被釋放回鄉。這回明武宗為了平定藩王叛亂，才又重新任用他。

　　楊一清到寧夏時，叛亂已經被楊一清原來的部將平定，楊一清、張永把俘獲的朱寘鐇押解去北京。楊一清

楊一清像 ▲

圖為文一品官補服圖及
烏紗帽 ▲

官吏常服　明 ◀

明代官吏常服，多戴紗帽、幞頭、身穿盤領窄袖大袍。所謂「盤領」，即一種加有圓形沿口的高領。這種袍服是明代男子的主要服式，不僅臣宦可用，士庶也可穿著，只是顏色有所區別。平民百姓所穿的盤領衣必須避開玄色、紫色、綠色、柳黃、薑黃及明黃等顏色。

早就有心把劉瑾除掉，他打聽到張永原是「八虎」之一，劉瑾得勢以後，張永和劉瑾產生分歧，就決心拉攏張永。

紫禁城太和殿　　▲

回京的路上，楊一清找張永密談，說：「這次靠您的力量，平定了叛亂，這是值得高興的事。但是剷除一個藩王容易，要解決內患可就難了。」

張永不解地說：「您說的內患是什麼？」

楊一清靠近張永，用右手指在左掌心裡寫了一個「瑾」字。

張永看後，皺起眉頭說：「這個人每天在皇上身邊，耳目眾多，要剷除他可不容易啊！」

楊一清說：「您也是皇上親信。這次勝利回京，皇上一定會召見您。趁這個機會您把朱宸濠謀反的起因向皇上奏明，皇上一定會把劉瑾殺了。如果大事成功，您就能名揚後世啦！」

張永猶豫了一下，說：「萬一失敗，怎麼辦？」

楊一清說：「如果皇上不信，您可以痛哭流涕，表明忠心，大事可成。不過這件事一定要快動手，晚了怕洩漏機密。」

張永一到北京就按楊一清的計策，當夜在武宗面前揭發劉瑾謀反。明武宗命令張永帶領禁軍把劉瑾捉拿起來。劉瑾毫無防備，正躺在家裡睡覺，禁軍把他逮住後，打進大牢。

明武宗派禁軍抄了劉瑾的家，抄出黃金二十四萬錠，銀元寶五百萬錠，珠玉寶器不計其數；還抄出了龍袍玉帶，盔甲武器。明武宗龍顏大怒，立即下令處死了劉瑾。

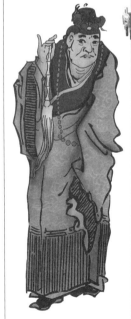

劉瑾像　　▲

楊繼盛冒死劾嚴嵩

楊繼盛像　　　　　　▲

　　明武宗死後，朱厚熜（音 ㄘㄨㄥ）即位，這就是明世宗。明世宗剛即位的時候，在政治上採取了一些改良措施。但是到了後來，他迷信上了道教，在宮內設壇求仙，漸漸對朝政也不大關心了。大學士嚴嵩（音 ㄙㄨㄥ），因為善於起草祭神的文書，迎合世宗的道教信仰，逐步取得了內閣首輔（相當於宰相）的地位。

　　嚴嵩並沒有什麼才能，他只知道拍馬奉承，討得世宗的歡心。他當上首輔後，和他的兒子嚴世蕃一起，結黨營私，貪贓枉法，為非作歹。

　　這時候，北面韃靼部（蒙古族的一支）統一了蒙古各部，逐漸強大起來，成為明朝很大的威脅。嚴嵩不但不加強戰備，反而貪污軍餉，韃靼首領俺答好幾次打進內地，明軍都沒有力量抵抗。西元1550年，俺答帶兵長驅直入，一直打到北京城郊，擄掠了大批人口、牲畜、財物，滿載而歸。過了一年，嚴嵩的同黨、大將軍仇鸞又勾結俺答，準備議和。這件事引起了一些正直大臣的憤慨，特別是兵部員外郎楊繼盛，更是義憤填膺。

織錦一品文官仙鶴補子　▲

織錦都御史獬豸補子　　▲

刺繡二品武官補子　　　▲

楊繼盛，保定容城人。他七歲的時候，就失去了母親。他的父親見他有志氣，就讓他一面放牛，一面讀書，果然進步很快。後來他參加科舉考試，中了進士，在京城裡受到不少大臣的賞識。

楊繼盛眾人正直，看不下嚴嵩、仇鸞一夥喪權辱國的行為，就向明世宗上奏章，反對議和，希望朝廷發憤圖強，訓練士兵，抵抗韃靼。明世宗看了奏章，也有點動心，但是禁不起仇鸞一夥攛掇，反而把楊繼盛降了職。

楊繼盛被貶謫後不久，明朝和韃靼便議和了，但是沒多長時間，俺答就破壞和議，進攻明朝邊境。仇鸞密謀暴露，嚇得發病死了。到了這時，明世宗才想到楊繼盛的意見是對的，便把他調回京城。嚴嵩還想拉攏楊繼盛，哪知道楊繼盛對嚴嵩深惡痛絕，他回到京城剛一個月，就給明世宗上奏章彈劾（音 ㄏㄜˊ）嚴嵩，揭發嚴嵩十大罪狀，條條都有真憑實據。

這道奏章擊中嚴嵩的要害，嚴嵩氣急敗壞，在明世宗面前反咬一口，誣陷楊繼盛。明世宗大怒，把楊繼盛關進大牢。後來嚴嵩攛掇明世宗把楊繼盛殺害了。

嚴嵩掌權期間，作惡多端，引起正直大臣們的強烈不滿。御史鄒應龍經過周密考慮，決定先從彈劾嚴世蕃下手。嚴世蕃依仗他父親權勢，做盡壞事。明世宗看了鄒應龍彈劾嚴世蕃的奏章後，果然下令把嚴世蕃辦罪，充軍到雷州，並勒令嚴嵩退休。

嚴世蕃和他的同黨還沒到雷州，就偷偷溜回老家，收容了一批江洋大盜，還勾結倭寇，準備逃到日本去。這件事又被另一個御史林潤揭發。

昏庸的明世宗看了這份奏章，也大為震驚，立即下令把嚴世蕃和他的同黨處死，把嚴嵩革職為民。明朝最大的奸臣到此便徹底倒台了。

明世宗朱厚熜像　▲

嚴嵩像　▲

海瑞罷官

海瑞像 ▲

玄谷帝君道寶 明 ▲

明朝皇宮內有很多與道教有
關的印璽，反映了明朝皇帝
對道教的信寵。

嚴嵩掌權時，不僅他的自家親戚，就連他手下的
同黨，也都是依仗權勢作威作福之輩。上至朝廷大
臣，下至地方官吏，誰敢不讓著他們幾分！

可是在浙江淳安縣裡，有一個小小的縣官，卻能
夠秉公辦事，對嚴嵩的同黨也不講情面。他的名字叫
海瑞。

海瑞是廣東瓊山人。他從小失去父親，靠母親撫養
長大，生活十分貧苦。他二十多歲中了舉人後，被調到
浙江淳安做知縣。海瑞到了淳安，認真審理過去留下來
的積案，不管什麼疑難案件，到了海瑞手裡，都一件件
調查得水落石出，從不冤枉一個好人。當地百姓都稱他
是「海青天」。

海瑞的頂頭上司浙江總督胡宗憲，是嚴嵩的同黨，
他到處敲詐勒索，誰敢不順他的心，他就讓誰倒楣。

有一次，京裡派御史鄢懋卿（鄢音 ㄢ，懋音 ㄇㄠˋ）
到派江視察。鄢懋卿是嚴嵩的乾兒子，敲詐勒索的手段
更陰險。他每到一個地方，地方官吏要是不「孝敬」他
一筆大錢，他是絕不會放過的。各地官吏聽到鄢懋卿要
來視察的消息，都一籌莫展。可是鄢懋卿卻裝出一副奉
公守法的樣子，他通知各地，說他向來喜歡簡單樸素，
不愛奉迎。

海瑞聽說鄢懋卿要到淳安來，就給鄢懋卿送了一封
信，信裡說：「我們接到通知，要我們招待從簡。可是
據我們得知，您每到一個地方都是花天酒地，大擺筵
席。這就叫我們不好辦啦！要按通知辦事，怕怠慢了

您；要是像別地方一樣大肆鋪張，又怕違背您的意思。請問該怎麼辦才好？」

鄢懋卿看到這封揭他老底的信，氣得咬牙切齒。但是他早聽說海瑞是個鐵面無私的硬漢，心裡有點害怕，就臨時改變主意，繞過淳安，到別處去了。

經過這件事，鄢懋卿對海瑞懷恨在心。後來，他在明世宗面前狠狠告了海瑞一狀，海瑞被撤了淳安知縣的職務。

明水陸畫中的道士形象 ▲

海瑞《奉別帖》墨跡 ▲

嚴嵩倒台後，鄢懋卿也被充軍到外地，海瑞恢復了官職，後來又被調到京城做官。

那時候，明世宗已經有二十多年沒有上朝了，他整天躲在宮裡跟一些道士們鬼混，一些朝臣誰也不敢說話。海瑞雖然官職不大，卻大膽寫一道奏章向明世宗勸諫。他把明王朝的昏庸腐敗現象痛痛快快地揭露出來。

海瑞這道奏章在朝廷引起了一場轟動，更觸怒了明世宗。明世宗看了奏章後，又氣又恨，下令把海瑞抓了起來，交給錦衣衛嚴刑拷打。直到明世宗死了，海瑞才被釋放。

金蓋托白玉碗　明　▶

青花雲鶴八仙圖葫蘆瓶 ▲
明

世宗尊崇道教，迷戀丹術，用以盛裝仙丹的葫蘆瓶風行一時。此件葫蘆瓶四面繪有八仙圖，正是嘉靖皇帝祈求長生的寫照。

戚繼光抗倭

戚繼光像 ▲

　　明世宗在位期間，有一夥日本的海盜經常到我國東南沿海一帶騷擾。他們和中國的土豪、奸商勾結起來，到處搶掠財物，殺害百姓，鬧得沿海一帶不得安寧。歷史上把這類海盜叫做「倭寇」。

　　後來，朝廷派熟悉沿海防務的老將俞大猷（音 ㄧㄡˊ）去平亂。俞大猷一到浙江，就打了幾個勝仗。可是不久，浙江總督張經被嚴嵩的同黨趙文華陷害，俞大猷也被牽連坐了牢。沿海的防務沒人指揮，倭寇又猖獗起來。朝廷把山東的將領戚繼光調到浙江，這個局面才得到扭轉。

　　戚繼光，字元敬，山東蓬萊人。戚繼光的六世祖戚詳原是朱元璋部將，東征西討近三十年，最後在雲南戰死。明太祖追念戚詳的功績，授他的兒子戚斌為明威將軍，世襲登州衛（今山東蓬萊）指揮僉事。

　　西元1544年，戚景通病死，十七歲的戚繼光承襲了登州衛指揮僉事，從此開始了他的軍職生涯。兩年後，戚繼光分工管理屯田事務。這時，衛所的軍丁大多逃亡，屯田遭到破壞，海防受到很大影響。戚繼光了解了這些情形，進行清理整頓，很快收到成效。

　　戚繼光調到浙江抗倭前線後，發現軍隊缺乏訓練，臨陣畏縮，根本不能打仗。於是提出創立兵營、選兵、練兵等具體辦法。一年後，倭寇進犯舟山，他奉命進剿，大獲全勝。

　　戚繼光在上級官員的支持下，到義烏招募了四千名年輕力壯的農民和壯士。接著，他對招募的士兵進行嚴格訓練，效法岳家軍，終於建立起一支戰鬥力極強的勁

戚繼光所著《練兵實紀》▲

旅「戚家軍」。

　　西元1561年四月，倭寇聚集了一萬多人，駕數百艘戰船，又一次大舉侵擾浙東的台州和溫州，騷擾了大片地區，聲勢震動了整個東南。戚家軍迅速出擊，先在龍山和雁門嶺打敗倭寇，接著馳援台州，在台州外上風嶺設伏。戚家軍士兵每人執松枝一束，隱蔽住身體，使倭寇以為是叢林，等倭寇過去一半，立刻發起進攻。士兵一躍而起，居高臨下，猛烈衝鋒，全殲了這股倭寇。台州的戰鬥歷時一個多月，共斬殺倭寇一千四百多人，燒死溺死四千多人。戚繼光因功升為都指揮使。

　　這時，福建沿海倭患嚴重，福建巡撫向朝廷一再告急。戚繼光奉命到福建抗倭，僅僅三個月，就蕩平了橫嶼、牛田、林墩三個倭寇巢穴。戚繼光升任都督同知、總兵官，鎮守福建全省及浙江金華、溫州二府。

　　不久，倭寇又聚集了二萬多人，陸續在福建泉州、漳州、興化等地登陸。戚家軍分成數支，和倭寇展開激戰，在一個月內就打了十二次勝仗，殺死倭寇三千多人。西元1563年十一月，二萬多倭寇圍攻仙遊。仙遊軍民晝夜在城上死守，情勢十分危急。戚繼光調各路明軍，切斷仙遊倭寇與福建其他各處倭寇的聯繫，對圍攻仙遊的倭寇發起總攻，一舉把這批倭寇消滅了。仙遊大捷是以戚家軍為主力的明軍繼平海衛之戰後的又一重大勝利，共殲滅倭寇兩千多人。

　　接著，戚繼光又在同安、漳浦兩地指揮戚家軍大敗倭寇，使福建境內倭患平定下來。西元1565年以後，廣東總兵俞大猷官復原職，戚繼光任職副總兵配合抗擊倭寇。經過戚繼光、俞大猷等抗倭將領的共同努力，以及沿海軍民的浴血奮戰，到1566年時，橫行幾十年的倭患，終於得到基本解決。

戚家祠堂，位於今山東煙台。　▲

李時珍論藥

李時珍像　▲

青玉蟠耳杯　明　▲

本草綱目　書影　▼

　　明世宗在位期間，貪圖享樂，但又擔心有死掉的那一天，享樂的日子就此結束。於是，他便挖空心思想得到長生不老的藥劑。他下令讓各地官吏推薦名醫。正在楚王府裡做醫生的李時珍，便被推薦到朝廷做太醫。

　　李時珍，字東璧，湖北蘄州（今湖北蘄春縣）人，世代行醫。他的祖父是懸壺濟世的郎中，留下不少民間秘方（含偏方單方），他的父親李言聞，對醫學也很有研究。

　　李時珍自幼聰慧，讀了不少《四書》、《五經》之類的文章，十四歲時中秀才。在十七歲後，參加武昌府試，屢試不中。父親還是要他繼續努力，但他早已無心求取功名了。從此，李時珍跟隨父親左右抄寫藥方或上山採草藥。

　　西元1545年，蘄州一帶洪水泛濫成災，災後瘟疫流行，人民貧困，無錢求醫。李時珍有志學醫，又體恤民眾疾苦，藉此機遇臨床實踐，治好了許多病人。由於勤奮鑽研，三十七歲的李時珍已成為荊楚一帶的名醫，「千里求藥於門」者，絡繹不絕。

　　有一次，楚王的兒子，得了一種抽風的病，久

中華上下五千年

御藥房金罐　▶

明朝皇帝患病時煎服藥有嚴格的制度規定，經御醫診治後，計藥開方，用金罐煎煮。

治不癒。楚王慕名派人請李時珍為他兒子診病。李時珍看了病人的氣色，又按了按脈，知道這孩子的病是由腸胃引起的。他開了調理腸胃的藥方，楚王的兒子吃過藥後，病就全好了。楚王非常高興，挽留他在府中任「奉祠正」兼楚王私人醫生，李時珍同意了。他知道楚王一向與郝、顧兩個富紳交往密切，而這兩家藏書很多，藉此機會可以弄到《神農百草經》、《徵類本草》等歷代藥典研究，既可以豐富自己的醫學知識，又可以為今後撰著《本草綱目》打下基礎。

不久，明世宗下令讓全國名醫集中太醫院，楚王只好遵旨推薦李時珍赴京都太醫院任職。李時珍也藉此機會，與名醫切磋交流醫術，同時，閱讀了許多民間看不到的善本醫學經籍。在此期間，他幾次提議編撰《本草》一書，但都被拒絕。李時珍只在太醫院待了一年，就告病歸鄉了。

回鄉後，他邊行醫，邊查閱前賢著述、藥典、典故、傳奇等。此外他踏遍青山，嘗盡百草，足跡遍及河南、河北、江西、安徽、江蘇等省，又攀登了天柱峰、茅山、武當山，採集標本，求教於藥農、果農，亦冒險品嘗了仙果（榔梅），熟食鼓子花（旋花）。

李時珍花了將進三十年的時間，寫成了著名的醫藥著作《本草綱目》一書。在這本書裡，一共記錄了一千八百九十二種藥，收集了一萬多個藥方，詳盡地講述了各種藥材的產地、形態、栽培、採集等，還說明了炮製方法，分析性能和功用，是一本不可多得的醫藥經典。

金鏟、銀鍋　明　▲

傳統中藥大多以草本植物研製。這些製藥工具是一家杭州老藥店所用的。

黑漆描金龍藥櫃　▲
明萬曆　◀

盛藥用具，黑漆地，正面及兩側飾描金雙龍紋，背面及櫃裡飾描金花蝶紋。其雙開門內有八方旋轉式藥屜80個，每屜盛藥一種；兩側各有長屜10個，每屜分3格放藥。每個藥屜上用金泥為藥鑑，墨書藥名，全櫃能放藥140種，櫃下有大屜3個，以供放置取藥工具及方劑之用。櫃子的背後有金泥書寫的「大明萬曆年製」款，為宮款御藥房所用。

張居正改革賦稅

張居正像 ▲

金束髮冠碧玉簪 明 ▲

紫砂桃形杯 明 ▲▶

紫砂器是江蘇宜興的特產。用紫砂壺泡茶不失原味，不易變質，內壁無異味，能耐溫度急劇變化，烹煮、沖泡沸水皆不會炸裂，傳熱慢而不燙手，受到當時達官貴人、文人雅士的歡迎。

明世宗千方百計尋找長生不老的藥方，不但沒有得到，反而誤服了有毒的「金丹」，命喪九泉。明世宗死後，他的兒子朱載垕（音ㄏㄡˋ）即位，這就是明穆宗。

明穆宗在位期間，大學士張居正才華出眾，得到穆宗的信任。西元1572年，穆宗死去，太子朱翊鈞繼承皇位，這就是明神宗。張居正等三個大臣奉穆宗遺命輔政。

明神宗即位後，張居正成了首輔。他根據穆宗的囑託，像老師教學生一樣，輔導年僅十歲的明神宗。他自編了一本圖文並茂的歷史故事書，叫做《帝鑑圖說》，每天講給神宗聽。

神宗把張居正當作嚴師看待，既尊敬，又懼怕。再加上太后和宦官馮保支持張居正，朝中大事幾乎全部由他作主。

那個時候，沿海的倭寇已經肅清了，但北方的韃靼族還不時入侵內地，對明王朝構成威脅。張居正把抗倭名將戚繼光調到北方去鎮守薊州（在今河北北部），戚繼光從山海關到居庸關的長城上修築了三千多座堡壘，以防韃靼的進攻。戚家軍號令嚴明，武器精良，多次打敗韃靼的進攻。韃靼首領俺答見使用武力不行，便表示願意和好，要求通商。張居正奏明朝廷，封俺答為順義

王。以後的二三十年中，明朝和韃靼之間就沒有發生戰爭，北方各族人民的生活也安定下來。

當初，由於朝政腐敗，

大地主兼併土地，巧取豪奪，地主豪紳越來越富，國庫卻越來越窮。張居正下令清查土地，結果查出了一批被皇親國戚、豪強地主隱瞞的土地，這一來，使一些豪強地主受到了抑制，增加了國家的收入。

丈量土地後，張居正又把當時名目繁多的賦稅和勞役合併起來，折合成銀兩來徵收，稱為「一條鞭法」。經過這種稅收改革，一些官吏就不能營私舞弊了。

▲ 明神宗朱翊鈞像

經過十年的努力，張居正的改革措施起了明顯的效果，使十分腐敗的明朝政治有了轉機，國家的糧倉存糧也足夠支用十年的。但是這些改革觸犯了一些豪門貴族的利益，他們表面不得不服從，背地裡卻對張居正恨之入骨。

由於張居正的權力太集中了，明神宗長大後，卻反而閒得沒事做。這時候，就有一批親近的太監在內宮用各種辦法給他取樂。

後來，由張居正作主，把那些引誘神宗胡鬧的太監全部趕出宮去，太后還讓張居正代神宗起草了罪己詔（皇帝責備自己的詔書）。這件事發生後，使明神宗對張居正從懼怕發展到懷恨了。

西元1582年，張居正病死，明神宗親自執政。那些對張居正不滿的大臣紛紛攻擊張居正執政時專橫跋扈。第二年，明神宗把張居正的官爵全部撤掉；還派人查抄了張居正的家。張居正的改革措施也遭到極大的破壞，剛剛有一點轉機的明朝政治又昏暗下去。

貨郎圖　明　計盛　▶

明中後期，商品經濟高度發展，分工日益細化，社會職業越來越多，社會生活也隨著發生了巨大的變化，日益豐富多彩。貨郎就是為了滿足人們交換和物質需要而產生的一種職業。

努爾哈赤建後金

當明王朝政治走向腐敗的時候，在我國東北地區的女真族的一支——建州女真不斷擴大勢力，漸漸強大起來，它的首領是愛新覺羅‧努爾哈赤。

努爾哈赤出身在建州女真的貴族家庭裡。祖父覺昌安和父親塔克世都被明朝封為建州左衛的官員，努爾哈赤從小學習騎馬射箭，練得一身好武藝。

努爾哈赤二十五歲那年，建州女真部有個土倫城的城主尼堪外蘭，引來明軍攻打古勒寨城主阿台。阿台的妻子是覺昌安的孫女，覺昌安便帶著塔克世到古勒寨去，途中碰上明軍攻打古勒寨，覺昌安和塔克世都死在混戰中。

努爾哈赤像　　▲

八旗軍服　　▶

八旗軍服以顏色作區別，但只為大閱禮時穿著，平時不用。起初各旗是地位平列的，入關之後才有皇帝自領上三旗的做法。所以正黃旗、鑲黃旗、正白旗被稱為上三旗，其餘五旗為下五旗。

努爾哈赤痛哭了一場，葬了他的祖父、父親，但是想到自己的力量太弱，不敢得罪明軍，就把怨恨全集中在尼堪外蘭身上。

努爾哈赤滿腔悲憤地回到家裡，找出了他父親留下的盔甲，分發給他手下的兵士，向土倫城進攻。尼堪外蘭根本不是努爾哈赤的對手，狼狽逃走。努爾哈赤攻克了土倫城後，趁機又征服了建州女真的一些部落。

努爾哈赤滅了尼堪外蘭，聲名遠揚。過了幾年，他統一了建州女真。這樣一來，引起女真族其他部落的恐慌。當時女真族有三部，除了建州女真之外，還有海西女真和「野人」女真。海西女真中數葉赫部實力最強。西元1593年，葉赫部聯合了女真、蒙古九個部落，合兵三萬，分三路向努爾哈赤進攻。

努爾哈赤聽到九部聯軍來攻，便在敵軍來路上埋伏了精兵；在路旁山嶺邊，安放了滾木石塊。九部聯軍一到古勒山下，建州兵就派出一百騎兵挑戰。葉赫部一個頭目衝過來，馬被木樁絆倒，建州兵上去把他殺了，另一頭目當時被嚇昏過去。這樣一來，九部聯軍沒有了統一指揮，四散逃竄，努爾哈赤乘勝追擊，打敗了葉赫部。又過了幾年，努爾哈赤統一了女真族各部。

努爾哈赤統一了女真後，把女真人編為八個旗。旗既是一個行政單位，又是軍事組織。為了麻痹明朝，努爾哈赤繼續向明朝朝貢稱臣，明朝廷認為努爾哈赤態度恭順，便封他為「龍虎將軍」。

西元1616年，努爾哈赤認為時機成熟，就在八旗貴族擁護下，在赫圖阿拉（今遼寧新賓附近）即位稱汗，國號大金。歷史上為了跟過去的金朝區別把它稱為「後金」。

努爾哈赤的八旗軍用過的鐵劍、鐵刀、鐵盔 ◄

索子甲　明　▲

又稱鐵坎肩，以扁平的小鐵環彼此互套而成，既能防刀槍，又有彈性，是當年八旗將士的重要防身裝備。

天命通寶　▲

也稱「天命汗錢」。努爾哈赤於天命元年（1616年）建立後金政權後，始以紅銅鑄「天命通寶」，分滿文和漢文兩種，在後金統治區域內流通。皇太極即位後始廢，另鑄「天聰通寶」。

薩爾滸之戰

努爾哈赤像 ▲

西元1618年，努爾哈赤召集八旗首領和將士誓師，宣佈跟明朝結下七件冤仇，叫做「七大恨」。第一條就是明朝無故殺死了他的祖父和父親。為了報仇雪恨，他決定起兵征伐明朝。

第二天，努爾哈赤親自率領二萬人馬攻打撫順。他先寫信給撫順明軍守將李永芳，勸他投降。李永芳見後金軍來勢兇猛，無法抵抗，就投降了。後金軍俘獲人口、牲畜三十萬。明朝的遼東巡撫派兵救援撫順，也被後金軍在半路上打垮了。

明神宗得知消息後，派楊鎬為遼東經略，討伐後金。楊鎬經過一番緊張的調兵遣將，聚集了十萬人馬。西元1619年，楊鎬分兵四路，由四個總兵官率領，進攻赫圖阿拉。楊鎬坐鎮瀋陽，指揮全局。

經過偵察，努爾哈赤得知山海關總兵杜松率領的中路左翼是明軍主力，他們正從撫順出發，打了過來。努爾哈赤決定集中兵力，先對付杜松。

杜松是一位身經百戰的名將。從撫順出發時，天正下著大雪，杜松立功心切，不管氣候惡劣，急急忙忙冒雪行軍。他先攻佔了薩爾滸（今遼寧撫順東）山口；接著，把一半兵力留在薩爾滸紮營，自己帶了另一部精兵攻打後金的界藩城（今新賓西北）。

努爾哈赤得知杜松分散了兵力，心裡暗暗高興，便集中八旗的兵

八旗大纛 ▼

八旗大纛是八旗軍隊的八面軍旗。1601年努爾哈赤創建黃、白、紅、藍四旗軍隊，每旗軍隊各以本旗色布繡一雲龍為本旗徽。1615年，增建鑲四旗，旗幟均鑲邊。

力，一口氣打下薩爾滸明軍大營，把杜松後路截斷了。接著，努爾哈赤又急行軍援救界藩。正在進攻界藩的明軍，聽到後路被抄，軍心動搖。駐守在界藩的後金軍居高臨下從山上往下攻，把杜松軍殺得七零八落。杜松中箭身亡，一路人馬先覆滅了。

薩爾滸大戰的遺物——
明代鐵炮　▲

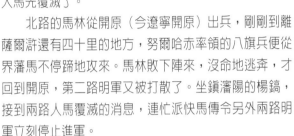

　　北路的馬林從開原（今遼寧開原）出兵，剛剛到離薩爾滸還有四十里的地方，努爾哈赤率領的八旗兵便從界藩馬不停蹄地攻來。馬林敗下陣來，沒命地逃奔，才回到開原，第二路明軍又被打散了。坐鎮瀋陽的楊鎬，接到兩路人馬覆滅的消息，連忙派快馬傳令另外兩路明軍立刻停止進軍。

　　中路右翼的遼東總兵李如柏膽小謹慎，行動也特別遲緩，他一接到楊鎬的命令，急忙撤退。剩下的是南路軍劉鋌。楊鎬發出停止進軍命令的時候，劉鋌軍已經深入到後金軍陣地，各路明軍失敗的情況，他一點也不知道。努爾哈赤派出一支穿著明軍衣甲的後金兵打著明軍旗幟，裝扮成杜軍前來接應。劉鋌毫不懷疑，帶著人馬進入了後金軍的包圍圈。後金軍裡應外合，四面夾擊，明軍陣勢大亂。劉鋌雖然勇敢，但畢竟寡不敵眾，戰死在亂軍中。

　　這場戰爭從開始到結束，只有五天的時間，楊鎬率領的十萬明軍損失過半，文武將官死了三百多人。這就是歷史上著名的「薩爾滸之戰」。

　　薩爾滸之戰後，明朝元氣大傷。兩年後，努爾哈赤又率領八旗大軍，接連攻佔了遼東重要據點瀋陽和遼陽。西元1625年三月，努爾哈赤把後金都城遷到瀋陽，把瀋陽稱為盛京。從那以後，後金就對明朝的統治構成了威脅。

徐光啟研究西學

徐光啟像 ▲

　　面對後金的威脅，翰林院官員徐光啟一連上了三道奏章，認為要挽救國家危局，只有精選人才，訓練新兵，才有希望。明神宗聽說徐光啟精通軍事，就批准他到通州訓練士兵。

　　徐光啟出生在上海。長大以後，因為參加科舉考試，路過南京，聽說那兒來了個叫利瑪竇（音 ㄉㄡˋ ）的歐洲傳教士經常講些西方的科學知識，於是經人介紹，徐光啟結識了利瑪竇。

　　利瑪竇傳播科學知識的目的，是為了方便傳教。同時，他覺得要擴大傳教，一定要得到中國皇帝的支持才行得通。到了北京後，利瑪竇透過宦官馬堂的門路，送給明神宗聖經、聖母圖，還有幾隻新式的自鳴鐘。

　　明神宗接見利瑪竇時，請利瑪竇講一下西洋的風俗人情。聽後，明神宗很感興趣，賞給利瑪竇一些財物，讓他留在京城傳教。有了皇帝的支持，利瑪竇就很容易跟朝廷的官員們接觸了。

　　幾年後，徐光啟考取了進士，也到了北京，在翰林院供職。他認為學習西方的科學，對國家富強有好處，

明崇禎刻本《崇禎曆書》▲

徐光啟晚年專心規劃，督率
編譯並親加校改而成。

《農政全書》書影 ◀

就決心拜利瑪竇為師，向他學習天文、數學、測量、武器製造等各方面的科學知識。後來，徐光啟翻譯了大量的外國科學著作。

這一次，徐光啟提出練兵的主張，得到明神宗的批准，他滿懷希望，想盡快把新兵練好，加強國防。哪料到朝廷各個部門都腐敗透頂，練兵衙門成立了一個月，徐光啟要人沒人，要錢沒錢，閒得無事可做。後來，領到了一點軍餉，可是到了通州，檢閱了一下招來的七千多新兵，大多是老弱殘兵，能夠勉強充數的只有二千來人，他大失所望，只好請求辭職。

西元1620年，明神宗死去，他的兒子明光宗朱常洛又接著病死，神宗的孫子朱由校繼承皇位，這就是明熹宗。徐光啟又重返京城，他看到後金的威脅越來越嚴重，便竭力主張要多造一些西洋大炮。為了這件事，他跟兵部尚書發生了矛盾。不久，就被排擠出朝廷。

徐光啟回到上海時，已經是六十多歲的老人了。他從前就對研究農業科學很有興趣，回到家鄉後，親自參加勞動，在自己的田裡做了一些試驗。後來，他把他平日的研究成果，寫成了一部著作，叫作《農政全書》。書中詳細記載了中國的農具、土壤、水利、施肥、選種、嫁接等農業技術，可以稱得上是中國古代的一部農業百科全書。

紅夷炮復原圖 ◀

紅夷大炮是由於天啟年間中國科學家徐光啟等人向澳門葡萄牙當局購買而傳入中國的，該炮係鐵鑄前裝滑膛，管長3米，口徑155毫米，炮身有箍6道，炮管中部兩側有炮耳，屬於16世紀後期英國製造的一種早期加農炮，具有身管長、彈道低平、射程遠、命中率高、威力大、安全性高等特點，比佛郎機炮要先進。明軍曾仿製多門，在對關外後金軍的寧遠之戰中立下了赫赫功勳。

中華上下五千年

利瑪竇與徐光啟 ▼

傳教士感到向士大夫傳教並不容易，故先以西洋的科技知識吸引他們的注意力。其中徐光啟和利瑪竇發展為亦師亦友的關係，合譯歐幾里德的《幾何原本》，是傳教士來中國翻譯的第一本著作。

左光斗入獄

明神宗朱由校像 ▲

中華上下五千年

明神宗後期，有個名叫顧憲成的官員，因為直言敢諫，得罪了明神宗，被免了職。他回到無錫（今江蘇無錫）老家後，約了幾個志同道合的朋友在東門外東林書院講學。講學期間，免不了議論國家政事，還批評一些當政的大臣。一些被批評的官僚權貴因此對顧憲成恨之入骨，把支持東林書院的人稱作「東林黨人」。

明熹宗剛即位的時候，一些支持東林黨的大臣掌握了朝政大權，其中楊漣和左光斗最有名望。

有一次，朝廷派左光斗到京城附近視察，並負責那裡的科舉考試。

一天，左光斗在官署裡喝了幾盅酒，見外面下起大雪，忽然起了遊興，便帶著幾個隨從，騎著馬到郊外去踏雪。他們走到一座環境幽靜的古寺，左光斗決定到裡面去休息一下。

他們進了古寺，看見左邊走廊邊的小房間裡，有個書生正伏在桌上打瞌睡，桌上還放著幾卷文稿。左光斗拿起桌上的文稿細細看了起來。那文稿不但字跡清秀，而且文辭精彩，左光斗看了禁不住暗暗讚賞。他打發隨從到和尚那裡去打聽一下，才知道那書生名叫史可法，是新到京城來應考的。左光斗暗暗地記住了這個名字。

顧憲成像 ▲

東林黨的根據地 ——
東林書院舊跡 ▶

考試那天，堂上的小吏高唱著考生的名字。當小吏唱到史可法的名字時，坐在廳堂上的左光斗注意看那個

414

捧著試卷上來的考生，果真是那天寺裡見到的書生。左光斗接過試卷後，當場把史可法評為第一名。

五彩山水人物紋 ▲
八角盤 明天啟

素三彩龍鳳牡丹紋碗 ▲
明

從那以後，左光斗和史可法便建立了親密的師生關係。

當時，明熹宗非常寵信宦官魏忠賢，讓魏忠賢掌握特務機構東廠。楊漣對魏忠賢一夥的胡作非為氣憤不過，上了一份奏章，揭發魏忠賢二十四條罪狀，左光斗也大力支持他。這一來可捅了漏子。西元1625年，魏忠賢和他的閹黨勾結起來攻擊楊漣、左光斗是東林黨，羅織罪名，把他們打進大牢。

左光斗入獄以後，史可法不顧自己的危險，拿了五十兩銀子去向獄卒苦苦哀求，只求見老師一面。獄卒終於被史可法感動了，他讓史可法換上一件破爛的短衣，裝成撿糞人的樣子，混進了牢監。

史可法找到關押左光斗的房間，只見坐在角落裡的左光斗，遍體鱗傷，臉已經被打得認不清楚，左腿腐爛得露出骨頭來。史可法見了，一陣心酸，抱住左光斗的腿，跪在地上，不斷地抽泣。

左光斗被傷痛折磨得睜不開眼睛，但是他從哭泣聲裡聽出了是史可法。他舉起手，用盡力氣撥開眼皮，用憤怒的眼光看著史可法，罵道：「蠢才！這是什麼地方，你來做什麼！國家的事糟到這個地步。我已經完了，你還不顧死活地來這裡，萬一被他們發現，將來的事由誰做？」

史可法不敢說話，只好忍住悲痛，從牢裡出來了。

過了幾天，左光斗和楊漣等被魏忠賢殺害。史可法又買通了獄卒，把左光斗的屍體埋葬了。

魏忠賢像 ▲

依庸堂 ▲

「風聲雨聲讀書聲聲聲入耳，家事國事天下事事事關心」，反映了東林黨人積極參與國事的心態，這也是中國古代士大夫的信念。

袁崇煥像　▲

明朝長城衛兵腰牌　▲

長城的防衛非常嚴謹，凡守衛長城的士兵均需要腰懸信牌，這是他們出入的憑證。無牌或把信牌借給他人均屬違法，需依法論罪。

袁崇煥大戰寧遠

薩爾滸大戰之後，明王朝派老將熊廷弼出關指揮遼東軍事。熊廷弼是個很有指揮才能的將領，可是擔任廣寧（今遼寧北鎮）巡撫的王化貞卻怕熊廷弼影響他的地位，百般阻撓熊廷弼的指揮。西元1622年，努爾哈赤向廣寧進攻，王化貞帶頭出逃。熊廷弼面對混亂的局勢，只好保護一些百姓退到山海關內。

廣寧失守後，明王朝不問事由，便把熊廷弼和王化貞一起打進大牢。

熊廷弼一死，派誰去抵抗後金軍呢？

這時，詳細研究了關內外形勢的主事（官名）袁崇煥向兵部尚書孫承宗說：「只要給我人馬軍餉，我能負責守住遼東。」

那些被後金的攻勢嚇破了膽的朝廷大臣聽說袁崇煥自告奮勇，都贊成讓袁崇煥去試一試。明熹宗給了他二十萬餉銀，要他負責督率關外的明軍。

袁崇煥到了關外，在寧遠築起三丈二尺高、二丈寬的城牆，裝備了各種火器、火炮。孫承宗還派了幾支人馬分別駐守在寧遠附近的錦州、松山等地方，與寧遠互相支持。

袁崇煥號令嚴明，遼東的危急局面很快就扭轉過來。

正當孫承宗、袁崇煥守衛遼東有了進展之時，卻遭到魏忠賢的猜忌。

魏忠賢先是排擠孫承宗離了職，又派了他的同黨高第指揮遼東軍事。高第是個庸碌無能之輩，他一到山海關，就召集將領開會，說後金軍太厲害，關外防守不

了，讓各路明軍全部撤進山海關內。

袁崇煥堅決反對撤兵，高第見說服不了袁崇煥，只好答應袁崇煥帶領一部分明軍在寧遠留守，但卻要關外其他地區的明軍，限期撤退到關內。

努爾哈赤看到明軍撤退時的狼狽相，認為明朝容易對付。西元1626年，他親自率領十三萬人馬，渡過遼河，向寧遠進攻。

努爾哈赤帶領後金軍氣勢洶洶地到了寧遠城下，冒著明軍的箭石、炮火，猛烈攻城。明軍雖然英勇抵抗，但是後金兵倒下一批，又上來一批，情況十分危急，袁崇煥下令動用早就準備好的大炮，向後金軍轟擊。炮聲響處，只見一團火焰，後金兵士被炸得血肉橫飛，紛紛後撤。

第二天，努爾哈赤親自督戰，集中優勢兵力攻城。袁崇煥登上城樓瞭望台，沉著應戰。等到後金軍衝到逼近城牆的地方，他便命令炮手瞄準敵人密集的地方發炮。這樣一來，後金軍傷亡就更大了。正在後面督戰的努爾哈赤也受了重傷，不得不下令全軍撤退。

袁崇煥見敵人退兵，就乘勝殺出城去，一直追了三十里，才得勝回城。

努爾哈赤受了重傷，回到瀋陽後，傷勢越來越重，沒過幾天，就嚥了氣。他的第八個兒子皇太極接替了他，做了後金大汗。

努爾哈赤曾用過的寶刀 ▲

袁崇煥題寫的聚奎塔 ▲
匾額

寧遠城遺址　　　　　　　　▲

1626年，努爾哈赤親率十三萬大軍，號稱二十萬，圍攻明將外要塞寧遠城（今遼寧省興城市），遇到明將袁崇煥抗擊，久攻不下，背發癰疽而死。

福陵正紅門　　　　　　　　▲

清太祖努爾哈赤和皇后葉赫那拉氏的陵寢，因在瀋陽市區之東，又名東陵。其陵前臨渾河，後倚天柱山，萬松蒼翠，大殿凌雲，構成獨具風格的帝王山陵。

皇太極用反間計

調兵信牌　▶

木質，長20.3公分，寬31.2
公分，厚2.6公分。為皇太
極統一東北各部時使用的調
兵信牌，牌中間漢字為「寬
溫仁聖皇帝信牌」。

　　努爾哈赤死後的第二年，皇太極親自率領人馬，攻打明軍。後金軍兵分三路南下，先包圍了錦州城。袁崇煥料定皇太極的目標是寧遠，決定自己鎮守寧遠，派部將帶領四千騎兵援救錦州。果然，援兵還沒出發，皇太極已經派兵來攻打寧遠。袁崇煥親自到城頭上督戰，用大炮猛轟後金軍；城外的明軍援軍也配合戰鬥內外夾擊，把後金軍打跑了。

　　皇太極把人馬調到錦州，但是錦州的明軍守得很嚴密，皇太極只好退兵。

　　袁崇煥雖然打了勝仗，可是魏忠賢閹黨卻把功勞記在自己的名下，還責怪袁崇煥沒有親自救錦州是失職。

　　袁崇煥知道魏忠賢有心跟他過不去，就辭了職。

　　西元1627年，明熹宗死去，他的弟弟朱由檢即位，這就是明思宗，也叫崇禎帝（崇禎是年號）。

　　崇禎帝早就知道魏忠賢作惡多端，一即位，就宣布了魏忠賢的罪狀，把魏忠賢充軍發配到鳳陽。魏忠賢在充軍的路上自殺了。

　　崇禎帝又把袁崇煥召回朝廷，提拔他為兵部尚書，負責指揮整個河北、遼東的軍事。

清太宗皇太極像　◀

袁崇煥重新回到寧遠，選拔將才，整頓隊伍，士氣大振。有一次，東江總兵毛文龍作戰不力，虛報軍功。袁崇煥使用崇禎賜給他的尚方劍，把毛文龍殺了。

皇太極打了敗仗，當然不肯善罷甘休，他知道寧遠、錦州防守嚴密，決定改變進兵路線。西元1629年10月，皇太極率領幾十萬後金軍，從龍井關、大安口（今河北遵化北）繞到河北，直撲明朝京城北京。

這一著出乎袁崇煥的意料。袁崇煥得到情報，趕忙帶著明軍趕了兩天兩夜到了北京，沒顧上休息，就和後金軍展開激烈的戰鬥。

後金軍退走後，崇禎帝親自召見袁崇煥，慰勞了一番。但是一些魏忠賢的餘黨卻到處散佈謠言，說這次後金兵繞道進京，是由袁崇煥引進來的。

崇禎帝是個疑心極重的人，聽了謠言，也有些懷疑起來。正在這時，有一個被金兵俘虜去的太監從金營逃了回來，向崇禎帝報告，說袁崇煥和皇太極訂下了密約，要出賣北京。

崇禎帝把袁崇煥召進宮拉長了臉責問說：「袁崇煥，你為什麼要擅自殺死大將毛文龍？為什麼金兵到了北京，你的援兵還遲遲不來？」

袁崇煥一時不知如何回答才好。他正想答辯，崇禎帝已經喝令錦衣衛把他捆綁起來，押進大牢。

崇禎帝拒絕大臣的勸告，到了第二年，下令把袁崇煥殺了。

皇太極用反間計除掉對手袁崇煥，高興得無法形容。到了西元1635年，皇太極把女真改稱滿洲；又過了一年，皇太極在盛京稱帝，改國號叫清。皇太極就是清太宗。

清太宗文皇帝謚寶及印文 ▲

袁崇煥墓 ▼

徐霞客探險

徐霞客像　▲

當明王朝鬧得污濁不堪之時，在江陰一帶有個青年，不滿朝政腐敗，不願應科舉考試、謀求仕途，卻立志遊歷祖國的名山大川，探索自然的奧秘。他就是中國歷史上傑出的地理學家——徐霞客。

徐霞客原名叫徐弘祖，別號霞客。他從小愛讀歷史、地理一類書籍、圖冊。十幾歲那年，他決心到名山大川去遊歷考察一番。此時他的父親剛剛死去，一想到母親年紀老了，家裡沒人照顧，便沒敢提這件事。但是，他的心事還是被母親覺察到了。當母親了解到他有這樣的願望，就跟他說：「男兒志在四方，哪能為了我留在家裡，做籬笆下的小雞、馬圈裡的小馬呢！」

母親為他準備了行裝，還給他縫製了一頂遠遊冠。有了母親的熱情支持，徐霞客就在他二十二歲那年，開始離家外出遊歷。他先後遊歷了太湖、洞庭湖、天台山、雁蕩山、泰山、武夷山和北方的五台山、恆山等名山。每次遊歷回家，他就跟親友談起各地的奇風異俗和遊歷中的驚險情景，他母親總是聽得津津有味。

徐霞客五十歲那年，開始了一次路程漫長的遊行。他花了整整四年的時間，遊歷了湖南、廣西、貴州、雲南四省，一直到中國邊境騰衝。

有一次，他在湖南茶陵聽說當地有個麻葉洞，當地人說洞裡有神龍或者精怪，沒有法術的人，都不敢進洞。徐霞

長江三峽　▼

客不信神怪，他出高價雇當地人當嚮導，進洞考
察。正要進洞的時候，嚮導問他是什麼人，徐霞客
告訴他自己是個普通的讀書人。嚮導聽後嚇得直往
後退，說：「我以為您是什麼法師，才敢跟您一起
進洞，原來你是個讀書人，我才不冒這個險呢。」

徐霞客也不勉強他，帶著自己的僕人舉起火把
進了山洞。村裡的百姓聽到有人進洞，都湧到洞口
來看熱鬧。徐霞客在洞裡考察了很久，直到火把快
燃盡才出來。圍在洞口的百姓看他們安全出洞，都
十分驚奇，說：「我們等了這麼久，以為你們被妖
精吃了呢。」

徐霞客在西南漫遊的時候，除了隨身帶一個僕
人外，還有一個名叫靜聞的和尚和他們作伴。有一次，
他們在湘江乘船的時候，遇到了強盜，行李財物被搶劫
一空，靜聞和尚也受了傷，在半路上死去。到最後，連
他隨身的僕人也離開他逃走了。但是這些挫折絲毫都沒
有動搖他探索自然奧妙的決心。

徐霞客在旅途中，每天晚上休息之前，把當天見到
的聽到的都詳細記錄下來。西元1641年，徐霞客去世
後，留下了大量日記，這實際上是他的地理考察記錄。
經過他的實地考察，糾正了一些過去地理書上記載的錯
誤，發現了過去沒人記載過的地理現象。

後來，人們把他的日記編成一本《徐霞客遊記》。
這部書不但是中國古代地理學上的寶貴文獻，還稱得上
是一部優秀的文學著作。

江蘇江陰縣徐霞客故居中
的「崇禮堂」正廳　　▲

深水橋　明　　▼
位於今江蘇省江陰市南陽岐
村，相傳徐霞客每次出遊都
乘船經過此橋。

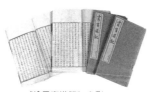

《徐霞客遊記》書影　▲

闖王李自成

李自成雕像 ▲

大順通寶、永昌通寶 ▲

明崇禎十七年（西元1644年），張獻忠在成都稱帝，建國號「大西」，改元曰「大順」，設立政府機構，並設鑄錢局，鑄「大順通寶」通行於市。同年，李自成在西安稱帝，建國號曰「大順」，建元曰「永昌」，改六部為政府，設局鑄造錢幣名曰「永昌通寶」。中國歷代開國時都要鑄造本朝貨幣，確認自己的地位，李自成、張獻忠也是如此。

崇禎帝即位的第二年，陝西鬧了一場大饑荒，老百姓沒糧吃，連草根樹皮也被掘光了。在這種情況下，一些地方官吏還照樣催租逼稅。於是，陝西各地爆發了農民起義。

這年冬天，明王朝從甘肅調了一支軍隊開赴北京。這支軍隊走到金縣（今陝西榆林）時，由於兵士們領不到軍餉，鬧到了縣衙門。帶兵的將官出來彈壓，有個年輕兵士引頭，把將官和縣官殺了。這個兵士就是李自成。

李自成是陝西米脂人，出生在一個農民家庭裡，少年時就喜歡騎馬射箭，練得一身好武藝。

這一次，李自成在金縣殺了朝廷命官，帶著幾十個兵士一起投奔王左佳領導的農民軍。不久，王左佳禁不住高官厚祿的誘惑，投降了朝廷，李自成不得不另找隊伍。後來，他打聽到高迎祥領導一支隊伍起義，自稱「闖王」，就去投奔了高迎祥。高迎祥見李自成帶兵來投奔，十分高興，立刻叫他擔任一個隊的將官，大家把他叫做「闖將」。

為了對付官軍圍剿，高迎祥把十三家起義軍的大小

頭領約到滎陽開會，商量對敵辦法。李自成認為起義軍應該分成幾路，分頭出擊，打破敵人的圍剿。大家聽了，都覺得李自成說得有道理。經過商量後，十三家起義軍分成了六路。有的拖住官軍，有的流動作戰。高迎祥、李自成和另一支由張獻忠領導的起義軍向東突破了包圍圈。

崇禎帝和地方大臣都把高迎祥的隊伍看成眼中釘，千方百計地要消滅他們。有一次，高迎祥帶兵向西安進攻。陝西巡撫孫傳庭在（今陝西周至）的山谷裡埋下了伏兵，高迎祥沒有防備，被捕犧牲，李自成帶領餘部殺了出來。將士們失去了主帥，心情十分沉痛。大夥認為闖將李自成是高迎祥最信任的將領，加上他有勇有謀，就擁戴他做了闖王。從那以後，李闖王的名聲就在遠近傳開了。

李闖王的威名越高，越使明王朝害怕和仇恨。崇禎帝命令總督洪承疇、巡撫孫傳庭專門圍剿李自成，李自成的處境一天比一天困難起來。在這個困難的時刻，另兩支起義軍的首領張獻忠、羅汝才都接受了明朝的招降，李自成手下的將領也有叛變的，這使李自成處於極其危險的境地。

西元1638年，李自成從甘肅轉移到陝西，準備攻打出潼關。洪承疇、孫傳庭事先探聽到起義軍的動向，便在潼關附近的崇山峻嶺中，布置了三道埋伏線，然後故意讓開通向潼關的大路，誘使李自成進入他們的包圍圈。李自成中了敵人的計。起義軍經過幾天幾夜的搏鬥，幾萬名戰士在戰鬥中陣亡，隊伍被打散了。

李自成和他的部將劉宗敏等十七個人衝出包圍，翻山越嶺，排除了千難萬險，才到了陝西東南的商洛山區，隱蔽起來。

「工政府屯田清吏司契」銅印 ▲

通高8.9公分，印面每邊寬7.9公分，1959年5月北京市王府井出土。這枚銅印是李自成大順政權鑄造的印信，是專理屯田事宜的政府職能憑證。印面篆刻「工政府屯田清吏司契」，印背左側有楷書陰刻「永昌元年肆月□日造」，右側刻「工政府屯田清吏司契」，左側壁刻「字字伍百貳拾捌號」。

李岩和紅娘子

《饑民圖說》 明 ▲

明朝中後期，黃河經常氾濫，給黃河中下游人民的生命財產造成巨大損失。萬曆二十一年（西元1593年），黃河河南段發生嚴重水災，大片農田房屋被沖毀，人民流離失所，慘不忍睹。當時刑科右事中（監察官員）楊東明親身經歷了這場大災害。他把這場水災及災後當地人民的悲慘處境，用圖繪的方式編輯成冊，取名《饑民圖說》，連同自己的奏摺題本，進呈萬曆皇帝。

明兵部有關李自成活動情況的行稿 ▼

李自成離開商洛到河南時，河南正發生旱災，無數的饑民到處流亡。饑民聽到李闖王出山的消息，紛紛前來投奔。

一天，一個像讀書人的青年帶著一群饑民找闖王。李自成得知他叫李岩（又名李信），剛被從河南杞縣牢裡救出來。

李岩本來是杞縣地方的富家子弟。前幾年，當地災荒鬧得厲害，好多農民斷了糧。李岩從家裡拿出糧食，接濟斷糧的窮人。窮人覺得李岩為人善良，稱呼他「李公子」。

但是受災百姓太多，有人想個主意，聚集幾十個人去別的富戶人家捐糧。富戶們發了慌，紛紛向縣官告狀。縣官派幾名差役揚言說，如果再聚眾要挾，就要辦罪。饑民們正在氣頭上，他們揪住差役，局勢緊張，縣官聽說饑民要暴動，嚇得躲在縣衙裡。他一想，李岩跟饑民有點交情，就趕快派人把李岩找來，請他幫忙拿個主意。

李岩說：「要想不出亂子，只有趕快停止逼債，勸富戶人家捐糧。」縣官沒辦法，只好勉強答應。哪料饑民一散，縣官就反悔了。他還叫個辦案的師爺寫了一份公文給上司，誣告李岩收買民心，蓄意造反。

這消息傳了出來，人們都替李岩擔心。這時候，附近的林子裡有一支農民起義隊伍，帶頭的青年女子是江湖上賣藝的，人們叫她紅娘子。紅娘子聽說過李岩捐糧救災的事，十分欽佩，現在聽說李岩有危險，就到李岩家裡，把李岩帶到林子裡躲避。

李岩沒弄清紅娘子的本意，後來一聽紅娘子要留下他參加起義隊伍，就不願意，偷偷地跑回家去了。

李岩一回家，差役們早就帶著腳鐐手銬等著他，一見李岩，就七手八腳把他銬了起來，帶回縣衙審問。

紅娘子聽到消息，帶著隊伍來了。一大群饑民也跟著她，拿刀的拿刀，使棒的使棒，一起攻打縣衙門，把李岩救了出來。

到了這個地步，李岩覺得回家也沒有出路，才聽從紅娘子的勸告，跟起義的饑民一起投奔李闖王。

李自成搞清李岩情況，知道李岩雖是富戶人家，但也是個受迫害者；再說，起義軍正需讀書人，就把李岩留在營裡。李岩也早知李自成是個英雄，就一心一意幫李自成成就大業。

後來，李自成接受李岩的建議，提出「均田免賦」（「賦」就是稅收）的口號。李岩還派出一批起義兵士打扮成商人模樣，混進官軍佔領的城裡，逢人就宣傳：「李闖王帶的隊伍很愛護百姓，不殺人也不搶東西。」人們對官軍的殺人搶劫，早就恨之入骨了，現在聽說李闖王帶的隊伍紀律嚴明，自然向著李闖王了。

西元1643年，李自成攻破潼關，殺死明朝督師、兵部尚書孫傳庭。不久，佔領了西安。

青花蓮瓣紋盤　明　▲

白玉鏤空圓形梅花牌
明晚期　▲

龍泉窯青釉鼎式爐　明　▲

衝冠一怒為紅顏

西元1644年，李自成在西安建立了政權，國號大順。不久，李自成親自率領一百萬起義軍渡過黃河，兵分兩路進攻北京。兩路大軍勢如破竹，到了這年三月，就在北京城下會師了。北京城外駐守的明軍最精銳的三大營全部投降。

起義軍猛攻北京城。

第二天晚上，崇禎帝登上煤山（在皇宮的後面，今北京景山），在壽皇亭邊的一棵槐樹下上吊自殺了。統治中國二百七十七年的明王朝，就此滅亡。

大順政權一面出榜安民，一面懲治明王朝的皇親國戚、貪官污吏。李自成派劉宗敏和李過，勒令那些權貴、官僚交出平時從百姓身上搜刮來的贓款，充當起義軍的軍餉。

有個叫吳襄的大官僚，也被劉宗敏抄了家產。有人告訴李自成說，吳襄的兒子吳三桂是明朝的山海關總兵，手下還有幾十萬大軍。如果招降了吳三桂，就可以解除大順政權的一個威脅。

吳三桂原來是明朝派到關外抗清的，駐紮在寧遠一帶防守。吳三桂收到吳襄的勸降信，便打算到北京去看看情況再說。

吳三桂帶兵到了灤州，遇到一些從北京逃出來的人，找來一問，聽說他父親吳襄被抓，家產被抄，頓時心生恨意。後來，又聽說他最寵愛的歌姬陳圓圓也被起義軍抓走，不禁勃然大怒，立刻下令全軍退回山海關。

李自成得知吳三桂拒絕投降，親自帶領二十多萬大軍，向山海關進攻。吳三桂聽到這消息，驚慌失措。他

吳三桂像　▲

暖帽　清　▲

涼帽　清　▲

也顧不得什麼民族氣節，馬上給清朝寫了一封求救信。

　　清朝輔政的親王多爾袞接到信，覺得機會來了，馬上回信同意幫助吳三桂。接著，他親自帶著十幾萬清兵，馬不停蹄地向山海關挺進。

　　李自成軍從南面開到山海關邊，與吳三桂的軍隊展開激戰。李自成騎著馬登上西山指揮作戰。吳三桂帶兵一出城，就被起義軍的左右兩翼合圍包抄。明兵東竄西突，無法衝出重圍；起義軍個個奮勇，喊殺聲震天動地。

陳圓圓像　　　　　▲

　　這時候，多爾袞看準時機，命令埋伏在陣後的幾萬清兵一起殺出，向起義軍發動突然襲擊。起義軍沒有防備，也弄不清是哪兒來的敵人，心裡一慌張，陣勢亂了起來。

　　李自成在西山上發現清兵已經進關，想穩住陣腳，已經來不及了，只好傳令撤兵。多爾袞和吳三桂的隊伍裡外夾擊，起義軍慘敗。李自成帶領將士邊戰邊退，吳三桂仗著清兵的勢力，在後面緊緊追趕。起義軍退到北京時，兵力已經大大削弱了。

　　李自成回北京後，在皇宮大殿裡舉行了即位典禮，接受官員的朝見。第二天一清早就率領起義軍，匆匆離開北京，向西安撤退。

　　西元1644年十月，多爾袞把順治帝從瀋陽接到北京，把北京作為清朝國都。從那時起，清王朝就開始統治中國了。

　　第二年，清軍兵分兩路攻打西安。一路由阿濟格和吳三桂、尚可喜率領；一路由多鐸（音 ㄉㄨㄛˊ）和孔有德率領。李自成被迫放棄西安，向襄陽轉移。幾個月後，農民軍在湖北通山縣遭到當地地主武裝襲擊，李自成戰敗被殺。

明崇禎山海關鎮炮　　　▼

　　李自成退出北京後，張獻忠在四川稱帝，國號大西。到了西元1647年，清軍進兵四川，張獻忠在川北西充的鳳凰山的一場戰鬥中，中箭身亡。至此，明朝末年的兩支主要起義軍都失敗了。

史可法死守揚州

史可法像 ▲

《揚州十日記》內頁 ▲

崇禎帝在煤山（今景山）自殺的消息傳到明朝陪都南京，南京的大臣們驚慌失措。他們立福王朱由崧做了皇帝，這就是弘光帝，歷史上把這個南京政權叫做南明。

弘光帝朱由崧是個荒唐透頂的人，鳳陽總督馬士英等人利用弘光帝的昏庸，操縱了南明政權。

南明政權的兵部尚書史可法，本來不贊成讓朱由崧做皇帝，為了避免引起內亂，才勉強同意，並主動要求到前方去統率軍隊。

那時候，長江北岸有四支明軍，叫做四鎮。四鎮的將領都是驕橫跋扈的人，他們互相爭奪地盤，放縱兵士殺害百姓。史可法到了揚州，親自去找那些將領，勸他們不要自相殘殺，又把他們安排在揚州周圍駐守，自己坐鎮揚州指揮。由於史可法在南方將士中威信高，那些將領不得不聽從他的號令，大家稱呼他為史督師。

不久，多鐸帶領清軍，大舉南下，史可法指揮四鎮將領抵抗，打了幾次勝仗。可是南明政權內部卻起了內訌：駐守武昌的明軍將領左良玉和馬士英爭權奪勢，起兵進攻南京。馬士英急忙將江北四鎮軍隊撤回，對付左良玉，還以弘光帝名義要史可法帶兵保衛南京。

史可法明知道在清軍壓境的情況下，不該離開。但是為了平息內爭，不得不帶兵回南京，剛過長江，便得知左良玉兵敗的消息。他急忙撤回江北，此時清兵已經逼近揚州。

史可法援出緊急檄文，要各鎮將領來守衛揚州。但是過了幾天，竟沒有一個發兵來救。史可法清楚，只有

中華上下五千年

依靠揚州軍民，孤軍奮戰了。多鐸帶領清軍到了揚州城下，先派人到城裡勸史可法投降，一連派了五個人，都遭到拒絕。多鐸惱羞成怒，下令把揚州城緊緊圍困起來。

揚州萬分危急，城裡一些膽小的將領害怕了。第二天，就有一個總兵和一個監軍帶著本部人馬，出城向清軍投降。這一來，城裡的守衛力量就更薄弱了。史可法召集全城官員，勉勵他們同心協力，抵抗清兵，並且分派了守城的任務。將士們見史可法堅定沉著，都很感動，表示一定要和督師一起，誓死抵抗。

多鐸命令清兵不間斷地輪番攻城。揚州軍民奮勇作戰，把清兵的進攻一次次打退，清兵死了一批，又上來一批，形勢越來越緊急。多鐸下了狠心，命令清兵用大炮攻城。他探聽到西門是由史可法親自防守，就下令炮手專向西北角轟擊。炮彈一顆顆在西門口落下來，城終於被轟開了缺口。史可法眼看城已經守不住了，拔出佩刀就要自殺。隨從的將領上前抱住史可法，把他手裡的刀奪了下來。史可法還不願走，部將們連拉帶勸地把他保護出了小東門。這時候，有一批清兵衝過來，看見史可法穿著明朝官員的裝束，就吆喝著問他是誰。史可法怕連累別人，就高聲說：「我就是史督師，你們快殺我吧！」

西元1645年四月，揚州城陷落。多鐸因為攻城的清軍遭到很大傷亡，心裡惱恨，不僅殺了史可法，還滅絕人性地下令屠殺揚州百姓，大屠殺延續了十天。歷史上把這件慘案稱為「揚州十日」。

揚州失守幾天後，清軍攻破了南京。南明政權的官員降的降，逃的逃，弘光政權也被消滅了。

史可法祠，位於今 ▼
江蘇揚州

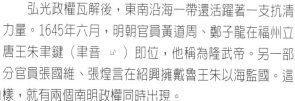

夏完淳怒斥洪承疇

夏允彝、夏完淳父子像 ▲

　　弘光政權瓦解後，東南沿海一帶還活躍著一支抗清力量。1645年六月，明朝官員黃道周、鄭子龍在福州立唐王朱聿鍵（聿音 ㄩˋ）即位，他稱為隆武帝。另一部分官員張國維、張煌言在紹興擁戴魯王朱以海監國。這樣，就有兩個南明政權同時出現。

　　為了對付抗清力量，清朝廷派了在松山戰役中投降清朝的洪承疇總督軍事，到江南去招撫明軍。

　　這時候，松江（在今上海市）有一批讀書人也在醞釀抗清事宜，領頭的是夏允彝（音 ㄧˊ）和陳子龍。夏允彝有個年僅十五歲的兒子叫夏完淳（音 ㄔㄨㄣˊ），又是陳子龍的學生。夏完淳自小就讀了很多書，才華出眾，在他父親、老師的影響下，也參加了抗清鬥爭。

　　靠幾個讀書人去抗擊清軍是不行的。夏允彝有個學生吳志葵，在吳淞做總兵，手下還有一些兵士。他們去說服吳志葵一起抗清，吳志葵同意了，但不久就被清軍打敗。

　　清軍圍攻松江的時候，夏允彝父子和陳子龍衝出清兵包圍，到鄉下隱蔽起來。清兵到處搜捕他們，還想引誘夏允彝出來自首。夏允彝不願落在清兵手裡，便投河自殺了。留下遺囑，讓夏完淳繼承他的抗清遺志。

　　父親的犧牲使夏完淳悲痛萬分，激起了他對清朝的仇恨。

　　過了一年，陳子龍秘密策動清朝的松江提督吳勝兆反清，這次兵變又失敗了，吳勝兆被殺害，陳子龍也被捕自殺。

　　後來，夏完淳因叛徒告密，也被捕，清軍派兵把他

清朝男性服飾形象　　　▲

清軍入主中原以後，推行民族同化政策，當時有「留頭不留髮，留髮不留頭」之說

押到南京。

夏完淳在監獄裡關押了八十天。他給親友寫了許多可歌可泣的詩篇和書信，死亡的威脅並沒有嚇倒他，他感到傷心的是沒有實現保衛民族、恢復中原的壯志。

對夏完淳的審訊開始了，主持審訊的正是招撫江南的洪承疇。洪承疇得知夏完淳是江南出名的「神童」，就想用軟化的手段使夏完淳歸服。

洪承疇露出一副溫和的神態說：「我看你小小年紀，未必會造反，一定是受人指使。只要你肯歸順大清，我保你做官。」

夏完淳裝作不知道上面坐的是洪承疇，厲聲說：「我聽說我朝有個洪亨九（洪承疇的字）先生，是豪傑，當年松山一戰，他以身殉國，震驚中外。我欽佩他的忠烈，我年紀雖然小，但是殺身報國，怎麼能落在他的後面。」

和田青玉鳩紋執壺　清　▲

中華上下五千年

這番話把洪承疇說得哭笑不得，滿頭是汗。旁邊的兵士真的以為夏完淳不認識洪承疇，提醒說：「別胡說，上面坐的就是洪大人。」

夏完淳「呸」了一聲說：「天下人誰不知道洪先生為國犧牲這件事。崇禎帝曾經親自設祭，滿朝官員都為他痛哭哀悼。你們這些叛徒，怎敢冒充先烈，污辱忠魂！」說完，他指著洪承疇罵個不停。洪承疇被罵得面無血色，不敢再審問下去，慌忙叫兵士把夏完淳拉出去。

西元1647年九月，這位年僅十七歲的少年英雄在南京西市被害。他的朋友把他的屍體運回松江，葬在他父親的墓旁。

松花江石暖硯　清　▲

鄭成功收復台灣

鄭成功像　　　　▲

樓閣式嵌琺琅更鐘　清 ▲

　　隆武帝在福州建立政權後，他手下的大臣黃道周一心想幫助隆武帝出師北伐，抗清復明。但是掌握兵權的鄭芝龍貪圖富貴，拋棄了隆武帝，向清朝投降，隆武政權也就瓦解了。

　　鄭芝龍有個兒子叫鄭成功（福建南安人），是個二十二歲的青年將領。鄭芝龍投降清朝的時候，鄭成功苦苦勸阻不成，氣憤之下，就單獨跑到南澳島，招募了幾千人馬，堅決抗清。

　　鄭成功是個將才，在他的努力下，隊伍漸漸強大起來，在廈門建立了一支水師。他跟抗清將領張煌言聯合起來，乘海船率領十七萬水軍，開進長江，向南京進攻，一直打到南京城下。清軍見硬拚不行，就用假投降的手段欺騙他。鄭成功中了清軍的計，最後打了敗仗，又退回廈門。

　　鄭成功回到廈門時，清軍已經佔領福建大部分地方，他們採用封鎖的辦法，斷絕了鄭軍的供應，打算困死鄭成功。鄭成功在那裡招兵籌餉，都遇到困難，就決定向台灣發展。

　　台灣自古以來就是中國的領土。明朝末年，歐洲的荷蘭人趁明王朝腐敗無能，佔領了台灣。

　　鄭成功少年時期曾經跟隨他父親到過台灣，親眼看到台灣人民遭受的苦難。這一回，他決心趕走荷蘭人，就下令讓他的將士修造船隻，積蓄糧草，準備渡海。

　　正巧這時，有一個在荷蘭軍隊裡當過翻譯的何廷斌，趕到廈門見鄭成功說，台灣人民受荷蘭軍欺侮壓迫，早就想反抗了，只要大軍一到，一定能夠把荷蘭人

趕走。何廷斌還送給鄭成功一張台灣地圖，把荷蘭荷蘭軍的軍事佈置都告訴了鄭成功。鄭成功有了這個可靠的情報，信心就更足了。

西元1661年三月，鄭成功親率二萬五千名將士，乘坐幾百艘戰船，浩浩蕩蕩從金門出發。他們冒著風浪，越過台灣海峽，在澎湖休整幾天，便直取台灣。

琺瑯彩蠶蛾圖紋瓷盤　▲
清

荷蘭軍聽說鄭軍攻打台灣，十分驚慌。他們把隊伍集中在台灣（在今台灣東平地區）和赤嵌（在今台南地區）兩座城堡裡，還在港口沉了好多破船，想阻擋鄭成功的船隊登岸。

何廷斌為鄭成功領航，利用海水漲潮的機會，駛進了鹿耳門，登上台灣島。

荷蘭軍調動一艘最大的軍艦「赫克托」號，氣勢洶洶地開了過來，阻止鄭軍的船隻繼續登岸。鄭成功沉著鎮定，指揮他的六十艘戰船把「赫克托」號圍住，隨即一聲令下，六十多隻戰船一齊開炮，把「赫克托」號擊沉了。還有三艘荷蘭船見勢不妙，嚇得掉頭就跑。

隨後，鄭成功派兵猛攻赤嵌。赤嵌的敵軍拼死頑抗，一時攻不下來。有個當地人為鄭軍出主意說，赤嵌城的水都是從城外高地流下來的，只要把水源切斷，敵人就會不戰自亂。鄭成功採用這個辦法，沒出三天，赤嵌的荷蘭人乖乖地投降了。

盤踞台灣城的荷蘭軍企圖頑抗，等待援兵。鄭成功採取長期圍困的辦法逼他們投降。在圍困八個月之後，鄭成功下令向台灣城發起猛攻。荷蘭軍走投無路，只得扯起白旗投降了。

西元1662年初，荷蘭軍將領被迫到鄭成功大營，在投降書上簽了字，灰溜溜地離開了台灣。鄭成功從荷蘭人手裡收復了台灣，成為歷史上了不起的民族英雄。

荷蘭殖民者投降圖　▲

李定國轉戰西南

瞿式耜像　▲

琺瑯彩松竹梅紋橄欖瓶
清　▲

《吳三桂擒桂王由榔論》
書影　▶

　　隆武、魯王兩個南明政權先後滅亡後，駐守在兩廣的明朝官員瞿式耜（音 ㄙ）等在肇慶擁立桂王朱由榔即位，年號永曆，這就是永曆帝。

　　西元1649年，瞿式耜在桂林城被清兵攻陷後就義。在桂王政權面臨覆滅之時，李定國領導的大西農民軍，擔負起抗清的重任。

　　李定國本是張獻忠手下四名勇將之一，又是他的義子， 排行老二，老大是孫可望。張獻忠犧牲後，孫可望、李定國率領剩下的五、六萬起義軍，南下貴州、雲南。他們派人告知永曆帝，願意和他們聯合抗清。永曆帝見形勢危急，只好依靠大西軍，封孫可望為秦王。

　　孫可望是個有野心的傢伙，他把永曆帝控制在手裡，在貴陽作威作福，根本不想抗清的事；李定國卻一心抗清，他在雲南用了一年的時間，訓練了一支三萬人的精銳部隊，還組成一支象隊。在做好了充分的準備之後，李定國便向清軍發起了攻擊。

　　他們從雲南、貴州一直打到湖南，連戰連勝，收復了幾座重鎮，接著，又兵分三路進攻桂林。

　　李定國攻進桂林，一面派兵繼續肅清殘敵，一面安撫百姓，把逃到山裡的南明官員接回城裡。有一天，李定國擺了酒宴，請來南明官員，他對官員們說：「現在的局勢，就像南宋末年一樣。大家不是敬佩文天祥、陸秀夫、張世傑諸公嗎？他們的精忠浩氣，固然是名留青

史，但是我們盡忠國家，畢竟不希望有那樣的結局啊。」大家聽了，都深深佩服李定國的豪邁氣概。

永曆帝得到捷報，封李定國為西寧王。接著李定國又帶兵攻下永州、衡陽、長沙，逼近嶽州。清朝廷得知消息，大為震驚，連忙派親王尼堪帶領十萬清軍反攻長沙。李定國得到消息，知道敵人來勢很猛，就主動撤出長沙，卻在退到衡陽的途中設下伏兵。尼堪率兵追擊時，中了明軍的埋伏，當場被砍死了。

李定國的勝利，引起秦王孫可望的妒忌，孫可望假意邀請李定國來商量國事，想藉機暗害李定國；李定國看出了他的詭計，只好帶兵離開湖南，回到雲南。

孫可望野心勃勃，想逼迫永曆帝讓位。他知道要達到目的，首先要除掉李定國，就親自率領十四萬兵馬進攻雲南。哪裡想到，他手下的將士們恨透了他的分裂活動，在雙方交戰的時候，紛紛倒戈，孫軍一下就瓦解了。孫可望走投無路，就逃到長沙，投降了清軍。

南明政權經過孫可望叛亂，力量削弱了。西元1658年，清兵由降將吳三桂、洪承疇等率領，分三路向雲南、貴州進攻。李定國分三路阻擊，都失敗了，不得已，退回昆明。永曆帝和他的幾個親信官員驚慌失措，逃往緬甸去了。

永曆帝逃往緬甸後，李定國繼續在雲南邊境上徵集人馬，打擊清軍。他接連十三次派人去接永曆帝回國，永曆帝都不敢回來。

西元1661年十二月，吳三桂親自帶領十萬清兵開進緬甸，逼迫緬甸交出了永曆帝，並將其處死。這樣，南明政權才徹底滅亡。

李定國艱苦抗清十多年，沒有實現他的願望，終於憂憤而死。臨死的時候，他對他的兒子和部將說：「寧可死在荒野，也不能投降啊！」

「正黃旗護軍統領印」
印文　清　▲

中華上下五千年

札薩克寶座　清　▲

435

康熙帝削藩

康熙帝半身朝服像　▲

　　南明最後一個政權滅亡的同年，順治帝病死，他的兒子玄燁（音 ㄧㄝˋ）即位，這就是清聖祖，歷史上稱為康熙帝。

　　康熙帝即位時，年僅八歲。順治帝遺詔，由四個滿族大臣幫助他處理國事，叫做輔政大臣。四個輔政大臣中，掌握兵權的叫鰲拜，他欺負康熙帝年幼，獨斷專行。

　　康熙帝滿十四歲的時候，親自執政。這個時候，另一個輔政大臣蘇克薩哈和鰲拜發生了爭執。鰲拜便勾結同黨誣告蘇克薩哈犯了大罪，奏請康熙帝處死蘇克薩哈，康熙帝不肯批准。鰲拜在朝堂上揎（音 ㄒㄩㄢ）起袖子，拔出拳頭，跟康熙帝爭了起來。康熙帝想到鰲拜勢力太大，只好忍耐，由他把蘇克薩哈殺了。

　　從那以後，康熙帝決心除掉鰲拜。他派人物色一批健壯有力的十幾歲的貴族子弟擔任侍衛。康熙帝把他們留在身邊，天天練摔跤。

　　鰲拜進宮時，常常看到這些少年吵吵嚷嚷地在御花園裡摔跤，只當是孩子們鬧著玩，並不在意。

　　有一天，鰲拜接到康熙帝召見的命令，要他單獨進宮商量國事。鰲拜像平常一樣大模大樣地進宮去。剛跨進內宮的門檻，忽然一群少年擁了上來，將他圍住，有的擰胳膊，有的拉大腿，一下子就把他打翻在地。任憑他大喊大叫，也沒有人搭救他。

　　把鰲拜抓進大牢後，康熙帝馬上讓大臣調查鰲拜的罪行。大臣們認為，鰲拜獨斷專橫，擅殺無辜，罪惡累累，應該處死。康熙帝從寬發落，革了鰲拜的官爵。

康熙帝除掉鼇拜，朝廷裡一些驕橫的大臣知道了這個年輕皇帝的厲害，就不敢在他面前放肆了。

康熙帝親自執政後，大力整頓朝政，使新建立的清王朝漸漸強盛起來。但是，南方的三個藩王卻成了康熙帝的一塊心病。

這三個藩王是投降清朝的明軍將領，一個是引清兵入關的吳三桂，一個是尚可喜，一個是耿仲明。因為他們幫助清朝消滅南明，鎮壓農民軍有功，清廷便封吳三桂為平西王，駐防雲南、貴州；尚可喜為平南王，駐防廣東；耿仲明為靖南王，駐防福建，合起來叫做「三藩」。三藩之中，數吳三桂勢力最大。

康熙帝知道要統一政令，三藩是很大的障礙，一定削弱他們的勢力。他找來大臣們商議撤藩，可大臣們怕撤藩會引起反叛，都有顧慮。

康熙帝果斷地說：「吳三桂早有野心。撤藩，他要反；不撤，他遲早也要反。不如先發制人。」接著，就下詔撤藩。詔令一下，吳三桂果然暴跳如雷。他自以為是清朝開國老臣，現在年紀輕輕的皇帝居然撤他的權，便決定造反。

吳三桂在西南一帶勢力強大，一開始，叛軍打得很順利，一直打到湖南。他又派人跟廣東的尚之信（尚可喜的兒子）和福建的耿精忠聯繫，約他們一起反叛。這兩個藩王有吳三桂撐腰，也反了。歷史上把這件事稱做「三藩之亂」。

康熙帝並沒有被他們嚇倒，一面調兵遣將，集中兵力討伐吳三桂；一面穩住尚之信、耿精忠，停止撤銷他們的藩王稱號。尚之信、耿精忠一看形勢對吳三桂不利，又投降了。

吳三桂開始打了一陣子後，力量漸漸削弱，處境十分孤立。經過八年戰爭之後，他自己知道無力回天，連悔帶恨，生了一場大病死了。

清軍平定叛亂勢力，統一了南方。正當朝廷慶賀平定叛亂告捷的時候，在東北邊境又傳來沙皇俄國侵犯邊境的消息。

靖南王章印及印文　▲

雅克薩的勝利

康熙帝半身像 ▲

　　明朝末年，明、清雙方正在交戰。沙皇俄國趁機向我國黑龍江地區進犯。他們掠奪財物，殺害人民。直到清朝穩定了局勢，才派兵打擊沙俄侵略軍，收復了被俄國佔領的黑龍江北岸的雅克薩（在今黑龍江呼瑪西北，漠河以東的黑龍江北岸）。

　　康熙帝為了平定三藩，把大批兵力調到西南去。有個俄國逃犯帶了八十四名匪徒逃竄到中國雅克薩，在那裡築起堡壘，到處搶掠。他們把搶來的貂皮獻給沙皇。沙皇不僅赦免了逃犯的罪，還任命為首的歹徒做雅克薩長官，想永遠霸佔我國土地。

　　康熙帝平定了三藩之亂後，聽到東北邊境遭到侵犯，便親自來到盛京，派將軍彭春、郎談藉打獵為名到邊境偵察。

　　康熙帝作好進攻的準備之後，派人送信給雅克薩的俄軍首領，命令他立刻退出雅克薩。沙俄軍不但不肯退出，反而向雅克薩增兵，跟清朝對抗。於是，康熙帝發布了進軍的命令。

　　西元1685年，康熙帝派彭春為都統，率領水、陸兩軍一萬五千人，浩浩蕩蕩開到雅克薩，把雅克薩城圍了起來。

　　雅克薩城堡十分牢固。彭春觀察了地形之後，一面在城南築起土山，讓兵士站在土山上往城裡放弩箭；一面在城北隱蔽地方放好了火炮，乘城北敵人不備，突然開起炮來。炮彈在城頭呼

康熙帝大閱兵之盔甲 ◀

嘯著飛向城裡，敵人的城樓被炮彈擊中，熊熊燃燒了起來。

天色放亮後，清軍又在城下堆起柴草，準備放火燒城。俄軍首領嚇壞了，慌忙在城頭上扯起白旗投降。

按照康熙帝的事前吩咐，彭春全部釋放了投降的俄軍，勒令他們撤回本土。俄軍首領托爾布津猶如喪家之犬，帶著殘兵敗將跑了。

俄軍撤走後，彭春命令兵士拆毀雅克薩城堡，讓百姓回來耕種。隨後，帶著軍隊回到璦琿城。

但是，失敗的俄軍首領並沒有死心，他們聽說清軍撤走了，就又帶兵溜回雅克薩，把城堡修築得更加堅固。

消息傳到北京，康熙帝決定把侵略軍徹底消滅。第二年夏天，黑龍江將軍薩布素向雅克薩進軍。清軍將士想到從他們手裡放走的敵人又來了，恨不得馬上消滅他們。這一次，清軍的炮火更加猛烈。守城首領托爾布津也中彈死了；剩下的一批俄軍不得不躲到地窖裡，但是沒多久，病的病，死的死，最後只剩下了一百五十個人。

沙俄政府慌忙派使者趕到北京，要求談判。

西元1689年，清政府派出代表索額圖，與沙俄政府代表戈洛文在尼布楚舉行和談，簽定了《尼布楚條約》。條約劃分了兩國邊界，肯定了黑龍江和烏蘇里江流域的廣大地區都是中國領土。

御用雙筒火槍　清　▲

三征噶爾丹

在《尼布楚條約》簽訂後的第二年，沙俄政府不甘心失敗，又唆使準噶爾（蒙古族的一支）的首領噶爾丹向漠北蒙古進攻。

那時，蒙古族分為漠南蒙古、漠北蒙古和漠西蒙古三個部分。除了漠南蒙古已歸屬清朝外，其他兩部也都向清朝臣服了。準噶爾部是漠西蒙古的一支，本來在伊犁一帶過著游牧生活。自從噶爾丹統治準噶爾部以後，他先兼併了漠西蒙古的其他部落，又向東進攻漠北蒙古。漠北蒙古人逃到漠南，請求清朝政府保護。康熙帝派使者到噶爾丹那裡，叫他把侵佔的地方還給漠北蒙古。噶爾丹依仗沙俄撐腰，不但不肯退兵，還大舉進犯漠南。

康熙帝決定親征噶爾丹。西元1690年，康熙帝兵分兩路：左路由撫遠大將軍福全率領，從古北口出兵；右路由安北大將軍常寧率領，從喜峰口出兵，康熙帝親自帶兵在後面坐鎮。

右路清軍先與噶爾丹軍遭遇慘敗。噶爾丹的軍隊長驅直入，一直打到離北京只有七百里的烏蘭布通（今內蒙古昭烏達盟克什克騰旗）。噶爾丹得意洋洋，還派使者向清軍索要他們的仇人。

康熙帝命令福全出擊。清軍用火炮火槍猛烈轟擊敵陣，步兵騎兵一起衝殺過去。福全

御用撒袋　清　▲
撒袋，盛了箭的皮套。

烏蘭布通古戰場遺址　▲

《北征督運圖》　清　▼

又派兵繞到山後夾擊，把叛軍殺得七零八落，紛紛丟寨逃走。

噶爾丹回到漠北，表面向清朝政府屈服，實際上重新招兵買馬，還暗地裡派人到漠南煽動叛亂。

西元1696年，康熙帝第二次親征，兵分三路出擊：黑龍江將軍薩布素從東路進兵；大將軍費揚古率陝西、甘肅軍兵，從西路出兵，截擊噶爾丹的後路；康熙帝親率中路軍，從獨石口出兵。三路大軍約定日期同時進攻。

康熙帝的中路軍到了科圖，遇到了敵軍前鋒，但東西兩路還沒有到達。這時候，有人傳言沙俄要出兵幫助噶爾丹。隨行的一些大臣害怕起來，勸康熙帝退兵。康熙帝氣憤地說：「我這次出征，還沒有見到叛賊就退兵，怎麼向天下人交代？再說，我中路一退，叛軍全力對付西路，西路不是更危險了嗎？」

康熙帝決心已定，繼續進兵克魯倫河，並且派使者去見噶爾丹，告訴他康熙帝親征的消息。噶爾丹在山頭望見清軍黃旗飄揚，軍容整齊，便連夜拔營逃走了。康熙帝一面派兵追擊，一面派快馬通知西路軍大將費揚古，讓他們在半路上截擊。

噶爾丹帶兵奔走了五天五夜，到了昭莫多（在今蒙古人民共和國烏蘭巴托東南），正好與費揚古軍相遇。費揚古在樹林茂密的地方設下埋伏，然後派先鋒把叛軍引到預先埋伏的地方，叛軍一到，便前後夾擊。叛軍死的死，降的降。最後，噶爾丹只帶了幾十名騎兵逃走了。

經過兩次大戰，噶爾丹叛亂集團土崩瓦解。但是噶爾丹不聽康熙帝的勸告，繼續頑抗。隔了一年，康熙帝又帶兵渡過黃河親征。這時候，噶爾丹原來的根據地伊犁，已被他侄兒策妄阿那布坦佔領；他的左右親信聽說清軍來到，紛紛投降。噶爾丹走投無路，就服毒自殺了。

從那以後，清政府重新控制了阿爾泰山以東的漠北蒙古，分封了當地蒙古貴族稱號和官職。隨後，又在烏里雅蘇台設立將軍，統轄漠北蒙古。

後來，噶爾丹的侄兒策妄阿那布坦攻佔了西藏。西元1720年，康熙帝派兵遠征西藏，驅逐了策妄阿那布坦，護送達賴喇嘛六世回藏。以後，清政府又在拉薩設置駐藏大臣，代表中央政府與達賴、班禪共同管理西藏。

威遠將軍炮　清　▲

441

文字獄

康熙帝便裝寫字像 ▲

清朝統治者對明朝留下來的文人採取兩種手段：對於服從統治的文人，採取招撫的辦法；對於不服統治的，採取嚴厲的鎮壓。就在康熙帝即位的第二年，有官員告發，浙江湖州有個叫莊廷鑨的文人，私自召集文人編輯《明史》，裡面有攻擊清朝統治者的語句。這時候，莊廷鑨已死去。朝廷下令，開莊廷鑨棺材戮屍，把他的兒子和寫序言的、賣書的、刻字的、印刷的以及當地官吏，處死的處死，充軍的充軍。這個案查下去，一共株連了七十多人。

由於這類案件完全是因寫文章引起的，所以就叫作「文字獄」。

康熙帝死後，他的第四個兒子胤禛（音 ㄧㄣ ㄓㄣ）即位，這就是清世宗，又稱為雍正帝。在雍正帝的統治下，文字獄更多更嚴重了。其中最出名的是呂留良事件。

呂留良也是一個著名學者。明朝滅亡以後，他參加了反清鬥爭。失敗後，就在家裡收學生教書。有人推薦他做官，他堅決拒絕了。官員勸他不聽，也沒用，後來他索性跑到寺院裡，剃髮當了和尚。呂留良當了和尚以後，就躲在寺院裡著書立說，書裡有反對清朝統治的內容。後來，呂留良死了，他的書也沒有流傳開去。

有個叫曾靜的湖南人，偶然見到呂留良的文章，對呂留良的學問十分敬佩，就派學生張熙從湖南跑到呂留良的老家浙江，打聽他遺留下來的文稿。

張熙到浙江後，不但打聽到了文稿的下落，還找到

清聖祖康熙書法 ▲

了呂留良的兩個學生。張熙跟他們一談，彼此很談得來。他向曾靜彙報後，曾靜就約兩人見了面，四個人議論起清朝統治，都十分憤慨。大家就秘密商量推翻清王朝的辦法。

他們知道，光靠幾個讀書人成不了大事。後來，曾靜打聽到擔任陝甘總督的漢族大臣岳鍾琪握有重兵。他想，要是能勸說岳鍾琪反清，就大有成功的希望。曾靜寫了一封信，派張熙去找岳鍾琪。岳鍾琪接見了張熙，拆開來信，一看是勸說他反清的，大吃一驚，隨後就上報了朝廷。

雍正帝接到報告後，氣急敗壞，立刻下命令把這幫書生解送到北京，嚴刑審問。

最後，案子又牽連到呂留良家。呂留良已經死了，雍正便命人把呂留良的墳刨了，棺材劈了，還覺得不夠解恨，又把呂留良的後代和他的兩個學生滿門抄斬。另外還把不少敬佩呂留良的讀書人株連進去，罰到邊遠地區充軍。

除了這樣真是由反對朝廷的活動引起的案子之外，有不少文字獄，完全是牽強附會，或是挑剔文字過錯惹出的大禍。有一次，翰林官徐駿在奏章裡，把「陛下」的「陛」字錯寫成「狴」（音ㄅㄧˋ）字，雍正帝見了，馬上把徐駿革職。後來派人一查，在徐駿的詩集裡找出了兩句詩：「清風不識字，何事亂翻書」，便挑剔說這「清風」指的就是清朝。這樣一來，徐駿犯了誹謗朝廷的罪，把性命也丟掉了。

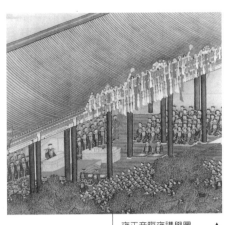

雍正帝臨雍講學圖 ▲

雍正帝在位期間曾多次到國子監講學，努力做到讓文化為專制統治服務。

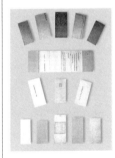

雍正帝朱批奏摺 ▲

呂留良畫像 ▶

乾隆帝禁書修書

乾隆皇帝朝服像 ▲

清王朝經過康熙、雍正兩朝的經營，經濟發展很快。到雍正帝兒子清高宗弘曆（也叫乾隆帝）在位的時候，已經可以稱得上國富民強了。清朝初期的文治武功（也就是文化和武力的統治），在這個時期都達到了鼎盛。

西元1757年，原來已歸服清朝廷的準噶爾貴族阿睦爾撒納發動叛亂。乾隆帝派兵兩路進攻，平定了叛亂。

乾隆帝跟他祖父、父親一樣，不僅注意武功，還十分重視文治。他一面繼續招收文人學者做官；一面又大興文字獄，鎮壓有反清嫌疑的文人。乾隆時期文字獄之多，大大超過了康熙、雍正兩朝。

但是，乾隆帝明白，光靠文字獄來實行文化統治去不了根，還有成千上萬的書籍貯藏在民間。如果裡面有不利於他們統治的內容，那就無可奈何了。

後來，他想出一個一舉兩得的辦法，就是集中全國的藏書，來編輯一部規模空前巨大的叢書。這樣做，一來可以進一步籠絡大批知識份子，顯示皇帝重視文化；二來藉這個機會正好可以把民間藏書統統審查一下。

西元1773年，乾隆帝正式下令開設四庫全書館。派了一些皇親國戚和大學士擔任總管，那些皇親國戚大多是掛名監督的。真正擔任編纂官的都是當時一些有名的學者，像戴震、姚鼐（音 ㄋㄞˋ）、紀昀（音 ㄩㄣˊ）等人。要編纂的那套叢書名稱就叫《四庫全書》。

要編這樣一套規模巨大的叢書，先得收集大量的書籍。乾隆帝下了命令，叫各省官員搜集、收購各種圖

斗彩花卉菊瓣尊 清 ▲

書，並且定出了獎勵辦法，私人進獻圖書越多，獎勵越大。這道命令一下，各地圖書便源源不絕送到北京。兩年之中，就聚集了二萬多種，再加上宮廷裡收藏的大量圖書，數量就很可觀了。

書收集得差不多了，乾隆帝就下令四庫全書館的編纂官員對圖書進行認真檢查。凡是有「違礙」（對清統治者不利）字句的，一律毀掉。經查發現在明朝後期的大臣奏章裡，提到清皇族的上代，不那麼尊重，乾隆帝認為這是很不體面的，就下令把這類圖書一概燒毀。據不完全統計，在編《四庫全書》的同時，被查禁燒毀的圖書也有三千多種。

後來，這部規模巨大的《四庫全書》終於編出來了。編纂者們對大批圖書進行編輯、校勘、抄寫，足足花了十年工夫，到西元1782年正式完成。這套叢書共收圖書三千五百零三種，七萬九千三百三十七卷。不論乾隆帝當初的動機怎樣，這部書對後代人研究中國古代豐富的文化遺跡，畢竟是一項重大而珍貴的貢獻。

紀昀畫像　清　▲

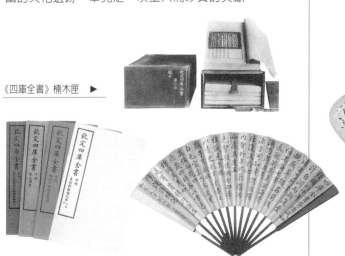

《四庫全書》楠木匣　▶

《四庫全書》書影　▲

御製文津閣作歌扇　清　▲

和田青玉鏤雕　▲
荷蓮紋香囊　清

曹雪芹寫《紅樓夢》

曹雪芹像 ▲

大觀園圖（局部） 清 ▲

乾隆帝連年用兵，又六次巡遊江南，搞得國庫日漸空虛。再加上官吏貪污浪費成風，弄得國勢漸漸衰弱下來。

就在這期間，京城流傳著一本小說，名叫《紅樓夢》。這本書的作者就是曹雪芹。

曹雪芹原來是一個貴族家庭的子弟。他的曾祖曹璽曾經是康熙帝跟前的紅人，後來被派到南方當江寧織造。江寧是南方比較富裕的地方，織造是專替皇族辦服裝的，是個攢錢的差使。曹璽死後，曹雪芹的祖父曹寅、父親曹頫（音 ㄈㄨˇ）襲位，一家三代前後做了六、七十年織造官，這樣一來，家產越積越多，成了一個豪門。

雍正帝即位後，因為皇室內部的矛盾，牽連到曹家，曹頫不但被革了職，家也被查抄了。那時候，曹雪芹是個十歲的孩子，已經懂事，家庭遭到這樣大的災難，給他幼小的心靈打擊很大。

父親丟了官，在江寧立不了足，只好回到北京老家。同時，生活越來越貧困，家庭的災難又接連不斷地發生，到後來，父親曹頫也死了。生活愈加困頓的曹雪芹只好搬到北京西郊，在幾間簡陋的屋子裡讀書。有時候，糧食不夠吃，只好喝點薄粥充饑。

曹雪芹住在郊外，接觸了一些窮苦百姓，再想起小時候家裡的豪華生活，免不了生出許多感觸。後來，他便根據自己親身體驗寫出了一部反映當時社會生活的小說——《紅樓夢》。

曹雪芹在《紅樓夢》裡，寫了一個貴族大家庭——

賈家從興盛到衰落的故事。在那個貴族家庭裡，多數是一些揮霍享樂、放債收租的寄生蟲。有些人表面上道貌岸然，內心骯髒刻薄。小說裡的主人翁、賈家的公子賈寶玉和他的表妹林黛玉是一對嫌惡貴族習氣、反對封建禮教的青年。在那個環境裡，他們想擺脫舊禮教的束縛，但不能成功。結果林黛玉受盡歧視，生病死去；賈寶玉也離家出走。而那個貴族大家庭，在享盡榮華富貴之後，也像腐朽的大廈一樣倒塌了。

怡紅夜宴圖　清　▲

曹雪芹用充滿同情的筆調描寫了這一對青年男女和一些受壓迫凌辱的婢女，又滿懷氣憤地揭露了封建統治階級的腐朽和罪惡。

曹雪芹在北京西郊，花了十年時間寫這部小說，辛勞和困苦把他折磨得衰弱不堪。當他寫完八十回的時候，他的一個心愛的孩子得病夭折。曹雪芹經受不住這個打擊，終於扔下了他沒有完成的著作，離開了人世。

曹雪芹死後，他的小說稿本經過朋友們傳抄，漸漸流傳開來。讀了這本小說的人，又是讚賞，又是感動。但是對這樣傑出的著作沒有全部完成，總覺得是一件憾事。後來，有一個叫高鶚（音 ㄜˋ）的文學家，又續寫了四十回，使《紅樓夢》成了一部結構完整的小說。

《脂硯齋重評石頭記》書影　▲

小說《紅樓夢》經過一再傳抄、翻印，越傳越廣。直到現代，大家仍公認它是中國古代最傑出的長篇小說。人們不但欣賞它的高超的藝術成就，而且還從那裡了解到中國封建社會歷史和社會狀況。

大觀園全景圖　清　▼

大貪官和珅

乾隆皇帝半身朝服像 ▲

乾隆帝做了六十年皇帝，在文治武功方面很有作為，覺得意得志滿，驕傲起來。他越來越喜歡聽頌揚的話。於是，就有個人用討好奉承的手段取得他的寵信，掌握了大權，這個人就是和珅。

有一次，乾隆帝要外出巡視，叫侍從官員準備儀仗。官員一下子找不到儀仗用的黃蓋，乾隆帝十分生氣，問：「這是誰做的好事？」

官員們聽到皇帝責問，嚇得說不出話來。有個青年校尉，在一旁鎮定地說：「管事的人不能推卸責任。」

乾隆帝側過臉一看，是個眉目清秀的校尉，乾隆帝心裡高興，忘了追問黃蓋的事，問他叫什麼名字。那青年校尉回答說叫和珅。乾隆帝又問他一些其他問題，和珅也對答如流。

乾隆帝十分欣賞和珅，馬上宣佈讓他總管儀仗，以後又讓他當御前侍衛。和珅是個非常伶俐的人，乾隆帝要做的事，他件件都辦得稱乾隆帝的心；乾隆帝愛聽好話，和珅就盡說順耳的。日子一久，乾隆帝就把和珅當作了親信，和珅從此步步高升。十年之間，他從一個侍衛提升到了大學士。後來，乾隆帝還把他女兒和孝公主嫁給和珅的兒子。和珅跟皇帝攀上了親家，權勢就更加顯赫了。

銀鍍金渣斗 清 ▲

和珅掌了大權，別的大事他沒心思管，只對搜刮財富感興趣。他不但接受賄賂，還公開勒索；不但暗中貪污，還明裡搶奪。地方官員獻給皇帝的貢品，都要經過和珅的手。和珅先挑最精緻稀罕的東西留給自己，挑剩下來的再送到宮裡去。好在乾隆帝不查問，別

粉彩鏤空蓋盒 清 ▲

人也不敢告發，他的貪心就越來越大了。

　　和珅利用他的地位權力，千方百計搜刮財富，一些朝臣和地方官員，摸透了他的脾氣，就使勁搜刮珍貴的物品去討好他。大官壓小吏，小吏又向百姓壓榨，百姓的日子自然也就不好過了。

　　乾隆帝在做了六十年皇帝後，傳位給太子永琰，這就是清仁宗，又稱為嘉慶帝。

　　嘉慶帝早知道和珅貪贓枉法的情況。過了三年，等乾隆帝一死，嘉慶帝馬上把和珅逮捕起來，賜他自殺；並且派官員查抄他的家產。

　　和珅的富有，本來是出了名的，但是抄家的結果，還是讓所有的人大吃一驚。一張長長的抄家清單上，記載的金銀財寶，稀奇古董，多得數不清，粗略估算一下，大約值白銀八億兩之多，抵得上朝廷十年的收入。後來，那些查抄出來的大批財寶，都讓嘉慶帝派人運到宮裡去了。於是，民間就有人編了兩句順口溜：和珅跌倒，嘉慶吃飽。

和珅像　　　　　　　▲

價值連城的清代宮廷　▲
餐具

五彩加金鷺鷥荷花紋　▲
鳳尾尊　清

和珅府花園蝠廳舊址　▶
清

民族英雄林則徐

虎門銷煙池紀念碑 ▲

虎門海防大炮　清　▲

清軍廣東水師戰船模型 ▲

　　在乾隆、嘉慶在位期間，清朝的國力開始由強盛走向衰弱。與此同時，英、美、法等國正逐漸完成工業革命，資本主義需要廣闊的商品市場和原料產地，英國首先將目光投向了中國。

　　由於中國是自給自足的自然經濟，英國只得借助於鴉片貿易來扭轉巨大的貿易逆差。到了道光年間，吸食鴉片已成為危及中華民族存亡的禍患。面對這種局面，以林則徐為代表的官員，大聲疾呼徹底消滅煙毒。道光帝也感到吸食鴉片的危害，決定派林則徐赴廣東禁煙。

　　林則徐是福建侯官（福州）人，他的父親林賓日是個以教書為業的秀才。林則徐二十七歲那年被選為翰林院庶吉士。在京時期，他與南方出身的清流派小京官結成文學團體「宣南詩社」，社友中有陶澍、黃爵滋、龔自珍等人。他們之間常常議論時局，討論治世的學問，這自然為林則徐日後出任封疆大吏，建立斐然政績打下了良好的基礎。

　　這一次，道光帝任命林則徐為欽差大臣，節制廣東水師，到廣州海口查辦鴉片走私案件。林則徐不敢怠慢，水陸兼程，趕赴廣州。他會同兩廣總督鄧廷楨，在

廣東海岸圖 ▲
清

欽差行轅傳見十三行洋商。原來清朝只允許廣州一口十三行官商與洋人貿易，而這些官商常暗中走私鴉片，中飽私囊。林則徐一到，便嚴厲地審問他們。

英國駐華商務監督義律一向認為中國官吏是雷聲大，雨點小，準備採取拖延手段。而林則徐嚴正表示：「鴉片一日不杜絕，我便一日不回朝廷。」並下令對負隅頑抗的英國鴉片商人採取一些制裁手段。義律黔驢技窮，無可奈何，只得下令讓英國鴉片販子向中國政府繳煙。

林則徐定在虎門外的龍穴島銷煙。後來擔心節外生枝，銷煙地點又改到沙角。

林則徐畫像　▲

銷煙這天，林則徐、鄧廷楨等人親臨虎門視察，只見銷煙池池水沸騰，煙霧瀰漫，頃刻間鴉片化為渣沫黑煙。

為了對林則徐的虎門銷煙實施報復，更為了打開中國的市場，英國從本土和印度調派了遠征軍，向中國進攻。西元1840年六月，英艦到達珠江口，因林則徐防範嚴密，英軍無隙可乘，便北上攻陷浙江定海，又直逼天津大沽口。以穆彰阿為首的投降派攻擊林則徐，將英軍來犯的原因全都推在林則徐身上。不久，林則徐便被革職，充軍到新疆伊犁。西元1842年，英國封鎖瓜州，攻陷鎮江，兵艦直駛南京下關。這時候，昏庸無能的清政府與英國簽訂中國近代史上第一個不平等條約──《南京條約》，中國從此開始淪為半殖民地半封建社會。

西元1845年十月，林則徐獲赦復職。此後，他又擔任了陝甘總督、雲貴總督的官職。

西元1850年，洪秀全組織反清運動，道光帝得知後，慌忙召林則徐入京，但這時的林則徐已重病在身，無法受命了。第二年，洪秀全起義爆發了。

林則徐書法　▲

太平天國

英國人用鴉片掠奪中國，又用炮艦保護了罪惡的鴉片貿易。《南京條約》簽訂後，外國貨如潮水般湧入中國，清政府也為支付戰爭賠款，加重了對人民的剝削，廣東首當其衝。不久，太平天國起義在兩廣地區爆發了。領導起義的首領就是洪秀全。

洪秀全出生在廣東省花縣的一個中農家庭裡。他七歲時，到村中私塾讀書，由於天性好學，聰明過人，到了十八歲，他在史學和文學方面的造詣已經遠近聞名了。後來，他父母相繼死去。服孝期滿後，他來到府城廣州趕考，結果名落孫山。1843年，他重整旗鼓又赴廣州考秀才，結果仍然落榜。

洪秀全在廣州應試期間，曾得到一本基督教的宣傳品《勸世良言》，他無意中翻閱之後，覺得書的內容十分新奇，便認真研讀起來。

西元1843年七月，洪秀全約合了老同學馮雲山和族弟洪仁玕，來到官祿布村外一條叫石角潭的小河，跳進水中，洗淨全身，這是依照基督教行「洗禮」儀式。此後，三人結為一個秘密的團體——拜上帝會。洪秀全稱自己是上帝的次子，耶穌是上帝的長子，他相信這種舶來的新教將會吸引許多信眾。

洪秀全塑像　　　　▲

太平天國聖寶　　▶

洪秀全建立拜上帝後做的第一件事，就是砸毀了家裡的孔、孟牌位，然後便和馮雲山赴廣西紫荊山區傳教。洪秀全等到組織基本建立後回到廣東，開始了兩年多的著述活動。他寫了《原道救世歌》、《原道醒世訓》、《原道覺世訓》。在這些書裡，他闡發了農民的平等和平均思想，第一次提到社會上的兩大對立面：正義與邪惡。

與此同時，馮雲山在紫荊山區燒炭工人中發展會員，很快會員就發展到數千人，初步形成了以洪秀全、馮雲山、楊秀清、蕭朝貴、石達開、韋昌輝等人為首的領導核心。

西元1850年正月，清宣宗旻寧病死，咸豐皇帝即位，歷史上稱為清文宗。當年七月，洪秀全下令各地會友在十月四日前到桂平縣金田村集合，並計劃在洪秀全三十八歲生日那天舉行武裝起義。

拜上帝會在各地的會員接到命令後，向金田聚集。很快，人數就超過了二萬。一天，洪秀全、馮雲山正在花洲山人胡以晃家中密謀起義，官府得知這一消息，派兵包圍了那裡。楊秀清等人聽說後立即派兵救援，並全殲了敵人。這就是太平天國史上著名的「迎主之戰」。

西元1851年一月十一日，太平軍按原定計劃舉行隆重儀式，正式宣佈起義。由此，太平軍揭開了縱橫十八省、堅持十四年的農民革命戰爭的序幕。

丹鳳朝陽天王繡花帳 ▲
清

太平軍斬刀　　　　　▲

翼王大渡河敗亡

太平天國緊急公文
封戳「雲馬圓戳」 ▲

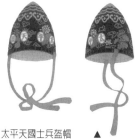
太平天國士兵盔帽 ▲

太平軍起義後，勢如破竹，把清軍打得抱頭鼠竄，革命形勢一片大好。可是沒幾年，太平軍發生了內訌，石達開奉命從湖北前線趕回天京。

石達開到天京後，洪秀全封他為聖神電通軍主將，實際上是接替楊秀清的位置，總理天國軍政大事。但遭遇楊秀清逼封萬歲之後的洪秀全，對石達開心存戒心，又封了自己的兄弟洪仁達和洪仁發為安、福二王，以牽制和削弱石達開的勢力。

不久，石達開憤而出走，還帶去十幾萬的太平軍。他先在江西、福建等地轉戰，後來率領隊伍開向湘桂川一帶活動。此後，軍心開始渙散，漸漸陷入困境。先是衛輝應、張志公、魯子宏等人叛變投敵，部分人因思念親人和條件艱苦也離開隊伍。後來，吉慶元、朱衣點等人因看不慣石達開的消沉和元宰張遂謀的專橫，率部回歸了洪秀全的統率之下。

《太平軍目》內頁 ▲

西元1863年，石達開的部隊在大渡河南岸的紫打地（今石棉縣安順場）被清軍及當地的反動土司圍困，陷入絕境。石達開知道突圍的可能性微乎其微，便以太平天國聖神電通軍主將翼王的身分，給松林地區的總領王千戶寫了一封信。信中闡明了自己戰鬥到底的立場，同時希望王總領以大局為重，認清形勢，早日退兵讓路。

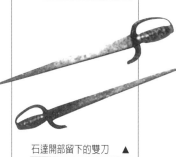
石達開部留下的雙刀 ▲

中華上下五千年

454

此後，他又親赴清營談判，請求四川總督駱秉章奏請太后，赦免士兵，願意務農的就放他們回家，願意就編入軍隊。駱秉章不僅拒絕了石達開的請求，還背信棄義地於當晚下令以火箭為號，襲擊了石達開的隊伍。一夜之間，二千多名起義軍官兵遭到血洗，僥倖逃出的寥寥無幾。

石達開被捕後被押往成都。他對審訊他的駱秉章說道：「成則為王，敗則為寇。今生是你殺我，怎麼會知道來生不是我殺你呢？」不久，他被凌遲處死。石達開從行刑開始到停止呼吸，昂然挺立，神情鎮定，沒有一點畏縮的表現，不發一聲痛苦的呻吟，連清兵都不得不感歎道：「真奇男子啊！」此時，石達開年僅三十三歲。

石達開遠征軍遺留在 ▲
江西的具銘大炮

太平軍「典金靴衙聽 ▲
使」號衣

四川瀘定大渡河 ◀

石達開第二次進入四川，在
清軍的追剿下兵敗於此。

455

那拉氏奪權

慈禧皇太后之寶璽及 ▲
璽文　清

慈禧太后油畫像　▲

石達開之死，預示了太平天國離覆滅不遠了。

西元1856年，第二次鴉片戰爭爆發了，英、法分別以亞羅號和馬神甫事件為藉口，組成聯軍對中國發動侵略戰爭，意在擴大對中國的侵略權益。西元1860年，英、法聯軍攻入北京，火燒圓明園。咸豐帝令恭親王奕訢擔任議和大臣，與英、法等國談判，屈辱地簽訂了《北京條約》。

咸豐在位的十年，內憂外患不斷：先是太平軍起義，然後是捻軍大亂淮泗；而英、法等國又乘機要挾，大動干戈；沙俄更是獅子大開口，一下子就割去了東北一百多萬平方公里的土地，甚至連滿洲帝國的發祥地也不放過。這真是愛新覺羅宗室的奇恥大辱啊！

在這種內憂外患的交迫下，咸豐帝身染重病，一病不起。

西元1861年七月，咸豐皇帝在多次昏厥之後，知道自己將要去世，便考慮托孤一事。他知道懿貴妃（就是慈禧）是權利欲極強的女人，而皇后鈕鈷祿氏（慈安皇后）沒有主見。為了防止出現女后專權的局面，他把輔政的重責交給協辦大學士、尚書肅順和怡親王載垣、鄭親王端華等八大臣。在他看來，八大臣聯手足以對付懿貴妃，即便是恭親王站在懿貴妃一邊也不怕。

奕訢舊照　▲

但是，由於咸豐留下了「御賞」、「同道堂」兩顆印章，便埋下了後宮垂簾聽政的禍根。

「御賞」、「同道堂」 ▲
璽及璽匣　清

原來「御賞」是咸豐帝賜皇后鈕鈷祿氏的私章，「同道堂」是咸豐帝賜給獨子載淳的私章。這兩枚私章成為皇權的象徵，咸豐皇帝的意思已十分明確，那就是說，用這兩顆印章來制約八大臣。

不久，八大臣上了一個極有利於懿貴妃的章疏：尊皇后鈕鈷祿氏為慈安皇太后；尊懿貴妃葉赫那拉氏為慈禧皇太后。

慈禧做了皇太后之後，權力欲望急劇膨脹，為舉行政變緊鑼密鼓地做著準備。

不久，慈禧與恭親王奕訢趁到熱河避暑山莊為咸豐帝弔喪之機，逮捕了肅順。肅順被抓的同一天，七大臣也在紫禁城被捕。

至此，咸豐皇帝任命的八位襄贊政務大臣，五個被革職，充軍發配到新疆。載垣、端華被賜自盡，肅順處斬。

辛酉政變標誌著那拉氏爬上了統治中國的最高寶座，這一年，她剛剛二十七歲。

鏨胎琺瑯象　清　▲

◀ 海晏堂遺址

英法聯軍攻入北京，縱火燒毀了這座號稱「萬園之園」的圓明園，僅留下幾處遺址，成為永遠的國恥象徵。

戊戌政變

光緒帝便裝半身像　▲

西元1895年到1898年，在中國發生了一場頗有聲勢的維新變法運動。到1898年，百日維新成為這次運動的高潮。然而，這一場改革觸動封建頑固派守舊勢力的利益。因此，百日維新一開始，圍繞頑固派和維新派的鬥爭便展開了。

慈禧太后首先逼迫光緒皇帝下令將翁同龢革職。翁同龢是光緒皇帝的親信大臣，在帝黨和維新派之間起著橋樑的作用，將他革職，就削弱了變法維新的力量。接著，慈禧太后逼迫光緒任命榮祿為直隸總督兼北洋通商大臣，統率北洋三軍，這實際上是把北京控制在她的手裡。慈禧太后又用光緒帝的名義，宣佈在西元1898年十月十九日去天津檢閱軍隊，準備到時發動政變，逼迫光緒帝退位。

在這危急的時刻，光緒帝便與維新派的主要人物商量，認為唯一能想到的辦法，就是依靠袁世凱的軍事力量。

袁世凱早年曾在天津小站督練新建的陸軍，當時做榮祿的部下，是北洋三軍中的重要將領，他的軍隊就駐紮在天津附近。當光緒帝皇位難保之時，譚嗣同挺身而出，表示願意冒險去找袁世凱，說服他出兵幫忙。

當天深夜，譚嗣同獨自到了袁世凱的寓所，拿出光緒帝的密詔，並將維新派的全部計劃也和盤托出，要袁世凱扶持光緒皇帝誅殺榮祿，消滅后黨。

慈禧太后像　▲

大學堂匾　清　▲

譚嗣同慷慨激昂地說：「今天只有你能救皇上。如果你願意，就請全力救護；如果你貪圖富貴，就請到頤和園告密，你可以升官發財！」

梁啟超舊照 ▲

康有為舊照 ▲

袁世凱正顏厲色地說：「你把我袁某看成什麼人了！皇上是我們共事的聖主，救駕的責任，你有，我也有！」

第二天，光緒帝召見了袁世凱，要他保護新政。退朝之後，袁世凱匆匆趕回了天津。一到天津，他就去向榮祿告密。榮祿得報後，連夜乘專車進京，趕往頤和園去向慈禧太后報告。袁世凱從這一叛變行動開始，飛黃騰達起來，他用維新派的鮮血，染紅了自己的頂戴。

清光緒黑緞拉鎖繡萬壽紅緞結頂帽 ▲

第二天凌晨，慈禧太后就帶著大批人馬，氣急敗壞地從頤和園趕到紫禁城，把光緒帝囚禁在中南海的瀛台。對外則宣佈光緒帝生病，不能親理政務，由慈禧太后「臨朝聽政」。同時，下令大肆搜捕維新派和傾向維新派的官員。百日維新期間推行的新政，除了京師大學堂等少數幾項措施以外，全部被廢除了。這一年，正是甲子紀年的戊戌年，所以，通常把這場政變稱為「戊戌政變」。

維新派領袖人物康有為得知消息後，從天津搭乘英國輪船逃往香港。梁啟超當天得到日本使館的保護，化裝逃往日本。

西元1898年九月二十八日，慈禧太后下令殺死譚嗣同、康廣仁、劉光第、林旭、楊銳、楊深秀六人，他們被稱為「戊戌六君子」。

至此，百日維新徹底失敗。

皇帝之寶璽及璽文　清 ▲

慈禧太后西逃

慈禧太后壽辰紀念郵票 ▲

慈禧太后聽政處—— ▲
頤和園樂壽堂

被戰爭破壞的天津街道 ▲

　　戊戌變法失敗後，清朝政府更加腐敗了。西元1900年，英、美、俄、德、法、意、日、奧八國聯軍入侵中國，並向北京進犯。七月十九日夜裡，炮聲急促起來，慈禧不敢入睡，坐在養心殿聽取軍情報告。忽然載漪慌慌張張地跑了進來，喊道：「老佛爺，洋鬼子打進來了！」接著，軍機大臣榮祿也驚慌失措地報告沙俄哥薩克騎兵已經攻入天壇。

　　慈禧慌忙召集王室親貴和軍機大臣，緊急商議撤離京師避難事宜。

　　七月二十一日凌晨，慈禧與光緒皇帝等皇室人員，換便衣乘馬車倉皇逃離京城。當時東直門、齊化門已被洋人攻下，慈禧一行從神武門出宮，經景山西街，出地安門西街向西跑。當隊伍到德勝門時，難民湧來。慈禧的哥哥桂祥率八旗護軍橫衝直撞一陣，才開出一條道來。

　　隊伍在上午像潮水一般到達頤和園，兩宮人員紛紛下車進入仁壽殿休息了一會。隨後，慈禧下令馬上出發。由皇室成員和一千多護駕人員組成的隊伍，馬不停蹄地一路向西急行軍。

　　慈禧一行，歷盡了顛沛之苦。沿途只能夜宿土炕，既無被褥，又無更換的衣服，更談不上御膳享用，僅以小米稀粥充饑。

　　一直到了西安後，安全和供應才有了保障。這時候，慈禧又開始擺起太后的架子了。同時，為了能早日「體面」地回京，她命令慶親王奕劻回京會同直隸總督李鴻章與各國交涉議和。

雖然國家已經面臨亡國的危險，但慈禧仍然要求地方官員供應她奢侈的貪欲。為了滿足慈禧一行在西安浩繁的開支，各省京餉紛紛解到，漕糧也改道由漢口經漢水、丹江運往陝西。據檔案文獻統計，至光緒二十七年二月初截止，解往西安的餉銀就高達五百萬兩，糧食一百萬石。

　　就御膳而言，仍分葷局、素局、飯局、茶局、點心局等，每局設管事太監一人，廚師數人至十餘人不等，統一由總管大臣繼祿管理。每天選菜譜百餘種，以致每天要花掉銀子二百兩。

　　為了討好列強，慈禧不斷發佈上諭：這次中國變亂，事出意外，以致得罪友邦，並不是朝廷的意思；對於那些挑起禍亂的人，清朝政府一定全力肅清，絕不姑息。這些話完全表明她要丟卒保帥，不惜一切代價討好列強。

　　慈禧為儘量滿足列強的心願，還以光緒的名義下罪己詔，奴顏十足地說：「量中華之物力，結與國之歡心。」

　　西元1901年八月十五日，《辛丑條約》簽訂，中國賠款白銀四億五千萬兩，這筆費用相當於清政府十二年的收入總和。《辛丑條約》的簽訂，標誌中國完全淪為半殖民地半封建社會。

　　「議和」告成，慈禧一行便於同年八月二十四日踏上返京的路途。這次歸返京城與逃出京城的情況卻大不一樣了。從西安起程時，百姓「伏地屏息」、「各設彩燈」歡送，數萬人馬按照京城鑾儀衛之制列隊行進，慈禧乘坐八人抬大轎，轎前有御前大臣及侍衛，後面是三千多輛官車，裝著慈禧及王公大臣的行裝及土特產，浩浩蕩蕩如同打勝仗般凱旋。

　　同年十一月二十八日，慈禧、光緒帝等人回到了北京，京城地方官動用了大量財力和人力，將御道裝飾一新。但入城的氣氛叫人感到壓抑，沿途大街上除了亂哄哄的八國聯軍官兵圍觀外，跪迎慈禧回鑾的官員百姓沒有幾個。經歷浩劫的京城已經再也打不起精神，來迎接這個禍國殃民的國賊了。

八國聯軍侵華總司令 ▲
瓦德西

德國駐華公使克林德 ▲

此人在北京街頭隨意槍殺義和團國民，激起公憤，後與清軍巡邏隊發生衝突，被擊斃。

監國攝政王寶璽及璽
文　清　　　　　　▲

釉裡紅夔鳳紋瓶　清　▲

幼年溥儀舊照　　　▶

 # 末代皇帝

　　光緒在位三十四年，最終抑鬱而死。他「駕崩」兩個時辰後，醇親王載灃被宣入中南海，跪在西太后的幃帳前。

　　慈禧開口說：「載灃，你得了兩個兒子，這是值得喜慶的事。光緒晏駕，我又在病重之中。現國家有難，朝廷不可一日無君，我決定立你的長子溥儀為嗣，繼承皇位，賜你為監國攝政王！」向來懦弱的載灃，聽了這番話，如五雷轟頂，手足無措，不知該怎麼辦才好，只是反覆念叨說：「溥儀僅僅三歲，溥儀僅僅三歲……」慈禧馬上勸慰說：「這是神意，也是列祖列宗牌位前卜卦請准了的！明天，你將溥儀帶進宮，舉行登基儀式。」

　　西太后的決定傳到醇王府，醇王府有如晴天霹靂。溥儀的祖母不等念完諭旨就昏了過去。剛甦醒過來，便一把奪過溥儀，緊緊抱在懷裡，一把鼻涕一把淚地說：「你們把自家的孩子（指光緒）弄死了，卻又來要咱的孫子，這回咱是萬萬不能答應的！」

　　對於西太后的歹毒，她是領教過的，所以她止不住地哭鬧著，不忍心讓孫子再落入西太后的魔掌。後來，府中的人不得不把她扶走。這時候接皇帝的內監要抱溥儀走，但三歲的溥儀見到這些男不

男、女不女的生人，拼命地掙扎，他一點也不管「諭旨不可違」的說教，連哭帶打不讓太監抱。於是，太監們一商量，決定由載灃抱著「皇帝」，帶著乳母一起去中南海。

1908年十月，一群太監將溥儀帶入皇宮，第二天，西太后便一命嗚呼了。又過了一個多月，也就是十二月二日，舉行了隆重的皇帝登基大典。

登基大典開始時，不滿三周歲的溥儀，坐在皇帝的龍床寶座上，竟哇哇地大哭起來。他父親載灃側身坐在龍床上，雙手扶著他，叫他不要再哭鬧。

攝政王載灃像　▲

根本還不懂事的溥儀，見那些文武百官不斷地磕頭，高呼：「萬歲、萬歲、萬萬歲」，加之山崩地裂般的鑼聲、鼓聲、鐘聲，更加害怕，哭聲也更大了。載灃覺得在這樣的盛典上，皇帝卻哭鬧不止，太不像話，心中一急，不由脫口而出，叫道：「就快完了！就快完了！馬上回老家了！一完就回老家了！」

話一出口，文武官員們不由得竊竊私語起來：「怎麼說是『快完了』呢？說要『回老家』是什麼意思呢？」回滿族老家？不就是結束二百七十年的滿人統治嗎？

大清銀行百元兌換券　▲

載灃這一番話，竟不幸得到了應驗。到了西元1911年，溥儀當皇帝不到三年，辛亥革命就爆發了，在重重壓力下，隆裕皇太后不得不替溥儀宣佈退位，大清帝國就此宣告滅亡了。

清帝退位詔書　◀

國家圖書館出版品預行編目資料

中華上下五千年／馮國超 編；-- 第一版.
-- 臺北市：大地, 2005〔民94〕
面； 公分-- （History；11）

ISBN 986-7480-28-7（平裝）

1. 中國—歷史—通俗作品

610.9   94009335

History 11

中華上下五千年

發 行 人：吳錫清
主　　編：馮國超
編　　輯：陳玟玟
美術編輯：黃雲華
出 版 者：大地出版社
社　　址：台北市內湖區內湖路2段103巷104號1樓
劃撥帳號：0019252－9（戶名：大地出版社）
電　　話：(02)2627－7749
傳　　真：(02)2627－0895
E-mail：vastplai@ms45.hinet.net
印 刷 者：普林特斯資訊有限公司
一版二刷：2006年3月
定　　價：300元